CHATEAUBRIAND

CHATEAUBRIAND

Atala

René

Voyage en Amérique

Vie de Rancé

La Bibliothèque

Une collection dirigée par
Jean d'Ormesson
de l'Académie française

Projet développé par :
Le Figaro
14, boulevard Haussmann
75009 Paris

ISBN : 978-2-8105-0119-9 (œuvre complète)
ISBN : 978-2-8105-0132-8 (volume 13)

Chateaubriand

par Jean d'Ormesson
de l'Académie française

Au début du printemps de 1802, une série d'événements éclatants résonnent comme une fanfare. Les derniers bandits, qui infestent le sud de la France et qui rendent tout voyage périlleux, sont arrêtés en Provence. Pour la première fois depuis des années, la rente se met à monter ; le bruit court qu'un ordre nouveau – qui sera la Légion d'honneur – est sur le point d'être créé. Le 26 mars, le traité d'Amiens met fin à la guerre avec l'Angleterre qui, sous une forme ou sous une autre, dure depuis près de dix ans. Le 8 avril, le Concordat marque la réconciliation officielle de la France et de l'Église. Le 14 avril paraît *Le Génie du christianisme* et le dimanche 18 avril, jour de Pâques, une stupéfiante cérémonie réunit à Notre-Dame, pour un *Te Deum* solennel, tous les dignitaires du régime. Le Premier consul triomphe et un jeune poète chrétien encore inconnu se glisse dans son sillage avant de l'affronter.

« Je voulais un grand bruit afin qu'il montât jusqu'au séjour de ma mère », morte depuis quatre ans. Ce vœu est exaucé au-delà de toute espérance : paru entre le Concordat et la cérémonie de Pâques, *Le Génie du christianisme* est un triomphe, un coup de théâtre et d'autel. Ce succès avait été préparé de main de maître par la publication, un an plus tôt, d'*Atala ou Les Amours de deux sauvages dans le désert*, un extrait d'une immense fresque foisonnante intitulée *Les Natchez*, repris dans *Le Génie du christianisme*.

Atala, publié avant *Le Génie du christianisme*, était un « ballon d'essai » lancé, selon la formule d'un journaliste de l'époque, pour « tâter le temps et les vents » et pour

préparer l'accueil de ce que Chateaubriand appelait, avec une ombre de désinvolture, la grande œuvre du Seigneur.
Deux personnages, parmi d'autres, entourent Chateaubriand à l'époque de la parution d'*Atala* : Joseph Joubert et son amie Pauline de Beaumont. Critique merveilleusement subtil, le bon Joubert avait annoncé le succès d'*Atala* et prononcé un mot qui devait faire fortune : « Le livre réussira parce qu'il est de l'enchanteur. » Le succès prévu par Joubert fut tel que, chavirée d'amour, Pauline de Beaumont se détourna de lui pour s'attacher à l'enchanteur jusqu'à une mort qui surviendra à Rome, deux ans plus tard, dans les bras de Chateaubriand.
Republié en 1805 à la suite d'*Atala* dans un volume à part, un autre extrait des *Natchez* et du *Génie du christianisme* devait, lui aussi, connaître un destin éblouissant et exercer une immense influence sur le romantisme naissant : *René*.
René, qu'un tendre sentiment unit à sa sœur Amélie, rappelle étrangement Chateaubriand lui-même, flanqué de sa sœur Lucile. Le succès de *René* ne troubla pas seulement Lucile, la passionnée ; il pesa lourdement sur l'auteur de l'ouvrage. Après le vent de folie déchaîné par le triomphe du *Génie du christianisme* et celui de *René*, Chateaubriand renoncera à son prénom de René. Il signera ses livres : François-Auguste.
« Le succès d'*Atala* m'avait enchanté, écrit Chateaubriand, parce que mon âme était encore neuve ; celui du *Génie du christianisme* me fut pénible : je fus obligé de sacrifier mon temps à des correspondances au moins inutiles et à des politesses étrangères. Une admiration prétendue ne me dédommageait point des dégoûts qui attendent un homme dont la foule a retenu le nom. Qui voudrait, s'il en était le maître, acheter à de pareilles conditions les avantages incertains d'une réputation qu'on n'est pas sûr d'obtenir, qui vous sera contestée pendant votre vie, que la postérité

ne confirmera pas et à laquelle votre mort vous rendra à jamais étranger ? » Chateaubriand se trompait : grâce surtout aux *Mémoires d'outre-tombe*, la postérité confirma la réputation que lui avaient value *Atala* et *René*.
À l'autre bout de sa vie, le directeur de conscience de Chateaubriand, l'abbé Séguin, installé rue Servandoni entre un chat jaune et un grand crucifix de bois noir, suggéra à l'enchanteur, ou plutôt lui imposa d'écrire, une *Vie de Rancé*. À l'époque de Richelieu et des débuts de Mazarin, Rancé était un abbé mondain, riche, ambitieux, brillant et charmant. Il prêchait comme un ange et chassait comme un diable. Il aimait surtout les femmes et il leur plaisait. Il était l'amant de l'une des plus belles personnes du royaume, qui, selon les mots de Tallemant des Réaux, « défaisait toutes les autres au bal » : la duchesse de Montbazon.
Cette dernière fut malheureusement emportée en quelques jours par une maladie mystérieuse qui était sans doute la rougeole. Rancé, prévenu trop tard, ne la revit que morte. La légende veut que le cercueil, déjà préparé, ait été trop petit pour le corps. On avait été obligé de détacher la tête du corps. Rancé regarda une dernière fois ce visage et ce corps qui avaient été si beaux – et il se jeta dans le couvent de La Trappe qu'il réforma profondément.
Maltraitée par Sainte-Beuve, la *Vie de Rancé*, chant du cygne de René, est un livre digne d'admiration. Jamais peut-être Chateaubriand n'a été aussi fort ni aussi rapide. Le livre crépite d'images ramassées et de formules qui font mouche. Le lecteur y trouvera des portraits prodigieux de Retz, de Corneille, de Mabillon, de Saint-Simon, des pages superbes sur la passion et une foule de passages ravissants, parmi lesquels une description inoubliable de la victoire du temps qui passe sur les lettres d'amour.

Présentation des œuvres

Atala

Paru en 1801, *Atala* inaugure avec fracas le siècle littéraire. Dans les mois qui suivent sa parution, en avril, une véritable « atalamania » déferle dans les boutiques et les théâtres. Tabatières, coffrets, assiettes décorées rendent un hommage fervent aux héros de ce court récit.

Rançon du succès, des parodies sont jouées dès l'été aux théâtres des Variétés et de la Gaîté. Les critiques se déchaînent, dénonçant l'invraisemblance des personnages, l'exagération des sentiments, ou encore l'emphase du style. Les pamphlets auxquels répondent des brochures ne font qu'accroître le tapage médiatique autour d'*Atala* et nourrissent son succès. Ces *Amours de deux sauvages dans le désert* – le sous-titre du roman – ont en effet tout pour séduire le lecteur de ce début de siècle qui naît ensanglanté par les violences de la Révolution.

L'histoire est exotique : elle a pour cadre cette Amérique qui a été française et offre au rêve ses splendides paysages et ses mœurs qui fascinent les esprits blasés de la vieille Europe. De plus, elle n'est pas exempte des recettes éprouvées du roman noir : des secrets s'y révèlent, des identités se dévoilent, un captif est deux fois sauvé, un bonheur fou semble possible… Mais l'amour est impossible, Atala doit tenir sa promesse : la foi triomphe de la nature, au prix du malheur terrestre. Car l'histoire est une fable et si l'on y verse des torrents de larmes, c'est au nom du christianisme qu'il s'agit de restaurer.

Atala est un épisode des *Natchez*, épopée composée durant les années d'exil de Chateaubriand en Angleterre. En 1797, l'écrivain la présente à un libraire parisien – qui ne sera pas séduit – comme une œuvre « dans le goût du temps, où l'on ne veut que des scènes qui remuent et qui ébranlent fortement les âmes ». Bouleversé par la mort de sa mère, Chateaubriand se convertit. Conseillé par Fontanes, esprit lucide qui presse le renouveau du catholicisme et la restauration de la monarchie, l'auteur se jette dans le travail. Remanié, l'épisode d'*Atala* devient l'histoire doublement exemplaire du martyre volontaire d'une vierge et de la conversion d'un homme de la nature. Son succès prépare à merveille l'accueil du *Génie du christianisme* qui est publié l'année suivante, quelques mois après que Napoléon Bonaparte – Premier consul signant avec Pie VII le Concordat – a rendu aux prêtres leurs églises et aux églises, leurs fidèles.

René

Autre épisode des *Natchez*, *René* paraît dans la première édition du *Génie de Christianisme* en 1802, illustrant le chapitre IX « Du vague des passions ». Il sera réuni à *Atala* dans une nouvelle édition en 1805. Ces deux courts récits ont une trame identique : une narration faite par le protagoniste d'une épreuve douloureuse de sa vie, suivie de la leçon qu'en retire un Père de l'Église. Dans *René*, c'est le Père Souël qui déclame cette apologie de la religion chrétienne, à laquelle s'ajoute un éloge des vertus sociales : « quiconque a reçu des forces doit les consacrer au service de ses semblables » dit le missionnaire au « jeune homme entêté de chimères ». La leçon ne sera pas entendue par tous et nombre de lecteurs ne retiendront que le charme poétique des évocations de cette âme tourmentée : le « mal » était fait,

le « mal du siècle » était né, ce qui devait inspirer aux écrivains romantiques leurs plus belles pages.
Ce malentendu est d'autant plus agaçant pour l'auteur que les similitudes entre sa propre vie et celle de René sont multiples : situation de cadet qui se sent rejeté, figure intimidante du père, adolescence exaltée dont les rêveries sont partagées avec une sœur bien-aimée. Au-delà de ces racines autobiographiques, la fiction romanesque développe ici un thème qui renouvelle les évocations du malheur de vivre de Rousseau dans *Les Confessions* ou de Goethe dans *Les Souffrances du Jeune Werther*. En effet, René ne souffre pas d'un mal d'amour, mais de l'incapacité à exercer les facultés de ces « âmes ardentes » fustigées dans *Le Génie du christianisme* : « dégoûtées par leur siècle, effrayées par leur religion, elles sont restées dans le monde sans se livrer au monde ». Il s'agit donc de leur apprendre à vivre, ce que fait d'ailleurs la sœur de René quand, après l'avoir sauvé du suicide, elle lui recommande de « prendre un état », de se marier, puisqu'il vaut mieux « ressembler un peu plus au commun des hommes, et avoir un peu moins de malheur ». En vain.
Et quand vient le moment de souffrir pour quelque chose, après la terrible révélation de la « passion criminelle » de sa sœur pendant une cérémonie qui tient à la fois du mariage et des funérailles, René trouve dans la souffrance même une raison de vivre. Il s'embarque subitement pour l'Amérique, autre trait commun à l'auteur et à son personnage. Mais décidément, Chateaubriand n'est pas René. Il part en jeune homme téméraire et candide, avec le projet de découvrir le mythique passage du nord-ouest, et revient pour se jeter dans la guerre. Aussi finira-t-il, dans les *Mémoires d'outre-tombe*, par désavouer la paternité de ce mal du siècle : « si René n'existait pas, je ne l'écrirais plus ; s'il m'était possible de le détruire, je le détruirais : il a infesté l'esprit d'une partie de la jeunesse… »

Voyage en Amérique

Chateaubriand, qui s'embarque en avril 1791 à Saint-Malo, ne fuit pas la Révolution. Il a vu, à Paris, les premières têtes coupées brandies dans la rue. Cela l'a dégoûté sans l'effrayer. À ses amis qui envisagent l'émigration, il lance cette apostrophe : « Je vais dans les forêts. Cela vaut mieux que d'aller à Coblentz. À quoi bon émigrer de France seulement ? J'émigre du monde. Je mourrai en route ou je reviendrai [avec] quelque chose de plus que je serai parti ! » En effet, il reviendra écrivain, avec le « sujet » qui lancera sa carrière, les Indiens, fascinant le disciple de Rousseau qu'il est alors. Muni d'une lettre de recommandation pour le président Washington et d'un modeste viatique, le « chevalier de Combourg » rêve de découvrir le mythique passage du nord-ouest, projet longuement mûri auprès de Malesherbes, fin botaniste et féru de récits d'exploration.

Première œuvre écrite par Chateaubriand, le *Voyage en Amérique* ne sera publié que tardivement, en 1827, alors que son auteur est déjà célèbre depuis deux décennies comme écrivain et presque au terme de sa carrière politique. Le manuscrit semble avoir été peu remanié, en dehors des premières pages qui comportent des références à *L'Essai sur les révolutions* et une comparaison entre Washington et Bonaparte, impitoyable pour l'Empereur déchu. Est également ajoutée la conclusion évoquant les changements survenus aux États-Unis. Chateaubriand annonce : « Je laisse maintenant parler le manuscrit : je le donne tel que je le trouve, tantôt sous la forme d'un *récit*, tantôt sous celle d'un *journal*, quelquefois en *lettres* ou en simples *annotations*. »

Le *Voyage en Amérique* est tout cela, dans un désordre juvénile, et bien plus encore : descriptions géographiques

et ethnographiques, traités de la flore et de la faune, analyse des systèmes politiques et des stratégies guerrières des Indiens, éléments de linguistique, études démographiques… Il semble qu'aucun domaine n'ait échappé à l'attention du voyageur… ou à celle du grand lecteur qu'il était ! Car Chateaubriand ne cache pas qu'il a lu les ouvrages de Charlevoix, de Bartram, même s'il lui fut reproché de ne pas les citer à la mesure des emprunts qu'il a pu leur faire. Et quand il n'observe pas lui-même, il cède la parole aux Indiens, qui « racontent que… ».
Lorsqu'il revient en France, faute de moyens, après un séjour de seulement cinq mois en Amérique, c'est aussi parce que sa fidélité aux Bourbons lui commande de voler au secours de Louis XVI, retenu par un peuple qu'il a voulu fuir. À défaut d'une découverte géographique, Chateaubriand a fait celle de son engagement politique et de son talent d'écrivain. Il emportera sur les champs de bataille de l'armée des princes le manuscrit de *Voyage en Amérique*, matrice de ses futurs chefs-d'œuvre.

Vie de Rancé

La *Vie de Rancé* se situe à l'autre extrémité de la carrière et de la vie de Chateaubriand, qui a soixante-quinze ans lorsqu'il déclare : « C'est pour obéir au directeur de ma ie que j'ai écrit l'histoire de l'abbé de Rancé. L'abbé Séguin me parlait souvent de ce travail, et j'y avais une répugnance naturelle. »
Il s'agit pour Chateaubriand d'écrire la biographie d'Armand-Jean Le Bouthillier de Rancé, figure du XVIIe siècle, qui a réformé la vie monastique de La Trappe après avoir mené une vie dissolue. Ce travail d'historien impose des lectures érudites au vieil homme perclus de rhumatismes, autrement dit un pensum imposé pour le

salut de son âme. La publication en 1844 de la *Vie de Rancé* suscite peu d'éloges et beaucoup de sarcasmes : un « véritable bric-à- brac » selon Sainte-Beuve, dans lequel Chateaubriand « jette tout, brouille tout, vide toutes ses armoires… » L'ouvrage est éclipsé d'avance par l'aura des *Mémoires d'outre-tombe,* qui n'attendent plus que la mort de leur auteur pour être livrées aux lecteurs impatients.

La *Vie de Rancé* est pourtant un objet littéraire nouveau, une « biographie lyrique » selon les mots de Julien Benda qui réhabilite l'ouvrage en 1920 dans la catégorie des chefs-d'œuvre méconnus. En effet, si l'on y trouve bien la biographie attendue, celle-ci n'y occupe qu'une place modeste. Elle est sans cesse interrompue par des digressions où apparaissent des noms et des destinées postérieurs à Rancé (Voltaire, Napoléon Bonaparte, George Sand…), et où figure surtout Chateaubriand en personne.

La *Vie de Rancé* est bien ce « rugissement le plus poignant qu'ait poussé le lion devenu vieux et qui n'accepte pas son état » (J. Benda). Dans une préface de 1964, Julien Gracq souligne la modernité littéraire de cette dernière œuvre de Chateaubriand : « la langue de la *Vie de Rancé* enfonce vers l'avenir une pointe plus mystérieuse : ses messages en morse, saccadés, déphasés, qui coupent la narration tout à trac comme s'ils étaient captés d'une autre planète, bégayent déjà des nouvelles de la contrée où va s'installer Rimbaud ».

Sommaire

ATALA

Prologue

La France possédait autrefois dans l'Amérique septentrionale un vaste empire, qui s'étendait depuis le Labrador jusqu'aux Florides, et depuis les rivages de l'Atlantique jusqu'aux lacs les plus reculés du haut Canada.

Quatre grands fleuves, ayant leurs sources dans les mêmes montagnes, divisaient ces régions immenses : le fleuve Saint-Laurent, qui se perd à l'est dans le golfe de son nom ; la rivière de l'Ouest, qui porte ses eaux à des mers inconnues ; le fleuve Bourbon, qui se précipite du midi au nord dans la baie d'Hudson, et le Meschacebé [1] qui tombe du nord au midi dans le golfe du Mexique.

Ce dernier fleuve, dans un cours de plus de mille lieues, arrose une délicieuse contrée, que les habitants des Etats-Unis appellent le *nouvel Éden*, et à laquelle les François ont laissé le doux nom de *Louisiane*. Mille autres fleuves, tributaires du Meschacebé, le Missouri, l'Illinois, l'Akanza, l'Ohio, le Wabache, le Tenase, l'engraissent de leur limon et la fertilisent de leurs eaux. Quand tous ces fleuves se sont gonflés des déluges de l'hiver, quand les tempêtes ont abattu des pans entiers de forêts, les arbres déracinés s'assemblent sur les sources. Bientôt la vase les cimente, les lianes les enchaînent, et des plantes, y prenant racine de toutes parts, achèvent de consolider ces débris. Charriés par les vagues écumantes, ils descendent au Meschacebé : le fleuve s'en

1. *Meschacebé* : « vrai nom du Mississippi, ou Meschassipi ». [Note de Chateaubriand.]

empare, les pousse au golfe Mexicain, les échoue sur des bancs de sable, et accroît ainsi le nombre de ses embouchures. Par intervalles, il élève sa voix en passant sur les monts, et répand ses eaux débordées autour des colonnades des forêts et des pyramides des tombeaux indiens ; c'est le Nil des déserts. Mais la grâce est toujours unie à la magnificence dans les scènes de la nature : tandis que le courant du milieu entraîne vers la mer les cadavres des pins et des chênes, on voit sur les deux courants latéraux remonter, le long des rivages, des îles flottantes de pistia et de nénuphar, dont les roses jaunes s'élèvent comme de petits pavillons. Des serpents verts, des hérons bleus, des flamants roses, de jeunes crocodiles, s'embarquent passagers sur ces vaisseaux de fleurs et la colonie, déployant au vent ses voiles d'or, va aborder endormie dans quelque anse retirée du fleuve.

Les deux rives du Meschacebé présentent le tableau le plus extraordinaire. Sur le bord occidental, des savanes se déroulent à perte de vue ; leurs flots de verdure, en s'éloignant, semblent monter dans l'azur du ciel, où ils s'évanouissent. On voit dans ces prairies sans bornes errer à l'aventure des troupeaux de trois ou quatre buffles sauvages. Quelquefois un bison chargé d'années, fendant les flots à la nage, se vient coucher, parmi de hautes herbes, dans une île du Meschacebé. A son front orné de deux croissants, à sa barbe antique et limoneuse, vous le prendriez pour le dieu du fleuve, qui jette un œil satisfait sur la grandeur de ses ondes et la sauvage abondance de ses rives.

Telle est la scène sur le bord occidental ; mais elle change sur le bord opposé, et forme avec la première un admirable contraste. Suspendus sur le cours des eaux, groupés sur les rochers et sur les montagnes, dispersés dans les vallées, des arbres de toutes les formes, de toutes les couleurs, de tous les parfums, se mêlent, croissent ensemble, montent dans les airs à des hauteurs qui fatiguent les regards. Les vignes sauvages, les bignonias, les coloquintes, s'entrelacent au pied de ces arbres, escaladent leurs rameaux, grimpent à l'extrémité des branches, s'élancent de l'érable au tulipier, du tulipier à l'alcée, en formant mille grottes, mille voûtes, mille portiques. Souvent, égarées d'arbre en arbre, ces lianes traversent des bras de rivière sur lesquels elles jettent des ponts de fleurs. Du sein de ces massifs le magnolia élève son cône immobile ; surmonté de ses larges roses blanches, il domine toute la forêt, et n'a d'autre rival que le palmier, qui balance légèrement auprès de lui ses éventails de verdure.

Une multitude d'animaux placés dans ces retraites par la main du Créateur y répandent l'enchantement et la vie. De l'extrémité des avenues on aperçoit des ours, enivrés de raisins, qui chancellent sur les branches des ormeaux ; des caribous se baignent dans un lac ; des écureuils noirs se jouent dans l'épaisseur des feuillages ; des oiseaux moqueurs, des colombes de Virginie, de la grosseur d'un passereau, descendent sur les gazons rougis par les fraises ; des perroquets verts à têtes jaunes, des piverts empourprés, des cardinaux de feu, grimpent en circulant au haut des cyprès ; des colibris étincellent sur le jasmin des Florides, et des serpents-oiseleurs sifflent suspendus aux dômes des bois en s'y balançant comme des lianes.

Si tout est silence et repos dans les savanes de l'autre côté du fleuve, tout ici, au contraire, est mouvement et murmure : des coups de bec contre le tronc des chênes, des froissements d'animaux qui marchent, broutent ou broient entre leurs dents les noyaux des fruits ; des bruissements d'ondes, de faibles gémissements, de sourds meuglements, de doux roucoulements, remplissent ces déserts d'une tendre et sauvage harmonie. Mais quand une brise vient à animer ces solitudes, à balancer ces corps flottants, à confondre ces masses de blanc, d'azur, de vert, de rose, à mêler toutes les couleurs, à réunir tous les murmures, alors il sort de tels bruits du fond des forêts, il se passe de telles choses aux yeux, que j'essayerais en vain de les décrire à ceux qui n'ont point parcouru ces champs primitifs de la nature.

Après la découverte du Meschacebé par le père Marquette[2] et l'infortuné La Salle[3], les premiers François qui s'établirent au Biloxi et à la Nouvelle-Orléans firent alliance avec les Natchez, nation indienne dont la puissance était redoutable dans ces contrées. Des querelles et des jalousies ensanglantèrent dans la suite la terre de l'hospitalité. Il y avait parmi ces sauvages un vieillard nommé *Chactas*[4], qui, par son âge, sa sagesse et sa science dans les choses de la vie, était le patriarche et l'amour des déserts. Comme tous les hommes, il avait acheté la vertu par l'infortune. Non seulement les forêts du Nouveau Monde furent remplies de ses malheurs, mais il les porta jusque sur les rivages de la France. Retenu aux galères à Marseille par une cruelle injustice, rendu à la liberté, présenté à Louis XIV, il avait conversé avec les grands hommes de ce siècle et assisté aux fêtes de Versailles, aux tragédies de Racine, aux oraisons funèbres de Bossuet ; en un mot, le sauvage avait contemplé la société à son plus haut point de splendeur.

Depuis plusieurs années, rentré dans le sein de sa patrie, Chactas jouissait du repos. Toutefois le ciel lui vendait encore cher cette faveur : le vieillard était devenu aveugle. Une jeune fille l'accompagnait sur les coteaux du Meschacebé, comme Antigone guidait les pas d'Œdipe sur le Cythéron, ou comme Malvina conduisait Ossian sur les rochers de Morven.

Malgré les nombreuses injustices que Chactas avait éprouvées de la part des François, il les aimait. Il se souvenait

2. *Père Marquette* : père jésuite (1637-1675) et premier Français à avoir atteint en 1673, avec Louis Joliet, le Mississippi.
3. La Salle (1643-1687) prit possession pour la France d'un immense territoire au cœur de l'Amérique du Nord, qu'il baptisa « Louisiane ». En 1687, il fut tué par l'un de ses compagnons dans la région du Mississippi au cours d'une expédition.
4. *Chactas* : « la voix harmonieuse ». [Note de Chateaubriand.]

toujours de Fénelon, dont il avait été l'hôte, et désirait pouvoir rendre quelque service aux compatriotes de cet homme vertueux. Il s'en présenta une occasion favorable. En 1725, un François nommé *René*, poussé par des passions et des malheurs, arriva à la Louisiane. Il remonta le Meschacebé jusqu'aux Natchez, et demanda à être reçu guerrier de cette nation. Chactas l'ayant interrogé, et le trouvant inébranlable dans sa résolution, l'adopta pour fils, et lui donna pour épouse une Indienne appelée *Céluta*. Peu de temps après ce mariage, les sauvages se préparèrent à la chasse du castor.

Chactas, quoique aveugle, est désigné par le conseil des Sachems[5] pour commander l'expédition, à cause du respect que les tribus indiennes lui portaient. Les prières et les jeûnes commencent ; les jongleurs interprètent les songes ; on consulte les Manitous ; on fait des sacrifices de pétun ; on brûle des filets de langue d'orignal ; on examine s'ils pétillent dans la flamme, afin de découvrir la volonté des Génies ; on part enfin, après avoir mangé le chien sacré. René est de la troupe. A l'aide des contre-courants, les pirogues remontent le Meschacebé, et entrent dans le lit de l'Ohio. C'est en automne. Les magnifiques déserts du Kentucky se déploient aux yeux étonnés du jeune François. Une nuit, à la clarté de la lune, tandis que tous les Natchez dorment au fond de leurs pirogues, et que la flotte indienne, élevant ses voiles de peaux de bêtes, fuit devant une légère brise, René, demeuré seul avec Chactas, lui demande le récit de ses aventures. Le vieillard consent à le satisfaire, et, assis avec lui sur la poupe de la pirogue, il commence en ces mots :

5. *Sachems* : « vieillards ou conseillers ». [Note de Chateaubriand.]

Le récit

LES CHASSEURS

« C'est une singulière destinée, mon cher fils, que celle qui nous réunit. Je vois en toi l'homme civilisé qui s'est fait sauvage ; tu vois en moi l'homme sauvage que le grand Esprit (j'ignore pour quel dessein) a voulu civiliser. Entrés l'un et l'autre dans la carrière de la vie par les deux bouts opposés, tu es venu te reposer à ma place, et j'ai été m'asseoir à la tienne : ainsi nous avons dû avoir des objets une vue totalement différente. Qui, de toi ou de moi, a le plus gagné ou le plus perdu à ce changement de position ? C'est ce que savent les Génies, dont le moins savant a plus de sagesse que tous les hommes ensemble.

A la prochaine lune des fleurs, il y aura sept fois dix neiges, et trois neiges[6] de plus, que ma mère me mit au monde sur les bords du Meschacebé. Les Espagnols s'étaient depuis peu établis dans la baie de Pensacola, mais aucun blanc n'habitait encore la Louisiane. Je comptais à peine dix-sept chutes de feuilles lorsque je marchai avec mon père, le guerrier Outalissi, contre les Muscogulges, nation puissante des Florides. Nous nous joignîmes aux Espagnols, nos alliés, et le combat se donna sur une des branches de la Maubile. Areskoui et les Manitous ne nous furent pas favorables. Les ennemis triomphèrent ; mon père perdit la vie ; je fus blessé deux fois en le défendant. Oh ! que ne descendis-je alors dans le pays des âmes ! j'aurais évité les malheurs qui m'attendaient sur la terre. Les Esprits en ordonnèrent autrement : je fus entraîné par les fuyards à Saint-Augustin.

Dans cette ville, nouvellement bâtie par les Espagnols, je courais le risque d'être enlevé pour les mines de Mexico,

---

6. Emploi de *neige* pour *année*, ce qui équivaut à soixante-treize ans.

lorsqu'un vieux Castillan nommé *Lopez*, touché de ma jeunesse et de ma simplicité, m'offrit un asile et me présenta à une sœur avec laquelle il vivait sans épouse.

Tous les deux prirent pour moi les sentiments les plus tendres. On m'éleva avec beaucoup de soin ; on me donna toutes sortes de maîtres. Mais, après avoir passé trente lunes à Saint Augustin, je fus saisi du dégoût de la vie des cités. Je dépérissais à vue d'œil : tantôt je demeurais immobile pendant des heures à contempler la cime de lointaines forêts ; tantôt on me trouvait assis au bord d'un fleuve, que je regardais tristement couler. Je me peignais les bois à travers lesquels cette onde avait passé, et mon âme était tout entière à la solitude.

Ne pouvant plus résister à l'envie de retourner au désert, un matin je me présentai à Lopez, vêtu de mes habits de sauvage, tenant d'une main mon arc et mes flèches et de l'autre mes vêtements européens. Je les remis à mon généreux protecteur, aux pieds duquel je tombai en versant des torrents de larmes. Je me donnai des noms odieux ; je m'accusai d'ingratitude : « Mais enfin, lui dis-je, ô mon père ! tu le vois toi-même : je meurs si je ne la reprends la vie de l'Indien. »

Lopez, frappé d'étonnement, voulut me détourner de mon dessein. Il me représenta les dangers que j'allais courir en m'exposant à tomber de nouveau entre les mains des Muscogulges. Mais, voyant que j'étais résolu à tout entreprendre, fondant en pleurs et me serrant dans ses bras : « Va, s'écria-t-il, enfant de la nature ! reprends cette indépendance de l'homme que Lopez ne te veut point ravir. Si j'étais plus jeune moi-même, je t'accompagnerais au désert (où j'ai aussi de doux souvenirs !), et je te remettrais dans les bras de ta mère. Quand tu seras dans tes forêts, songe quelquefois à ce vieil Espagnol qui te donna l'hospitalité, et rappelle-toi, pour te porter à l'amour de tes semblables, que la première expérience que tu as faite du cœur humain a été tout en sa faveur. » Lopez finit par une prière au Dieu des chrétiens, dont j'avais refusé d'embrasser le culte, et nous nous quittâmes avec des sanglots

Je ne tardai pas à être puni de mon ingratitude. Mon inexpérience m'égara dans les bois, et je fus pris par un parti de Muscogulges et de Siminoles, comme Lopez me l'avait prédit. Je fus reconnu pour Natchez à mon vêtement et aux plumes qui ornaient ma tête. On m'enchaîna, mais légèrement, à cause de ma jeunesse. Simaghan, le chef de la troupe, voulut savoir mon nom ; je répondis : « Je m'appelle *Chactas*, fils d'Outalissi, fils de Miscou, qui ont enlevé plus de cent chevelures aux héros Muscogulges. » Simaghan me dit : « Chactas, fils d'Outalissi, fils de Miscou, réjouis-toi : tu seras brûlé au grand village. » Je repartis : « Voilà qui va bien » ; et j'entonnai ma chanson de mort.

Tout prisonnier que j'étais, je ne pouvais, durant les premiers jours, m'empêcher d'admirer mes ennemis. Le Muscogulge, et surtout son allié, le Siminole, respire la gaieté, l'amour, le contentement. Sa démarche est légère, son abord ouvert et serein. Il parle beaucoup et avec volubilité ; son langage est harmonieux et facile. L'âge même ne peut ravir aux Sachems cette simplicité joyeuse : comme les vieux oiseaux de nos bois, ils mêlent encore leurs vieilles chansons aux airs nouveaux de leur jeune postérité.

Les femmes qui accompagnaient la troupe témoignaient pour ma jeunesse une pitié tendre et une curiosité aimable. Elles me questionnaient sur ma mère, sur les premiers jours de ma vie ; elles voulaient savoir si l'on suspendait mon berceau de mousse aux branches fleuries des érables, si les brises m'y balançaient auprès du nid des petits oiseaux. C'étaient ensuite mille autres questions sur l'état de mon cœur : elles me demandaient si j'avais vu une biche blanche dans mes songes et si les arbres de la vallée secrète m'avoient conseillé d'aimer. Je répondais avec naïveté aux mères, aux filles et aux épouses des hommes. Je leur disais : « Vous êtes les grâces du jour, et la nuit vous aime comme la rosée. L'homme sort de votre sein pour se suspendre à votre mamelle et à votre bouche ; vous savez des paroles magiques qui endorment toutes les douleurs. Voilà ce que m'a dit celle qui m'a mis au monde, et qui ne me reverra plus ! Elle m'a dit encore que les vierges étaient des fleurs [7] mystérieuses, qu'on trouve dans les lieux solitaires. »

Ces louanges faisaient beaucoup de plaisir aux femmes : elles me comblaient de toutes sortes de dons ; elles m'apportaient de la crème de noix, du sucre d'érable, de la sagamité [8], des jambons d'ours, des peaux de castor, des coquillages pour me parer et des mousses pour ma couche. Elles chantaient, elles riaient avec moi, et puis elles se prenaient à verser des larmes en songeant que je serais brûlé.

Une nuit que les Muscogulges avoient placé leur camp sur le bord d'une forêt, j'étais assis auprès du *feu de la guerre*, avec le chasseur commis à ma garde. Tout à coup j'entendis le murmure d'un vêtement sur l'herbe, et une femme à demi voilée vint s'asseoir à mes côtés. Des pleurs roulaient sous sa paupière ; à la lueur du feu un petit crucifix d'or brillait sur son sein. Elle était régulièrement belle ; l'on remarquait sur son visage je ne sais quoi de vertueux et de passionné dont l'attrait était irrésistible. Elle joignait à cela des grâces plus tendres : une extrême sensibilité unie à une mélancolie profonde respirait dans ses regards ; son sourire était céleste.

Je crus que c'était la *Vierge des dernières amours*, cette vierge qu'on envoie au prisonnier de guerre pour enchanter sa tombe. Dans cette persuasion, je lui dis en balbutiant et avec un trouble qui pourtant ne venait pas de la crainte du bûcher : « Vierge, vous êtes digne des premières

7. *Fleurs* : « mois de mai ». [Note de Chateaubriand.]
8. *Sagamité* : « sorte de pâte de maïs ». [Note de Chateaubriand.]

amours, et vous n'êtes pas faite pour les dernières. Les mouvements d'un cœur qui va bientôt cesser de battre répondraient mal aux mouvements du vôtre. Comment mêler la mort et la vie? Vous me feriez trop regretter le jour. Qu'un autre soit plus heureux que moi, et que de longs embrassements unissent la liane et le chêne ! »

La jeune fille me dit alors: « Je ne suis point la *Vierge des dernières amours*. Es-tu chrétien? » Je répondis que je n'avais point trahi les Génies de ma cabane. A ces mots l'Indienne fit un mouvement involontaire. Elle me dit: « Je te plains de n'être qu'un méchant idolâtre. Ma mère m'a faite chrétienne; je me nomme *Atala*, fille de Simaghan aux bracelets d'or et chef des guerriers de cette troupe. Nous nous rendons à Apalachucla, où tu seras brûlé. » En prononçant ces mots, Atala se lève et s'éloigne. »

Ici Chactas fut contraint d'interrompre son récit. Les souvenirs se pressèrent en foule dans son âme; ses yeux éteints inondèrent de larmes ses joues flétries: telles deux sources cachées dans la profonde nuit de la terre se décèlent par les eaux qu'elles laissent filtrer entre les rochers.

« O mon fils! reprit-il enfin: tu vois que Chactas est bien peu sage, malgré sa renommée de sagesse! Hélas! mon cher enfant, les hommes ne peuvent déjà plus voir, qu'ils peuvent encore pleurer! Plusieurs jours s'écoulèrent; la fille du Sachem revenait chaque soir me parler. Le sommeil avait fui de mes yeux, et Atala était dans mon cœur comme le souvenir de la couche de mes pères.

Le dix-septième jour de marche, vers le temps où l'éphémère sort des eaux, nous entrâmes sur la grande savane Alachua. Elle est environnée de coteaux qui, fuyant les uns derrière les autres, portent, en s'élevant jusqu'aux nues, des forêts étagées de copalmes[9], de citronniers, de magnolias et

9. *Copalme*: grand arbre d'Amérique dont le tronc produit une substance utilisée comme baume.

de chênes verts. Le chef poussa le cri d'arrıvée, et la troupe campa aux pieds des collines. On me relégua à quelque distance, au bord d'un de ces *puits naturels* si fameux dans les Florides. J'étais attaché au pied d'un arbre ; un guerrier veillait impatiemment auprès de moi. J'avais à peine passé quelques instants dans ce lieu, qu'Atala parut sous les liquidambars de la fontaine. « Chasseur, dit-elle au héros muscogulge, si tu veux poursuivre le chevreuil, je garderai le prisonnier. » Le guerrier bondit de joie à cette parole de la fille du chef ; il s'élance du sommet de la colline, et allonge ses pas dans la plaine.

Étrange contradiction du cœur de l'homme ! Moi qui avais tant désiré de dire les choses du mystère à celle que j'aimais déjà comme le soleil, maintenant interdit et confus, je crois que j'eusse préféré d'être jeté aux crocodiles de la fontaine à me trouver seul ainsi avec Atala. La fille du désert était aussi troublée que son prisonnier ; nous gardions un profond silence ; les Génies de l'amour avoient dérobé nos paroles. Enfin Atala, faisant un effort, dit ceci : « Guerrier, vous êtes retenu faiblement ; vous pouvez aisément vous échapper. » A ces mots, la hardiesse revint sur ma langue ; je répondis : « Faiblement retenu, ô femme... ! » Je ne sus comment achever. Atala hésita quelques moments, puis elle dit : « Sauvez-vous. » Et elle me détacha du tronc de l'arbre. Je saisis la corde, je la remis dans la main de la fille étrangère, en forçant ses beaux doigts à se fermer sur ma chaîne. « Reprenez-la ! reprenez-la ! » m'écriai-je. « Vous êtes un insensé, dit Atala d'une voix émue. Malheureux ! ne sais-tu pas que tu seras brûlé ? Que prétends-tu ? Songes-tu bien que je suis la fille d'un redoutable Sachem ? » « Il fut un temps, répliquai-je avec des larmes, que j'étais aussi porté dans une peau de castor aux épaules d'une mère. Mon père avait aussi une belle hutte, et ses chevreuils buvaient les eaux de mille torrents ; mais j'erre maintenant sans patrie. Quand je ne serai plus, aucun ami ne mettra un peu d'herbe sur mon corps pour le garantir des mouches. Le corps d'un étranger malheureux n'intéresse personne. »

Ces mots attendrirent Atala. Ses larmes tombèrent dans la fontaine. « Ah ! repris-je avec vivacité, si votre cœur parlait comme le mien ! Le désert n'est-il pas libre ? Les forêts n'ont-elles point de replis où nous cacher ? Faut-il donc, pour être heureux, tant de choses aux enfants des cabanes ! O fille plus belle que le premier songe de l'époux ! ô ma bien-aimée ! ose suivre mes pas. » Telles furent mes paroles. Atala me répondit d'une voix tendre : « Mon jeune ami, vous avez appris le langage des blancs ; il est aisé de tromper une Indienne. » « Quoi ! m'écriai-je, vous m'appelez votre jeune ami ! Ah ! si un pauvre esclave... » « Eh bien, dit-elle en se penchant sur moi, un pauvre esclave... » Je repris avec ardeur : « Qu'un baiser l'assure de ta foi ! » Atala écouta ma prière. Comme un faon semble pendre aux fleurs de lianes roses, qu'il saisit de sa langue délicate dans l'escarpement de la montagne, ainsi je restai suspendu aux lèvres de ma bien-aimée.

« Hélas ! mon cher fils, la douleur touche de près au plaisir ! Qui eût pu croire que le moment où Atala me donnait le premier gage de son amour serait celui-là même où elle détruirait mes espérances ? Cheveux blanchis du vieux Chactas, quel fut votre étonnement lorsque la fille du Sachem prononça ces paroles : « Beau prisonnier, j'ai follement cédé à ton désir ; mais où nous conduira cette passion ? Ma religion me sépare de toi pour toujours... O ma mère ! qu'as-tu fait ?... » Atala se tut tout à coup, et retint je ne sus quel fatal secret près d'échapper à ses lèvres. Ses paroles me plongèrent dans le désespoir. « Eh bien ! m'écriai-je, je serai aussi cruel que vous : je ne fuirai point. Vous me verrez dans le cadre de feu ; vous entendrez les gémissements de ma chair et vous serez pleine de joie. » Atala saisit mes mains entre les deux siennes. « Pauvre jeune idolâtre, s'écria-t-elle, tu me fais réellement pitié ! Tu veux donc que je pleure tout mon cœur ? Quel dommage que je ne puisse fuir avec toi ! Malheureux a été le ventre de ta mère, ô Atala ! Que ne te jettes-tu au crocodile de la fontaine ? »

Dans ce moment même, les crocodiles, aux approches du coucher du soleil, commençaient à faire entendre leurs rugissements. Atala me dit : « Quittons ces lieux. » J'entraînai la fille de Simaghan au pied des coteaux qui formaient des golfes de verdure en avançant leurs promontoires dans la savane. Tout était calme et superbe au désert. La cigogne criait sur son nid ; les bois retentissaient du chant monotone des cailles, du sifflement des perruches, du mugissement des bisons et du hennissement des cavales siminoles.

Notre promenade fut presque muette. Je marchais à côté d'Atala ; elle tenait le bout de la corde que je l'avais forcée de reprendre. Quelquefois nous versions des pleurs, quelquefois nous essayions de sourire. Un regard tantôt levé vers le ciel, tantôt attaché à la terre, une oreille attentive au chant de l'oiseau, un geste vers le soleil couchant, une main tendrement serrée, un sein tour à tour palpitant, tour à tour tranquille, les noms de Chactas et d'Atala doucement répétés par intervalles.... Oh ! première promenade de l'amour !, il faut que votre souvenir soit bien puissant, puisque, après tant d'années d'infortune, vous remuez encore le cœur du vieux Chactas !

Qu'ils sont incompréhensibles les mortels agités par des passions ! Je venais d'abandonner le généreux Lopez, je venais de m'exposer à tous les dangers pour être libre : dans un instant le regard d'une femme avait changé mes goûts, mes résolutions, mes pensées ! Oubliant mon pays, ma mère, ma cabane et la mort affreuse qui m'attendait, j'étais devenu indifférent à tout ce qui n'était pas Atala. Sans force pour m'élever à la raison de l'homme, j'étais retombé tout à coup dans une espèce d'enfance ; et loin de pouvoir rien faire pour me soustraire aux maux qui m'attendaient, j'aurais eu presque besoin qu'on s'occupât de mon sommeil et de ma nourriture.

Ce fut donc vainement qu'après nos courses dans la savane, Atala, se jetant à mes genoux, m'invita de nouveau à la quitter. Je lui protestai que je retournerais seul au camp si elle refusait de me rattacher au pied de mon arbre. Elle fut obligée de me satisfaire, espérant me convaincre une autre fois.

Le lendemain de cette journée, qui décida du destin de ma vie, on s'arrêta dans une vallée, non loin de Cuscowilla, capitale des Siminoles. Ces Indiens, unis aux Muscogulges, forment avec eux la confédération des Creeks. La fille du pays des palmiers vint me trouver au milieu de la nuit. Elle me conduisit dans une grande forêt de pins, et renouvela ses prières pour m'engager à la fuite. Sans lui répondre, je pris sa main dans ma main, et je forçai cette biche altérée d'errer avec moi dans la forêt. La nuit était délicieuse. Le Génie des airs secouait sa chevelure bleue, embaumée de la senteur des pins, et l'on respirait la faible odeur d'ambre qu'exhalaient les crocodiles couchés sous les tamarins des fleuves. La lune brillait au milieu d'un azur sans tache, et sa lumière gris de perle descendait sur la cime indéterminée des forêts. Aucun bruit ne se faisait entendre, hors je ne sais quelle harmonie lointaine qui régnait dans la profondeur des bois : on eût dit que l'âme de la solitude soupirait dans toute l'étendue du désert.

Nous aperçûmes à travers les arbres un jeune homme qui, tenant à la main un flambeau, ressemblait au Génie du printemps parcourant les forêts pour ranimer la nature ; c'était un amant qui allait s'instruire de son sort à la cabane de sa maîtresse.

Si la vierge éteint le flambeau, elle accepte les vœux offerts ; si elle se voile sans l'éteindre, elle rejette un époux.

Le guerrier, en se glissant dans les ombres, chantait à demi-voix ces paroles :

« Je devancerai les pas du jour sur le sommet des montagnes pour chercher ma colombe solitaire parmi les chênes de la forêt.

J'ai attaché à son cou un collier de porcelaines [10] ; on y voit trois grains rouges pour mon amour, trois violets pour mes craintes, trois bleus pour mes espérances.

Mila a les yeux d'une hermine et la chevelure légère d'un champ de riz ; sa bouche est un coquillage rose garni de perles ; ses deux seins sont comme deux petits chevreaux sans tache, nés au même jour, d'une seule mère.

Puisse Mila éteindre ce flambeau ! Puisse sa bouche verser sur lui une ombre voluptueuse ! Je fertiliserai son sein. L'espoir de la patrie pendra à sa mamelle féconde, et je fumerai mon calumet de paix sur le berceau de mon fils.

Ah ! laissez-moi devancer les pas du jour sur le sommet des montagnes pour chercher ma colombe solitaire parmi les chênes de la forêt ! »

Ainsi chantait ce jeune homme, dont les accents portèrent le trouble jusqu'au fond de mon âme et firent changer de visage à Atala. Nos mains unies frémirent l'une dans l'autre. Mais nous fûmes distraits de cette scène par une scène non moins dangereuse pour nous.

Nous passâmes auprès du tombeau d'un enfant, qui servait de limites à deux nations. On l'avait placé au bord du chemin, selon l'usage, afin que les jeunes femmes, en allant à la fontaine, pussent attirer dans leur sein l'âme de l'innocente créature et la rendre à la patrie. On y voyait dans ce moment des épouses nouvelles qui, désirant les douceurs de la maternité, cherchaient, en entrouvrant leurs lèvres, à recueillir l'âme du petit enfant, qu'elles croyaient voir errer sur les fleurs. La véritable mère vint ensuite déposer une gerbe de maïs et des fleurs de lis blanc sur le tombeau. Elle arrosa la

10. *Porcelaine* : « sorte de coquillage ». [Note de Chateaubriand.]

terre de son lait, s'assit sur le gazon humide et parla a son enfant d'une voix attendrie :

« Pourquoi te pleuré-je dans ton berceau de terre, ô mon nouveau-né ! Quand le petit oiseau devient grand, il faut qu'il cherche sa nourriture, et il trouve dans le désert bien des graines amères. Du moins tu as ignoré les pleurs ; du moins ton cœur n'a point été exposé au souffle dévorant des hommes. Le bouton qui sèche dans son enveloppe passe avec tous ses parfums, comme toi, ô mon fils ! avec toute ton innocence. Heureux ceux qui meurent au berceau ; ils n'ont connu que les baisers et les souris d'une mère ! »

Déjà subjugués par notre propre cœur, nous fûmes accablés par ces images d'amour et de maternité, qui semblaient nous poursuivre dans ces solitudes enchantées. J'emportai Atala dans mes bras au fond de la forêt, et je lui dis des choses qu'aujourd'hui je chercherais en vain sur mes lèvres. Le vent du midi, mon cher fils, perd sa chaleur en passant sur des montagnes de glace. Les souvenirs de l'amour dans le cœur d'un vieillard sont comme les feux du jour réfléchis par l'orbe paisible de la lune, lorsque le soleil est couché et que le silence plane sur la hutte des sauvages.

Qui pouvait sauver Atala ? qui pouvait l'empêcher de succomber à la nature ? Rien qu'un miracle, sans doute ; et ce miracle fut fait ! La fille de Simaghan eut recours au Dieu des chrétiens ; elle se précipita sur la terre, et prononça une fervente oraison, adressée à sa mère et à la Reine des vierges. C'est de ce moment, ô René ! que j'ai conçu une merveilleuse idée de cette religion qui dans les forêts au milieu de toutes les privations de la vie, peut remplir de mille dons les infortunés ; de cette religion qui, opposant sa puissance au torrent des passions, suffit seule pour les vaincre, lorsque tout les favorise, et le secret des bois, et l'absence des hommes, et la fidélité des ombres. Ah ! qu'elle me parut divine, la simple sauvage, l'ignorante Atala, qui à genoux devant un vieux pin tombé, comme au pied d'un autel, offrait à son Dieu des vœux pour un amant idolâtre ! Ses yeux levés vers l'astre de la nuit, ses joues brillantes des pleurs de la religion et de l'amour, étaient d'une beauté immortelle. Plusieurs fois il me sembla qu'elle allait prendre son vol vers les cieux ; plusieurs fois je crus voir descendre sur les rayons de la lune et entendre dans les branches des arbres ces Génies que le Dieu des chrétiens envoie aux ermites des rochers, lorsqu'il se dispose à les rappeler à lui. J'en fus affligé, car je craignis qu'Atala n'eût que peu de temps à passer sur la terre.

Cependant elle versa tant de larmes, elle se montra si malheureuse, que j'allais peut-être consentir à m'éloigner, lorsque le cri de mort retentit dans la forêt. Quatre hommes armés se précipitent sur moi : nous avions été découverts ; le chef de guerre avait donné l'ordre de nous poursuivre.

Atala, qui ressemblait à une reine pour l'orgueil de la démarche, dédaigna de parler à ces guerriers. Elle leur lança un regard superbe, et se rendit auprès de Simaghan.

Elle ne put rien obtenir. On redoubla mes gardes, on multiplia mes chaînes, on écarta mon amante. Cinq nuits s'écoulent, et nous apercevons Apalachucla, situé au bord de la rivière Chata-Uche. Aussitôt on me couronne de fleurs ; on me peint le visage d'azur et de vermillon ; on m'attache des perles au nez et aux oreilles et l'on me met à la main un chichikoué [11].

Ainsi paré pour le sacrifice, j'entre dans Apalachucla aux cris répétés de la foule. C'en était fait de ma vie, quand tout à coup le bruit d'une conque se fait entendre, et le Mico, ou chef de la nation, ordonne de s'assembler.

Tu connais, mon fils, les tourments que les sauvages font subir aux prisonniers de guerre. Les missionnaires chrétiens,

11. *Chichikoué* : « instrument de musique des Sauvages ». [Note de Chateaubriand.]

au péril de leurs jours et avec une charité infatigable, étaient parvenus chez plusieurs nations à faire substituer un esclavage assez doux aux horreurs du bûcher. Les Muscogulges n'avoient point encore adopté cette coutume, mais un parti nombreux s'était déclaré en sa faveur. C'était pour prononcer sur cette importante affaire que le Mico convoquait les Sachems. On me conduit au lieu des délibérations.

Non loin d'Apalachucla s'élevait, sur un tertre isolé, le pavillon du conseil. Trois cercles de colonne formaient l'élégante architecture de cette rotonde. Les colonnes étaient de cyprès poli et sculpté ; elles augmentaient en hauteur et en épaisseur et diminuaient en nombre à mesure qu'elles se rapprochaient du centre, marqué par un pilier unique. Du sommet de ce pilier partaient des bandes d'écorce, qui, passant sur le sommet des autres colonnes, couvraient le pavillon en forme d'éventail à jour.

Le conseil s'assemble. Cinquante vieillards, en manteau de castor, se rangent sur des espèces de gradins faisant face à la porte du pavillon. Le grand chef est assis au milieu d'eux, tenant à la main le calumet de paix à demi coloré pour la guerre. A la droite des vieillards se placent cinquante femmes couvertes d'une robe de plumes de cygne. Les chefs de guerre, le tomahawk [12] à la main, le pennage [13] en tête, les bras et la poitrine teints de sang, prennent la gauche.

Au pied de la colonne centrale brûle le feu du conseil. Le premier jongleur, environné des huit gardiens du temple, vêtu de longs habits et portant un hibou empaillé sur la tête, verse du baume de copalme sur la flamme et offre un sacrifice au soleil. Ce triple rang de vieillards, de matrones, de guerriers, ces prêtres, ces nuages d'encens, ce sacrifice, tout sert à donner à ce conseil un appareil imposant.

---

12. *Tomahawk* : « hache ». [Note de Chateaubriand.]
13. *Pennage* : coiffure de plumes.

J'étais debout enchaîné au milieu de l'assemblée. Le sacrifice achevé, le Mico prend la parole et expose avec simplicité l'affaire qui rassemble le conseil. Il jette un collier bleu dans la salle en témoignage de ce qu'il vient de dire.

Alors un Sachem de la tribu de l'Aigle se lève et parle ainsi :

« Mon père le Mico, Sachems, matrones, guerriers des quatre tribus de l'Aigle, du Castor, du Serpent et de la Tortue, ne changeons rien aux mœurs de nos aïeux ; brûlons le prisonnier, et n'amollissons point nos courages. C'est une coutume des blancs qu'on vous propose, elle ne peut être que pernicieuse. Donnez un collier rouge qui contienne mes paroles. J'ai dit. »

Et il jette un collier rouge dans l'assemblée.

Une matrone se lève et dit :

« Mon père l'Aigle, vous avez l'esprit d'un renard et la prudente lenteur d'une tortue. Je veux polir avec vous la chaîne d'amitié, et nous planterons ensemble l'arbre de paix. Mais changeons les coutumes de nos aïeux en ce qu'elles ont de funeste. Ayons des esclaves qui cultivent nos champs, et n'entendons plus les cris des prisonniers, qui troublent le sein des mères. J'ai dit. »

Comme on voit les flots de la mer se briser pendant un orage, comme en automne les feuilles séchées sont enlevées par un tourbillon, comme les roseaux du Meschacebé plient et se relèvent dans une inondation subite, comme un grand troupeau de cerfs brame au fond d'une forêt, ainsi s'agitait et murmurait le conseil. Des Sachems, des guerriers, des matrones parlent tour à tour ou tous ensemble. Les intérêts se choquent, les opinions se divisent, le conseil va se dissoudre, mais enfin l'usage antique l'emporte et je suis condamné au bûcher.

Une circonstance vint retarder mon supplice : la *Fête des morts* ou *Festin des âmes* approchait. Il est d'usage de ne faire mourir aucun captif pendant les jours consacrés à cette cérémonie. On me confia à une garde sévère, et sans doute les Sachems éloignèrent la fille de Simaghan, car je ne la revis plus.

Cependant les nations de plus de trois cents lieues à la ronde arrivaient en foule pour célébrer le *Festin des âmes.* On avait bâti une longue hutte sur un site écarté. Au jour marqué, chaque cabane exhuma les restes de ses pères de leurs tombeaux particuliers, et l'on suspendit les squelettes, par ordre et par famille, aux murs de la *Salle commune des aïeux.* Les vents (une tempête s'était élevée), les forêts, les cataractes mugissaient au dehors, tandis que les vieillards des diverses nations concluaient entre eux des traités de paix et d'alliance sur les os de leurs pères.

On célèbre les jeux funèbres, la course, la balle, les osselets. Deux vierges cherchent à s'arracher une baguette de saule. Les boutons de leurs seins viennent se toucher ; leurs mains voltigent sur la baguette, qu'elles élèvent au-dessus de leurs têtes. Leurs beaux pieds nus s'entrelacent, leurs bouches se rencontrent, leurs douces haleines se confondent ; elles se penchent et mêlent leurs chevelures ; elles regardent leurs mères, rougissent[14] : on applaudit. Le Jongleur invoque Michabou, génie des eaux. Il raconte les guerres du grand Lièvre contre Matchimanitou, dieu du mal. Il dit le premier homme et Atahensic la première femme précipités du ciel pour avoir perdu l'innocence, la terre rougie du sang fraternel, Jouskeka l'impie immolant le juste Tahouistsaron, le déluge descendant à la voix du grand Esprit, Massou sauvé seul dans son canot d'écorce, et le corbeau envoyé à la découverte de la terre ; il dit encore la belle Endaé, retirée de la contrée des âmes par les douces chansons de son époux.

Après ces jeux et ces cantiques, on se prépare à donner aux aïeux une éternelle sépulture.

14. « La rougeur est sensible chez les jeunes Sauvages. » [Note de Chateaubriand.]

Sur les bords de la rivière Chata-Uche se voyait un figuier sauvage, que le culte des peuples avait consacré. Les vierges avoient accoutumé de laver leurs robes d'écorce dans ce lieu et de les exposer au souffle du désert, sur les rameaux de l'arbre antique. C'était là qu'on avait creusé un immense tombeau. On part de la salle funèbre en chantant l'hymne à la mort ; chaque famille porte quelques débris sacrés. On arrive à la tombe, on y descend les reliques ; on les y étend par couches, on les sépare avec des peaux d'ours et de castor ; le mont du tombeau s'élève, et l'on y plante l'*Arbre des pleurs et du sommeil.*

Plaignons les hommes, mon cher fils ! Ces mêmes Indiens dont les coutumes sont si touchantes, ces mêmes femmes qui m'avoient témoigné un intérêt si tendre, demandaient maintenant mon supplice à grands cris, et des nations entières retardaient leur départ pour avoir le plaisir de voir un jeune homme souffrir des tourments épouvantables.

Dans une vallée au nord, à quelque distance du grand village, s'élevait un bois de cyprès et de sapins, appelé le *Bois du sang*. On y arrivait par les ruines d'un de ces monuments dont on ignore l'origine, et qui sont l'ouvrage d'un peuple maintenant inconnu. Au centre de ce bois s'étendait une arène où l'on sacrifiait les prisonniers de guerre. On m'y conduit en triomphe. Tout se prépare pour ma mort : on plante le poteau d'Areskoui [15] ; les pins, les ormes, les cyprès tombent sous la cognée ; le bûcher s'élève ; les spectateurs bâtissent des amphithéâtres avec des branches et des troncs d'arbres. Chacun invente un supplice : l'un se propose de m'arracher la peau du crâne, l'autre de me brûler les yeux avec des haches ardentes. Je commence ma chanson de mort :

« Je ne crains point les tourments : je suis brave, ô Muscogulges ! Je vous défie ; je vous méprise plus que des femmes.

15. *Areskoui* : « dieu de la guerre ». [Note de Chateaubriand.]

Mon père Outalissi, fils de Miscou, a bu dans le crâne de vos plus fameux guerriers ; vous n'arracherez pas un soupir de mon cœur. »

Provoqué par ma chanson, un guerrier me perça le bras d'une flèche ; je dis : « Frère, je te remercie. »

Malgré l'activité des bourreaux, les préparatifs du supplice ne purent être achevés avant le coucher du soleil. On consulta le Jongleur, qui défendit de troubler les Génies des ombres, et ma mort fut encore suspendue jusqu'au lendemain. Mais, dans l'impatience de jouir du spectacle et pour être plus tôt prêts au lever de l'aurore, les Indiens ne quittèrent point le *Bois du sang ;* ils allumèrent de grands feux et commencèrent des festins et des danses.

Cependant on m'avait étendu sur le dos. Des cordes partant de mon cou, de mes pieds, de mes bras, allaient s'attacher à des piquets enfoncés en terre. Des guerriers étaient couchés sur ces cordes, et je ne pouvais faire un mouvement sans qu'ils n'en fussent avertis. La nuit s'avance : les chants et les danses cessent par degrés ; les feux ne jettent plus que des lueurs rougeâtres, devant lesquelles on voit encore passer les ombres de quelques sauvages ; tout s'endort : à mesure que le bruit des hommes s'affaiblit, celui du désert augmente, et au tumulte des voix succèdent les plaintes du vent dans la forêt.

C'était l'heure où une jeune Indienne qui vient d'être mère se réveille en sursaut au milieu de la nuit, car elle a cru entendre les cris de son premier-né, qui lui demande la douce nourriture. Les yeux attachés au ciel, où le croissant de la nuit errait dans les nuages, je réfléchissais sur ma destinée. Atala me semblait un monstre d'ingratitude : m'abandonner au moment du supplice, moi qui m'étais dévoué aux flammes plutôt que de la quitter ! Et pourtant je sentais que je l'aimais toujours et que je mourrais avec joie pour elle.

Il est dans les extrêmes plaisirs un aiguillon qui nous éveille, comme pour nous avertir de profiter de ce moment rapide ; dans les grandes douleurs, au contraire, je ne sais quoi de pesant nous endort : des yeux fatigués par les larmes cherchent naturellement à se fermer, et la bonté de la Providence se fait ainsi remarquer jusque dans nos infortunes. Je cédai malgré moi à ce lourd sommeil que goûtent quelquefois les misérables. Je rêvais qu'on m'ôtait mes chaînes ; je croyais sentir ce soulagement qu'on éprouve lorsque, après avoir été fortement pressé, une main secourable relâche nos fers.

Cette sensation devint si vive qu'elle me fit soulever les paupières. A la clarté de la lune, dont un rayon s'échappait entre deux nuages, j'entrevois une grande figure blanche penchée sur moi et occupée à dénouer silencieusement mes liens. J'allais pousser un cri, lorsqu'une main, que je reconnus à l'instant, me ferma la bouche. Une seule corde restait, mais il paraissait impossible de la couper sans toucher un guerrier qui la couvrait tout entière de son corps. Atala y porte la main ; le guerrier s'éveille à demi, et se dresse sur son séant. Atala reste immobile et le regarde. L'Indien croit voir l'Esprit des ruines ; il se recouche en fermant les yeux et en invoquant son Manitou. Le lien est brisé. Je me lève ; je suis ma libératrice, qui me tend le bout d'un arc dont elle tient l'autre extrémité. Mais que de dangers nous environnent ! Tantôt nous sommes près de heurter des sauvages endormis ; tantôt une garde nous interroge, et Atala répond en changeant sa voix. Des enfants poussent des cris, des dogues aboient. A peine sommes-nous sortis de l'enceinte funeste, que des hurlements ébranlent la forêt. Le camp se réveille, mille feux s'allument, on voit courir de tous côtés des sauvages avec des flambeaux : nous précipitons notre course.

Quand l'aurore se leva sur les Apalaches, nous étions déjà loin. Quelle fut ma félicité lorsque je me trouvai encore une fois dans la solitude avec Atala, avec Atala ma libératrice, avec Atala qui se donnait à moi pour toujours ! Les paroles manquèrent à ma langue ; je tombai à genoux, et je dis à la fille de Simaghan : « Les hommes sont bien peu de chose ; mais quand les Génies les visitent, alors ils ne sont rien du tout. Vous êtes un Génie, vous m'avez visité, et je ne puis parler devant vous. » Atala me tendit la main avec un sourire : « Il faut bien, dit-elle, que je vous suive, puisque vous ne voulez pas fuir sans moi. Cette nuit, j'ai séduit le Jongleur par des présents, j'ai enivré vos bourreaux avec de l'essence de feu[16], et j'ai dû hasarder ma vie pour vous, puisque vous aviez donné la vôtre pour moi. Oui, jeune idolâtre, ajouta-t-elle avec un accent qui m'effraya, le sacrifice sera réciproque. »

Atala me remit les armes qu'elle avait eu soin d'apporter : ensuite elle pansa ma blessure. En l'essuyant avec une feuille de papaya, elle la mouillait de ses larmes. « C'est un baume, lui dis-je, que tu répands sur ma plaie. » « Je crains plutôt que ce ne soit un poison », répondit-elle. Elle déchira un des voiles de son sein, dont elle fit une première compresse, qu'elle attacha avec une boucle de ses cheveux.

L'ivresse, qui dure longtemps chez les sauvages et qui est pour eux une espèce de maladie, les empêcha sans doute de nous poursuivre durant les premières journées. S'ils nous cherchèrent ensuite, il est probable que ce fut du côté du couchant, persuadés que nous aurions essayé de nous rendre au Meschacebé ; mais nous avions pris notre route vers l'étoile immobile[17], en nous dirigeant sur la mousse du tronc des arbres.

Nous ne tardâmes pas à nous apercevoir que nous avions peu gagné à ma délivrance. Le désert déroulait maintenant devant nous ses solitudes démesurées. Sans expérience de la vie des forêts, détournés de notre vrai chemin et marchant à l'aventure, qu'allions-nous devenir ? Souvent, en regardant

16. *Essence de feu* : « eau-de-vie ». [Note de Chateaubriand.]
17. *Étoile immobile* : « le Nord ». [Note de Chateaubriand.]

Atala, je me rappelais cette antique histoire d'Agar[18], que Lopez m'avait fait lire, et qui est arrivée dans le désert de Bersabée, il y a bien longtemps, alors que les hommes vivaient trois âges de chêne.

Atala me fit un manteau avec la seconde écorce du frêne, car j'étais presque nu. Elle me broda des mocassines[19] de peau de rat musqué avec du poil de porc-épic. Je prenais soin à mon tour de sa parure. Tantôt je lui mettais sur la tête une couronne de ces mauves bleues que nous trouvions sur notre route, dans des cimetières indiens abandonnés ; tantôt je lui faisais des colliers avec des graines rouges d'azalea, et puis je me prenais à sourire en contemplant sa merveilleuse beauté.

Quand nous rencontrions un fleuve, nous le passions sur un radeau ou à la nage. Atala appuyait une de ses mains sur mon épaule, et, comme deux cygnes voyageurs, nous traversions ces ondes solitaires.

Souvent, dans les grandes chaleurs du jour, nous cherchions un abri sous les mousses des cèdres. Presque tous les arbres de la Floride, en particulier le cèdre et le chêne vert, sont couverts d'une mousse blanche qui descend de leurs rameaux jusqu'à terre. Quand la nuit, au clair de la lune, vous apercevez sur la nudité d'une savane une yeuse isolée revêtue de cette draperie, vous croiriez voir un fantôme traînant après lui ses longs voiles. La scène n'est pas moins pittoresque au grand jour, car une foule de papillons, de mouches brillantes, de colibris, de perruches vertes, de geais d'azur, vient s'accrocher à ces mousses, qui produisent alors l'effet d'une tapisserie en laine blanche où l'ouvrier européen aurait brodé des insectes et des oiseaux éclatants.

---

18. *Agar* : servante égyptienne d'Abraham, avec qui elle a un fils, Ismaël. Chassée à la demande de Sara – l'épouse légitime –, elle est sur le point de mourir de soif avec son enfant dans le désert de Bersabée, lorsqu'un ange leur porte secours en leur montrant un puits (Genèse, 21).
19. *Mocassines* : « chaussures indiennes ». [Note de Chateaubriand.]

C'était dans ces riantes hôtelleries, préparées par le grand Esprit, que nous nous reposions à l'ombre. Lorsque les vents descendaient du ciel pour balancer ce grand cèdre, que le château aérien bâti sur ses branches allait flottant avec les oiseaux et les voyageurs endormis sous ses abris, que mille soupirs sortaient des corridors et des voûtes du mobile édifice, jamais les merveilles de l'ancien Monde n'ont approché de ce monument du désert.

Chaque soir nous allumions un grand feu et nous bâtissions la hutte du voyage avec une écorce élevée sur quatre piquets. Si j'avais tué une dinde sauvage, un ramier, un faisan des bois, nous le suspendions devant le chêne embrasé, au bout d'une gaule plantée en terre, et nous abandonnions au vent le soin de tourner la proie du chasseur. Nous mangions des mousses appelées *tripes de roche*, des écorces sucrées de bouleau, et des pommes de mai, qui ont le goût de la pêche et de la framboise. Le noyer noir, l'érable, le sumac, fournissaient le vin à notre table. Quelquefois j'allais chercher parmi les roseaux une plante dont la fleur allongée en cornet contenait un verre de la plus pure rosée. Nous bénissions la Providence, qui sur la faible tige d'une fleur avait placé cette source limpide au milieu des marais corrompus, comme elle a mis l'espérance au fond des cœurs ulcérés par le chagrin, comme elle a fait jaillir la vertu du sein des misères de la vie !

Hélas ! je découvris bientôt que je m'étais trompé sur le calme apparent d'Atala. A mesure que nous avancions, elle devenait triste. Souvent elle tressaillait sans cause et tournait précipitamment la tête. Je la surprenais attachant sur moi un regard passionné qu'elle reportait vers le ciel avec une profonde mélancolie. Ce qui m'effrayait surtout était un secret, une pensée cachée au fond de son âme, que j'entrevoyais dans ses yeux. Toujours m'attirant et me repoussant, ranimant et détruisant mes espérances quand je croyais avoir fait un peu de chemin dans son cœur, je me retrouvais au même point. Que de fois elle m'a dit : « O mon jeune amant ! je t'aime comme l'ombre des bois au milieu du jour ! Tu es beau comme le désert avec toutes ses fleurs et toutes ses brises. Si je me penche sur toi, je frémis : si ma main tombe sur la tienne, il me semble que je vais mourir. L'autre jour le vent jeta tes cheveux sur mon visage tandis que tu te délassais sur mon sein, je crus sentir le léger toucher des Esprits invisibles. Oui, j'ai vu les chevrettes de la montagne d'Occone, j'ai entendu le propos des hommes rassasiés de jours : mais la douceur des chevreaux et la sagesse des vieillards sont moins plaisantes et moins fortes que tes paroles. Eh bien, pauvre Chactas, je ne serai jamais ton épouse ! »

Les perpétuelles contradictions de l'amour et de la religion d'Atala, l'abandon de sa tendresse et la chasteté de ses mœurs, la fierté de son caractère et sa profonde sensibilité, l'élévation de son âme dans les grandes choses, sa susceptibilité dans les petites, tout en faisait pour moi un être incompréhensible. Atala ne pouvait pas prendre sur un homme un faible empire : pleine de passions, elle était pleine de puissance ; il fallait ou l'adorer ou la haïr.

Après quinze nuits d'une marche précipitée, nous entrâmes dans la chaîne des monts Alleganys et nous atteignîmes une des branches du Tenase, fleuve qui se jette dans l'Ohio. Aidé des conseils d'Atala, je bâtis un canot, que j'enduisis de gomme de prunier, après en avoir recousu les écorces avec des racines de sapin. Ensuite je m'embarquai avec Atala, et nous nous abandonnâmes au cours du fleuve.

Le village indien de Sticoé, avec ses tombes pyramidales et ses huttes en ruine, se montrait à notre gauche, au détour d'un promontoire ; nous laissions à droite la vallée de Keow, terminée par la perspective des cabanes de Jore, suspendues au front de la montagne du même nom. Le fleuve qui nous entraînait coulait entre de hautes falaises, au bout desquelles on apercevait le soleil couchant. Ces profondes solitudes n'étaient point troublées par la présence de l'homme. Nous ne vîmes qu'un chasseur indien, qui, appuyé sur son arc et immobile sur la pointe d'un rocher, ressemblait à une statue élevée dans la montagne au Génie de ces déserts.

Atala et moi nous joignions notre silence au silence de cette scène. Tout à coup la fille de l'exil fit éclater dans les airs une voix pleine d'émotion et de mélancolie ; elle chantait la patrie absente :

« Heureux ceux qui n'ont point vu la fumée des fêtes de l'étranger et qui ne se sont assis qu'aux festins de leurs pères !

Si le geai bleu du Meschacebé disait à la nonpareille des Florides : Pourquoi vous plaignez-vous si tristement ? n'avez-vous pas ici de belles eaux et de beaux ombrages, et toutes sortes de pâtures comme dans vos forêts ? — Oui, répondrait la nonpareille fugitive, mais mon nid est dans le jasmin : qui me l'apportera ? Et le soleil de ma savane, l'avez-vous ?

Heureux ceux qui n'ont point vu la fumée des fêtes de l'étranger et qui ne se sont assis qu'aux festins de leurs pères !

Après les heures d'une marche pénible, le voyageur s'assied tranquillement. Il contemple autour de lui les toits des hommes ; le voyageur n'a pas un lieu où reposer sa tête. Le voyageur frappe à la cabane, il met son arc derrière la porte, il demande l'hospitalité ; le maître fait un geste de la main ; le voyageur reprend son arc, et retourne au désert !

Heureux ceux qui n'ont point vu la fumée des fêtes de l'étranger et qui ne se sont assis qu'aux festins de leurs pères !

Merveilleuses histoires racontées autour du foyer, tendres épanchements du cœur, longues habitudes d'aimer si nécessaires à la vie, vous avez rempli les journées de ceux qui n'ont point quitté leur pays natal ! Leurs tombeaux sont dans leur patrie, avec le soleil couchant, les pleurs de leurs amis et les charmes de la religion.

Heureux ceux qui n'ont point vu la fumée des fêtes de l'étranger et qui ne se sont assis qu'aux festins de leurs pères ! »

Ainsi chantait Atala. Rien n'interrompait ses plaintes, hors le bruit insensible de notre canot sur les ondes. En deux ou trois endroits seulement elles furent recueillies par un faible écho, qui les redit à un second plus faible, et celui-ci à un troisième plus faible encore : on eût cru que les âmes de deux amants jadis infortunés comme nous, attirées par cette mélodie touchante, se plaisaient à en soupirer les derniers sons dans la montagne.

Cependant la solitude, la présence continuelle de l'objet aimé, nos malheurs mêmes, redoublaient à chaque instant notre amour. Les forces d'Atala commençaient à l'abandonner, et les passions en abattant son corps, allaient triompher de sa vertu. Elle priait continuellement sa mère, dont elle avait l'air de vouloir apaiser l'ombre irritée. Quelquefois elle me demandait si je n'entendais pas une voix plaintive, si je ne voyais pas des flammes sortir de la terre. Pour moi, épuisé de fatigue, mais toujours brûlant de désir, songeant que j'étais peut-être perdu sans retour au milieu de ces forêts, cent fois je fus prêt à saisir mon épouse dans mes bras, cent fois je lui proposai de bâtir une hutte sur ces rivages et de nous y ensevelir ensemble. Mais elle me résista toujours : « Songez, me disait-elle, mon jeune ami, qu'un guerrier se doit à sa patrie. Qu'est-ce qu'une femme auprès des devoirs que tu as à remplir ? Prends courage, fils d'Outalissi ; ne murmure point contre ta destinée. Le cœur de l'homme est comme l'éponge du fleuve, qui tantôt boit une onde pure dans les temps de sérénité, tantôt s'enfle d'une eau bourbeuse quand le ciel a troublé les eaux. L'éponge a-t-elle le droit de dire : Je croyais qu'il n'y aurait jamais d'orages, que le soleil ne serait jamais brûlant? »

O René! si tu crains les troubles du cœur, défie-toi de la solitude: les grandes passions sont solitaires, et les transporter au désert, c'est les rendre à leur empire. Accablés de soucis et de craintes, exposés à tomber entre les mains des Indiens ennemis, à être engloutis dans les eaux, piqués des serpents, dévorés des bêtes, trouvant difficilement une chétive nourriture, et ne sachant plus de quel côté tourner nos pas, nos maux semblaient ne pouvoir plus s'accroître, lorsqu'un accident y vint mettre le comble.

C'était le vingt-septième soleil depuis notre départ des cabanes: *la lune de feu*[20] avait commencé son cours, et tout annonçait un orage. Vers l'heure où les matrones indiennes suspendent la crosse du labour aux branches du savinier et où les perruches se retirent dans le creux des cyprès, le ciel commença à se couvrir. Les voix de la solitude s'éteignirent, le désert fit silence et les forêts demeurèrent dans un calme universel. Bientôt les roulements d'un tonnerre lointain, se prolongeant dans ces bois aussi vieux que le monde, en firent sortir des bruits sublimes. Craignant d'être submergés, nous nous hâtâmes de gagner le bord du fleuve et de nous retirer dans une forêt.

Ce lieu était un terrain marécageux. Nous avancions avec peine sous une voûte de smilax, parmi des ceps de vigne, des indigos, des faséoles, des lianes rampantes, qui entravaient nos pieds comme des filets. Le sol spongieux tremblait autour de nous, et à chaque instant nous étions près d'être engloutis dans des fondrières. Des insectes sans nombre, d'énormes chauves-souris, nous aveuglaient; les serpents à sonnettes bruissaient de toutes parts, et les loups, les ours, les carcajous[21], les petits tigres, qui venaient se cacher dans

20. *Lune de feu*: « mois de juillet ». [Note de Chateaubriand.]
21. *Carcajou*: mot emprunté, par l'intermédiaire du français canadien, à la langue algonquine. Il s'agit d'un mammifère d'Amérique du Nord, dont l'espèce est voisine de celle du blaireau, nommé aussi « blaireau du Labrador ».

ces retraites, les remplissaient de leurs rugissements.

Cependant l'obscurité redouble : les nuages abaissés entrent sous l'ombrage des bois. La nue se déchire, et l'éclair trace un rapide losange de feu, un vent impétueux, sorti du couchant, roule les nuages sur les nuages ; les forêts plient, le ciel s'ouvre coup sur coup, et à travers ses crevasses on aperçoit de nouveaux cieux et des campagnes ardentes. Quel affreux, quel magnifique spectacle ! La foudre met le feu dans les bois ; l'incendie s'étend comme une chevelure de flammes ; des colonnes d'étincelles et de fumée assiègent les nues, qui vomissent leurs foudres dans le vaste embrasement. Alors le grand Esprit couvre les montagnes d'épaisses ténèbres ; du milieu de ce vaste chaos s'élève un mugissement confus formé par le fracas des vents, le gémissement des arbres, le hurlement des bêtes féroces, le bourdonnement de l'incendie et la chute répétée du tonnerre qui siffle en s'éteignant dans les eaux.

Le grand Esprit le sait ! Dans ce moment je ne vis qu'Atala, je ne pensai qu'à elle. Sous le tronc penché d'un bouleau, je parvins à la garantir des torrents de la pluie. Assis moi-même sous l'arbre, tenant ma bien-aimée sur mes genoux, et réchauffant ses pieds nus entre mes mains, j'étais plus heureux que la nouvelle épouse qui sent pour la première fois son fruit tressaillir dans son sein.

Nous prêtions l'oreille au bruit de la tempête ; tout à coup je sentis une larme d'Atala tomber sur mon sein : « Orage du cœur, m'écriai-je, est-ce une goutte de votre pluie ? » Puis, embrassant étroitement celle que j'aimais : « Atala, lui dis-je, vous me cachez quelque chose. Ouvre-moi ton cœur, ô ma beauté ! cela fait tant de bien quand un ami regarde dans notre âme ! Raconte-moi cet autre secret de la douleur, que tu t'obstines à taire. Ah ! je le vois, tu pleures ta patrie. » Elle repartit aussitôt : « Enfant des hommes, comment pleurerais-je ma patrie, puisque mon père n'était pas du pays des palmiers ? — Quoi ! répliquai-je avec un profond étonnement. votre père n'était point du pays des palmiers ! Quel est donc celui qui vous a mise sur cette terre ? Répondez. » Atala dit ces paroles :

« Avant que ma mère eût apporté en mariage au guerrier Simaghan trente cavales, vingt buffles, cent mesures d'huile de glands, cinquante peaux de castors et beaucoup d'autres richesses, elle avait connu un homme de la chair blanche. Or, la mère de ma mère lui jeta de l'eau au visage, et la contraignit d'épouser le magnanime Simaghan, tout semblable à un roi et honoré des peuples comme un Génie. Mais ma mère dit à son nouvel époux : « Mon ventre a conçu, tuez-moi. » Simaghan lui répondit : « Le grand Esprit me garde d'une si mauvaise action ! Je ne vous mutilerai point, je ne vous couperai point le nez ni les oreilles, parce que vous avez été sincère et que vous n'avez point trompé ma couche. Le fruit de vos entrailles sera mon fruit, et je ne vous visiterai qu'après le départ de l'oiseau de rizière, lorsque la treizième lune aura brillé. » En ce temps-là je brisai le sein de ma mère et je commençai à croître, fière comme une Espagnole et comme une sauvage. Ma mère me fit chrétienne, afin que son Dieu et le Dieu de mon père fût aussi mon Dieu. Ensuite le chagrin d'amour vint la chercher, et elle descendit dans la petite cave garnie de peaux d'où l'on ne sort jamais. »

Telle fut l'histoire d'Atala. « Et quel était donc ton père, pauvre orpheline ? lui dis-je ; comment les hommes l'appelaient-ils sur la terre et quel nom portait-il parmi les Génies ? — Je n'ai jamais lavé les pieds de mon père, dit Atala ; je sais seulement qu'il vivait avec sa sœur à Saint-Augustin [22] et qu'il a toujours été fidèle à ma mère : *Philippe* était son nom parmi les anges, et les hommes le nommaient *Lopez*. »

22. *Saint-Augustin* : port espagnol, sur la côte de Floride.

A ces mots je poussai un cri qui retentit dans toute la solitude ; le bruit de mes transports se mêla au bruit de l'orage. Serrant Atala sur mon cœur, je m'écriai avec des sanglots : « O ma sœur ! ô fille de Lopez ! fille de mon bienfaiteur ! » Atala, effrayée, me demanda d'où venait mon trouble ; mais quand elle sut que Lopez était cet hôte généreux qui m'avait adopté à Saint Augustin, et que j'avais quitté pour être libre, elle fut saisie elle-même de confusion et de joie.

C'en était trop pour nos cœurs que cette amitié fraternelle qui venait nous visiter et joindre son amour à notre amour. Désormais les combats d'Atala allaient devenir inutiles ! en vain je la sentis porter une main à son sein et faire un mouvement extraordinaire : déjà je l'avais saisie, déjà je m'étais enivré de son souffle, déjà j'avais bu toute la magie de l'amour sur ses lèvres. Les yeux levés vers le ciel, à la lueur des éclairs, je tenais mon épouse dans mes bras en présence de l'Éternel. Pompe nuptiale, digne de nos malheurs et de la grandeur de nos amours ; superbes forêts qui agitiez vos lianes et vos dômes comme les rideaux et le ciel de notre couche, pins embrasés qui formiez les flambeaux de notre hymen, fleuve débordé, montagnes mugissantes, affreuse et sublime nature, n'étiez-vous donc qu'un appareil préparé pour nous tromper, et ne pûtes-vous cacher un moment dans vos mystérieuses horreurs la félicité d'un homme ?

Atala n'offrait plus qu'une faible résistance ; je touchais au moment du bonheur quand tout à coup un impétueux éclair, suivi d'un éclat de la foudre, sillonne l'épaisseur des ombres, remplit la forêt de soufre et de lumière et brise un arbre à nos pieds. Nous fuyons. Oh surprise !... dans le silence qui succède nous entendons le son d'une cloche ! Tous deux interdits, nous prêtons l'oreille à ce bruit si étrange dans un désert. A l'instant un chien aboie dans le lointain ; il approche, il redouble ses cris, il arrive, il hurle de joie à nos pieds ; un vieux solitaire portant une petite lanterne le suit à travers les ténèbres de la forêt. « La Providence soit bénie ! s'écria-t-il aussitôt qu'il nous aperçut. Il y a bien longtemps que je vous cherche ! Notre chien vous a sentis dès le commencement de l'orage, et il m'a conduit ici. Bon Dieu ! comme ils sont jeunes ! Pauvres enfants ! comme ils ont dû souffrir ! Allons ! j'ai apporté une peau d'ours, ce sera pour cette jeune femme ; voici un peu de vin dans notre calebasse. Que Dieu soit loué dans toutes ses œuvres ! sa miséricorde est bien grande, et sa bonté est infinie ! »

Atala était aux pieds du religieux : « Chef de la prière, lui disait-elle, je suis chrétienne. C'est le ciel qui t'envoie pour me sauver. — Ma fille, dit l'ermite en la relevant, nous sonnons ordinairement la cloche de la mission pendant la nuit et pendant les tempêtes pour appeler les étrangers, et, à l'exemple de nos frères des Alpes et du Liban, nous avons appris à notre chien à découvrir les voyageurs égarés. » Pour moi, je comprenais à peine l'ermite ; cette charité me semblait si fort au-dessus de l'homme, que je croyais faire un songe. A la lueur de la petite lanterne que tenait le religieux, j'entrevoyais sa barbe et ses cheveux tout trempés d'eau ; ses pieds, ses mains et son visage étaient ensanglantés par les ronces. « Vieillard, m'écriai-je enfin, quel cœur as-tu donc, toi qui n'as pas craint d'être frappé par la foudre ? — Craindre ! repartit le père avec une sorte de chaleur ; craindre lorsqu'il y a des hommes en péril et que je leur puis être utile ! je serais donc un bien indigne serviteur de Jésus-Christ ! — Mais sais-tu, lui dis-je, que je ne suis pas chrétien ? — Jeune homme, répondit l'ermite, vous ai-je demandé votre religion ? Jésus-Christ n'a pas dit : « Mon sang lavera celui-ci, et non celui-là. » Il est mort pour le Juif et le gentil, et il n'a vu dans tous les hommes que des frères et des infortunés. Ce que je fais ici pour vous est fort peu de chose, et vous trouveriez ailleurs bien d'autres secours ; mais la gloire n'en doit point retomber sur les prêtres. Que sommes-nous, faibles solitaires, sinon de grossiers instruments d'une œuvre céleste ? Eh ! quel serait le soldat assez lâche pour reculer lorsque son chef, la croix à la main et le front couronné d'épines, marche devant lui au secours des hommes ? »

Ces paroles saisirent mon cœur ; des larmes d'admiration et de tendresse tombèrent de mes yeux. « Mes chers enfants, dit le missionnaire, je gouverne dans ces forêts un petit troupeau de vos frères sauvages. Ma grotte est assez près d'ici dans la montagne : venez vous réchauffer chez moi ; vous n'y trouverez pas les commodités de la vie, mais vous y aurez un abri, et il faut encore en remercier la bonté divine, car il y a bien des hommes qui en manquent. »

LES LABOUREURS

Il y a des justes dont la conscience est si tranquille, qu'on ne peut approcher d'eux sans participer à la paix qui s'exhale pour ainsi dire de leur cœur et de leurs discours. A mesure que le solitaire parlait, je sentais les passions s'apaiser dans mon sein, et l'orage même du ciel semblait s'éloigner à sa voix. Les nuages furent bientôt assez dispersés pour nous permettre de quitter notre retraite. Nous sortîmes de la forêt, et nous commençâmes à gravir le revers d'une haute montagne. Le chien marchait devant nous en portant au bout d'un bâton la lanterne éteinte. Je tenais la main d'Atala, et nous suivions le missionnaire. Il se détournait souvent pour nous regarder, contemplant avec pitié nos malheurs et notre jeunesse. Un livre était suspendu à son cou ; il s'appuyait sur un bâton blanc. Sa taille était élevée, sa figure pâle et maigre, sa physionomie simple et sincère. Il n'avait pas les traits morts et effacés de l'homme né sans passions ; on voyait que ses jours avoient été mauvais, et les rides de son front montraient les belles cicatrices des passions guéries par la vertu et par l'amour de Dieu et des hommes. Quand il nous parlait debout et immobile, sa longue barbe, ses yeux modestement baissés, le son affectueux de sa voix, tout en lui avait quelque chose de calme et de sublime. Quiconque a vu, comme moi, le père Aubry cheminant seul avec son bâton et son bréviaire dans le désert, a une véritable idée du voyageur chrétien sur la terre.

Après une demi-heure d'une marche dangereuse par les sentiers de la montagne, nous arrivâmes à la grotte du missionnaire. Nous y entrâmes à travers les lierres et les giraumonts humides, que la pluie avait abattus des rochers. Il n'y avait dans ce lieu qu'une natte de feuille de papaya, une calebasse pour puiser de l'eau, quelques vases, une bêche, un serpent familier et, sur une pierre qui servait de table, un crucifix et le livre des chrétiens.

L'homme des anciens jours se hâta d'allumer du feu avec des lianes sèches ; il brisa du maïs entre deux pierres, et, en ayant fait un gâteau, il le mit cuire sous la cendre. Quand ce gâteau eut pris au feu une belle couleur dorée, il nous le servit tout brûlant, avec de la crème de noix dans un vase d'érable. Le soir ayant ramené la sérénité, le serviteur du grand Esprit nous proposa d'aller nous asseoir à l'entrée de la grotte. Nous le suivîmes dans ce lieu, qui commandait une vue immense. Les restes de l'orage étaient jetés en désordre vers l'orient ; les feux de l'incendie allumé dans les forêts par la foudre brillaient encore dans le lointain ; au pied de la montagne, un bois de pins tout entier était renversé dans la vase, et le fleuve roulait pêle-mêle les argiles détrempées, les troncs des arbres, les corps des animaux et les poissons morts, dont on voyait le ventre argenté flotter à la surface des eaux.

Ce fut au milieu de cette scène qu'Atala raconta notre histoire au grand Génie de la montagne. Son cœur parut touché, et des larmes tombèrent sur sa barbe. « Mon enfant, dit-il à Atala, il faut offrir vos souffrances à dieu, pour la gloire de qui vous avez déjà fait tant de choses, il vous rendra le repos. Voyez fumer ces forêts, sécher ces torrents, se dissiper ces nuages : croyez-vous que celui qui peut calmer une pareille tempête ne pourra pas apaiser les troubles du cœur de l'homme ? Si vous n'avez pas de meilleure retraite, ma chère fille, je vous offre une place au milieu du troupeau que j'ai eu le bonheur d'appeler à Jésus-Christ. J'instruirai Chactas, et je vous le donnerai pour époux quand il sera digne de l'être. »

A ces mots je tombai aux genoux du solitaire en versant des pleurs de joie ; mais Atala devint pâle comme la mort. Le vieillard me releva avec bénignité, et je m'aperçus alors qu'il avait les deux mains mutilées. Atala comprit sur-le-champ ses malheurs. « Les barbares ! » s'écria-t-elle.

« Ma fille, reprit le père avec un doux sourire, qu'est-ce que cela auprès de ce qu'a enduré mon divin Maître ? Si les Indiens idolâtres m'ont affligé, ce sont de pauvres aveuglés que Dieu éclairera un jour. Je les chéris même davantage en proportion des maux qu'ils m'ont faits. Je n'ai pu rester dans ma patrie, où j'étais retourné, et où une illustre reine m'a fait l'honneur de vouloir contempler ces faibles marques de mon apostolat. Et quelle récompense plus glorieuse pouvais-je recevoir de mes travaux que d'avoir obtenu du chef de notre religion la permission de célébrer le divin sacrifice avec ces mains mutilées ? Il ne me restait plus, après un tel honneur, qu'à tâcher de m'en rendre digne : je suis revenu au Nouveau Monde consumer le reste de ma vie au service de mon Dieu. Il y a bientôt trente ans que j'habite cette solitude, et il y en aura demain vingt-deux que j'ai pris possession de ce rocher. Quand j'arrivai dans ces lieux, je n'y trouvai que des familles vagabondes, dont les mœurs étaient féroces et la vie fort misérable. Je leur ai fait entendre la parole de paix, et leurs mœurs se sont graduellement adoucies. Ils vivent maintenant rassemblés au bas de cette montagne. J'ai tâché, en leur apprenant les voies du salut, de leur apprendre les premiers arts de la vie, mais sans les porter trop loin, et en retenant ces honnêtes gens dans cette simplicité qui fait le bonheur. Pour moi, craignant de les gêner par ma présence, je me suis retiré sous cette grotte, où ils viennent me consulter. C'est ici que, loin des hommes, j'admire Dieu dans la grandeur de ces solitudes et que je me prépare à la mort, que m'annoncent mes vieux jours. »

En achevant ces mots, le solitaire se mit à genoux, et nous imitâmes son exemple. Il commença à haute voix une prière, à laquelle Atala répondait. De muets éclairs couvraient encore les cieux dans l'orient, et sur les nuages du couchant trois soleils [23] brillaient ensemble. Quelques renards dispersés par l'orage allongeaient leurs museaux noirs au bord des précipices, et l'on entendait le frémissement des plantes qui, séchant à la brise du soir, relevaient de toutes parts leurs tiges abattues.

Nous rentrâmes dans la grotte, où l'ermite étendit un lit de mousse de cyprès pour Atala. Une profonde langueur se peignait dans les yeux dans les mouvements de cette vierge ; elle regardait le père Aubry, comme si elle eût voulu lui communiquer un secret, mais quelque chose semblait la retenir, soit ma présence, soit une certaine honte, soit l'inutilité de l'aveu. Je l'entendis se lever milieu de la nuit ; elle cherchait le solitaire, mais comme il lui avait donné sa couche, il était allé contempler la beauté du ciel et prier Dieu sur le sommet de la montagne. Il me dit le lendemain que c'était assez sa coutume, même pendant l'hiver, aimant à voir les forêts balancer leurs cimes dépouillées, les nuages voler dans les cieux, et à entendre les vents et les torrents gronder dans la solitude. Ma sœur fut donc obligée de retourner à sa couche, où elle s'assoupit. Hélas ! comblé d'espérance, je ne vis dans la faiblesse d'Atala que des marques passagères de lassitude !

---

23. *Trois soleils* : illusion d'optique, due à la réfraction des rayons du soleil sur les petits cristaux de glace qui peuvent se trouver en suspension dans l'atmosphère.

Le lendemain, je m'éveillai aux chants des cardinaux et des oiseaux moqueurs nichés dans les acacias et les lauriers qui environnaient la grotte. J'allai cueillir une rose de magnolia, et je la déposai, humectée des larmes du matin, sur la tête d'Atala endormie. J'espérais, selon la religion de mon pays, que l'âme de quelque enfant mort à la mamelle serait descendue sur cette fleur dans une goutte de rosée, et qu'un heureux songe la porterait au sein de ma future épouse. Je cherchai ensuite mon hôte ; je le trouvai la robe relevée dans ses deux poches, un chapelet à la main et m'attendant assis sur le tronc d'un pin tombé de vieillesse. Il me proposa d'aller avec lui à la Mission, tandis qu'Atala reposait encore ; j'acceptai son offre, et nous nous mîmes en route à l'instant.

En descendant la montagne, j'aperçus des chênes où les Génies semblaient avoir dessiné des caractères étrangers. L'ermite me dit qu'il les avait tracés lui-même, que c'étaient des vers d'un ancien poète appelé *Homère* et quelques sentences d'un autre poète plus ancien encore, nommé *Salomon*. Il y avait je ne sais quelle mystérieuse harmonie entre cette sagesse des temps, ces vers rongés de mousse, ce vieux solitaire qui les avait gravés et ces vieux chênes qui lui servaient de livres.

Son nom, son âge, la date de sa mission étaient aussi marqués sur un roseau de savane, au pied de ces arbres. Je m'étonnai de la fragilité du dernier monument : « il durera encore plus que moi, me répondit le père, et aura toujours plus de valeur que le peu de bien que j'ai fait. »

De là nous arrivâmes à l'entrée d'une vallée, où je vis un ouvrage merveilleux : c'était un pont naturel, semblable à celui de la Virginie, dont tu as peut-être entendu parler. Les hommes, mon fils, surtout ceux de ton pays, imitent souvent la nature, et leurs copies sont toujours petites ; il n'en est pas ainsi de la nature quand elle a l'air d'imiter les travaux des hommes, en leur offrant en effet des modèles. C'est alors qu'elle jette des ponts du sommet d'une montagne au sommet d'une autre montagne, suspend des chemins dans les nues, répand des fleuves pour canaux, sculpte des monts pour colonnes, et pour bassins creuse des mers.

Nous passâmes sous l'arche unique de ce pont, et nous nous trouvâmes devant une autre merveille : c'était le cimetière des Indiens de la Mission, ou *les Bocages de la mort.* Le père Aubry avait permis à ses néophytes d'ensevelir leurs morts à leur manière et de conserver au lieu de leurs sépultures son nom sauvage ; il avait seulement sanctifié ce lieu par une croix[24]. Le sol en était divisé, comme le champ commun des moissons, en autant de lots qu'il y avait de familles. Chaque lot faisait à lui seul un bois qui variait selon le goût de ceux qui l'avoient planté. Un ruisseau serpentait sans bruit au milieu de ces bocages ; on l'appelait *le Ruisseau de la paix.* Ce riant asile des âmes était fermé à l'orient par le pont sous lequel nous avions passé ; deux collines le bornaient au septentrion et au midi ; il ne s'ouvrait qu'à l'occident· où s'élevait un grand bois de sapins. Les troncs de ces arbres, rouge marbré de vert, montant sans branches jusqu'à leurs cimes, ressemblaient à de hautes colonnes, et formaient le péristyle de ce temple de la mort ; il y régnait un bruit religieux, semblable au sourd mugissement de l'orgue sous les voûtes d'une église ; mais lorsqu'on pénétrait au fond du sanctuaire, on n'entendait plus que les hymnes des oiseaux qui célébraient à la mémoire des morts une fête éternelle.

En sortant de ce bois, nous découvrîmes le village de la Mission, situé au bord d'un lac, au milieu d'une savane semée de fleurs. On y arrivait par une avenue de magnolias et de chênes verts, qui bordaient une de ces anciennes routes que

24. « Le père Aubry avait fait comme les jésuites à la Chine, qui permettaient aux Chinois d'enterrer leurs parents dans leurs jardins, selon leur ancienne coutume. » [Note de Chateaubriand.]

l'on trouve vers les montagnes qui divisent le Kentucky des Florides. Aussitôt que les Indiens aperçurent leur pasteur dans la plaine, ils abandonnèrent leurs travaux, et accoururent au-devant de lui. Les uns baisaient sa robe, les autres aidaient ses pas ; les mères élevaient dans leurs bras leurs petits enfants pour leur faire voir l'homme de Jésus-Christ, qui répandait des larmes. Il s'informait en marchant de ce qui se passait au village ; il donnait un conseil à celui-ci, réprimandait doucement celui-là ; il parlait des moissons à recueillir, des enfants à instruire, des peines à consoler, et il mêlait Dieu à tous ses discours.

Ainsi escortés, nous arrivâmes au pied d'une grande croix qui se trouvait sur le chemin. C'était là que le serviteur de Dieu avait accoutumé de célébrer les mystères de sa religion : « Mes chers néophytes, dit-il en se tournant vers la foule, il vous est arrivé un frère et une sœur, et, pour surcroît de bonheur, je vois que la divine Providence a épargné hier vos moissons ; voilà deux grandes raisons de la remercier. Offrons donc le saint sacrifice, et que chacun y apporte un recueillement profond, une foi vive, une reconnaissance infinie et un cœur humilié. »

Aussitôt le prêtre divin revêt une tunique blanche d'écorce de mûrier, les vases sacrés sont tirés d'un tabernacle au pied de la croix, l'autel se prépare sur un quartier de roche, l'eau se puise dans le torrent voisin, et une grappe de raisin sauvage fournit le vin du sacrifice. Nous nous mettons tous à genoux dans les hautes herbes ; le mystère commence.

L'aurore, paraissant derrière les montagnes, enflammait l'orient. Tout était d'or ou de rose dans la solitude. L'astre annoncé par tant de splendeur sortit enfin d'un abîme de lumière, et son premier rayon rencontra l'hostie consacrée, que le prêtre en ce moment même élevait dans les airs. O charme de la religion ! O magnificence du culte chrétien ! Pour sacrificateur un vieil ermite, pour autel un rocher, pour église le désert, pour assistance d'innocents sauvages ! Non, je ne doute point qu'au moment où nous nous prosternâmes le grand mystère ne s'accomplit et que Dieu ne descendit sur la terre, car je le sentis descendre dans mon cœur.

Après le sacrifice, où il ne manqua pour moi que la fille de Lopez, nous nous rendîmes au village. Là régnait le mélange le plus touchant de la vie sociale et de la vie de la nature : au coin d'une cyprière de l'antique désert on découvrait une culture naissante ; les épis roulaient à flots d'or sur le tronc du chêne abattu, et la gerbe d'un été remplaçait l'arbre de trois siècles. Partout on voyait les forêts livrées aux flammes pousser de grosses fumées dans les airs, et la charrue se promener lentement entre les débris de leurs racines. Des arpenteurs avec de longues chaînes allaient mesurant le terrain ; des arbitres établissaient les premières propriétés ; l'oiseau cédait son nid ; le repaire de la bête féroce se changeait en une cabane ; on entendait gronder des forges, et les coups de la cognée faisaient pour la dernière fois mugir des échos, expirant eux-mêmes avec les arbres qui leur servaient d'asile.

J'errais avec ravissement au milieu de ces tableaux, rendus plus doux par l'image d'Atala et par les rêves de félicité dont je berçais mon cœur. J'admirais le triomphe du christianisme sur la vie sauvage ; je voyais l'Indien se civilisant à la voix de la religion ; j'assistais aux noces primitives de l'homme et de la terre : l'homme, par ce grand contrat, abandonnant à la terre l'héritage de ses sueurs, et la terre s'engageant en retour à porter fidèlement les moissons, les fils et les cendres de l'homme.

Cependant on présenta un enfant au missionnaire, qui le baptisa parmi des jasmins en fleurs, au bord d'une source, tandis qu'un cercueil, au milieu des jeux et des travaux, se rendait aux Bocages de la mort. Deux époux reçurent la bénédiction nuptiale sous un chêne, et nous allâmes ensuite les établir dans un coin du désert. Le pasteur marchait devant nous, bénissant çà et là, et le rocher, et l'arbre, et la fontaine, comme autrefois, selon le livre des chrétiens, Dieu bénit la terre inculte en la donnant en héritage à Adam. Cette procession, qui pêle-mêle avec ses troupeaux suivait de rocher en rocher son chef vénérable, représentait à mon cœur attendri ces migrations des premières familles, alors que Sem, avec ses enfants, s'avançait à travers le monde inconnu, en suivant le soleil qui marchait devant lui.

Je voulus savoir du saint ermite comment il gouvernait ses enfants ; il me répondit avec une grande complaisance : « Je ne leur ai donné aucune loi ; je leur ai seulement enseigné à s'aimer, à prier Dieu et à espérer une meilleure vie : toutes les lois du monde sont là-dedans. Vous voyez au milieu du village une cabane plus grande que les autres : elle sert de chapelle dans la saison des pluies. On s'y assemble soir et matin pour louer le Seigneur, et quand je suis absent, c'est un vieillard qui fait la prière, car la vieillesse est, comme la maternité, une espèce de sacerdoce. Ensuite on va travailler dans les champs, et si les propriétés sont divisées, afin que chacun puisse apprendre l'économie sociale, les moissons sont déposées dans des greniers communs, pour maintenir la charité fraternelle. Quatre vieillards distribuent avec égalité le produit du labour. Ajoutez à cela des cérémonies religieuses, beaucoup de cantiques ; la croix où j'ai célébré les mystères, l'ormeau sous lequel je prêche dans les bons jours, nos tombeaux tout près de nos champs de blé, nos fleuves, où je plonge les petits enfants et les saints Jean de cette nouvelle Béthanie[25], vous aurez une idée, complète de ce royaume de Jésus-Christ. »

25. *Béthanie* : selon l'Évangile de saint Jean, endroit situé sur la rive gauche du Jourdain.

Les paroles du solitaire me ravirent, et je sentis la supériorité de cette vie stable et occupée sur la vie errante et oisive du sauvage.

Ah, René ! je ne murmure point contre la Providence, mais j'avoue que je ne me rappelle jamais cette société évangélique sans éprouver l'amertume des regrets. Qu'une hutte avec Atala sur ces bords eût rendu ma vie heureuse ! Là finissaient toutes mes courses ; là, avec une épouse, inconnu des hommes, cachant mon bonheur au fond des forêts, j'aurais passé comme ces fleuves qui n'ont pas même un nom dans le désert. Au lieu de cette paix que j'osais alors me promettre, dans quel trouble n'ai-je point coulé mes jours ! Jouet continuel de la fortune, brisé sur tous les rivages, longtemps exilé de mon pays, et n'y trouvant à mon retour qu'une cabane en ruine et des amis dans la tombe, telle devait être la destinée de Chactas. »

LE DRAME

Si mon songe de bonheur fut vif, il fut aussi d'une courte durée, et le réveil m'attendait à la grotte du solitaire. Je fus surpris, en y arrivant au milieu du jour, de ne pas voir Atala accourir au-devant de nos pas. Je ne sais quelle soudaine horreur me saisit. En approchant de la grotte, je n'osais appeler la fille de Lopez : mon imagination était également épouvantée, ou du bruit, ou du silence qui succéderait à mes cris. Encore plus effrayé de la nuit qui régnait à l'entrée du rocher, je dis au missionnaire : « O vous que le ciel accompagne et fortifie, pénétrez dans ces ombres. »

Qu'il est faible celui que les passions dominent ! qu'il est fort celui qui se repose en Dieu ! Il y avait plus de courage dans ce cœur religieux, flétri par soixante-treize années, que dans toute l'ardeur de ma jeunesse. L'homme de paix entra dans la grotte, et je restai au dehors, plein de terreur.

Bientôt un faible murmure semblable à des plaintes sortit du fond du rocher et vint frapper mon oreille. Poussant un cri et retrouvant mes forces, je m'élançai dans la nuit de la caverne... Esprits de mes pères, vous savez seuls le spectacle qui frappa mes yeux !

Le solitaire avait allumé un flambeau de pin ; il le tenait d'une main tremblante au-dessus de la couche d'Atala. Cette belle et jeune femme, à moitié soulevée sur le coude, se montrait pâle et échevelée. Les gouttes d'une sueur pénible brillaient sur son front ; ses regards à demi éteints cherchaient encore à m'exprimer son amour, et sa bouche essayait de sourire. Frappé comme d'un coup de foudre, les yeux fixés, les bras étendus, les lèvres entrouvertes, je demeurai immobile. Un profond silence règne un moment parmi les trois personnages de cette scène de douleur. Le solitaire le rompt le premier : « Ceci, dit-il, ne sera qu'une fièvre occasionnée par la fatigue, et si nous nous résignons à la volonté de Dieu, il aura pitié de nous. »

A ces paroles, le sang suspendu reprit son cours dans mon cœur, et, avec la mobilité du sauvage, je passai subitement de l'excès de la crainte à l'excès de la confiance. Mais Atala ne m'y laissa pas longtemps. Balançant tristement la tête, elle nous fit signe de nous approcher de sa couche.

« Mon père, dit-elle d'une voix affaiblie en s'adressant au religieux, je touche au moment de la mort. O Chactas ! écoute sans désespoir le funeste secret que je t'ai caché, pour ne pas te rendre trop misérable et pour obéir à ma mère. Tâche de ne pas m'interrompre par des marques d'une douleur qui précipiterait le peu d'instants que j'ai à vivre. J'ai beaucoup de choses à raconter, et aux battements de ce cœur, qui se ralentissent... à je ne sais quel fardeau glacé que mon sein soulève à peine... je sens que je ne me saurais trop hâter. »

Après quelques moments de silence, Atala poursuivit ainsi :

« Ma triste destinée a commencé presque avant que j'eusse vu la lumière. Ma mère m'avait conçue dans le malheur ; je fatiguais son sein, et elle me mit au monde avec de grands déchirements d'entrailles ; on désespéra de ma vie. Pour sauver mes jours, ma mère fit un vœu, elle promit à la Reine des Anges que je lui consacrerais ma virginité si j'échappais à la mort... Vœu fatal, qui me précipite au tombeau !

J'entrais dans ma seizième année lorsque je perdis ma mère. Quelques heures avant de mourir, elle m'appela au bord de sa couche. « Ma fille, me dit-elle en présence d'un missionnaire qui consolait ses derniers instants ; ma fille, tu sais le vœu que j'ai fait pour toi. Voudrais-tu démentir ta mère ? O mon Atala ! je te laisse dans un monde qui n'est pas digne de posséder une chrétienne, au milieu d'idolâtres qui persécutent le Dieu de ton père et le mien, le Dieu qui, après t'avoir donné le jour, te l'a conservé par un miracle. Eh ! ma chère enfant, en acceptant le voile des vierges, tu ne fais que renoncer aux soucis de la cabane et aux funestes passions qui ont troublé le sein de ta mère ! Viens donc, ma bien-aimée, viens, jure sur cette image de la Mère du Sauveur, entre les mains de ce saint prêtre et de ta mère expirante, que tu ne me trahiras point à la face du ciel. Songe que je me suis engagée pour toi, afin de te sauver la vie, et que si tu ne tiens ma promesse tu plongeras l'âme de ta mère dans des tourments éternels. »

O ma mère ! pourquoi parlâtes-vous ainsi ! Oh religion qui fait à la fois mes maux et ma félicité, qui me perd et qui me console ! Et toi, cher et triste objet d'une passion qui me consume jusque dans les bras de la mort, tu vois maintenant, ô Chactas, ce qui a fait la rigueur de notre destinée !... Fondant en pleurs et me précipitant dans le sein maternel, je promis tout ce qu'on me voulut faire promettre. Le missionnaire prononça sur moi les paroles redoutables, et me donna le scapulaire qui me lie pour jamais. Ma mère me menaça de sa malédiction si jamais je rompais mes vœux, et après m'avoir recommandé un secret inviolable envers les païens, persécuteurs de ma religion, elle expira en me tenant embrassée.

Je ne connus pas d'abord le danger de mes serments. Pleine d'ardeur et chrétienne véritable, fière du sang espagnol qui coule dans mes veines, je n'aperçus autour de moi que des hommes indignes de recevoir ma main ; je m'applaudis de n'avoir d'autre époux que le Dieu de ma mère. Je te vis, jeune et beau prisonnier, je m'attendris sur ton sort, je t'osai parler au bûcher de la forêt : alors je sentis tout le poids de mes vœux. »

Comme Atala achevait de prononcer ces paroles, serrant les poings et regardant le missionnaire d'un air menaçant, je m'écriai : « La voilà donc cette religion que vous m'avez tant vantée ! Périsse le serment qui m'enlève Atala ! Périsse le Dieu qui contrarie la nature ! Homme prêtre, qu'es-tu venu faire dans ces forêts ? »

« Te sauver, dit le vieillard d'une voix terrible, dompter tes passions et t'empêcher, blasphémateur, d'attirer sur toi la colère céleste ! Il te sied bien, jeune homme à peine entré dans la vie, de te plaindre de tes douleurs ! Où sont les marques de tes souffrances ? Où sont les injustices que tu as supportées ? Où sont tes vertus, qui seules pourraient te donner quelques droits à la plainte ? Quel service as-tu rendu ? Quel bien as-tu fait ? Eh, malheureux ! tu ne m'offres que des passions, et tu oses accuser le ciel ! Quand tu auras, comme le père Aubry, passé trente années exilé sur les montagnes, tu seras moins prompt à juger des desseins de la Providence ; tu comprendras alors que tu ne sais rien, que tu n'es rien, et qu'il n'y a point de châtiments si rigoureux, point de maux si terribles, que la chair corrompue ne mérite de souffrir. »

Les éclairs qui sortaient des yeux du vieillard, sa barbe, qui frappait sa poitrine, ses paroles foudroyantes, le rendaient semblable à un dieu. Accablé de sa majesté, je tombai à ses genoux, et lui demandai pardon de mes emportements. « Mon fils, me répondit-il avec un accent si doux que le remords entra dans mon âme, mon fils, ce n'est pas pour moi-même que je vous ai réprimandé. Hélas ! vous avez raison, mon cher enfant : je suis venu faire bien peu de chose dans ces forêts, et Dieu n'a pas de serviteur plus indigne que moi. Mais, mon fils, le ciel, le ciel, voilà ce qu'il ne faut jamais accuser ! Pardonnez-moi je vous ai offensé, mais écoutons votre sœur. Il y a peut-être du remède, ne nous lassons point d'espérer. Chactas, c'est une religion bien divine que celle-là qui a fait une vertu de l'espérance ! »

« Mon jeune ami, reprit Atala, tu as été témoin de mes combats et cependant tu n'en as vu que la moindre partie ; je te cachais le reste. Non, l'esclave noir qui arrose de ses sueurs les sables ardents de la Floride est moins misérable que n'a été Atala. Te sollicitant à la fuite, et pourtant certaine de mourir si tu t'éloignais de moi ; craignant de fuir avec toi dans les déserts, et cependant haletant après l'ombrage des bois... Ah ! s'il n'avait fallu que quitter parents, amis, patrie ; si même (chose affreuse !) il n'y eût eu que la perte de mon âme !... Mais ton ombre, ô ma mère ! ton ombre était toujours là, me reprochant ses tourments ! J'entendais tes plaintes, je voyais les flammes de l'enfer te consumer. Mes nuits étaient arides et pleines de fantômes, mes jours étaient désolés ; la rosée du soir séchait en tombant sur ma peau brûlante ; j'entrouvrais mes lèvres aux brises, et les brises, loin de m'apporter la fraîcheur, s'embrasaient du feu de mon souffle. Quel tourment de te voir sans cesse auprès de moi, loin de tous les hommes, dans de profondes solitudes, et de sentir entre toi et moi une barrière invincible ! Passer ma vie à tes pieds, te servir comme ton esclave, apprêter ton repas et ta couche dans quelque coin ignoré de l'univers, eût été pour moi le bonheur suprême ; ce bonheur, j'y touchais et je ne pouvais en jouir. Quel dessein n'ai-je point rêvé ! Quel songe n'est point sorti de ce cœur si triste ! Quelquefois, en attachant mes yeux sur toi, j'allais jusqu'à former des désirs aussi insensés que coupables : « tantôt j'aurais voulu être avec toi la seule créature vivante sur la terre ; tantôt, sentant une divinité qui m'arrêtait dans mes horribles transports, j'aurais désiré que cette divinité se fût anéantie, pourvu que, serrée dans tes bras, j'eusse roulé d'abîme en abîme avec les débris de Dieu et du monde ! A présent même... le dirai-je ! à présent que l'éternité va m'engloutir, que je vais paraître devant le Juge inexorable, au moment où, pour obéir à ma mère, je vois avec joie ma virginité dévorer ma vie, eh bien ! par une affreuse contradiction, j'emporte le regret de n'avoir pas été à toi !... »

« Ma fille, interrompit le missionnaire, votre douleur vous égare. Cet excès de passion auquel vous vous livrez est rarement juste, il n'est pas même dans la nature ; et en cela il est moins coupable aux yeux de Dieu, parce que c'est plutôt quelque chose de faux dans l'esprit que de vicieux dans le cœur. Il faut donc éloigner de vous ces emportements, qui ne sont pas dignes de votre innocence. Mais aussi, ma chère enfant, votre imagination impétueuse vous a trop alarmée sur vos vœux. La religion n'exige point de sacrifice plus qu'humain. Ses sentiments vrais, ses vertus tempérées, sont bien au-dessus des sentiments exaltés et des vertus forcées d'un prétendu héroïsme. Si vous aviez succombé, eh bien ! pauvre brebis égarée, le bon Pasteur vous aurait cherchée pour vous ramener au troupeau. Les trésors du repentir vous étaient ouverts : il faut des torrents de sang pour effacer nos fautes aux yeux des hommes, une seule larme suffit à Dieu. Rassurez-vous donc, ma chère fille, votre situation exige du calme ; adressons-nous à Dieu, qui guérit toutes les plaies de ses serviteurs. Si c'est sa volonté, comme je l'espère, que vous échappiez à cette maladie, j'écrirai à l'évêque de Québec : il a les pouvoirs nécessaires pour vous relever de vos vœux, qui ne sont que des vœux simples, et vous achèverez vos jours près de moi avec Chactas votre époux. »

A ces paroles du vieillard, Atala fut saisie d'une longue convulsion, dont elle ne sortit que pour dompter des marques d'une douleur effrayante. « Quoi ! dit-elle en joignant les deux mains avec passion, il y avait du remède ! Je pouvais être relevée de mes vœux ! » « Oui, ma fille, répondit le père, et vous le pouvez encore. » « Il est trop tard, il est trop tard ! s'écria-t-elle. Faut-il mourir au moment où j'apprends que j'aurais pu être heureuse ! Que n'aije connu plus tôt ce saint vieillard ! Aujourd'hui, de quel bonheur je jouirais avec toi, avec Chactas chrétien... consolée, rassurée par ce prêtre auguste... dans ce désert... pour toujours... Oh ! c'eût été trop de félicité ! » « Calme-toi, lui dis-je en saisissant une des mains de l'infortunée ; calmetoi, ce bonheur, nous allons le goûter. » « Jamais ! jamais ! » dit Atala. « Comment ? » repartis-je. « Tu ne sais pas tout, s'écria la vierge : c'est hier... pendant l'orage... J'allais violer mes vœux : j'allais plonger ma mère dans les flammes de l'abîme ; déjà sa malédiction était sur moi, déjà je mentais au Dieu qui m'a sauvé la vie... Quand tu baisais mes lèvres tremblantes, tu ne savais pas que tu n'embrassais que la mort ! » « O ciel ! s'écria le missionnaire, chère enfant, qu'avez-vous fait ? » « Un crime, mon père, dit Atala les yeux égarés ; mais je ne perdais que moi, et je sauvais ma mère. » « Achève donc », m'écriai-je plein d'épouvante. « Eh bien ! dit-elle, j'avais prévu ma faiblesse ; en quittant les cabanes, j'ai emporté avec moi... » « Quoi ? » repris-je avec horreur. « Un poison ? » dit le père. « Il est dans mon sein », s'écria Atala.

Le flambeau échappe de la main du solitaire, je tombe mourant près de la fille de Lopez ; le vieillard nous saisit l'un et l'autre dans ses bras, et tous trois, dans l'ombre, nous mêlons un moment nos sanglots sur cette couche funèbre.

« Réveillons-nous, réveillons-nous ! dit bientôt le courageux ermite en allumant une lampe. Nous perdons des moments précieux : intrépides chrétiens, bravons les assauts de l'adversité : la corde au cou, la cendre sur la tête, jetons-nous aux pieds du Très-Haut pour implorer sa clémence, pour nous soumettre à ses décrets. Peut-être est-il temps encore. Ma fille, vous eussiez dû m'avertir hier au soir. »

« Hélas ! mon père, dit Atala, je vous ai cherché la nuit dernière, mais le ciel, en punition de mes fautes, vous a éloigné de moi. Tout secours eût d'ailleurs été inutile, car les Indiens mêmes, si habiles dans ce qui regarde les poisons, ne connaissent point de remède à celui que j'ai pris. O Chactas ! juge de mon étonnement quand j'ai vu que le coup n'était pas aussi subit que je m'y attendais ! Mon amour a redoublé mes forces, mon âme n'a pu si vite se séparer de toi. »

Ce ne fut plus ici par des sanglots que je troublai le récit d'Atala, ce fut par ces emportements qui ne sont connus que des sauvages. Je me roulai furieux sur la terre en me tordant les bras et en me dévorant les mains. Le vieux prêtre, avec une tendresse merveilleuse, courait du frère à la sœur, et nous prodiguait mille secours. Dans le calme de son cœur et sous le fardeau des ans, il savait se faire entendre à notre jeunesse, et sa religion lui fournissait des accents plus tendres et plus brûlants que nos passions mêmes. Ce prêtre, qui depuis quarante années s'immolait chaque jour au service de Dieu et des hommes dans ces montagnes, ne te rappelle-t-il pas ces holocaustes d'Israël fumant perpétuellement sur les hauts lieux, devant le Seigneur ?

Hélas ! ce fut en vain qu'il essaya d'apporter quelque remède aux maux d'Atala. La fatigue, le chagrin, le poison, et une passion plus mortelle que tous les poisons ensemble, se réunissaient pour ravir cette fleur à la solitude. Vers le soir, des symptômes effrayants se manifestèrent ; un engourdissement général saisit les membres d'Atala, et les extrémités de son corps commencèrent à refroidir : « Touche mes doigts, me disait-elle : ne les trouves-tu pas bien glacés ? » Je ne savais que répondre, et mes cheveux se hérissaient d'horreur ; ensuite elle ajoutait : « Hier encore, mon bien-aimé, ton seul toucher me faisait tressaillir, et voilà que je ne sens plus ta main, je n'entends presque plus ta voix, les objets de la grotte disparaissent tour à tour. Ne sont-ce pas les oiseaux qui chantent ? Le soleil doit être près de se coucher maintenant ; Chactas, ses rayons seront bien beaux au désert, sur ma tombe ! »

Atala, s'apercevant que ces paroles nous faisaient fondre en pleurs, nous dit : « Pardonnez-moi, mes bons amis ; je suis bien faible, mais peut-être que je vais devenir plus forte. Cependant mourir si jeune, tout à la fois, quand mon cœur était si plein de vie ! Chef de la prière, aie pitié de moi ; soutiens-moi. Crois-tu que ma mère soit contente et que Dieu me pardonne ce que j'ai fait ? »

« Ma fille », répondit le bon religieux en versant des larmes et les essuyant avec ses doigts tremblants et mutilés ; « ma fille, tous vos malheurs viennent de votre ignorance ; c'est votre éducation sauvage et le manque d'instruction nécessaire qui vous ont perdue ; vous ne saviez pas qu'une chrétienne ne peut disposer de sa vie. Consolez-vous donc, ma chère brebis. Dieu vous pardonnera à cause de la simplicité de votre cœur. Votre mère et l'imprudent missionnaire qui la dirigeait ont été plus coupables que vous ; ils ont passé leurs pouvoirs en vous arrachant un vœu indiscret ; mais que la paix du Seigneur soit avec eux ! Vous offrez tous trois un terrible exemple des dangers de l'enthousiasme et du défaut de lumières en matière de religion. Rassurez-vous, mon enfant : celui qui sonde les reins et les cœurs vous jugera sur vos intentions, qui étaient pures, et non sur votre action, qui est condamnable. Quant à la vie, si le moment est arrivé de vous endormir dans le Seigneur, ah ! ma chère enfant, que vous perdez peu de chose en perdant ce monde ! Malgré la solitude où vous avez vécu, vous avez connu les chagrins : que penseriez-vous donc si vous eussiez été témoin des maux de la société ? si, en abordant sur les rivages de l'Europe, votre oreille eût été frappée de ce long cri de douleur qui s'élève de cette vieille terre ? L'habitant de la cabane et celui des palais, tout souffre, tout gémit ici-bas ; les reines ont été vues pleurant comme de simples femmes, et l'on s'est étonné de la quantité de larmes que contiennent les yeux des rois !

Est-ce votre amour que vous regrettez ? Ma fille, il faudrait autant pleurer un songe. Connaissez-vous le cœur de l'homme, et pourriez-vous compter les inconstances de son désir ? Vous calculeriez plutôt le nombre des vagues que la mer roule dans une tempête. Atala, les sacrifices, les bienfaits, ne sont pas des liens éternels : un jour peut-être le dégoût fût venu avec la satiété, le passé eût été compté pour rien, et l'on n'eût plus aperçu que les inconvénients d'une union pauvre et méprisée. Sans doute, ma fille, les plus belles amours furent celles de cet homme et de cette femme sortis de la main du Créateur. Un paradis avait été formé pour eux, ils étaient innocents et immortels. Parfaits de l'âme et du corps, ils se convenaient en tout : Ève avait été créée pour Adam, et Adam pour Ève. S'ils n'ont pu toutefois se maintenir dans cet état de bonheur, quels couples le pourront après eux ? Je ne vous parlerai point des mariages des premiers-nés des hommes, de ces unions ineffables, alors que la sœur était l'épouse du frère, que l'amour et l'amitié fraternelle se confondaient dans le même cœur et que la pureté de l'une augmentait les délices de l'autre. Toutes ces unions ont été troublées ; la jalousie s'est glissée à l'autel de gazon où l'on immolait le chevreau, elle a régné sous la tente d'Abraham et dans ces couches mêmes où les patriarches goûtaient tant de joie qu'ils oubliaient la mort de leurs mères.

Vous seriez-vous donc flattée, mon enfant, d'être plus innocente et plus heureuse dans vos liens que ces saintes familles dont Jésus-Christ a voulu descendre ? Je vous épargne les détails des soucis du ménage, les disputes, les reproches mutuels, les inquiétudes, et toutes ces peines secrètes qui veillent sur l'oreiller du lit conjugal. La femme renouvelle ses douleurs chaque fois qu'elle est mère, et elle se marie en pleurant. Que de maux dans la seule perte d'un nouveau-né à qui l'on donnait le lait et qui meurt sur votre sein ! La montagne a été pleine de gémissements ; rien ne pouvait consoler Rachel, parce que ses fils n'étaient plus. Ces amertumes attachées aux tendresses humaines sont si fortes, que j'ai vu dans ma patrie de grandes dames, aimées par des rois, quitter la cour pour s'ensevelir dans des cloîtres et mutiler cette chair révoltée dont les plaisirs ne sont que des douleurs.

Mais peut-être direz-vous que ces derniers exemples ne vous regardent pas ; que toute votre ambition se réduisait à vivre dans une obscure cabane avec l'homme de votre choix ; que vous cherchiez moins les douceurs du mariage que les charmes de cette folie que la jeunesse appelle *amour ?* Illusion, chimère, vanité, rêve d'une imagination blessée ! Et moi aussi, ma fille, j'ai connu les troubles du cœur ; cette tête n'a pas toujours été chauve ni ce sein aussi tranquille qu'il vous le paraît aujourd'hui. Croyez-en mon expérience : si l'homme, constant dans ses affections, pouvait sans cesse fournir à un sentiment renouvelé sans cesse, sans doute la solitude et l'amour l'égaleraient à Dieu même, car ce sont là les deux éternels plaisirs du grand Etre. Mais l'âme de l'homme se fatigue, et jamais elle n'aime longtemps le même objet avec plénitude. Il y a toujours quelques points par où deux cœurs ne se touchent pas, et ces points suffisent à la longue pour rendre la vie insupportable.

Enfin, ma chère fille, le grand tort des hommes, dans leur songe de bonheur, est d'oublier cette infirmité de la mort attachée à leur nature : il faut finir. Tôt ou tard, quelle qu'est été votre félicité, ce beau visage se fût changé en cette figure uniforme que le sépulcre donne à la famille d'Adam ; l'œil même de Chactas n'aurait pu vous reconnaître entre vos sœurs de la tombe. L'amour n'étend point son empire sur les vers du cercueil. Que dis-je ! (ô vanité des vanités !) que parlé-je de la puissance des amitiés de la terre ! Voulez-vous, ma chère fille, en connaître l'étendue ? Si un homme revenait à la lumière quelques années après sa mort, je doute qu'il fût revu avec joie par ceux-là mêmes qui ont donné le plus de larmes à sa mémoire : tant on forme vite d'autres liaisons, tant on prend facilement d'autres habitudes, tant l'inconstance est naturelle à l'homme, tant notre vie est peu de chose, même dans le cœur de nos amis !

Remerciez donc la bonté divine, ma chère fille, qui vous retire si vite de cette vallée de misère. Déjà le vêtement blanc et la couronne éclatante des vierges se préparent pour vous sur les nuées ; déjà j'entends la Reine des Anges qui vous crie : Venez, ma digne servante, venez, ma colombe, venez vous asseoir sur un trône de candeur, parmi toutes ces filles qui ont sacrifié leur beauté et leur jeunesse au service de l'humanité, à l'éducation des enfants et aux chefs-d'œuvre de la pénitence. Venez, rose mystique, vous reposer sur le sein de Jésus-Christ. Ce cercueil, lit nuptial que vous vous êtes choisi, ne sera point trompé, et les embrassements de votre céleste époux ne finiront jamais ! »

Comme le dernier rayon du jour abat les vents et répand le calme dans le ciel, ainsi la parole tranquille du vieillard apaisa les passions dans le sein de mon amante. Elle ne parut plus occupée que de ma douleur et des moyens de me faire supporter sa perte. Tantôt elle me disait qu'elle mourrait heureuse si je lui promettais de sécher mes pleurs ; tantôt elle me parlait de ma mère, de ma patrie ; elle cherchait à me distraire de la douleur présente en réveillant en moi une douleur passée. Elle m'exhortait à la patience, à la vertu. « Tu ne seras pas toujours malheureux, disait-elle : si le ciel t'éprouve aujourd'hui, c'est seulement pour te rendre plus compatissant aux maux des autres. Le cœur, ô Chactas ! est comme ces sortes d'arbres qui ne donnent leur baume pour les blessures des hommes que lorsque le fer les a blessés eux-mêmes. »

Quand elle avait ainsi parlé, elle se tournait vers le missionnaire, cherchait auprès de lui le soulagement qu'elle m'avait fait éprouver, et, tour à tour consolante et consolée, elle donnait et recevait la parole de vie sur la couche de la mort.

Cependant l'ermite redoublait de zèle. Ses vieux os s'étaient rallumés par l'ardeur de la charité, et toujours préparant des remèdes, rallumant le feu, rafraîchissant la couche, il faisait d'admirables discours sur Dieu et sur le bonheur des justes. Le flambeau de la religion à la main, il semblait précéder Atala dans la tombe pour lui en montrer les secrètes merveilles. L'humble grotte était remplie de la grandeur de ce trépas chrétien, et les esprits célestes étaient sans doute attentifs à cette scène où la religion luttait seule contre l'amour, la jeunesse et la mort.

Elle triomphait, cette religion divine, et l'on s'apercevait de sa victoire à une sainte tristesse qui succédait dans nos cœurs aux premiers transports des passions. Vers le milieu de la nuit, Atala sembla se ranimer pour répéter des prières que le religieux prononçait au bord de sa couche. Peu de temps après elle me tendit la main, et avec une voix qu'on entendait à peine, elle me dit : « Fils d'Outalissi, te rappelles-tu cette première nuit où tu me pris pour la Vierge des dernières amours ? Singulier présage de notre destinée ! » Elle s'arrêta, puis elle reprit : « Quand je songe que je te quitte pour toujours, mon cœur fait un tel effort pour revivre, que je me sens presque le pouvoir de me rendre immortelle à force d'aimer. Mais, ô mon Dieu, que votre volonté soit faite ! » Atala se tut pendant quelques instants ; elle ajouta : « Il ne me reste plus qu'à vous demander pardon des maux que je vous ai causés. Je vous ai beaucoup tourmenté par mon orgueil et mes caprices. Chactas, un peu de terre jeté sur mon corps va mettre tout un monde entre vous et moi et vous délivrer pour toujours du poids de mes infortunes. »

« Vous pardonner ! répondis-je noyé de larmes : n'est-ce pas moi qui ai causé tous vos malheurs ? — Mon ami, dit-elle en m'interrompant, vous m'avez rendu très heureuse, et si j'étais à recommencer la vie, je préférerais encore le bonheur de vous avoir aimé quelques instants dans un exil infortuné à toute une vie de repos dans ma patrie. »

Ici la voix d'Atala s'éteignit ; les ombres de la mort se répandirent autour de ses yeux et de sa bouche ; ses doigts errants cherchaient à toucher quelque chose ; elle conversait tout bas avec des esprits invisibles. Bientôt, faisant un effort, elle essaya, mais en vain, de détacher de son cou le petit crucifix ; elle me pria de le dénouer moi-même, et elle me dit :

« Quand je te parlai pour la première fois, tu vis cette croix briller à la lueur du feu sur mon sein ; c'est le seul bien que possède Atala. Lopez, ton père et le mien, l'envoya à ma mère peu de jours après ma naissance. Reçois donc de moi cet héritage, ô mon frère ! conserve-le en mémoire de mes malheurs. Tu auras recours à ce Dieu des infortunés dans les chagrins de ta vie. Chactas, j'ai une dernière prière à te faire. Ami, notre union aurait été courte sur la terre, mais il est après cette vie une plus longue vie. Qu'il serait affreux d'être séparé de toi pour jamais ! Je ne fais que te devancer aujourd'hui, et je te vais attendre dans l'empire céleste. Si tu m'as aimée, fais-toi instruire dans la religion chrétienne, qui préparera notre réunion. Elle fait sous tes yeux un grand miracle, cette religion, puisqu'elle me rend capable de te quitter sans mourir dans les angoisses du désespoir. Cependant, Chactas, je ne veux de toi qu'une simple promesse, je sais trop ce qu'il en coûte pour te demander un serment. Peut-être ce vœu te séparerait-il de quelque femme plus heureuse que moi... O ma mère ! pardonne à ta fille. O Vierge ! retenez votre courroux. Je retombe dans mes faiblesses, et je te dérobe, ô mon Dieu ! des pensées qui ne devraient être que pour toi. »

Navré de douleur, je promis à Atala d'embrasser un jour la religion chrétienne. A ce spectacle, le solitaire, se levant d'un air inspiré et étendant les bras vers la voûte de la grotte : « Il est temps, s'écria-t-il, il est temps d'appeler Dieu ici ! »

A peine a-t-il prononcé ces mots qu'une force surnaturelle me contraint de tomber à genoux et m'incline la tête au pied du lit d'Atala. Le prêtre ouvre un lieu secret où était enfermée une urne d'or couverte d'un voile de soie ; il se prosterne, et adore profondément. La grotte parut soudain illuminée ; on entendit dans les airs les paroles des anges et les frémissements des harpes célestes, et, lorsque le solitaire tira le vase sacré de son tabernacle, je crus voir Dieu lui-même sortir du flanc de la montagne.

Le prêtre ouvrit le calice ; il prit entre ses deux doigts une hostie blanche comme la neige, et s'approcha d'Atala en prononçant des mots mystérieux. Cette sainte avait les yeux levés au ciel, en extase. Toutes ses douleurs parurent suspendues, toute sa vie se rassembla sur sa bouche ; ses lèvres s'entrouvrirent, et vinrent avec respect chercher le Dieu caché sous le pain mystique. Ensuite le divin vieillard trempe un peu de coton dans une huile consacrée ; il en frotte les tempes d'Atala, il regarde un moment la fille mourante, et tout à coup ces fortes paroles lui échappent « Partez, âme chrétienne, allez rejoindre votre Créateur ! » Relevant alors ma tête abattue, je m'écriai en regardant le vase où était l'huile sainte : « Mon père, ce remède rendra-t-il la vie à Atala ? — Oui, mon fils, dit le vieillard en tombant dans mes bras, la vie éternelle ! » Atala venait d'expirer.

Dans cet endroit, pour la seconde fois depuis le commencement de son récit, Chactas fut obligé de s'interrompre. Ses pleurs l'inondaient, et sa voix ne laissait échapper que des mots entrecoupés. Le Sachem aveugle ouvrit son sein, il en tira le crucifix d'Atala. « Le voilà, s'écria-t-il, ce gage de l'adversité ! O René ! ô mon fils ! tu le vois, et moi je ne le vois plus ! Dis-moi, après tant d'années, l'or n'en est-il point altéré ? n'y vois-tu point la trace de mes larmes. Pourrais-tu reconnaître l'endroit qu'une sainte a touché de ses lèvres ? Comment Chactas n'est-il point encore chrétien ? Quelles frivoles raisons de politique et de patrie l'ont jusqu'à présent retenu dans les erreurs de ses pères ? Non, je ne veux pas tarder plus longtemps. La terre me crie : Quand donc descendras-tu dans la tombe, et qu'attends-tu pour embrasser une religion divine ?... O terre ! vous ne m'attendrez pas longtemps : aussitôt qu'un prêtre aura rajeuni dans l'onde cette tête blanchie par les chagrins, j'espère me réunir à Atala... Mais achevons ce qui me reste à conter de mon histoire. »

LES FUNÉRAILLES

« Je n'entreprendrai point, ô René ! de te peindre aujourd'hui le désespoir qui saisit mon âme lorsque Atala eut rendu le dernier soupir. Il faudrait avoir plus de chaleur qu'il ne m'en reste ; il faudrait que mes yeux fermés se pussent rouvrir au soleil pour lui demander compte des pleurs qu'ils versèrent à sa lumière. Oui, cette lune qui brille à présent sur nos têtes se lassera d'éclairer les solitudes du Kentucky ; oui, le fleuve qui porte maintenant nos pirogues suspendra le cours de ses eaux avant que mes larmes cessent de couler pour Atala ! Pendant deux jours entiers je fus insensible aux discours de l'ermite. En essayant de calmer mes peines, cet excellent homme ne se servait point des vaines raisons de la terre, il se contentait de me dire : « Mon fils, c'est la volonté de Dieu ; » et il me pressait dans ses bras. Je n'aurais jamais cru qu'il y eût tant de consolation dans ce peu de mots du chrétien résigné, si je ne l'avais éprouvé moi-même.

La tendresse, l'onction, l'inaltérable patience du vieux serviteur de Dieu, vainquirent enfin l'obstination de ma douleur. J'eus honte des larmes que je lui faisais répandre. « Mon père lui dis-je, c'en est trop : que les passions d'un jeune homme ne troublent plus la paix de tes jours. Laisse-moi emporter les restes de mon épouse ; je les ensevelirai dans quelque coin du désert, et si je suis encore condamné à la vie, je tacherai de me rendre digne de ces noces éternelles qui m'ont été promises par Atala. »

A ce retour inespéré de courage, le bon père tressaillit de joie ; il s'écria : « O sang de Jésus-Christ, sang de mon divin Maître, je reconnais là tes mérites ! Tu sauveras sans doute ce jeune homme. Mon Dieu ! achève ton ouvrage ; rends la paix à cette âme troublée, et ne lui laisse de ses malheurs que d'humbles et utiles souvenirs ! »

Le juste refusa de m'abandonner le corps de la fille de Lopez, mais il me proposa de faire venir ses néophytes et de l'enterrer avec toute la pompe chrétienne ; je m'y refusai à mon tour. « Les malheurs et les vertus d'Atala, lui dis-je, ont été inconnus des hommes : que sa tombe, creusée furtivement par nos mains, partage cette obscurité. » Nous convînmes que nous partirions le lendemain, au lever du soleil, pour enterrer Atala sous l'arche du pont naturel, à l'entrée des Bocages de la mort. Il fut aussi résolu que nous passerions la nuit en prière auprès du corps de cette sainte.

Vers le soir, nous transportâmes ses précieux restes à une ouverture de la grotte qui donnait vers le nord. L'ermite les avait roulés dans une pièce de lin d'Europe, filé par sa mère : c'était le seul bien qui lui restât de sa patrie, et depuis longtemps il le destinait à son propre tombeau. Atala était couchée sur un gazon de sensitives des montagnes ; ses pieds, sa tête, ses épaules et une partie de son sein étaient découverts. On voyait dans ses cheveux une fleur de magnolia fanée... celle-là même que j'avais déposée sur le lit de la vierge pour la rendre féconde. Ses lèvres, comme un bouton de rose cueilli depuis deux matins, semblaient languir et sourire. Dans ses joues, d'une blancheur éclatante, on distinguait quelques veines bleues. Ses beaux yeux étaient fermés, ses pieds modestes étaient joints, et ses mains d'albâtre pressaient sur son cœur un crucifix d'ébène ; le scapulaire de ses vœux était passé à son cou. Elle paraissait enchantée par l'Ange de la mélancolie et par le double sommeil de l'innocence et de la tombe : je n'ai rien vu de plus céleste. Quiconque eût ignoré que cette jeune fille avait joui de la lumière aurait pu la prendre pour la statue de la Virginité endormie.

Le religieux ne cessa de prier toute la nuit. J'étais assis en silence au chevet du lit funèbre de mon Atala. Que de fois, durant son sommeil, j'avais supporté sur mes genoux cette tête charmante ! Que de fois je m'étais penché sur elle pour entendre et pour respirer son souffle ! Mais à présent aucun bruit ne sortait de ce sein immobile, et c'était en vain que j'attendais le réveil de la beauté !

La lune prêta son pâle flambeau à cette veillée funèbre. Elle se leva au milieu de la nuit, comme une blanche vestale qui vient pleurer sur le cercueil d'une compagne. Bientôt elle répandit dans les bois ce grand secret de mélancolie qu'elle aime à raconter aux vieux chênes et aux rivages antiques des mers. De temps en temps le religieux plongeait un rameau fleuri dans une eau consacrée, puis, secouant la branche humide, il parfumait la nuit des baumes du ciel. Parfois il répétait sur un air antique quelques vers d'un vieux poète nommé *Job ;* il disait :

J'ai passé comme une fleur ; j'ai séché comme l'herbe des champs.

Pourquoi la lumière a-t-elle été donnée à un misérable et la vie à ceux qui sont dans l'amertume du cœur ?

Ainsi chantait l'ancien des hommes. Sa voix grave et peu cadencée allait roulant dans le silence des déserts. Le nom de Dieu et du tombeau sortait de tous les échos, de tous les torrents, de toutes les forêts. Les roucoulements de la colombe de Virginie, la chute d'un torrent dans la montagne, les tintements de la cloche qui appelait les voyageurs, se mêlaient à ces chants funèbres, et l'on croyait entendre dans les Bocages de la mort le chœur lointain des décédés, qui répondait à la voix du solitaire.

Cependant une barre d'or se forma dans l'orient. Les éperviers criaient sur les rochers et les martres rentraient dans le creux des ormes : c'était le signal du convoi d'Atala. Je chargeai le corps sur mes épaules ; l'ermite marchait devant moi, une bêche à la main. Nous commençâmes à descendre de rocher en rocher ; la vieillesse et la mort ralentissaient également nos pas. A la vue du chien qui nous avait trouvés dans la forêt, et qui maintenant, bondissant de joie, nous traçait une autre route, je me mis à fondre en larmes. Souvent la longue chevelure d'Atala, jouet des brises matinales, étendait son voile d'or sur mes yeux ; souvent, pliant sous le fardeau, j'étais obligé de le déposer sur la mousse et de m'asseoir auprès, pour reprendre des forces. Enfin, nous arrivâmes au lieu marqué par ma douleur ; nous descendîmes sous l'arche du pont. O mon fils ! il eût fallu voir un jeune sauvage et un vieil ermite à genoux l'un vis-à-vis de l'autre dans un désert, creusant avec leurs mains un tombeau pour une pauvre fille dont le corps était étendu près de là, dans la ravine desséchée d'un torrent.

Quand notre ouvrage fut achevé, nous transportâmes la beauté dans son lit d'argile. Hélas ! j'avais espéré de préparer une autre couche pour elle ! Prenant alors un peu de poussière dans ma main et gardant un silence effroyable, j'attachai pour la dernière fois mes yeux sur le visage d'Atala. Ensuite je répandis la terre du sommeil sur un front de dix-huit printemps, je vis graduellement disparaître les traits de ma sœur et ses grâces se cacher sous le rideau de l'éternité ; son sein surmonta quelque temps le sol noirci, comme un lis blanc s'élève du milieu d'une sombre argile : « Lopez, m'écriai-je alors, vois ton fils inhumer ta fille ! » et j'achevai de couvrir Atala de la terre du sommeil.

Nous retournâmes à la grotte, et je fis part au missionnaire du projet que j'avais formé de me fixer près de lui. Le saint, qui connaissait merveilleusement le cœur de l'homme, découvrit ma pensée et la ruse de ma douleur. Il me dit : « Chactas, fils d'Outalissi, tandis qu'Atala a vécu je vous ai sollicité moi-même de demeurer auprès de moi, mais à présent votre sort est changé, vous vous devez à votre patrie. Croyez-moi, mon fils, les douleurs ne sont point éternelles, il faut tôt ou tard qu'elles finissent, parce que le cœur de l'homme est fini ; c'est une de nos grandes misères : nous ne sommes pas même capables d'être longtemps malheureux. Retournez au Meschacebé ; allez consoler votre mère, qui vous pleure tous les jours et qui a besoin de votre appui. Faites-vous instruire dans la religion de votre Atala, lorsque vous en trouverez l'occasion, et souvenez-vous que vous lui avez promis d'être vertueux et chrétien. Moi, je veillerai ici sur son tombeau. Partez, mon fils. Dieu, l'âme de votre sœur et le cœur de votre vieil ami vous suivront. »

Telles furent les paroles de l'homme du rocher ; son autorité était trop grande, sa sagesse trop profonde, pour ne lui obéir pas. Dès le lendemain je quittai mon vénérable hôte, qui, me pressant sur son cœur, me donna ses derniers conseils, sa dernière bénédiction et ses dernières larmes. Je passai au tombeau, je fus surpris d'y trouver une petite croix qui se montrait au-dessus de la mort, comme on aperçoit encore le mât d'un vaisseau qui a fait naufrage. Je jugeai que le solitaire était venu prier au tombeau pendant la nuit ; cette marque d'amitié et de religion fit couler mes pleurs en abondance. Je fus tenté de rouvrir la fosse et de voir encore une fois ma bien-aimée ; une crainte religieuse me retint. Je m'assis sur la terre fraîchement remuée. Un coude appuyé sur mes genoux et la tête soutenue dans ma main, je demeurai enseveli dans la plus amère rêverie. O René ! c'est là que je fis pour la première fois des réflexions sérieuses sur la vanité de nos jours et la plus grande vanité de nos projets ! Eh, mon enfant ! qui ne les a point faites, ces réflexions ? Je ne suis plus qu'un vieux cerf blanchi par les hivers ; mes ans le disputent à ceux de la corneille : eh bien, malgré tant de jours accumulés sur ma tête, malgré une si longue expérience de la vie, je n'ai point encore rencontré d'homme qui n'eût été trompé dans ses rêves de félicité, point de cœur qui n'entretînt une plaie cachée. Le cœur le plus serein en apparence ressemble au puits naturel de la savane Alachua : la surface en paraît calme et pure, mais quand vous regardez au fond du bassin, vous apercevez un large crocodile, que le puits nourrit dans ses eaux.

Ayant ainsi vu le soleil se lever et se coucher sur ce lieu de douleur, le lendemain, au premier cri de la cigogne, je me préparai à quitter la sépulture sacrée. J'en partis comme de la borne d'où je voulais m'élancer dans la carrière de la vertu. Trois fois j'évoquai l'âme d'Atala ; trois fois le Génie du désert répondit à mes cris sous l'arche funèbre. Je saluai ensuite l'orient, et je découvris au loin, dans les sentiers de la montagne, l'ermite qui se rendait à la cabane de quelque infortuné. Tombant à genoux et embrassant étroitement la fosse, je m'écriai : « Dors en paix dans cette terre étrangère, fille trop malheureuse ! Pour prix de ton amour, de ton exil et de ta mort, tu vas être abandonnée, même de Chactas ! » Alors, versant des flots de larmes, je me séparai de la fille de Lopez ; alors je m'arrachai de ces lieux, laissant au pied du monument de la nature un monument plus auguste : l'humble tombeau de la vertu. »

Épilogue

Chactas, fils d'Outalissi le Natchez, a fait cette histoire à René l'Européen. Les pères l'ont redite aux enfants, et moi, voyageur aux terres lointaines, j'ai fidèlement rapporté ce que des Indiens m'en ont appris. Je vis dans ce récit le tableau du peuple chasseur et du peuple laboureur, la religion, première législatrice des hommes, les dangers de l'ignorance et de l'enthousiasme religieux opposés aux lumières, à la charité et au véritable esprit de l'Évangile, les combats des passions et des vertus dans un cœur simple, enfin le triomphe du christianisme sur le sentiment le plus fougueux et la crainte la plus terrible, l'amour et la mort.

Quand un Siminole me raconta cette histoire, je la trouvai fort instructive et parfaitement belle, parce qu'il y mit la fleur du désert, la grâce de la cabane et une simplicité à conter la douleur que je ne me flatte pas d'avoir conservées. Mais une chose me restait à savoir. Je demandais ce qu'était devenu le père Aubry, et personne ne me le pouvait dire. Je l'aurais toujours ignoré, si la Providence, qui conduit tout, ne m'avait découvert ce que je cherchais. Voici comme la chose se passa :

J'avais parcouru les rivages du Meschacebé, qui formaient autrefois la barrière méridionale de la Nouvelle-France, et j'étais curieux de voir, au nord, l'autre merveille de cet empire, la cataracte de Niagara. J'étais arrivé tout près de cette chute, dans l'ancien pays des Agannonsioni[26], lorsqu'un matin, en traversant une plaine, j'aperçus une femme assise sous un arbre et tenant un enfant mort sur ses genoux. Je

26. *Agannonsioni* : « Iroquois ». [Note de Chateaubriand.]

m'approchai doucement de la jeune mère, et je l'entendis qui disait :

« Si tu étais resté parmi nous, cher enfant, comme ta main eût bandé l'arc avec grâce ! Ton bras eut dompté l'ours en fureur, et sur le sommet de la montagne tes pas auraient défié le chevreuil à la course. Blanche hermine du rocher, si jeune être allé dans le pays des âmes ! Comment feras-tu pour y vivre ? Ton père n'y est point pour t'y nourrir de sa chasse. Tu auras froid, et aucun Esprit ne te donnera des peaux pour te couvrir. Oh ! il faut que je me hâte de t'aller rejoindre pour te chanter des chansons et te présenter mon sein. »

Et la jeune mère chantait d'une voix tremblante, balançait l'enfant sur ses genoux, humectait ses lèvres du lait maternel et prodiguait à la mort tous les soins qu'on donne à la vie.

Cette femme voulait faire sécher le corps de son fils sur les branches d'un arbre, selon la coutume indienne, afin de l'emporter ensuite aux tombeaux de ses pères. Elle dépouilla donc le nouveau-né, et respirant quelques instants sur sa bouche, elle dit : « Ame de mon fils, âme charmante, ton père t'a créée jadis sur mes lèvres par un baiser ; hélas ! les miens n'ont pas le pouvoir de te donner une seconde naissance. » Ensuite elle découvrit son sein, et embrassa ses restes glacés, qui se fussent ranimés au feu du cœur maternel si Dieu ne s'était réservé le souffle qui donne la vie.

Elle se leva, et chercha des yeux un arbre sur les branches duquel elle pût exposer son enfant. Elle choisit un érable à fleurs rouges, festonné de guirlandes d'apios, et qui exhalait les parfums les plus suaves. D'une main elle en abaissa les rameaux inférieurs, de l'autre elle y plaça le corps ; laissant alors échapper la branche, la branche retourna à sa position naturelle, emportant la dépouille de l'innocence, cachée dans un feuillage odorant. Oh ! que cette coutume indienne est touchante ! Je vous ai vus dans vos campagnes désolées, pompeux monuments des Crassus et des Césars, et je vous préfère encore ces tombeaux aériens du sauvage, ces mausolées de fleurs et de verdure que parfume l'abeille, que balance le zéphyr, et où le rossignol bâtit son nid et fait entendre sa plaintive mélodie. Si c'est la dépouille d'une jeune fille que la main d'un amant a suspendue à l'arbre de la mort, si ce sont les restes d'un enfant chéri qu'une mère a placés dans la demeure des petits oiseaux, le charme redouble encore. Je m'approchai de celle qui gémissait au pied de l'érable ; je lui imposai les mains sur la tête en poussant les trois cris de douleur. Ensuite, sans lui parler, prenant comme elle un rameau, j'écartai les insectes qui bourdonnaient autour du corps de l'enfant. Mais je me donnai de garde d'effrayer une colombe voisine. l'Indienne lui disait : « Colombe, si tu n'es pas l'âme de mon fils qui s'est envolée, tu es sans doute une mère qui cherche quelque chose pour faire un nid. Prends de ces cheveux, que je ne laverai plus dans l'eau d'esquine ; prends en pour coucher tes petits : puisse le grand Esprit te les conserver ! »

Cependant la mère pleurait de joie en voyant la politesse de l'étranger. Comme nous faisions ceci, un jeune homme approcha : « Fille de Céluta, retire notre enfant, nous ne séjournerons pas plus longtemps ici et nous partirons au premier soleil. » Je dis alors « Frère, je te souhaite un ciel bleu, beaucoup de chevreuils, un manteau de castor et l'espérance. Tu n'es donc pas de ce désert ? — Non, répondit le jeune homme, nous sommes des exilés et nous allons chercher une patrie. » En disant cela le guerrier baissa la tête dans son sein, et avec le bout de son arc il abattait la tête des fleurs. Je vis qu'il y avait des larmes au fond de cette histoire, et je me tus. La femme retira son fils des branches de l'arbre et elle le donna à porter à son époux. Alors je dis : « Voulez-vous me permettre d'allumer votre feu cette nuit ? — Nous n'avons point de cabane, reprit le guerrier ; si vous voulez nous suivre, nous campons au bord de la chute. — Je le veux bien », répondis-je, et nous partîmes ensemble.

Nous arrivâmes bientôt au bord de la cataracte, qui s'annonçait par d'affreux mugissements. Elle est formée par la rivière Niagara, qui sort du lac Erié et se jette dans le lac Ontario ; sa hauteur perpendiculaire est de cent quarante-quatre pieds. Depuis le lac Érié jusqu'au Saut, le fleuve accourt par une pente rapide, et au moment de la chute c'est moins un fleuve qu'une mer dont les torrents se pressent à la bouche béante d'un gouffre. La cataracte se divise en deux branches et se courbe en fer à cheval. Entre les deux chutes s'avance une île creusée en dessous, qui pend avec tous ses arbres sur le chaos des ondes. La masse du fleuve qui se précipite au midi s'arrondit en un vaste cylindre, puis se déroule en nappe de neige et brille au soleil de toutes les couleurs ; celle qui tombe au levant descend dans une ombre effrayante ; on dirait d'une colonne d'eau du déluge. Mille arcs-en-ciel se courbent et se croisent sur l'abîme. Frappant le roc ébranlé, l'eau rejaillit en tourbillons d'écume, qui s'élèvent au-dessus des forêts comme les fumées d'un vaste embrasement. Des pins, des noyers sauvages, des rochers taillés en forme de fantômes, décorent la scène. Des aigles entraînés par le courant d'air descendent en tournoyant au fond du gouffre, et des carcajous se suspendent par leurs queues flexibles au bout d'une branche abaissée pour saisir dans l'abîme les cadavres brisés des élans et des ours.

Tandis qu'avec un plaisir mêlé de terreur je contemplais ce spectacle, l'Indienne et son époux me quittèrent. Je les cherchai en remontant le fleuve au-dessus de la chute, et bientôt je les trouvai dans un endroit convenable à leur deuil. Ils étaient couchés sur l'herbe, avec des vieillards, auprès de quelques ossements humains enveloppés dans des peaux de bêtes. Étonné de tout ce que je voyais depuis quelques heures, je m'assis auprès de la jeune mère, et lui dis : « Qu'est-ce que tout ceci, ma sœur ? » Elle me répondit :

« Mon frère, c'est la terre de la patrie, ce sont les cendres de nos aïeux, qui nous suivent dans un tel exil. — Et comment, m'écriai-je, avez-vous été réduits à un tel malheur ? » La fille de Céluta repartit : « Nous sommes les restes des Natchez. Après le massacre que les François firent de notre nation pour venger leurs frères, ceux de nos frères qui échappèrent aux vainqueurs trouvèrent un asile chez les Chikassas, nos voisins. Nous y sommes demeurés assez longtemps tranquilles ; mais il y a sept lunes que les blancs de la Virginie se sont emparés de nos terres, en disant qu'elles leur ont été données par un roi d'Europe. Nous avons levé les yeux au ciel, et, chargés des restes de nos aïeux, nous avons pris notre route à travers le désert. Je suis accouchée pendant la marche, et comme mon lait était mauvais, à cause de la douleur, il a fait mourir mon enfant. » En disant cela, la jeune mère essuya ses yeux avec sa chevelure ; je pleurais aussi.

Or, je dis bientôt : « Ma sœur, adorons le grand Esprit, tout arrive par son ordre. Nous sommes tous voyageurs, nos pères l'ont été comme nous ; mais il y a un lieu où nous nous reposerons. Si je ne craignais d'avoir la langue aussi légère que celle d'un blanc, je vous demanderais si vous avez entendu parler de Chactas le Natchez. » A ces mots l'Indienne me regarda et me dit : « Qui est-ce qui vous a parlé de Chactas le Natchez ? » Je répondis : « C'est la Sagesse. » L'Indienne reprit : « Je vous dirai ce que je sais, parce que vous avez éloigné les mouches du corps de mon fils et que vous venez de dire de belles paroles sur le grand Esprit. Je suis la fille de la fille de René l'Européen, que Chactas avait adopté. Chactas, qui avait reçu le baptême, et René, mon aïeul si malheureux, ont péri dans le massacre. — L'homme va toujours de douleur en douleur ; répondis-je en m'inclinant. Vous pourriez donc aussi m'appendre des nouvelles du père Aubry ? — Il n'a pas été plus heureux que Chactas, dit l'Indienne. Les Chéroquois, ennemis des François, pénétrèrent à sa Mission ; ils y furent conduits par le son de la cloche qu'on sonnait pour secourir les voyageurs. Le père Aubry se pouvait sauver, mais il ne voulut pas abandonner ses enfants, et il demeura pour les encourager à mourir par son exemple. Il fut brûlé avec de grandes tortures ; jamais on ne put tirer de lui un cri qui tournât à la honte de son Dieu ou au déshonneur de sa patrie. Il ne cessa, durant le supplice, de prier pour ses bourreaux et de compatir au sort des victimes. Pour lui arracher une marque de faiblesse, les Chéroquois amenèrent à ses pieds un sauvage chrétien qu'ils avoient horriblement mutilé. Mais ils furent bien surpris quand ils virent le jeune homme se jeter à genoux et baiser les plaies du vieil ermite, qui lui criait : « Mon enfant, nous avons été mis en spectacle aux anges et aux hommes. » Les Indiens furieux lui plongèrent un fer rouge dans la gorge pour l'empêcher de parler. Alors, ne pouvant plus consoler les hommes, il expira.

On dit que les Chéroquois, tout accoutumés qu'ils étaient à voir des sauvages souffrir avec constance, ne purent s'empêcher d'avouer qu'il y avait dans l'humble courage du père Aubry quelque chose qui leur était inconnu et qui surpassait tous les courages de la terre. Plusieurs d'entre eux, frappés de cette mort, se sont faits chrétiens.

Quelques années après, Chactas, à son retour de la terre des blancs, ayant appris les malheurs du chef de la prière, partit pour aller recueillir ses cendres et celles d'Atala. Il arriva à l'endroit où était située la Mission, mais il put à peine le reconnaître. Le lac s'était débordé et la savane était changée en un marais ; le pont naturel, en s'écroulant, avait enseveli sous ses débris le tombeau d'Atala et les Bocages de la mort. Chactas erra longtemps dans ce lieu ; il visita la grotte du solitaire, qu'il trouva remplie de ronces et de framboisiers, et dans laquelle une biche allaitait son faon. Il s'assit sur le rocher de la Veillée de la mort, où il ne vit que quelques plumes tombées de l'aile de l'oiseau de passage. Tandis qu'il y pleurait, le serpent familier du missionnaire sortit des broussailles voisines, et vint s'entortiller à ses pieds, Chactas réchauffa dans son sein ce fidèle ami, resté seul au milieu de ces ruines. Le fils d'Outalissi a raconté que plusieurs fois, aux approches de la nuit, il avait cru voir les ombres d'Atala et du père Aubry s'élever dans la vapeur du crépuscule. Ces visions le remplirent d'une religieuse frayeur et d'une joie triste.

Après avoir cherché vainement le tombeau de sa sœur et celui de l'ermite, il était près d'abandonner ces lieux, lorsque la biche de la grotte se mit à bondir devant lui. Elle s'arrêta au pied de la croix de la Mission. Cette croix était alors à moitié entourée d'eau ; son bois était rongé de mousse, et le pélican du désert aimait à se percher sur ses bras vermoulus. Chactas jugea que la biche reconnaissante l'avait conduit au tombeau de son hôte. Il creusa sous la roche qui jadis servait d'autel, et il y trouva les restes d'un homme et d'une femme. Il ne douta point que ce ne fussent ceux du prêtre et de la vierge, que les anges avoient peut-être ensevelis dans ce lieu ; il les enveloppa dans des peaux d'ours et reprit le chemin de son pays, emportant ces précieux restes, qui résonnaient sur ses épaules comme le carquois de la mort. La nuit il les mettait sous sa tête et il avait des songes d'amour et de vertu. O étranger ! tu peux contempler ici cette poussière avec celle de Chactas lui-même. »

Comme l'Indienne achevait de prononcer ces mots, je me levai ; je m'approchai des cendres sacrées et me prosternai devant elles en silence. Puis, m'éloignant à grands pas, je m'écriai : « Ainsi passe sur la terre tout ce qui fut bon, vertueux, sensible ! Homme, tu n'es qu'un songe rapide, un rêve douloureux ; tu n'existes que par le malheur ; tu n'es quelque chose que par la tristesse de ton âme et l'éternelle mélancolie de ta pensée ! »

Ces réflexions m'occupèrent toute la nuit. Le lendemain, au point du jour, mes hôtes me quittèrent. Les jeunes guerriers ouvraient la marche et les épouses la fermaient ; les premiers étaient chargés des saintes reliques ; les secondes portaient leurs nouveau-nés ; les vieillards cheminaient lentement au milieu, placés entre leurs aïeux et leur postérité, entre les souvenirs et l'espérance, entre la patrie perdue et la patrie à venir. Oh ! que de larmes sont répandues lorsqu'on abandonne ainsi la terre natale, lorsque du haut de la colline de l'exil on découvre pour la dernière fois le toit où l'on fut nourri et le fleuve de la cabane qui continue à couler tristement à travers les champs solitaires de la patrie !

Indiens infortunés que j'ai vus errer dans les déserts du Nouveau Monde avec les cendres de vos aïeux ! vous qui m'aviez donné l'hospitalité malgré votre misère ! je ne pourrais vous la rendre aujourd'hui, car j'erre, ainsi que vous, à la merci des hommes, et moins heureux dans mon exil, je n'ai point emporté les os de mes pères !

RENÉ

En arrivant chez les Natchez, René avait été obligé de prendre une épouse, pour se conformer aux mœurs des Indiens, mais il ne vivait point avec elle. Un penchant mélancolique l'entraînait au fond des bois; il y passait seul des journées entières, et semblait sauvage parmi les sauvages. Hors Chactas, son père adoptif, et le père Souël[1], missionnaire au fort Rosalie, il avait renoncé au commerce des hommes. Ces deux vieillards avoient pris beaucoup d'empire sur son cœur: le premier, par une indulgence aimable; l'autre, au contraire, par une extrême sévérité. Depuis la chasse du castor, où le Sachem aveugle raconta ses aventures à René, celui-ci n'avait jamais voulu parler des siennes. Cependant Chactas et le missionnaire désiraient vivement connaître par quel malheur un Européen bien né avait été conduit à l'étrange résolution de s'ensevelir dans les déserts de la Louisiane. René avait toujours donné pour motif de ses refus le peu d'intérêt de son histoire, qui se bornait, disait-il, à celles de ses pensées et de ses sentiments. « Quant à l'événement qui m'a déterminé à passer en Amérique, ajoutait-il je le dois ensevelir dans un éternel oubli. »

Quelques années s'écoulèrent de la sorte, sans que les deux vieillards lui pussent arracher son secret. Une lettre qu'il reçut d'Europe, par le bureau des Missions étrangères, redoubla tellement sa tristesse, qu'il fuyait jusqu'à ses vieux

1. *Souël*: explorateur jésuite arrivé en Louisiane en 1726, et qui fut tué par les Yazoux en 1729.

amis. Ils n'en furent que plus ardents à le presser de leur ouvrir son cœur; ils y mirent tant de discrétion, de douceur et d'autorité, qu'il fut enfin obligé de les satisfaire. Il prit donc jour avec eux pour leur raconter, non les aventures de sa vie, puisqu'il n'en avait point éprouvé, mais les sentiments secrets de son âme.

Le 21 de ce mois que les sauvages appellent *la lune des fleurs*, René se rendit à la cabane de Chactas. Il donna le bras au Sachem, et le conduisit sous un sassafras, au bord du Meschacebé. Le père Souël ne tarda pas à arriver au rendez-vous. L'aurore se levait: à quelque distance dans la plaine, on apercevait le village des Natchez, avec son bocage de mûriers et ses cabanes qui ressemblent à des ruches d'abeilles. La colonie française et le fort Rosalie[2] se montraient sur la droite, au bord du fleuve. Des tentes, des maisons à moitié bâties, des forteresses commencées, des défrichements couverts de nègres, des groupes de blancs et d'Indiens, présentaient, dans ce petit espace, le contraste des mœurs sociales et des mœurs sauvages. Vers l'orient, au fond de la perspective, le soleil commençait à paraître entre les sommets brisés des Appalaches, qui se dessinaient comme des caractères d'azur dans les hauteurs dorées du ciel; à l'occident, le Meschacebé roulait ses ondes dans un silence magnifique et formait la bordure du tableau avec une inconcevable grandeur.

Le jeune homme et le missionnaire admirèrent quelque temps cette belle scène, en plaignant le Sachem, qui ne pouvait plus en jouir; ensuite le père Souël et Chactas s'assirent sur le gazon, au pied de l'arbre; René prit sa place au milieu d'eux, et, après, un moment de silence, il parla de la sorte à ses vieux amis:

« Je ne puis, en commençant mon récit, me défendre d'un mouvement de honte. La paix de vos cœurs, respectables

2. *Rosalie*: « colonie française aux Natchez ». [Note de Chateaubriand.]

vieillards, et le calme de la nature autour de moi me font rougir du trouble et de l'agitation de mon âme.

Combien vous aurez pitié de moi ! que mes éternelles inquiétudes vous paraîtront misérables ! Vous qui avez épuisé tous les chagrins de la vie, que penserez-vous d'un jeune homme sans force et sans vertu, qui trouve en lui-même son tourment et ne peut guère se plaindre que des maux qu'il se fait à lui-même ? Hélas ! ne le condamnez pas : il a été trop puni !

J'ai coûté la vie à ma mère en venant au monde ; j'ai été tiré de son sein avec le fer. J'avais un frère, que mon père bénit, parce qu'il voyait en lui son fils aîné. Pour moi, livré de bonne heure à des mains étrangères, je fus élevé loin du toit paternel.

Mon humeur était impétueuse, mon caractère inégal. Tour à tour bruyant et joyeux, silencieux et triste, je rassemblais autour de moi mes jeunes compagnons, puis, les abandonnant tout à coup, j'allais m'asseoir à l'écart pour contempler la nue fugitive ou entendre la pluie tomber sur le feuillage.

Chaque automne je revenais au château paternel, situé au milieu des forêts, près d'un lac, dans une province reculée.

Timide et contraint devant mon père, je ne trouvais l'aise et le contentement qu'auprès de ma sœur Amélie. Une douce conformité d'humeur et de goûts m'unissait étroitement à cette sœur ; elle était un peu plus âgée que moi. Nous aimions à gravir les coteaux ensemble, à voguer sur le lac, à parcourir les bois à la chute des feuilles : promenades dont le souvenir remplit encore mon âme de délices. O illusion de l'enfance et de la patrie, ne perdez-vous jamais vos douceurs !

Tantôt nous marchions en silence, prêtant l'oreille au sourd mugissement de l'automne ou au bruit des feuilles séchées que nous traînions tristement sous nos pas ; tantôt, dans nos jeux innocents, nous poursuivions l'hirondelle dans la prairie, l'arc-en-ciel sur les collines pluvieuses ; quelquefois aussi nous murmurions des vers que nous inspirait le spectacle de la nature. Jeune, je cultivais les Muses ; il n'y a rien de plus poétique, dans la fraîcheur de ses passions, qu'un cœur de seize années. Le matin de la vie est comme le matin du jour, plein de pureté, d'images et d'harmonies.

Les dimanches et les jours de fête, j'ai souvent entendu dans le grand bois, à travers les arbres, les sons de la cloche lointaine qui appelait au temple l'homme des champs. Appuyé contre le tronc d'un ormeau, j'écoutais en silence le pieux murmure. Chaque frémissement de l'airain portait à mon âme naïve l'innocence des mœurs champêtres, le calme de la solitude, le charme de la religion et la délectable mélancolie des souvenirs de ma première enfance ! Oh ! quel cœur si mal fait n'a tressailli au bruit des cloches de son lieu natal, de ces cloches qui frémirent de joie sur son berceau, qui annoncèrent son avènement à la vie, qui marquèrent le premier battement de son cœur, qui publièrent dans tous les lieux d'alentour la sainte allégresse de son père, les douleurs et les joies encore plus ineffables de sa mère ! Tout se trouve dans les rêveries enchantées où nous plonge le bruit de la cloche natale : religion, famille, patrie, et le berceau et la tombe, et le passé et l'avenir.

Il est vrai qu'Amélie et moi nous jouissions plus que personne de ces idées graves et tendres, car nous avions tous les deux un peu de tristesse au fond du cœur : nous tenions cela de Dieu ou de notre mère.

Cependant mon père fut atteint d'une maladie qui le conduisit en peu de jours au tombeau. Il expira dans mes bras. J'appris à connaître la mort sur les lèvres de celui qui m'avait donné la vie. Cette impression fut grande ; elle dure encore. C'est la première fois que l'immortalité de l'âme s'est présentée clairement à mes yeux. Je ne pus croire que ce corps inanimé était en moi l'auteur de la pensée ; je sentis qu'elle devait venir d'une autre source, et, dans une sainte douleur, qui approchait de la joie, j'espérai me joindre un jour à l'esprit de mon père.

Un autre phénomène me confirma dans cette haute idée. Les traits paternels avoient pris au cercueil quelque chose de sublime. Pourquoi cet étonnant mystère ne serait-il pas l'indice de notre immortalité ? Pourquoi la mort, qui sait tout, n'aurait-elle pas gravé sur le front de sa victime les secrets d'un autre univers ? Pourquoi n'y aurait-il pas dans la tombe quelque grande vision de l'éternité ?

Amélie, accablée de douleur, était retirée au fond d'une tour, d'où elle entendit retentir, sous les voûtes du château gothique, le chant des prêtres du convoi et les sons de la cloche funèbre.

J'accompagnai mon père à son dernier asile ; la terre se referma sur sa dépouille ; l'éternité et l'oubli le pressèrent de tout leur poids : le soir même l'indifférent passait sur sa tombe ; hors pour sa fille et pour son fils, c'était déjà comme s'il n'avait jamais été.

Il fallut quitter le toit paternel, devenu l'héritage de mon frère. Je me retirai avec Amélie chez de vieux parents.

Arrêté à l'entrée des voies trompeuses de la vie, je les considérais l'une après l'autre sans m'y oser engager. Amélie m'entretenait souvent du bonheur de la vie religieuse ; elle me disait que j'étais le seul lien qui la retint dans le monde, et ses yeux s'attachaient sur moi avec tristesse.

Le cœur ému par ces conversations pieuses, je portais souvent mes pas vers un monastère voisin de mon nouveau séjour ; un moment même j'eus la tentation d'y cacher ma vie. Heureux ceux qui ont fini leur voyage sans avoir quitté le port, et qui n'ont point, comme moi, traîné d'inutiles jours sur la terre !

Les Européens, incessamment agités, sont obligés de se bâtir des solitudes. Plus notre cœur est tumultueux et bruyant, plus le calme et le silence nous attirent. Ces hospices de mon pays, ouverts aux malheureux et aux faibles, sont souvent cachés dans des vallons qui portent au cœur le vague sentiment de l'infortune et l'espérance d'un abri ; quelquefois aussi on les découvre sur de hauts sites où l'âme religieuse, comme une plante des montagnes, semble s'élever vers le ciel pour lui offrir ses parfums.

Je vois encore le mélange majestueux des eaux et des bois de cette antique abbaye où je pensai dérober ma vie au caprice du sort ; j'erre encore au déclin du jour dans ces cloîtres retentissants et solitaires. Lorsque la lune éclairait à demi les piliers des arcades et dessinait leur ombre sur le mur opposé, je m'arrêtais à contempler la croix qui marquait le champ de la mort et les longues herbes qui croissaient entre les pierres des tombes. O hommes qui, ayant vécu loin du monde, avez passé du silence de la vie au silence de la mort, de quel dégoût de la terre vos tombeaux ne remplissaient-ils pas mon cœur !

Soit inconstance naturelle, soit préjugé contre la vie monastique, je changeai mes desseins, je me résolus à voyager. Je dis adieu à ma sœur ; elle me serra dans ses bras avec un mouvement qui ressemblait à de la joie, comme si elle eût été heureuse de me quitter ; je ne pus me défendre d'une réflexion amère sur l'inconséquence des amitiés humaines.

Cependant, plein d'ardeur, je m'élançai seul sur cet orageux océan du monde, dont je ne connaissais ni les ports ni les écueils. Je visitai d'abord les peuples qui ne sont plus : je m'en allai, m'asseyant sur les débris de Rome et de la Grèce, pays de forte et d'ingénieuse mémoire, où les palais sont ensevelis dans la poudre et les mausolées des rois cachés sous les ronces. Force de la nature et faiblesse de l'homme ! un brin d'herbe perce souvent le marbre le plus dur de ces tombeaux, que tous ces morts, si puissants, ne soulèveront jamais !

Quelquefois une haute colonne se montrait seule debout dans un désert, comme une grande pensée s'élève par intervalles dans une âme que le temps et le malheur ont dévastée.

Je méditai sur ces monuments dans tous les accidents et à toutes les heures de la journée. Tantôt ce même soleil qui avait vu jeter les fondements de ces cités se couchait majestueusement à mes yeux sur leurs ruines ; tantôt la lune se levant dans un ciel pur, entre deux urnes cinéraires à moitié brisées, me montrait les pâles tombeaux. Souvent, aux rayons de cet astre qui alimente les rêveries, j'ai cru voir le Génie des souvenirs assis tout pensif à mes côtés.

Mais je me lassai de fouiller dans les cercueils, où je ne remuais trop souvent qu'une poussière criminelle.

Je voulus voir si les races vivantes m'offriraient plus de vertus ou moins de malheurs que les races évanouies. Comme je me promenais un jour dans une grande cité, en passant derrière un palais, dans une cour retirée et déserte, j'aperçus une statue[3] qui indiquait du doigt un lieu fameux par un sacrifice. Je fus frappé du silence de ces lieux ; le vent seul gémissait autour du marbre tragique. Des manœuvres étaient couchés avec indifférence au pied de la statue ou taillaient des pierres en sifflant. Je leur demandai ce que signifiait ce monument : les uns purent à peine me le dire, les autres ignoraient la catastrophe qu'il retraçait. Rien ne m'a plus donné la juste mesure des événements de la vie et du peu que nous sommes. Que sont devenus ces personnages qui firent tant de bruit ? Le temps a fait un pas, et la face de la terre a été renouvelée.

Je recherchai surtout dans mes voyages les artistes et ces hommes divins qui chantent les dieux sur la lyre et la félicité des peuples qui honorent les lois, la religion et les tombeaux.

---

3. « À Londres, derrière Whitehall, la statue de Charles II. » [Note de Chateaubriand.]

Ces chantres sont de race divine, ils possèdent le seul talent incontestable dont le ciel ait fait présent à la terre. Leur vie est à la fois naïve et sublime ; ils célèbrent les dieux avec une bouche d'or, et sont les plus simples des hommes ; ils causent comme des immortels ou comme de petits enfants ; ils expliquent les lois de l'univers et ne peuvent comprendre les affaires les plus innocentes de la vie ; ils ont des idées merveilleuses de la mort, et meurent sans s'en apercevoir, comme des nouveau-nés.

Sur les monts de la Calédonie[4], le dernier barde qu'on ait ouï dans ces déserts me chanta les poèmes dont un héros consolait jadis sa vieillesse. Nous étions assis sur quatre pierres rongées de mousse ; un torrent coulait à nos pieds ; le chevreuil passait à quelque distance parmi les débris d'une tour, et le vent des mers sifflait sur la bruyère de Cona. Maintenant la religion chrétienne, fille aussi des hautes montagnes, a placé des croix sur les monuments des héros de Morven[5] et touché la harpe de David[6] au bord du même torrent où Ossian[7] fit gémir la sienne. Aussi pacifique que les divinités de Selma[8] étaient guerrières, elle garde des troupeaux où Fingal[9] livrait des combats, et elle a répandu des anges de paix dans les nuages qu'habitaient des fantômes homicides.

L'ancienne et riante Italie m'offrit la foule de ses chefs-d'œuvre. Avec quelle sainte et poétique horreur j'errais dans ces vastes édifices consacrés par les arts à la religion ! Quel

---

4. *Calédonie* : région d'Écosse.
5. *Morven* : lieu mythique des combats relatés dans les poèmes ossianiques.
6. *David* : personnage de la Bible, connu pour avoir vaincu le géant Goliath à l'aide de sa fronde ; il s'agit du roi d'Israël, à la fois guerrier, musicien et poète, souvent représenté avec une harpe. C'est à ce titre qu'il est ici rapproché du barde païen Ossian.
7. *Ossian* : héros et barde écossais du IIIe siècle, connu par l'œuvre du poète James Macpherson, qui publia entre 1760 et 1763 une épopée, *Fingal*. Chateaubriand fit lui-même en 1793 une traduction des *Poèmes ossianiques* de J. Smith.
8. *Selma* : nom du palais de Fingal – roi de Morven et père d'Ossian.
9. *Fingal* : héros mythique des épopées d'Ossian, son fils.

labyrinthe de colonnes ! Quelle succession d'arches et de voûtes ! Qu'ils sont beaux ces bruits, qu'on entend autour des dômes semblables aux rumeurs des flots dans l'Océan, aux murmures des vents dans les forêts ou à la voix de Dieu dans son temple ! L'architecte bâtit, pour ainsi dire, les idées du poëte, et les fait toucher aux sens.

Cependant qu'avais-je appris jusqu'alors avec tant de fatigue ? Rien de certain parmi les anciens, rien de beau parmi les modernes. Le passé et le présent sont deux statues incomplètes : l'une a été retirée toute mutilée du débris des âges, l'autre n'a pas encore reçu sa perfection de l'avenir.

Mais peut-être, mes vieux amis, vous surtout, habitants du désert, êtes-vous étonnés que, dans ce récit de mes voyages, je ne vous aie pas une seule fois entretenus des monuments de la nature ?

Un jour j'étais monté au sommet de l'Etna, volcan qui brûle au milieu d'une île. Je vis le soleil se lever dans l'immensité de l'horizon au-dessous de moi, la Sicile resserrée comme un point à mes pieds et la mer déroulée au loin dans les espaces. Dans cette vue perpendiculaire du tableau, les fleuves ne me semblaient plus que des lignes géographiques tracées sur une carte ; mais tandis que d'un côté mon œil apercevait ces objets, de l'autre il plongeait dans le cratère de l'Etna, dont je découvrais les entrailles brûlantes entre les bouffées d'une noire vapeur.

Un jeune homme plein de passions, assis sur la bouche d'un volcan, et pleurant sur les mortels dont à peine il voyait à ses pieds les demeures, n'est sans doute, ô vieillards ! qu'un objet digne de votre pitié ; mais, quoi que vous puissiez penser de René, ce tableau vous offre l'image de son caractère et de son existence : c'est ainsi que toute ma vie j'ai eu devant les yeux une création à la fois immense et imperceptible et un abîme ouvert à mes côtés. »

En prononçant ces derniers mots, René se tut et tomba subitement dans la rêverie. Le père Souël le regardait avec étonnement, et le vieux Sachem aveugle, qui n'entendait plus parler le jeune homme, ne savait que penser de ce silence.

René avait les yeux attachés sur un groupe d'Indiens qui passaient gaiement dans la plaine. Tout à coup sa physionomie s'attendrit, des larmes coulent de ses yeux ; il s'écrie :

« Heureux sauvages ! oh ! que ne puis-je jouir de la paix qui vous accompagne toujours ! Tandis qu'avec si peu de fruit je parcourais tant de contrées, vous, assis tranquillement sous vos chênes, vous laissiez couler les jours sans les compter. Votre raison n'était que vos besoins, et vous arriviez mieux que moi au résultat de la sagesse, comme l'enfant, entre les jeux et le sommeil. Si cette mélancolie qui s'engendre de l'excès du bonheur atteignait quelquefois votre âme, bientôt vous sortiez de cette tristesse passagère et votre regard levé vers le ciel cherchait avec attendrissement ce je-ne-sais-quoi inconnu qui prend pitié du pauvre sauvage. »

Ici la voix de René expira de nouveau, et le jeune homme pencha la tête sur sa poitrine. Chactas, étendant les bras dans l'ombre et prenant le bras de son fils, lui cria d'un ton ému : « Mon fils ! mon cher fils ! » A ces accents, le frère d'Amélie, revenant à lui et rougissant de son trouble, pria son père de lui pardonner.

Alors le vieux sauvage : « Mon jeune ami, les mouvements d'un cœur comme le tien ne sauraient être égaux ; modère seulement ce caractère qui t'a déjà fait tant de mal. Si tu souffres plus qu'un autre des choses de la vie, il ne faut pas t'en étonner : une grande âme doit contenir plus de douleurs qu'une petite. Continue ton récit. Tu nous as fait parcourir une partie de l'Europe, fais nous connaître ta patrie. Tu sais que j'ai vu la France et quels liens m'y ont attaché ; j'aimerais à entendre parler de ce grand chef[10] qui n'est plus

10. *Grand chef* : « Louis XIV ». [Note de Chateaubriand.]

et dont j'ai visité la superbe cabane. Mon enfant, je ne vis plus que pour la mémoire. Un vieillard avec ses souvenirs ressemble au chêne décrépit de nos bois : ce chêne ne se décore plus de son propre feuillage, mais il couvre quelquefois sa nudité des plantes étrangères qui ont végété sur ses antiques rameaux. »

Le frère d'Amélie, calmé par ces paroles, reprit ainsi l'histoire de son cœur :

« Hélas, mon père ! je ne pourrai t'entretenir de ce grand siècle dont je n'ai vu que la fin dans mon enfance, et qui n'était plus lorsque je rentrai dans ma patrie. Jamais un changement plus étonnant et plus soudain ne s'est opéré chez un peuple. De la hauteur du génie, du respect pour la religion, de la gravité des mœurs, tout était subitement descendu à la souplesse de l'esprit, à l'impiété, à la corruption.

C'était donc bien vainement que j'avais espéré retrouver dans mon pays de quoi calmer cette inquiétude, cette ardeur de désir qui me suit partout. L'étude du monde ne m'avait rien appris, et pourtant je n'avais plus la douceur de l'ignorance.

Ma sœur, par une conduite inexplicable, semblait se plaire à augmenter mon ennui ; elle avait quitté Paris quelques jours avant mon arrivée. Je lui écrivis que je comptais l'aller rejoindre ; elle se hâta de me répondre pour me détourner de ce projet, sous prétexte qu'elle était incertaine du lieu où l'appelleraient ses affaires. Quelles tristes réflexions ne fis-je point alors sur l'amitié, que la présence attiédit, que l'absence efface, qui ne résiste point au malheur, et encore moins à la prospérité !

Je me trouvai bientôt plus isolé dans ma patrie que je ne l'avais été sur une terre étrangère. Je voulus me jeter pendant quelque temps dans un monde qui ne me disait rien et qui ne m'entendait pas. Mon âme, qu'aucune passion n'avait encore usée, cherchait un objet qui pût l'attacher ;

mais je m'aperçus que je donnais plus que je ne recevais. Ce n'était ni un langage élevé ni un sentiment profond qu'on demandait de moi. Je n'étais occupé qu'à rapetisser ma vie, pour la mettre au niveau de la société. Traité partout d'esprit romanesque, honteux du rôle que je jouais, dégoûté de plus en plus des choses et des hommes, je pris le parti de me retirer dans un faubourg pour y vivre totalement ignoré.

Je trouvai d'abord assez de plaisir dans cette vie obscure et indépendante. Inconnu, je me mêlais à la foule : vaste désert d'hommes !

Souvent assis dans une église peu fréquentée, je passais des heures entières en méditation. Je voyais de pauvres femmes venir se prosterner devant le Très-Haut, ou des pécheurs s'agenouiller au tribunal de la pénitence. Nul ne sortait de ces lieux sans un visage plus serein, et les sourdes clameurs qu'on entendait au dehors semblaient être les flots des passions et les orages du monde qui venaient expirer au pied du temple du Seigneur. Grand Dieu, qui vit en secret couler mes larmes dans ces retraites sacrées, tu sais combien de fois je me jetai à tes pieds pour te supplier de me décharger du poids de l'existence, ou de changer en moi le vieil homme ! Ah ! qui n'a senti quelquefois le besoin de se régénérer, de se rajeunir aux eaux du torrent, de retremper son âme à la fontaine de vie ! Qui ne se trouve quelquefois accablé du fardeau de sa propre corruption et incapable de rien faire de grand, de noble, de juste !

Quand le soir était venu, reprenant le chemin de ma retraite, je m'arrêtais sur les ponts pour voir se coucher le soleil. L'astre, enflammant les vapeurs de la cité, semblait osciller lentement dans un fluide d'or, comme le pendule de l'horloge des siècles. Je me retirais ensuite avec la nuit, à travers un labyrinthe de rues solitaires. En regardant les lumières qui brillaient dans la demeure des hommes, je me transportais par la pensée au milieu des scènes de douleur et de joie qu'elles éclairaient, et je songeais que sous tant de toits habités je n'avais pas un ami. Au milieu de mes réflexions, l'heure venait frapper à coups mesurés dans la tour de la cathédrale gothique ; elle allait se répétant sur tous les tons, et à toutes les distances, d'église en église. Hélas ! chaque heure dans la société ouvre un tombeau et fait couler des larmes.

Cette vie, qui m'avait d'abord enchanté, ne tarda pas à me devenir insupportable. Je me fatiguai de la répétition des mêmes scènes et des mêmes idées. Je me mis à sonder mon cœur, à me demander ce que je désirais. Je ne le savais pas, mais je crus tout à coup que les bois me seraient délicieux. Me voilà soudain résolu d'achever dans un exil champêtre une carrière à peine commencée et dans laquelle j'avais déjà dévoré des siècles.

J'embrassai ce projet avec l'ardeur que je mets à tous mes desseins ; je partis précipitamment pour m'ensevelir[11] dans une chaumière, comme j'étais parti autrefois pour faire le tour du monde.

On m'accuse d'avoir des goûts inconstants, de ne pouvoir jouir longtemps de la même chimère, d'être la proie d'une imagination qui se hâte d'arriver au fond de mes plaisirs, comme si elle était accablée de leur durée ; on m'accuse de passer toujours le but que je puis atteindre : hélas ! je cherche seulement un bien inconnu dont l'instinct me poursuit. Est-ce ma faute si je trouve partout des bornes, si ce qui est fini n'a pour moi aucune valeur ? Cependant je sens que j'aime la monotonie des sentiments de la vie, et si j'avais encore la folie de croire au bonheur, je le chercherais dans l'habitude.

La solitude absolue, le spectacle de la nature, me plongèrent bientôt dans un état presque impossible à décrire. Sans parents, sans amis, pour ainsi dire, sur la terre, n'ayant point

11. Le choix de ce verbe préfigure le fantasme du suicide qui va suivre.

encore aimé, j'étais accablé d'une surabondance de vie. Quelquefois je rougissais subitement, et je sentais couler dans mon cœur comme des ruisseaux d'une lave ardente ; quelquefois je poussais des cris involontaires, et la nuit était également troublée de mes songes et de mes veilles. Il me manquait quelque chose pour remplir l'abîme de mon existence : je descendais dans la vallée, je m'élevais sur la montagne, appelant de toute la force de mes désirs l'idéal objet d'une flamme future ; je l'embrassais dans les vents ; je croyais l'entendre dans les gémissements du fleuve ; tout était ce fantôme imaginaire, et les astres dans les cieux, et le principe même de vie dans l'univers.

Toutefois cet état de calme et de trouble, d'indigence et de richesse, n'était pas sans quelques charmes : un jour je m'étais amusé à effeuiller une branche de saule sur un ruisseau et à attacher une idée à chaque feuille [12] que le courant entraînait. Un roi qui craint de perdre sa couronne par une révolution subite ne ressent pas des angoisses plus vives que les miennes à chaque accident qui menaçait les débris de mon rameau. O faiblesse des mortels ! ô enfance du cœur humain qui ne vieillit jamais ! voilà donc à quel degré de puérilité notre superbe raison peut descendre ! Et encore est-il vrai que bien des hommes attachent leur destinée à des choses d'aussi peu de valeur que mes feuilles de saule.

Mais comment exprimer cette foule de sensations fugitives que j'éprouvais dans mes promenades ? Les sons que rendent les passions dans le vide d'un cœur solitaire ressemblent au murmure que les vents et les eaux font entendre dans le silence d'un désert : on en jouit, mais on ne peut les peindre.

L'automne me surprit au milieu de ces incertitudes : j'entrai avec ravissement dans les mois des tempêtes. Tantôt j'aurais voulu être un de ces guerriers errant au milieu des vents,

12. Une gravure représente ainsi Chateaubriand jeune devant Combourg.

des nuages et des fantômes ; tantôt j'enviais jusqu'au sort du pâtre que je voyais réchauffer ses mains à l'humble feu de broussailles qu'il avait allumé au coin d'un bois. J'écoutais ses chants mélancoliques, qui me rappelaient que dans tout pays le chant naturel de l'homme est triste, lors même qu'il exprime le bonheur. Notre cœur est un instrument incomplet, une lyre où il manque des cordes et où nous sommes forcés de rendre les accents de la joie sur le ton consacré aux soupirs.

Le jour, je m'égarais sur de grandes bruyères terminées par des forêts. Qu'il fallait peu de chose à ma rêverie ! une feuille séchée que le vent chassait devant moi, une cabane dont la fumée s'élevait dans la cime dépouillée des arbres, la mousse qui tremblait au souffle du nord sur le tronc d'un chêne, une roche écartée, un étang désert où le jonc flétri murmurait ! Le clocher solitaire s'élevant au loin dans la vallée a souvent attiré mes regards ; souvent j'ai suivi des yeux les oiseaux de passage qui volaient au-dessus de ma tête. Je me figurais les bords ignorés, les climats lointains où ils se rendent ; j'aurais voulu être sur leurs ailes. Un secret instinct me tourmentait ; je sentais que je n'étais moi-même qu'un voyageur, mais une voix du ciel semblait me dire : « Homme, la saison de ta migration n'est pas encore venue ; attends que le vent de la mort se lève, alors tu déploieras ton vol vers ces régions inconnues que ton cœur demande. »

Levez-vous vite, orages désirés qui devez emporter René dans les espaces d'une autre vie ! Ainsi disant, je marchais à grands pas, le visage enflammé, le vent sifflant dans ma chevelure, ne sentant ni pluie, ni frimas, enchanté, tourmenté et comme possédé par le démon de mon cœur.

La nuit, lorsque l'aquilon ébranlait ma chaumière, que les pluies tombaient en torrent sur mon toit, qu'à travers ma fenêtre je voyais la lune sillonner les nuages amoncelés, comme un pâle vaisseau qui laboure les vagues, il me semblait que la vie redoublait au fond de mon cœur, que j'aurais la puissance de créer des mondes. Ah ! si j'avais pu faire partager à une autre les transports que j'éprouvais ! O Dieu ! si tu m'avais donné une femme selon mes désirs ; si, comme à notre premier père, tu m'eusses amené par la main une Ève tirée de moi-même... Beauté céleste ! je me serais prosterné devant toi, puis, te prenant dans mes bras, j'aurais prié l'Éternel de te donner le reste de ma vie.

Hélas ! j'étais seul, seul sur la terre ! Une langueur secrète s'emparait de mon corps. Ce dégoût de la vie que j'avais ressenti dès mon enfance revenait avec une force nouvelle. Bientôt mon cœur ne fournit plus d'aliment à ma pensée, et je ne m'apercevais de mon existence que par un profond sentiment d'ennui.

Je luttai quelque temps contre mon mal, mais avec indifférence et sans avoir la ferme résolution de le vaincre. Enfin, ne pouvant trouver de remède à cette étrange blessure de mon cœur, qui n'était nulle part et qui était partout, je résolus de quitter la vie.

Prêtre du Très-Haut, qui m'entendez, pardonnez à un malheureux que le ciel avait presque privé de la raison. J'étais plein de religion, et je raisonnais en impie ; mon cœur aimait Dieu, et mon esprit le méconnaissait ; ma conduite, mes discours, mes sentiments, mes pensées, n'étaient que contradiction, ténèbres, mensonges. Mais l'homme sait-il bien toujours ce qu'il veut, est-il toujours sûr de ce qu'il pense ?

Tout m'échappait à la fois, l'amitié, le monde, la retraite. J'avais essayé de tout, et tout m'avait été fatal. Repoussé par la société, abandonné d'Amélie quand la solitude vint à me manquer, que me restait-il ? C'était la dernière planche sur laquelle j'avais espéré me sauver, et je la sentais encore s'enfoncer dans l'abîme !

Décidé que j'étais à me débarrasser du poids de la vie, je résolus de mettre toute ma raison dans cet acte insensé. Rien ne me pressait ; je ne fixai point le moment du départ, afin de savourer à longs traits les derniers moments de l'existence et de recueillir toutes mes forces, à l'exemple d'un ancien, pour sentir mon âme s'échapper[13].

Cependant je crus nécessaire de prendre des arrangements concernant ma fortune, et je fus obligé d'écrire à Amélie. Il m'échappa quelques plaintes sur son oubli, et je laissai sans doute percer l'attendrissement qui surmontait peu à peu mon cœur. Je m'imaginais pourtant avoir bien dissimulé mon secret ; mais ma sœur, accoutumée à lire dans les replis de mon âme, le devina sans peine. Elle fut alarmée du ton de contrainte qui régnait dans ma lettre et de mes questions sur des affaires dont je ne m'étais jamais occupé. Au lieu de me répondre, elle me vint tout à coup surprendre.

Pour bien sentir quelle dut être dans la suite l'amertume de ma douleur et quels furent mes premiers transports en revoyant Amélie, il faut vous figurer que c'était la seule personne au monde que j'eusse aimée, que tous mes sentiments se venaient confondre en elle avec la douceur des souvenirs de mon enfance. Je reçus donc Amélie dans une sorte d'extase de cœur. Il y avait si longtemps que je n'avais trouvé quelqu'un qui m'entendit et devant qui je pusse ouvrir mon âme !

Amélie se jetant dans mes bras me dit : « Ingrat, tu veux mourir, et ta sœur existe ! Tu soupçonnes son cœur ! Ne t'explique point, ne t'excuse point, je sais tout ; j'ai tout compris, comme si j'avais été avec toi. Est-ce moi que l'on trompe, moi qui ai vu naître tes premiers sentiments ? Voilà ton malheureux caractère, tes dégoûts, tes injustices. Jure, tandis que je te presse sur mon cœur, jure que c'est la der-

13. Référence à la déclaration de Canus Julius, condamné à mort par Caligula : « Je me propose d'épier, dans ce moment si rapide, si mon âme se sentira sortir » (Sénèque, *De la tranquillité de l'âme*).

nière fois que tu te livreras à tes folies ; fais le serment de ne jamais attenter à tes jours. »

En prononçant ces mots Amélie me regardait avec compassion et tendresse, et couvrait mon front de ses baisers ; c'était presque une mère, c'était quelque chose de plus tendre. Hélas ! mon cœur se rouvrit à toutes les joies ; comme un enfant je ne demandais qu'à être consolé ; je cédai à l'empire d'Amélie : elle exigea un serment solennel ; je le fis sans hésiter, ne soupçonnant même pas que désormais je pusse être malheureux.

Nous fûmes plus d'un mois à nous accoutumer à l'enchantement d'être ensemble. Quand le matin, au lieu de me trouver seul, j'entendais la voix de ma sœur, j'éprouvais un tressaillement de joie et de bonheur. Amélie avait reçu de la nature quelque chose de divin ; son âme avait les mêmes grâces innocentes que son corps ; la douceur de ses sentiments était infinie ; il n'y avait rien que de suave et d'un peu rêveur dans son esprit ; on eût dit que son cœur, sa pensée et sa voix soupiraient comme de concert ; elle tenait de la femme la timidité et l'amour, et de l'ange la pureté et la mélodie.

Le moment était venu où j'allais expier toutes mes inconséquences. Dans mon délire, j'avais été jusqu'à désirer d'éprouver un malheur, pour avoir du moins un objet réel de souffrance : épouvantable souhait que Dieu, dans sa colère, a trop exaucé !

Que vais-je vous révéler, ô mes amis ! voyez les pleurs qui coulent de mes yeux. Puis-je même... Il y a quelques jours, rien n'aurait pu m'arracher ce secret... A présent, tout est fini !

Toutefois, ô vieillards ! que cette histoire soit à jamais ensevelie dans le silence : souvenez-vous qu'elle n'a été racontée que sous l'arbre du désert.

L'hiver finissait lorsque je m'aperçus qu'Amélie perdait le repos et la santé, qu'elle commençait à me rendre. Elle maigrissait ; ses yeux se creusaient, sa démarche était languissante et sa voix troublée. Un jour je la surpris tout en larmes au pied d'un crucifix. Le monde, la solitude, mon absence, ma présence, la nuit, le jour, tout l'alarmait. D'involontaires soupirs venaient expirer sur ses lèvres ; tantôt elle soutenait sans se fatiguer une longue course ; tantôt elle se traînait à peine : elle prenait et laissait son ouvrage, ouvrait un livre sans pouvoir lire, commençait une phrase qu'elle n'achevait pas, fondait tout à coup en pleurs, et se retirait pour prier.

En vain je cherchais à découvrir son secret. Quand je l'interrogeais en la pressant dans mes bras, elle me répondait avec un sourire qu'elle était comme moi, qu'elle ne savait pas ce qu'elle avait.

Trois mois se passèrent de la sorte, et son état devenait pire chaque jour. Une correspondance mystérieuse me semblait être la cause de ses larmes, car elle paraissait, ou plus tranquille, ou plus émue, selon les lettres qu'elle recevait. Enfin, un matin, l'heure à laquelle nous déjeunions ensemble étant passée, je monte à son appartement ; je frappe : on ne me répond point ; j'entrouvre la porte : il n'y avait personne dans la chambre. J'aperçois sur la cheminée un paquet à mon adresse. Je le saisis en tremblant, je l'ouvre, et je lis cette lettre, que je conserve pour m'ôter à l'avenir tout mouvement de joie.

A RENÉ.

« Le ciel m'est témoin, mon frère, que je donnerais mille fois ma vie pour vous épargner un moment de peine ; mais, infortunée que je suis, je ne puis rien pour votre bonheur. Vous me pardonnerez donc de m'être dérobée de chez vous comme une coupable ; je n'aurais jamais pu résister à vos prières, et cependant il fallait partir... Mon Dieu, ayez pitié de moi !

Vous savez, René, que j'ai toujours eu du penchant pour la vie religieuse ; il est temps que je mette à profit les avertissements du ciel. Pourquoi ai-je attendu si tard ! Dieu m'en punit. J'étais restée pour vous dans le monde... Pardonnez, je suis toute troublée par le chagrin que j'ai de vous quitter.

C'est à présent, mon cher frère, que je sens bien la nécessité de ces asiles contre lesquels je vous ai vu souvent vous élever. Il est des malheurs qui nous séparent pour toujours des hommes : que deviendraient alors de pauvres infortunées !... Je suis persuadée que vous-même, mon frère, vous trouveriez le repos dans ces retraites de la religion : la terre n'offre rien qui soit digne de vous.

Je ne vous rappellerai point votre serment : je connais la fidélité de votre parole. Vous l'avez juré, vous vivrez pour moi. Y a-t-il rien de plus misérable que de songer sans cesse à quitter la vie ? Pour un homme de votre caractère, il est si aisé de mourir ! Croyez-en votre sœur, il est plus difficile de vivre.

Mais, mon frère, sortez au plus vite de la solitude, qui ne vous est pas bonne ; cherchez quelque occupation. Je sais que vous riez amèrement de cette nécessité où l'on est en France de *prendre un état*. Ne méprisez pas tant l'expérience et la sagesse de nos pères. Il vaut mieux, mon cher René, ressembler un peu plus au commun des hommes et avoir un peu moins de malheur.

Peut-être trouveriez-vous dans le mariage un soulagement à vos ennuis. Une femme, des enfants occuperaient vos jours. Et quelle est la femme qui ne chercherait pas à vous rendre heureux ! L'ardeur de votre âme, la beauté de votre génie, votre air noble et passionné, ce regard fier et tendre, tout vous assurerait de son amour et de sa fidélité. Ah ! avec quelles délices ne te presserait-elle pas dans ses bras et sur son cœur ! Comme tous ses regards, toutes ses pensées, seraient attachés sur toi pour prévenir tes moindres peines !

Elle serait tout amour, toute innocence devant toi : tu croirais retrouver une sœur.

Je pars pour le couvent de... Ce monastère, bâti au bord de la mer, convient à la situation de mon âme. La nuit, du fond de ma cellule, j'entendrai le murmure des flots qui baignent les murs du couvent ; je songerai à ces promenades que je faisais avec vous au milieu des bois, alors que nous croyions retrouver le bruit des mers dans la cime agitée des pins. Aimable compagnon de mon enfance, est-ce que je ne vous verrai plus ? A peine plus âgée que vous, je vous balançais dans votre berceau ; souvent nous avons dormi ensemble. Ah ! si un même tombeau nous réunissait un jour ! Mais non, je dois dormir seule sous les marbres glacés de ce sanctuaire où reposent pour jamais ces filles qui n'ont point aimé

Je ne sais si vous pourrez lire ces lignes à demi effacées par mes larmes. Après tout, mon ami, un peu plus tôt, un peu plus tard, n'aurait-il pas fallu nous quitter ? Qu'ai-je besoin de vous entretenir de l'incertitude et du peu de valeur de la vie ? Vous vous rappelez le jeune M... qui fit naufrage à l'Ile-de-France. Quand vous reçûtes sa dernière lettre, quelques mois après sa mort, sa dépouille terrestre n'existait même plus, et l'instant où vous commenciez son deuil en Europe était celui où on le finissait aux Indes. Qu'est-ce donc que l'homme, dont la mémoire périt si vite ? Une partie de ses amis ne peut apprendre sa mort que l'autre n'en soit déjà consolée ! Quoi, cher et trop cher René, mon souvenir s'effacera-t-il si promptement de ton cœur ? O mon frère ! si je m'arrache à vous dans le temps, c'est pour n'être pas séparée de vous dans l'éternité.

AMÉLIE.

P. S. Je joins ici l'acte de la donation de mes biens ; j'espère que vous ne refuserez pas cette marque de mon amitié. »

La foudre qui fût tombée à mes pieds ne m'eût pas cause plus d'effroi que cette lettre. Quel secret Amélie me cachait-elle ? Qui la forçait si subitement à embrasser la vie religieuse ? Ne m'avait-elle rattaché à l'existence par le charme de l'amitié que pour me délaisser tout à coup ? Oh ! pourquoi était-elle venue me détourner de mon dessein ! Un mouvement de pitié l'avait rappelée auprès de moi ; mais bientôt, fatiguée d'un pénible devoir, elle se hâte de quitter un malheureux qui n'avait qu'elle sur la terre. On croit avoir tout fait quand on a empêché un homme de mourir ! Telles étaient mes plaintes. Puis, faisant un retour sur moi-même. « Ingrate Amélie, disais-je, si tu avais été à ma place, si comme moi tu avais été perdue dans le vide de tes jours, ah ! tu n'aurais pas été abandonnée de ton frère ! »

Cependant, quand je relisais la lettre, j'y trouvais je ne sais quoi de si triste et de si tendre, que tout mon cœur se fondait. Tout à coup il me vint une idée qui me donna quelque espérance : je m'imaginai qu'Amélie avait peut-être conçu une passion pour un homme qu'elle n'osait avouer. Ce soupçon sembla m'expliquer sa mélancolie, sa correspondance mystérieuse et le ton passionné qui respirait dans sa lettre. Je lui écrivis aussitôt pour la supplier de m'ouvrir son cœur.

Elle ne tarda pas à me répondre, mais sans me découvrir son secret : elle me mandait seulement qu'elle avait obtenu les dispenses du noviciat[14] et qu'elle allait prononcer ses vœux.

Je fus révolté de l'obstination d'Amélie, du mystère de ses paroles et de son peu de confiance en mon amitié.

Après avoir hésité un moment sur le parti que j'avais à prendre, je résolus d'aller à B... pour faire un dernier effort auprès de ma sœur. La terre où j'avais été élevé se trouvait sur la route. Quand j'aperçus les bois où j'avais passé

14. *Noviciat* : préparation des novices à la vie religieuse, consistant à éprouver leur vocation et dont la durée varie selon l'ordre, la congrégation.

les seuls moments heureux de ma vie, je ne pus retenir mes larmes, et il me fut impossible de résister à la tentation de leur dire un dernier adieu.

Mon frère aîné avait vendu l'héritage paternel, et le nouveau propriétaire ne l'habitait pas. J'arrivai au château par la longue avenue de sapins ; je traversai à pied les cours désertes ; je m'arrêtai à regarder les fenêtres fermées ou demi-brisées, le chardon qui croissait au pied des murs, les feuilles qui jonchaient le seuil des portes, et ce perron solitaire où j'avais vu si souvent mon père et ses fidèles serviteurs. Les marches étaient déjà couvertes de mousses ; le violier[15] jaune croissait entre leurs pierres déjointes et tremblantes. Un gardien inconnu m'ouvrit brusquement les portes. J'hésitais à franchir le seuil ; cet homme s'écria : « Eh bien ! allez-vous faire comme cette étrangère qui vint ici il y a quelques jours ? Quand ce fut pour entrer, elle s'évanouit, et je fus obligé de la reporter à sa voiture. » Il me fut aisé de reconnaître l'*étrangère* qui, comme moi, était venue chercher dans ces lieux des pleurs et des souvenirs !

Couvrant un moment mes yeux de mon mouchoir, j'entrai sous le toit de mes ancêtres. Je parcourus les appartements sonores où l'on n'entendait que le bruit de mes pas. Les chambres étaient à peine éclairées par la faible lumière qui pénétrait entre les volets fermés ; je visitai celle où ma mère avait perdu la vie en me mettant au monde, celle où se retirait mon père, celle où j'avais dormi dans mon berceau, celle enfin où l'amitié avait reçu mes premiers vœux dans le sein d'une sœur. Partout les salles étaient détendues[16], et l'araignée filait sa toile dans les couches abandonnées. Je sortis précipitamment de ces lieux, je m'en éloignai à grands pas, sans oser tourner la tête. Qu'ils sont doux, mais

15. *Violier* : plante qui pousse sur les murs sans être cultivée et qui porte des fleurs jaunes d'une odeur douce et agréable.

16. Les tentures qui ornaient les murs ont été retirées, signe que le château n'est plus habité.

qu'ils sont rapides, les moments que les frères et les sœurs passent dans leurs jeunes années, réunis sous l'aile de leurs vieux parents ! La famille de l'homme n'est que d'un jour : le souffle de Dieu la disperse comme une fumée. A peine le fils connaît-il le père, le père le fils, le frère la sœur, la sœur le frère ! Le chêne voit germer ses glands autour de lui : il n'en est pas ainsi des enfants des hommes !

En arrivant à B... je me fis conduire au couvent ; je demandai à parler à ma sœur. On me dit qu'elle ne recevait personne. Je lui écrivis : elle me répondit que, sur le point de se consacrer à Dieu, il ne lui était pas permis de donner une pensée au monde ; que si je l'aimais, j'éviterais de l'accabler de ma douleur. Elle ajoutait : « Cependant, si votre projet est de paraître à l'autel le jour de ma profession, daignez m'y servir de père : ce rôle est le seul digne de votre courage, le seul qui convienne à notre amitié et à mon repos. »

Cette froide fermeté qu'on opposait à l'ardeur de mon amitié me jeta dans de violents transports. Tantôt j'étais près de retourner sur mes pas ; tantôt je voulais rester, uniquement pour troubler le sacrifice. L'enfer me suscitait jusqu'à la pensée de me poignarder dans l'église et de mêler mes derniers soupirs aux vœux qui m'arrachaient ma sœur. La supérieure du couvent me fit prévenir qu'on avait préparé un banc dans le sanctuaire, et elle m'invitait à me rendre à la cérémonie, qui devait avoir lieu dès le lendemain.

Au lever de l'aube, j'entendis le premier son des cloches... Vers dix heures, dans une sorte d'agonie, je me traînai au monastère. Rien ne peut plus être tragique quand on a assisté à un pareil spectacle ; rien ne peut plus être douloureux quand on y a survécu.

Un peuple immense remplissait l'église. On me conduit au banc du sanctuaire ; je me précipite à genoux sans presque savoir où j'étais ni à quoi j'étais résolu. Déjà le prêtre attendait à l'autel ; tout à coup la grille mystérieuse s'ouvre, et Amélie s'avance, parée de toutes les pompes du monde. Elle était si belle, il y avait sur son visage quelque chose de si divin, qu'elle excita un mouvement de surprise et d'admiration. Vaincu par la glorieuse douleur de la sainte, abattu par les grandeurs de la religion, tous mes projets de violence s'évanouirent ; ma force m'abandonna ; je me sentis lié par une main toute-puissante, et, au lieu de blasphèmes et de menaces, je ne trouvai dans mon cœur que de profondes adorations et les gémissements de l'humilité.

Amélie se place sous un dais. Le sacrifice commence à la lueur des flambeaux, au milieu des fleurs et des parfums, qui devaient rendre l'holocauste[17] agréable. À l'offertoire, le prêtre se dépouilla de ses ornements, ne conserva qu'une tunique de lin, monta en chaire, et, dans un discours simple et pathétique, peignit le bonheur de la vierge qui se consacre au Seigneur. Quand il prononça ces mots : « Elle a paru comme l'encens qui se consume dans le feu », un grand calme et des odeurs célestes semblèrent se répandre dans l'auditoire ; on se sentit comme à l'abri sous les ailes de la colombe mystique[18], et l'on eût cru voir les anges descendre sur l'autel et remonter vers les cieux avec des parfums et des couronnes.

Le prêtre achève son discours, reprend ses vêtements, continue le sacrifice. Amélie, soutenue de deux jeunes religieuses, se met à genoux sur la dernière marche de l'autel. On vient alors me chercher pour remplir les fonctions paternelles. Au bruit de mes pas chancelants dans le sanctuaire, Amélie est prête à défaillir. On me place à côté du prêtre pour lui présenter les ciseaux. En ce moment je sens

17. *Holocauste* : sacrifice religieux pratiqué au moyen du feu chez les Hébreux. Le terme désigne ici la cérémonie par laquelle Amélie, en se consacrant à Dieu, renonce à la vie.

18. *Colombe mystique* : périphrase désignant le Saint-Esprit. « Ayant été baptisé, Jésus aussitôt remonta de l'eau ; et voici que les cieux s'ouvrirent : il vit l'Esprit de Dieu descendre comme une colombe et venir sur lui » (Nouveau Testament, Matthieu, III, 16).

renaître mes transports ; ma fureur va éclater quand Amélie, rappelant son courage, me lance un regard où il y a tant de reproche et de douleur, que j'en suis atterré. La religion triomphe. Ma sœur profite de mon trouble ; elle avance hardiment la tête. Sa superbe chevelure tombe de toutes parts sous le fer sacré ; une longue robe d'étamine remplace pour elle les ornements du siècle sans la rendre moins touchante ; les ennuis de son front se cachent sous un bandeau de lin, et le voile mystérieux, double symbole de la virginité et de la religion, accompagne sa tête dépouillée. Jamais elle n'avait paru si belle. L'œil de la pénitente était attaché sur la poussière du monde, et son âme était dans le ciel.

Cependant Amélie n'avait point encore prononcé ses vœux, et pour mourir au monde[19] il fallait qu'elle passât à travers le tombeau. Ma sœur se couche sur le marbre ; on étend sur elle un drap mortuaire ; quatre flambeaux en marquent les quatre coins. Le prêtre, l'étole au cou, le livre à la main, commence l'Office des morts ; de jeunes vierges le continuent. O joies de la religion, que vous êtes grandes, mais que vous êtes terribles ! On m'avait contraint de me placer à genoux près de ce lugubre appareil[20]. Tout à coup un murmure confus sort de dessous le voile sépulcral ; je m'incline, et ces paroles épouvantables (que je fus seul à entendre) viennent frapper mon oreille : « Dieu de miséricorde, fais que je ne me relève jamais de cette couche funèbre, et comble de tes biens un frère qui n'a point partagé ma criminelle passion ! »

A ces mots échappés du cercueil, l'affreuse vérité m'éclaire ; ma raison s'égare ; je me laisse tomber sur le linceul de la mort, je presse ma sœur dans mes bras ; je m'écrie : « Chaste épouse de Jésus-Christ, reçois mes der-

19. *Mourir au monde* : renoncer à vivre dans la société.
20. *Appareil* : ensemble des moyens – accessoires, vêtements – destinés à donner à la cérémonie sa solennité.

niers embrassements à travers les glaces du trépas et les profondeurs de l'éternité, qui te séparent déjà de ton frère ! »

Ce mouvement, ce cri, ces larmes, troublent la cérémonie : le prêtre s'interrompt, les religieuses ferment la grille, la foule s'agite et se presse vers l'autel ; on m'emporte sans connaissance. Que je sus peu de gré à ceux qui me rappelèrent au jour ! J'appris, en rouvrant les yeux, que le sacrifice était consommé et que ma sœur avait été saisie d'une fièvre ardente. Elle me faisait prier de ne plus chercher à la voir. Oh misère de ma vie ! une sœur craindre de parler à un frère, et un frère craindre de faire entendre sa voix à une sœur ! Je sortis du monastère comme de ce lieu d'expiation où des flammes nous préparent pour la vie céleste, où l'on a tout perdu comme aux enfers, hors l'espérance.

On peut trouver des forces dans son âme contre un malheur personnel, mais devenir la cause involontaire du malheur d'un autre, cela est tout à fait insupportable. Éclairé sur les maux de ma sœur, je me figurais ce qu'elle avait dû souffrir. Alors s'expliquèrent pour moi plusieurs choses que je n'avais pu comprendre : ce mélange de joie et de tristesse qu'Amélie avait fait paraître au moment de mon départ pour mes voyages, le soin qu'elle prit de m'éviter à mon retour, et cependant cette faiblesse qui l'empêcha si longtemps d'entrer dans un monastère : sans doute la fille malheureuse s'était flattée de guérir ! Ses projets de retraite, la dispense du noviciat, la disposition de ses biens en ma faveur, avoient apparemment produit cette correspondance secrète qui servit à me tromper.

O mes amis ! je sus donc ce que c'était que de verser des larmes pour un mal qui n'était point imaginaire ! Mes passions, si longtemps indéterminées, se précipitèrent sur cette première proie avec fureur. Je trouvai même une sorte de satisfaction inattendue dans la plénitude de mon chagrin, et je m'aperçus, avec un secret mouvement de joie, que la douleur n'est pas une affection qu'on épuise comme le plaisir.

J'avais voulu quitter la terre avant l'ordre du Tout-Puissant; c'était un grand crime: Dieu m'avait envoyé Amélie à la fois pour me sauver et pour me punir. Ainsi, toute pensée coupable, toute action criminelle entraîne après elle des désordres et des malheurs. Amélie me priait de vivre, et je lui devais bien de ne pas aggraver ses maux. D'ailleurs (chose étrange !) je n'avais plus envie de mourir depuis que j'étais réellement malheureux. Mon chagrin était devenu une occupation qui remplissait tous mes moments : tant mon cœur est naturellement pétri d'ennui et de misère !

Je pris donc subitement une autre résolution; je me déterminai à quitter l'Europe et à passer en Amérique.

On équipait dans ce moment même, au port de B..., une flotte pour la Louisiane; je m'arrangeai avec un des capitaines de vaisseau, je fis savoir mon projet à Amélie, et je m'occupai de mon départ.

Ma sœur avait touché aux portes de la mort ; mais Dieu, qui lui destinait la première palme des vierges, ne voulut pas la rappeler si vite à lui ; son épreuve ici-bas fut prolongée. Descendue une seconde fois dans la pénible carrière de la vie, l'héroïne, courbée sous la croix, s'avança courageusement à l'encontre des douleurs, ne voyant plus que le triomphe dans le combat, et dans l'excès des souffrances l'excès de la gloire.

La vente du peu de bien qui me restait, et que je cédai à mon frère, les longs préparatifs d'un convoi, les vents contraires, me retinrent longtemps dans le port. J'allais chaque matin m'informer des nouvelles d'Amélie, et je revenais toujours avec de nouveaux motifs d'admiration et de larmes.

J'errais sans cesse autour du monastère, bâti au bord de la mer. J'apercevais souvent, à une petite fenêtre grillée qui donnait sur une plage déserte, une religieuse assise dans une attitude pensive; elle rêvait à l'aspect de l'Océan où apparaissait quelque vaisseau cinglant aux extrémités de la terre. Plusieurs fois, à la clarté de la lune, j'ai revu la même religieuse aux barreaux de la même fenêtre : elle contemplait la mer, éclairée par l'astre de la nuit, et semblait prêter l'oreille au bruit des vagues qui se brisaient tristement sur des grèves solitaires.

Je crois encore entendre la cloche qui, pendant la nuit, appelait les religieuses aux veilles et aux prières. Tandis qu'elle tintait avec lenteur et que les vierges s'avançaient en silence à l'autel du Tout-Puissant, je courais au monastère : là, seul au pied des murs, j'écoutais dans une sainte extase les derniers sons des cantiques, qui se mêlaient sous les voûtes du temple au faible bruissement des flots.

Je ne sais comment toutes ces choses, qui auraient dû nourrir mes peines, en émoussaient au contraire l'aiguillon. Mes larmes avoient moins d'amertume, lorsque je les répandais sur les rochers et parmi les vents. Mon chagrin même par sa nature extraordinaire, portait avec lui quelque remède : on jouit de ce qui n'est pas commun, même quand cette chose est un malheur. J'en conçus presque l'espérance que ma sœur deviendrait à son tour moins misérable.

Une lettre que je reçus d'elle avant mon départ sembla me confirmer dans ces idées. Amélie se plaignait tendrement de ma douleur et m'assurait que le temps diminuait la sienne. « Je ne désespère pas de mon bonheur, me disait-elle. L'excès même du sacrifice, à présent que le sacrifice est consommé, sert à me rendre quelque paix. La simplicité de mes compagnes, la pureté de leurs vœux, la régularité de leur vie, tout répand du baume sur mes jours. Quand j'entends gronder les orages et que l'oiseau de mer vient battre des ailes à ma fenêtre, moi, pauvre colombe du ciel, je songe au bonheur que j'ai eu de trouver un abri contre la tempête. C'est ici la sainte montagne, le sommet élevé d'où l'on entend les derniers bruits de la terre et les premiers concerts du ciel ; c'est ici que la religion trompe doucement une âme sensible : aux plus violentes amours elle substitue une sorte de chasteté brûlante où l'amante et la vierge sont unies ; elle épure les soupirs, elle change en une flamme incorruptible une flamme périssable, elle mêle divinement son calme et son innocence à ce reste de trouble et de volupté d'un cœur qui cherche à se reposer et d'une vie qui se retire. »

Je ne sais ce que le ciel me réserve, et s'il a voulu m'avertir que les orages accompagneraient partout mes pas. L'ordre était donné pour le départ de la flotte ; déjà plusieurs vaisseaux avoient appareillé au baisser du soleil ; je m'étais arrangé pour passer la dernière nuit à terre, afin d'écrire ma lettre d'adieux à Amélie. Vers minuit, tandis que je m'occupe de ce soin et que je mouille mon papier de mes larmes, le bruit des vents vient frapper mon oreille. J'écoute, et au milieu de la tempête je distingue les coups de canon d'alarme mêlés au glas de la cloche monastique. Je vole sur le rivage où tout était désert et où l'on n'entendait que le rugissement des flots. Je m'assieds sur un rocher. D'un côté s'étendent les vagues étincelantes, de l'autre les murs sombres du monastère se perdent confusément dans les cieux. Une petite lumière paraissait à la fenêtre grillée. Était-ce toi, ô mon Amélie ! qui, prosternée au pied du crucifix, priais le Dieu des orages d'épargner ton malheureux frère ? la tempête sur les flots, le calme dans ta retraite ; des hommes brisés sur des écueils, au pied de l'asile que rien ne peut troubler ; l'infini de l'autre côté du mur d'une cellule ; les fanaux agités des vaisseaux, le phare immobile du couvent ; l'incertitude des destinées du navigateur, la vestale connaissant dans un seul jour tous les jours futurs de sa vie ; d'une autre part, une âme telle que la tienne, ô Amélie, orageuse comme l'Océan ; un naufrage plus affreux que celui du marinier : tout ce tableau est encore profondément gravé dans ma mémoire. Soleil de ce ciel nouveau, maintenant témoin de mes larmes, échos du rivage américain qui répétez les accents de René, ce fut le lendemain de cette nuit terrible qu'appuyé sur le gaillard de mon vaisseau je vis s'éloigner pour jamais ma terre natale ! Je contemplai longtemps sur la côte les derniers balancements des arbres de la patrie et les faites du monastère qui s'abaissaient à l'horizon. »

Comme René achevait de raconter son histoire, il tira un papier de son sein, et le donna au père Souël, puis, se jetant dans les bras de Chactas et étouffant ses sanglots, il laissa le temps au missionnaire de parcourir la lettre qu'il venait de lui remettre.

Elle était de la supérieure de... Elle contenait le récit des derniers moments de la sœur Amélie de la Miséricorde, morte victime de son zèle et de sa charité en soignant ses compagnes attaquées d'une maladie contagieuse. Toute la communauté était inconsolable et l'on y regardait Amélie comme une sainte. La supérieure ajoutait que, depuis trente ans qu'elle était à la tête de la maison, elle n'avait jamais vu de religieuse d'une humeur aussi douce et aussi égale, ni qui fût plus contente d'avoir quitté les tribulations du monde.

Chactas pressait René dans ses bras ; le vieillard pleurait. « Mon enfant, dit-il à son fils, je voudrais que le père Aubry fût ici ; il tirait du fond de son cœur je ne sais quelle paix qui, en les calmant, ne semblait cependant point étrangère aux tempêtes : c'était la lune dans une nuit orageuse. Les nuages errants ne peuvent l'emporter dans leur course ; pure et inaltérable, elle s'avance tranquille au-dessus d'eux. Hélas ! pour moi, tout me trouble et m'entraîne ! »

Jusqu'alors le père Souël, sans proférer une parole, avait écouté d'un air austère l'histoire de René. Il portait en secret un cœur compatissant, mais il montrait au dehors un caractère inflexible ; la sensibilité du Sachem le fit sortir du silence :

« Rien, dit-il au frère d'Amélie, rien ne mérite dans cette histoire la pitié qu'on vous montre ici. Je vois un jeune homme entêté de chimères, à qui tout déplaît, et qui s'est soustrait aux charges de la société pour se livrer à d'inutiles rêveries. On n'est point, monsieur, un homme supérieur parce qu'on aperçoit le monde sous un jour odieux. On ne hait les hommes et la vie que faute de voir assez loin. Étendez un peu plus votre regard, et vous serez bientôt convaincu que tous ces maux dont vous vous plaignez sont de purs néants. Mais quelle honte de ne pouvoir songer au seul malheur réel de votre vie sans être forcé de rougir ! Toute la pureté, toute la vertu, toute la religion, toutes les couronnes d'une sainte rendent à peine tolérable la seule idée de vos chagrins. Votre sœur a expié sa faute ; mais, s'il faut ici dire ma pensée, je crains que, par une épouvantable justice, un aveu sorti du sein de la tombe n'ait troublé votre âme à son tour. Que faites-vous seul au fond des forêts où vous consumez vos jours, négligeant tous vos devoirs ? Des saints, me direz-vous, se sont ensevelis dans les déserts. Ils y étaient avec leurs larmes, et employaient à éteindre leurs passions le temps que vous perdez peut-être à allumer les vôtres. Jeune présomptueux, qui avez cru que l'homme se peut suffire à lui-même, la solitude est mauvaise à celui qui n'y vit pas avec Dieu ; elle redouble les puissances de l'âme en même temps qu'elle leur ôte tout sujet pour s'exercer. Quiconque a reçu des forces doit les consacrer au service de ses semblables : s'il les laisse inutiles, il en est d'abord puni par une secrète misère, et tôt ou tard le ciel lui envoie un châtiment effroyable. »

Troublé par ces paroles, René releva du sein de Chactas sa tête humiliée. Le Sachem aveugle se prit à sourire, et ce sourire de la bouche, qui ne se mariait plus à celui des yeux, avait quelque chose de mystérieux et de céleste. « Mon fils, dit le vieil amant d'Atala, il nous parle sévèrement ; il corrige et le vieillard et le jeune homme, et il a raison. Oui, il faut que tu renonces à cette vie extraordinaire qui n'est pleine que de soucis : il n'y a de bonheur que dans les voies communes.

Un jour, le Meschacebé, encore assez près de sa source, se lassa de n'être qu'un limpide ruisseau. Il demande des neiges aux montagnes, des eaux aux torrents, des pluies aux tempêtes, il franchit ses rives, et désole ses bords charmants. L'orgueilleux ruisseau s'applaudit d'abord de sa puissance ; mais, voyant que tout devenait désert sur son passage, qu'il coulait abandonné dans la solitude, que ses eaux étaient toujours troublées, il regretta l'humble lit que lui avait creusé la nature, les oiseaux, les fleurs, les arbres et les ruisseaux, jadis modestes compagnons de son paisible cours. »

Chactas cessa de parler, et l'on entendit la voix du flamant qui, retiré dans les roseaux du Meschacebé, annonçait un orage pour le milieu du jour. Les trois amis reprirent la route de leurs cabanes : René marchait en silence entre le missionnaire, qui priait Dieu, et le Sachem aveugle, qui cherchait sa route. On dit que, pressé par les deux vieillards, il retourna chez son épouse, mais sans y trouver le bonheur. Il périt peu de temps après avec Chactas et le père Souël dans le massacre des François et des Natchez à la Louisiane. On montre encore un rocher où il allait s'asseoir au soleil couchant.

VOYAGE EN AMÉRIQUE

Je m'embarquai donc à Saint-Malo[1], comme je l'ai dit ; nous prîmes la haute mer, et le 6 mai 1791, vers les huit heures du matin, nous découvrîmes le pic de l'île de Pico, l'une des Açores : quelques heures après, nous jetâmes l'ancre dans une mauvaise rade, sur un fond de roches, devant l'île Graciosa. On en peut lire la description dans l'*Essai historique*. On ignore la date précise de la découverte de cette île.

C'était la première terre étrangère à laquelle j'abordais ; par cette raison même il m'en est resté un souvenir qui conserve chez moi l'empreinte et la vivacité de la jeunesse. Je n'ai pas manqué de conduire Chactas aux Açores, et de lui faire voir la fameuse statue que les premiers navigateurs prétendirent avoir trouvée sur ces rivages.

Des Açores, poussés par les vents sur le banc de Terre-Neuve, nous fumes obligés de faire une seconde relâche à l'île Saint-Pierre. « T.[2] et moi, dis-je encore dans l'*Essai historique* nous allions courir dans les montagnes de cette île affreuse ; nous nous perdions au milieu des brouillards dont elle est sans cesse couverte, errant au milieu des nuages et des bouffées de vent, entendant les mugissements d'une

1. Chateaubriand s'embarque à bord du *Saint-Pierre* – brigantin de cinquante-cinq tonneaux et transportant dix-sept passagers – le 7 avril 1791.

2. *Tulloch* : jeune Écossais cultivé, converti au catholicisme et se destinant au séminaire que vont fonder en Amérique des prêtres réfractaires fuyant la Révolution. Au cours de la traversée, Chateaubriand nouera avec cet homme une intense amitié et tentera en vain de le détourner de son projet.

mer que nous ne pouvions découvrir, égarés sur une bruyère laineuse et morte, au bord d'un torrent rougeâtre qui coulait entre des rochers. »

Les vallées sont semées, dans différentes parties, de cette espèce de pin dont les jeunes pousses servent à faire une bière amère. L'île est environnée de plusieurs écueils, entre lesquels on remarque celui du *Colombier*, ainsi nommé parce que les oiseaux de mer y font leur nid au printemps. J'en ai donné la description dans le *Génie du Christianisme.*

L'île Saint-Pierre n'est séparée de celle de Terre-Neuve que par un détroit assez dangereux : de ses côtes désolées on découvre les rivages, encore plus désolés, de Terre-Neuve. En été, les grèves de ces Iles sont couvertes de poissons qui sèchent au soleil, et en hiver, d'ours blancs qui se nourrissent des débris oubliés par les pêcheurs.

Lorsque j'abordai à Saint-Pierre, la capitale de l'île consistait, autant qu'il m'en souvient, dans une assez longue rue, bâtie le long de la mer. Les habitants, fort hospitaliers, s'empressèrent de nous offrir leur table et leur maison. Le gouverneur logeait à l'extrémité de la ville. Je dînai deux ou trois fois chez lui. Il cultivait dans un des fossés du fort quelques légumes d'Europe. Je me souviens qu'après le dîner il me montrait son *jardin* ; nous allions ensuite nous asseoir au pied du mât du pavillon planté sur la forteresse. Le drapeau français flottait sur notre tête, tandis que nous regardions une mer sauvage et les côtes sombres de l'île de Terre-Neuve, en parlant de la patrie.

Après une relâche de quinze jours, nous quittâmes l'île Saint-Pierre, et le bâtiment, faisant route au midi, atteignit la latitude des côtes du Maryland et de la Virginie : les calmes nous arrêtèrent. Nous jouissions du plus beau ciel ; les nuits, les couchers et les levers du soleil étaient admirables. Dans le chapitre du *Génie du Christianisme* déjà cité, intitulé *Deux perspectives de la nature*, j'ai rappelé une de ces pompes nocturnes et une de ces magnificences du couchant. « Le globe du soleil, prêt à se plonger dans les flots, apparaissait entre les cordages du navire, au milieu des espaces sans bornes, etc. »

Il ne s'en fallut guère qu'un accident ne mit un terme à tous mes projets.

La chaleur nous accablait; le vaisseau, dans un calme plat, sans voile, et trop chargé de ses mâts, était tourmenté par le roulis. Brûlé sur le pont et fatigué du mouvement, je voulus me baigner, et quoique nous n'eussions point de chaloupe dehors, je me jetai du mât de beaupré à la mer. Tout alla d'abord à merveille, et plusieurs passagers m'imitèrent. Je nageais sans regarder le vaisseau; mais quand je vins à tourner la tête, je m'aperçus que le courant l'avait déjà entraîné bien loin. L'équipage était accouru sur le pont; on avait filé un grelin aux autres nageurs. Des requins se montraient dans les eaux du navire, et on leur tirait du bord des coups de fusil pour les écarter. La houle était si grosse qu'elle retardait mon retour et épuisait mes forces. J'avais un abîme au-dessous de moi, et les requins pouvaient à tout moment m'emporter un bras ou une jambe. Sur le bâtiment, on s'efforçait de mettre un canot à la mer; mais il fallait établir un palan, et cela prenait un temps considérable.

Par le plus grand bonheur, une brise presque insensible se leva: le vaisseau, gouvernant un peu, se rapprocha de moi; je pus m'emparer du bout de la corde; mais les compagnons de ma témérité s'étaient accrochés à cette corde; et quand on nous attira au flanc du bâtiment, me trouvant à l'extrémité de la file, ils pesaient sur moi de tout leur poids. On nous repêcha ainsi un à un, ce qui fut long. Les roulis continuaient; à chacun d'eux nous plongions de dix ou douze pieds dans la vague, ou nous étions suspendus en l'air à un même nombre de pieds, comme des poissons au bout d'une ligne. A la dernière immersion, je me sentis prêt à m'évanouir ; un roulis de plus, et c'en était fait. Enfin on me hissa sur le pont à demi mort : si je m'étais noyé, le bon débarras pour moi et pour les autres !

Quelques jours après cet accident, nous aperçûmes la terre : elle était dessinée par la cime de quelques arbres qui semblaient sortir du sein de l'eau : les palmiers de l'embouchure du Nil me découvrirent depuis le rivage de l'Égypte de la même manière [3]. Un pilote vint à notre bord. Nous entrâmes dans la baie de Chesapeake, et le soir même on envoya une chaloupe chercher de l'eau et des vivres frais. Je me joignis au parti qui allait à terre, et une demi-heure après avoir quitté le vaisseau je foulai le sol américain.

Je restai quelque temps les bras croisés, promenant mes regards autour de moi dans un mélange de sentiments et d'idées que je ne pouvais débrouiller alors, et que je ne pourrais peindre aujourd'hui. Ce continent ignoré du reste du monde pendant toute la durée des temps anciens et pendant un grand nombre de siècles modernes ; les premières destinées sauvages de ce continent, et ses secondes destinées depuis l'arrivée de Christophe Colomb ; la domination des monarchies de l'Europe ébranlée dans ce Nouveau Monde ; la vieille société finissant dans la jeune Amérique ; une république d'un genre inconnu jusqu'alors, annonçant un changement dans l'esprit humain et dans l'ordre politique ; la part que ma patrie avait eue à ces événements ; ces mers et ces rivages devant en partie leur indépendance au pavillon et au sang français ; un grand homme sortant à la fois du milieu des discordes et des déserts, Washington habitant une ville florissante dans le même lieu où un siècle auparavant Guillaume Penn [4] avait acheté un morceau de terre

3. Au cours de son voyage en Orient, Chateaubriand, venant de Jaffa, aborde la côte égyptienne le 21 octobre 1806.

4. Quaker anglais contraint à l'exil, fondateur de la ville de Philadelphie et de la province de Pennsylvanie, qui deviendra plus tard l'État américain de Pennsylvanie.

de quelques Indiens ; les Etats-Unis renvoyant à la France, à travers l'Océan, la révolution et la liberté que la France avait soutenues de ses armes ; enfin, mes propres desseins, les découvertes que je voulais tenter dans ces solitudes natives, qui étendaient encore leur vaste royaume derrière l'étroit empire d'une civilisation étrangère : voilà les choses qui occupaient confusément mon esprit.

Nous nous avançâmes vers une habitation assez éloignée pour y acheter ce qu'on voudrait nous vendre. Nous traversâmes quelques petits bois de baumiers et de cèdres de la Virginie qui parfumaient l'air. Je vis voltiger des oiseaux moqueurs et des cardinaux, dont les chants et les couleurs m'annoncèrent un nouveau climat. Une nègresse de quatorze ou quinze ans, d'une beauté extraordinaire, vint nous ouvrir la barrière d'une maison qui tenait à la fois de la ferme d'un Anglais et de l'habitation d'un colon. Des troupeaux de vaches paissaient dans des prairies artificielles entourées de palissades dans lesquelles se jouaient des écureuils gris, noirs et rayés ; des nègres sciaient des pièces de bois, et d'autres cultivaient des plantations de tabac. Nous achetâmes des gâteaux de maïs, des poules, des œufs, du lait, et nous retournâmes au bâtiment mouillé dans la baie.

On leva l'ancre pour gagner la rade, et ensuite le port de Baltimore. Le trajet fut lent ; le vent manquait. En approchant de Baltimore, les eaux se rétrécirent : elles étaient d'un calme parfait ; nous avions l'air de remonter un fleuve bordé de longues avenues : Baltimore s'offrit à nous comme au fond d'un lac. En face de la ville s'élevait une colline ombragée d'arbres, au pied de laquelle on commençait à bâtir quelques maisons. Nous amarrâmes au quai du port. Je couchai à bord et ne descendis à terre que le lendemain. J'allai loger à l'auberge, où l'on porta mes bagages. Les séminaristes se retirèrent avec leur supérieur à l'établissement préparé pour eux, d'où ils se sont dispersés en Amérique.

Baltimore, comme toutes les autres métropoles des Etats-Unis, n'avait pas l'étendue qu'elle a aujourd'hui : c'était une jolie ville fort propre et fort animée. Je payai mon passage au capitaine, et lui donnai un dîner d'adieu dans une très bonne taverne auprès du port. J'arrêtai ma place au stage, qui faisait trois fois la semaine le voyage de Philadelphie. A quatre heures du matin je montai dans ce stage, et me voilà roulant sur les grands chemins du Nouveau Monde, où je ne connaissais personne, où je n'étais connu de qui que ce soit : mes compagnons de voyage ne m'avaient jamais vu, et je ne devais jamais les revoir après notre arrivée à la capitale de la Pensylvanie.

La route que nous parcourûmes était plutôt tracée que faite. Le pays était assez nu et assez plat : peu d'oiseaux, peu d'arbres, quelques maisons éparses, point de villages, voilà ce que présentait la campagne et ce qui me frappa désagréablement.

En approchant de Philadelphie nous rencontrâmes des paysans allant au marché, des voitures publiques et d'autres voitures fort élégantes. Philadelphie me parut une belle ville : les rues larges ; quelques-unes, plantées d'arbres, se coupent à angle droit dans un ordre régulier du nord au sud et de l'est à l'ouest. La Delaware coule parallèlement à la rue qui suit son bord occidental : c'est une rivière qui serait considérable en Europe, mais dont on ne parle pas en Amérique.

Ses rives sont basses et peu pittoresques.

Philadelphie à l'époque de mon voyage (1791) ne s'étendait point encore jusqu'au Schuylkill ; seulement le terrain en avançant vers cet affluent était divisé par lots, sur lesquels on construisait quelques maisons isolées.

L'aspect de Philadelphie est froid et monotone. En général, ce qui manque aux cités des Etats-Unis, ce sont les monuments et surtout les vieux monuments. Le protestantisme, qui ne sacrifie point à l'imagination, et qui est lui-même nouveau, n'a point élevé ces tours et ces dômes dont l'antique religion catholique a couronné l'Europe. Presque rien à Philadelphie, à New York, à Boston, ne s'élève au-dessus de la masse des murs et des toits. L'œil est attristé de ce niveau.

Les Etats-Unis donnent plutôt l'idée d'une colonie que d'une nation mère ; on y trouve des usages plutôt que des mœurs. On sent que les habitants ne sont point nés du sol : cette société, si belle dans le présent, n'a point de passé ; les villes sont neuves, les tombeaux sont d'hier. C'est ce qui m'a fait dire dans *Les Natchez* : « Les Européens n'avaient point encore de tombeaux en Amérique, qu'ils y avaient déjà des cachots. C'étaient les seuls monuments du passé pour cette société sans aïeux et sans souvenirs. »

Il n'y a de vieux en Amérique que les bois, enfants de la terre, et la liberté, mère de toute société humaine : cela vaut bien des monuments et des aïeux.

Un homme débarqué, comme moi, aux Etats-Unis plein d'enthousiasme pour les anciens, un Caton qui cherchait partout la rigidité des premières mœurs romaines, dut être fort scandalisé de trouver partout l'élégance des vêtements, le luxe des équipages, la frivolité des conversations, l'inégalité des fortunes, l'immoralité des maisons de banque et de jeu, le bruit des salles de bal et de spectacle. A Philadelphie, j'aurais pu me croire dans une ville anglaise : rien n'annonçait que j'eusse passé d'une monarchie à la république.

On a pu voir dans l'*Essai historique* qu'à cette époque de ma vie j'admirais beaucoup les républiques : seulement je ne les croyais pas possibles à l'âge du monde où nous étions parvenus, parce que je ne connaissais que la liberté à la manière des anciens, la liberté fille des mœurs dans une société naissante ; j'ignorais qu'il y eût une autre liberté fille des lumières et d'une vieille civilisation ; liberté dont la république représentative a prouvé la réalité. On n'est plus aujourd'hui obligé de labourer soi-même son petit champ, de repousser les arts et les sciences, d'avoir les ongles crochus et la barbe sale pour être libre.

Mon *désappointement* politique me donna sans doute l'humeur qui me fit écrire la note satirique contre les quakers, et même un peu contre tous les Américains, note que l'on trouve dans l'*Essai historique*. Au reste, l'apparence du peuple dans les rues de la capitale de la Pensylvanie était agréable ; les hommes se montraient proprement vêtus ; les femmes. surtout les quakeresses, avec leur chapeau uniforme, paraissaient extrêmement jolies.

Je rencontrai plusieurs colons de Saint-Domingue et quelques Français émigrés. J'étais impatient de commencer mon voyage au désert : tout le monde fut d'avis que je me rendisse à Albany, où, plus rapproché des défrichements et des nations indiennes, je serais à même de trouver des guides et d'obtenir des renseignements.

Lorsque j'arrivai à Philadelphie, le grand Washington n'y était pas. Je fus obligé de l'attendre une quinzaine de jours ; il revint. Je le vis passer dans une voiture qu'emportaient avec rapidité quatre chevaux fringants, conduits à grandes guides. Washington, d'après mes idées d'alors, était nécessairement Cincinnatus [5]; Cincinnatus en carrosse dérangeait un peu ma république de l'an de Rome 296. Le dictateur Washington pouvait-il être autre chose qu'un rustre piquant ses bœufs de l'aiguillon et tenant le manche de sa charrue ? Mais quand j'allai porter ma lettre de recommandation [6] à ce grand homme, je retrouvai la simplicité du vieux Romain.

Une petite maison dans le genre anglais, ressemblant aux maisons voisines, était le palais du Président des Etats-

5. *Lucius Quinctius Cincinnatus* : consul romain en 460 av. J.-C. et dictateur à deux reprises en 458 et en 439 av. J.-C.

6. Il s'agit de la lettre de recommandation que Chateaubriand a obtenue d'un noble breton de Fougères, le marquis de La Rouërie, compagnon d'armes de Washington pendant la guerre d'Indépendance contre les Anglais.

Unis : point de gardes, pas même de valets. Je frappai ; une jeune servante ouvrit. Je lui demandai si le général était chez lui ; elle me répondit qu'il y était. Je répliquai que j'avais une lettre à lui remettre. La servante me demanda mon nom, difficile à prononcer en anglais, et qu'elle ne put retenir. Elle me dit alors doucement : *Walk in, sir*, « Entrez, monsieur ; » et elle marcha devant moi dans un de ces étroits et longs corridors qui servent de vestibule aux maisons anglaises : elle m'introduisit dans un parloir, où elle me pria d'attendre le général.

Je n'étais pas ému. La grandeur de l'âme ou celle de la fortune ne m'imposent point : j'admire la première sans en être écrasé ; la seconde m'inspire plus de pitié que de respect. Visage d'homme ne me troublera jamais.

Au bout de quelques minutes le général entra. C'était un homme d'une grande taille, d'un air calme et froid plutôt que noble : il est ressemblant dans ses gravures. Je lui présentai ma lettre en silence ; il l'ouvrit, courut à la signature, qu'il lut tout haut avec exclamation : « Le colonel Amand ! » C'était ainsi qu'il appelait et qu'avait signé le marquis de La Rouairie.

Nous nous assîmes ; je lui expliquai, tant bien que mal, le motif de mon voyage. Il me répondait par monosyllabes français ou anglais, et m'écoutait avec une sorte d'étonnement. Je m'en aperçus, et je lui dis avec un peu de vivacité : « Mais il est moins difficile de découvrir le passage du nord ouest que de créer un peuple comme vous l'avez fait. » *Well, well, young man !* s'écria-t-il en me tendant la main. Il m'invita à dîner pour le jour suivant, et nous nous quittâmes.

Je fus exact au rendez-vous : nous n'étions que cinq ou six convives. La conversation roula presque entièrement sur la révolution française. Le général nous montra une clef de la Bastille : ces clefs de la Bastille étaient des jouets assez niais qu'on se distribuait alors dans les deux Mondes.

Si Washington avait vu, comme moi, dans les ruisseaux de Paris, les *vainqueurs de la Bastille*, il aurait eu moins de foi dans sa relique. Le sérieux et la force de la révolution n'étaient pas dans ces orgies sanglantes. Lors de la révocation de l'édit de Nantes, en 1685, la même populace du faubourg Saint-Antoine démolit le temple protestant à Charenton avec autant de zèle qu'elle dévasta l'église de Saint-Denis en 1793.

Je quittai mon hôte à dix heures du soir, et je ne l'ai jamais revu ; il partit le lendemain pour la campagne, et je continuai mon voyage.

Telle fut ma rencontre avec cet homme qui a affranchi tout un monde. Washington est descendu dans la tombe avant qu'un peu de bruit se fût attaché à mes pas ; j'ai passé devant lui comme l'être le plus inconnu ; il était dans tout son éclat, et moi dans toute mon obscurité. Mon nom n'est peut-être pas demeuré un jour entier dans sa mémoire. Heureux pourtant que ses regards soient tombés sur moi ! je m'en suis senti échauffé le reste de ma vie : il y a une vertu dans les regards d'un grand homme.

J'ai vu depuis Bonaparte : ainsi la Providence m'a montré les deux personnages qu'elle s'était plu à mettre à la tête des destinées de leurs siècles.

Si l'on compare Washington et Bonaparte homme à homme, le génie du premier semble d'un vol moins élevé que celui du second. Washington n'appartient pas, comme Bonaparte, à cette race des Alexandre et des César, qui dépasse la stature de l'espèce humaine. Rien d'étonnant ne s'attache à sa personne ; il n'est point placé sur un vaste théâtre ; il n'est point aux prises avec les capitaines les plus habiles et les plus puissants monarques du temps ; il ne traverse point les mers ; il ne court point de Memphis à Vienne et de Cadix à Moscou : il se défend avec une poignée de citoyens sur une terre sans souvenirs et sans célébrité, dans le cercle étroit des foyers domestiques. Il ne livre point de ces combats qui renouvellent les triomphes sanglants d'Arbelles et de Pharsale ; il ne renverse point les trônes pour en recomposer d'autres avec leurs débris ; *il ne met point le pied sur le cou des rois* ; il ne leur fait point dire, sous les vestibules de son palais :

Qu'ils se font trop attendre, et qu'Attila s'ennuie.

Quelque chose de silencieux enveloppe les actions de Washington. il agit avec lenteur : on dirait qu'il se sent le mandataire de la liberté de l'avenir, et qu'il craint de la compromettre. Ce ne sont pas ses destinées que porte ce héros d'une nouvelle espèce, ce sont celles de son pays ; il ne se permet pas de jouer ce qui ne lui appartient pas. Mais de cette profonde obscurité quelle lumière va jaillir ! Cherchez les bois inconnus où brilla l'épée de Washington, qu'y trouverez-vous ? Des tombeaux ? Non, un monde ! Washington a laissé les Etats-Unis pour trophée sur son champ de bataille.

Bonaparte n'a aucun trait de ce grave Américain : il combat sur une veille terre, environnée d'éclat et de bruit ; il ne veut créer que sa renommée ; il ne se charge que de son propre sort. Il semble savoir que sa mission sera courte, que le torrent qui descend de si haut s'écoulera promptement : il se hâte de jouir et d'abuser de sa gloire comme d'une jeunesse fugitive. A l'instar des dieux d'Homère, il veut arriver en quatre pas au bout du monde ; il paraît sur tous les rivages, il inscrit précipitamment son nom dans les fastes de tous les peuples ; il jette en courant des couronnes à sa famille et à ses soldats ; il se dépêche dans ses monuments, dans ses lois, dans ses victoires. Penché sur le monde, d'une main il terrasse les rois, de l'autre il abat le géant révolutionnaire ; mais en écrasant l'anarchie il étouffe la liberté, et finit par perdre la sienne sur son dernier champ de bataille.

Chacun est récompensé selon ses œuvres : Washington élève une nation à l'indépendance : magistrat retiré, il s'endort paisiblement sous son toit paternel, au milieu des regrets de ses compatriotes et de la vénération de tous les peuples.

Bonaparte ravit à une nation son indépendance : empereur déchu il est précipité dans l'exil, où la frayeur de la terre ne le croit pas encore assez emprisonné sous la garde de l'Océan. Tant qu'il se débat contre la mort, faible et enchaîné sur un rocher, l'Europe n'ose déposer les armes. Il expire : cette nouvelle, publiée à la porte du palais devant laquelle le conquérant avait fait proclamer tant de funérailles, n'arrête ni n'étonne le passant : qu'avaient à pleurer les citoyens ?

La république de Washington subsiste ; l'empire de Bonaparte est détruit : il s'est écoulé entre le premier et le second voyage d'un Français qui a trouvé une nation reconnaissante là où il avait combattu pour quelques colons opprimés.

Washington et Bonaparte sortirent du sein d'une république : nés tous deux de la liberté, le premier lui a été fidèle, le second l'a trahie. Leur sort, d'après leur choix, sera différent dans l'avenir.

Le nom de Washington se répandra avec la liberté d'âge en âge ; il marquera le commencement d'une nouvelle ère pour le genre humain.

Le nom de Bonaparte sera redit aussi par les générations futures ; mais il ne se rattachera à aucune bénédiction, et servira souvent d'autorité aux oppresseurs, grands ou petits.

Washington a été tout entier le représentant des besoins, des idées, des lumières, des opinions de son époque ; il a secondé, au lieu de contrarier, le mouvement des esprits ; il a voulu ce qu'il devait vouloir, la chose même à laquelle il était appelé : de là la cohérence et la perpétuité de son ouvrage. Cet homme, qui frappe peu, parce qu'il est naturel et dans des proportions justes, a confondu son existence avec celle de son pays ; sa gloire est le patrimoine commun de la civilisation croissante ; sa renommée s'élève comme un de ces sanctuaires où coule une source intarissable pour le peuple.

Bonaparte pouvait enrichir également le domaine public : il agissait sur la nation la plus civilisée, la plus intelligente, la plus brave, la plus brillante de la terre. Quel serait aujourd'hui le rang occupé par lui dans l'univers s'il eût joint la magnanimité à ce qu'il avait d'héroïque, si, Washington et Bonaparte à la fois, il eût nommé la liberté héritière de sa gloire !

Mais ce géant démesuré ne liait point complètement ses destinées à celles de ses contemporains : son génie appartenait à l'âge moderne, son ambition était des vieux jours ; il ne s'aperçut pas que les miracles de sa vie dépassaient de beaucoup la valeur d'un diadème, et que cet ornement gothique lui siérait mal. Tantôt il faisait un pas avec le siècle, tantôt il reculait vers le passé ; et, soit qu'il remontât ou suivît le cours du temps, par sa force prodigieuse il entraînait ou repoussait les flots. Les hommes ne furent à ses yeux qu'un moyen de puissance ; aucune sympathie ne s'établit entre leur bonheur et le sien. Il avait promis de les délivrer, et il les enchaîna ; il s'isola d'eux, ils s'éloignèrent de lui. Les rois d'Egypte plaçaient leurs pyramides funèbres non parmi des campagnes florissantes, mais au milieu des sables stériles : ces grands tombeaux s'élèvent comme l'éternité dans la solitude : Bonaparte a bâti, à leur image, le monument de sa renommée.

Ceux qui, ainsi que moi, ont vu le conquérant de l'Europe et le législateur de l'Amérique, détournent aujourd'hui les yeux de la scène du monde : quelques histrions, qui font pleurer ou rire, ne valent pas la peine d'être regardés.

Un stage semblable à celui qui m'avait amené de Baltimore à Philadelphie me conduisit de Philadelphie à New York, ville gaie, peuplée et commerçante, qui pourtant était bien loin d'être ce qu'elle est aujourd'hui. J'allai en pèlerinage à Boston pour saluer le premier champ de bataille de la liberté américaine. « J'ai vu les champs de Lexington[7] ; je m'y suis arrêté en silence, comme le voyageur aux Thermopyles, à contempler la tombe de ces guerriers des deux Mondes qui moururent les premiers pour obéir aux lois de la patrie. En foulant cette terre philosophique qui me disait, dans sa muette éloquence, comment les empires se perdent et s'élèvent, j'ai confessé mon néant devant les lois de la Providence et baissé mon front dans la poussière [L'*Essai historique*, 1re partie, chap. XXXIII (N.d.A.)]. »

Revenu à New York, je m'embarquai sur le paquebot qui faisait voile pour Albany, en remontant la rivière d'Hudson, autrement appelée la *rivière du Nord*.

Dans une note de l'*Essai historique*, j'ai décrit une partie de ma navigation sur cette rivière, au bord de laquelle disparaît aujourd'hui parmi les républicains de Washington, un des rois de Bonaparte et quelque chose de plus, un de ses frères. Dans cette même note j'ai parlé du major André, de cet infortuné jeune homme sur le sort duquel un ami, dont je ne cesse de déplorer la perte, a laissé tomber de touchantes et courageuses paroles lorsque Bonaparte était près de monter au trône où s'était assise Marie-Antoinette [M. de Fontanes, *Eloge de Washington*. (N.d.A.)].

Arrivé à Albany, j'allai chercher un M. Swift, pour lequel on m'avait donné une lettre à Philadelphie. Cet Américain faisait la traite des pelleteries avec les tribus indiennes enclavées dans le territoire cédé par l'Angleterre aux Etats-Unis ; car les puissances civilisées se partagent sans façon, en Amérique, des terres qui ne leur appartiennent pas. Après m'avoir entendu, M. Swift me fit des objections très raisonnables : il me dit que je ne pouvais pas entreprendre de

7. La bataille de Lexington, remportée par les « insurgents » américains sur les forces britanniques, marque le début de la guerre d'Indépendance américaine (1775-1783).

prime abord, seul, sans secours, sans appui, sans recommandation pour les postes anglais, américains, espagnols, où je serais forcé de passer, un voyage de cette importance ; que, quand j'aurais le bonheur de traverser sans accident tant de solitudes, j'arriverais à des régions glacées où je périrais de froid ou de faim. Il me conseilla de commencer à m'acclimater en faisant une première course dans l'intérieur de l'Amérique, d'apprendre le sioux, l'iroquois et l'esquimau, de vivre quelque temps parmi les coureurs de bois canadiens et les agents de la compagnie de la baie d'Hudson. Ces expériences préliminaires faites, je pourrais alors, avec l'assistance du gouvernement français, poursuivre ma hasardeuse entreprise.

Ccs conseils, dont je ne pouvais m'empêcher de reconnaître la justesse, me contrariaient ; si je m'en étais cru, je serais parti pour aller tout droit au pôle, comme on va de Paris à Saint-Cloud. Je cachai cependant à M. Swift mon déplaisir. Je le priai de me procurer un guide et des chevaux, afin que je me rendisse à la cataracte de Niagara, et de là à Pittsburgh, d'où je pourrais descendre l'Ohio. J'avais toujours dans la tête le premier plan de route que je m'étais tracé.

M. Swift engagea à mon service un Hollandais qui parlait plusieurs dialectes indiens. J'achetai deux chevaux, et je me hâtai de quitter Albany.

Tout le pays qui s'étend aujourd'hui entre le territoire de cette ville et celui de Niagara est habité, cultivé et traversé par le fameux canal de New York ; mais alors une grande partie de ce pays était déserte.

Lorsqu'après avoir passé le Mohawk, je me trouvai dans des bois qui n'avaient jamais été abattus, je tombai dans une sorte d'ivresse que j'ai encore rappelée dans l'*Essai historique* : « J'allais d'arbre en arbre, à droite et à gauche indifféremment, me disant en moi-même : Ici plus de chemin à suivre, plus de villes, plus d'étroites maisons, plus de présidents de républiques, de rois... Et pour essayer si j'étais enfin rétabli dans mes droits originels, je me livrais à mille actes de volonté qui faisaient enrager le grand hollandais qui me servait de guide, et qui dans son âme me croyait fou [*Essai historique*, IIe partie, chap. LVII (N.d.A.)]. ».

Nous entrions dans les anciens cantons des six nations iroquoises. Le premier sauvage que nous rencontrâmes était un jeune homme qui marchait devant un cheval sur lequel était assise une Indienne parée à la manière de sa tribu. Mon guide leur souhaita le bonjour en passant.

On sait déjà que j'eus le bonheur d'être reçu par un de mes compatriotes sur la frontière de la solitude, par ce M. Violet, maître de danse chez les sauvages. On lui payait ses leçons en peaux de castor et en jambons d'ours. « Au milieu d'une forêt, on voyait une espèce de grange ; je trouvai dans cette grange une vingtaine de sauvages, hommes et femmes, barbouillés comme des sorciers, le corps demi-nu, les oreilles découpées, des plumes de corbeau sur la tête et des anneaux passés dans les narines. Un petit Français, poudré et frisé comme autrefois, habit vert pomme, veste de droguet, jabot et manchettes de mousseline, raclait un violon de poche, et faisait danser Madelon Friquet à ces Iroquois. M. Violet, en me parlant des Indiens, me disait toujours : *Ces messieurs sauvages et ces dames sauvagesses*. Il se louait beaucoup de la légèreté de ses écoliers : en effet, je n'ai jamais vu faire de telles gambades. M. Violet, tenant son petit violon entre son menton et sa poitrine, accordait l'instrument fatal ; il criait en iroquois : *A vos places !* et toute la troupe sautait comme une bande de démons [*Itinéraire*, t. V (N.d.A.)].

C'était une chose assez étrange pour un disciple de Rousseau que cette introduction à la vie sauvage par un bal que donnait à des Iroquois un ancien marmiton du général Rochambeau[8]. Nous continuâmes notre route. Je laisse main-

8. *Jean-Baptiste Donatien de Vimeur, comte de Rochambeau* : maréchal de

tenant parler le manuscrit : je le donne tel que je le trouve, tantôt sous la forme d'un récit, tantôt sous celle d'un *journal*, quelquefois en *lettres* ou en simples *annotations*.

Les Onondagas.

Nous étions arrivés au bord du lac auquel les Onondagas, peuplade iroquoise, ont donné leur nom. Nos chevaux avaient besoin de repos. Je choisis avec mon Hollandais un lieu propre à établir notre camp. Nous en trouvâmes un dans une gorge de vallée, à l'endroit où une rivière sort en bouillonnant du lac. Cette rivière n'a pas couru cent toises au nord en directe ligne qu'elle se replie à l'est, et court parallèlement au rivage du lac, en dehors des rochers qui servent de ceinture à ce dernier.

Ce fut dans la courbe de la rivière que nous dressâmes notre appareil de nuit : nous fichâmes deux hauts piquets en terre ; nous plaçâmes horizontalement dans la fourche de ces piquets une longue perche ; appuyant des écorces de bouleau, un bout sur le sol, l'autre bout sur la gaule transversale, nous eûmes un toit digne de notre palais. Le bûcher de voyage fut allumé pour faire cuire notre souper et chasser les maringouins. Nos selles nous servaient d'oreiller sous l'*ajoupa*, et nos manteaux de couverture.

Nous attachâmes une sonnette au cou de nos chevaux, et nous les lâchâmes dans les bois. Par un instinct admirable, ces animaux ne s'écartent jamais assez loin pour perdre de vue le feu que leurs maîtres allument la nuit afin de chasser les insectes et de se défendre des serpents.

Du fond de notre hutte nous jouissions d'une vue pittoresque. Devant nous s'étendait le lac, assez étroit et bordé de forêts et de rochers ; autour de nous la rivière, enveloppant notre presqu'île de ses ondes vertes et limpides, balayait ses rivages avec impétuosité.

France (1725-1807). Il commande en 1780 un corps expéditionnaire français de 6 000 hommes participant à la guerre d'Indépendance des États-Unis.

Il n'était guère que quatre heures après-midi lorsque notre établissement fut achevé. Je pris mon fusil et j'allai errer dans les environs. Je suivis d'abord le cours de la rivière; mes recherches botaniques ne furent pas heureuses: les plantes étaient peu variées. Je remarquai des familles nombreuses de *plantago virginica*, et de quelques autres beautés de prairies, toutes assez communes; je quittai les bords de la rivière pour les côtes du lac, et je ne fus pas plus chanceux. A l'exception d'une espèce de rhododendrum, je ne trouvai rien qui valût la peine de m'arrêter: les fleurs de cet arbuste, d'un rose vif, faisaient un effet charmant avec l'eau bleue du lac où elles se miraient, et le flanc brun du rocher dans lequel elles enfonçaient leurs racines.

Il y avait peu d'oiseaux; je n'aperçus qu'un couple solitaire qui voltigeait devant moi, et qui semblait se plaire à répandre le mouvement et l'amour sur l'immobilité et la froideur de ces sites. La couleur du mâle me fit reconnaître l'oiseau blanc, ou le *passer nivalis* des ornithologistes. J'entendis aussi la voie de cette espèce d'orfraie que l'on a fort bien caractérisée par cette définition, *strix exclamator*. Cet oiseau est inquiet comme tous les tyrans : je me fatiguai vainement à sa poursuite.

Le vol de cette orfraie m'avait conduit à travers les bois jusqu'à un vallon resserré par des collines nues et pierreuses. Dans ce lieu extrêmement retiré on voyait une méchante cabane de sauvage bâtie à mi-côte entre les rochers : une vache maigre paissait dans un pré au-dessous.

J'ai toujours aimé ces petits abris: l'animal blessé se tapit dans un coin; l'infortuné craint d'étendre au dehors avec sa vue des sentiments que les hommes repoussent. Fatigué de ma course, je m'assis au haut du coteau que je parcourais, ayant en face la hutte indienne sur le coteau opposé. Je couchai mon fusil auprès de moi, et je m'abandonnai à ces rêveries dont j'ai souvent goûté le charme.

J'avais à peine passé ainsi quelques minutes, que j'entendis des voix au fond du vallon. J'aperçus trois hommes qui conduisaient cinq ou six vaches grasses. Après les avoir mises paître dans les prairies, ils marchèrent vers la vache maigre, qu'ils éloignèrent à coups de bâton.

L'apparition de ces Européens dans un lieu si désert me fut extrêmement désagréable ; leur violence me les rendit encore plus importuns. Ils chassaient la pauvre bête parmi les roches en riant aux éclats, et en l'exposant à se rompre les jambes. Une femme sauvage, en apparence aussi misérable que sa vache, sortit de la hutte isolée, s'avança vers l'animal effrayé, l'appela doucement et lui offrit quelque chose à manger. La vache courut à elle en allongeant le cou avec un petit mugissement de joie. Les colons menacèrent de loin l'Indienne, qui revint à sa cabane. La vache la suivit. Elle s'arrêta à la porte, ou son amie la flattait de la main, tandis que l'animal reconnaissant léchait cette main secourable. Les colons s'étaient retirés.

Je me levai, je descendis la colline, je traversai le vallon, et, remontant la colline opposée, j'arrivai à la hutte, résolu de réparer autant qu'il était en moi la brutalité des hommes blancs. La vache m'aperçut, et fit un mouvement pour fuir ; je m'avançai avec précaution, et je parvins, sans qu'elle s'en allât, jusqu'à l'habitation de sa maîtresse.

L'Indienne était rentrée chez elle. Je prononçai le salut qu'on m'avait appris : Siègoh ! *Je suis venu !* L'Indienne, au lieu de me rendre mon salut par la répétition d'usage : Vous *êtes venu !* ne répondit rien. Je jugeai que la visite d'un de ses tyrans lui était importune. Je me mis alors à mon tour à caresser la vache. L'Indienne parut étonnée : je vis sur son visage jaune et attristé des signes d'attendrissement et presque de gratitude. Ces mystérieuses relations de l'infortune remplirent mes yeux de larmes : il y a de la douceur à pleurer sur des maux qui n'ont été pleurés de personne.

Mon hôtesse me regarda encore quelque temps avec un reste de doute, comme si elle craignait que je ne cherchasse à la tromper ; elle fit ensuite quelques pas, et vint elle-même passer sa main sur le front de sa compagne de misère et de solitude.

Encouragé par cette marque de confiance, je dis en anglais, car j'avais épuisé mon indien : « Elle est bien maigre ! » L'Indienne repartit aussitôt en mauvais anglais : « Elle mange fort peu. » *She eats very little.* « On l'a chassée rudement, » repris-je. Et la femme me répondit : « Nous sommes accoutumées à cela toutes deux., »*both.* Je repris : « Cette prairie n'est donc pas à vous ? » Elle répondit : « Cette prairie était à mon mari, qui est mort. Je n'ai point d'enfants, et les blancs mènent leurs vaches dans ma prairie. »

Je n'avais rien à offrir à cette indigente créature : mon dessein eût été de réclamer la justice en sa faveur ; mais à qui m'adresser dans un pays où le mélange des Européens et des Indiens rendait les autorités confuses, où le droit de la force enlevait l'indépendance au sauvage, et où l'homme policé, devenu à demi sauvage, avait secoué le joug de l'autorité civile ?

Nous nous quittâmes, moi et l'Indienne, après nous être serré la main. Mon hôtesse me dit beaucoup de choses que je ne compris point, et qui étaient sans doute des souhaits de prospérité pour l'étranger. S'ils n'ont pas été entendus du ciel, ce n'est pas la faute de celle qui priait, mais la faute de celui pour qui la prière était offerte : toutes les âmes n'ont pas une égale aptitude au bonheur, comme toutes les terres ne portent pas également des moissons.

Je retournai à mon *ajoupa* où je fis un assez triste souper. La soirée fut magnifique ; le lac, dans un repos profond, n'avait pas une ride sur ses flots ; la rivière baignait en murmurant notre presqu'île, que décoraient de faux ébéniers non encore défleuris ; l'oiseau nommé *coucou des Carolines* répétait son chant monotone ; nous l'entendions tantôt plus près, tantôt plus loin, suivant que l'oiseau changeait le lieu de ses appels amoureux.

Le lendemain j'allai avec mon guide rendre visite au premier sachem des Onondagas, dont le village n'était pas éloigné. Nous arrivâmes à ce village à dix heures du matin. Je fus environné aussitôt d'une foule de jeunes sauvages, qui me parlaient dans leur langue, en y mêlant des phrases anglaises et quelques mots français : ils faisaient grand bruit et avaient l'air fort joyeux. Ces tribus indiennes, enclavées dans les défrichements des blancs, ont pris quelque chose de nos mœurs : elles ont des chevaux et des troupeaux ; leurs cabanes sont remplies de meubles et d'ustensiles achetés d'un côté à Québec, à Montréal, à Niagara, au Détroit ; de l'autre dans les villes des Etats-Unis.

Le sachem des Onondagas était un vieil Iroquois dans toute la rigueur du mot : sa personne gardait le souvenir des anciens usages et des anciens temps du désert : grandes oreilles découpées, perle pendante au nez, visage bariolé de diverses couleurs, petite touffe de cheveux sur le sommet de la tête, tunique bleue, manteau de peau, ceinture de cuir, avec le couteau de scalpe et le casse-tête, bras tatoués, mocassines aux pieds, chapelet ou collier de porcelaine à la main.

Il me reçut bien et me fit asseoir sur sa natte. Les jeunes gens s'emparèrent de mon fusil ; ils en démontèrent la batterie avec une adresse surprenante, et replacèrent les pièces avec la même dextérité : c'était un simple fusil de chasse à deux coups.

Le sachem parlait anglais et entendait le français : mon interprète savait l'iroquois, de sorte que la conversation fut facile. Entre autre chose le vieillard me dit que, quoique sa nation eût toujours été en guerre avec la mienne, elle l'avait toujours estimée. Il m'assura que les sauvages ne cessaient de regretter les Français ; il se plaignit des Américains, qui bientôt ne laisseraient pas aux peuples dont les ancêtres les avaient reçus assez de terre pour couvrir leurs os.

Je parlai au sachem de la détresse de la veuve indienne : il me dit qu'en effet cette femme était persécutée, qu'il avait plusieurs fois sollicité à son sujet les commissaires américains, mais qu'il n'en avait pu obtenir justice ; il ajouta qu'autrefois les Iroquois se la seraient faite.

Les femmes indiennes nous servirent un repas. L'hospitalité est la dernière vertu sauvage qui soit restée aux Indiens au milieu des vices de la civilisation européenne. On sait quelle était autrefois cette hospitalité : une fois reçu dans une cabane on devenait inviolable : le foyer avait la puissance de l'autel ; il vous rendait sacré. Le maître de ce foyer se fût fait tuer avant qu'on touchât à un seul cheveu de votre tête.

Lorsqu'une tribu chassée de ses bois, ou lorsqu'un homme venait demander l'hospitalité, l'étranger commençait ce qu'on appelait la danse du suppliant. Cette danse s'exécutait ainsi :

Le suppliant avançait quelques pas, puis s'arrêtait en regardant le supplié, et reculait ensuite jusqu'à sa première position. Alors les hôtes entonnaient le chant de l'étranger : « Voici l'étranger, voici l'envoyé du Grand-Esprit. » Après le chant, un enfant allait prendre la main de l'étranger pour le conduire à la cabane. Lorsque l'enfant touchait le seuil de la porte, il disait : « Voici l'étranger » et le chef de la cabane répondait : « Enfant, introduis l'homme dans ma cabane. » L'étranger, entrant alors sous la protection de l'enfant, allait, comme chez les Grecs, s'asseoir sur la cendre du foyer. On lui présentait le calumet de paix ; il fumait trois fois, et les femmes disaient le chant de la consolation : « L'étranger a retrouvé une mère et une femme : le soleil se lèvera et se couchera pour lui comme auparavant. »

On remplissait d'eau d'érable une coupe consacrée : c'était une calebasse ou un vase de pierre qui reposait ordinairement dans le coin de la cheminée, et sur lequel on mettait une couronne de fleurs. L'étranger buvait la moitié de l'eau, et passait la coupe à son hôte qui achevait de la vider.

Le lendemain de ma visite au chef des Onondagas je continuai mon voyage. Ce vieux chef s'était trouvé à la prise de Québec : il avait assisté à la mort du général Wolf[9]. Et moi, qui sortais de la hutte d'un sauvage, j'étais nouvellement échappé du palan de Versailles, et je venais de m'asseoir à la table de Washington.

A mesure que nous avancions vers Niagara, la route, plus pénible, était à peine tracée par des abatis d'arbres : les troncs de ces arbres servaient de ponts sur les ruisseaux ou de fascines dans les fondrières. La population américaine se portait alors vers les concessions de Génésée. Les gouvernements des Etats-Unis vendaient ces concessions plus ou moins cher, selon la bonté du sol, la qualité des arbres, le cours et la multitude des eaux.

Les défrichements offraient un curieux mélange de l'état de nature et de l'état civilisé. Dans le coin d'un bois qui n'avait jamais retenti que des cris du sauvage et des bruies de la bête fauve, on rencontrait une terre labourée ; on apercevait du même point de vue la cabane d'un Indien et l'habitation d'un planteur. Quelques-unes de ces habitations, déjà achevées, rappelaient la propreté des fermes anglaises et hollandaises ; d'autres n'étaient qu'à demi terminées, et n'avaient pour toit que le dôme d'une futaie.

J'étais reçu dans ces demeures d'un jour ; j'y trouvais souvent une famille charmante, avec tous les agréments et toutes les élégances de l'Europe ; des meubles d'acajou, un

9. En 1759, James Wolfe commande les troupes anglaises qui assiègent, pendant dix semaines, Québec défendu par Montcalm. Au terme de la « bataille des Plaines d'Abraham », les Français capitulent. Les deux chefs, Wolfe et Montcalm, mourront durant le combat.

piano, des tapis, des glaces ; tout cela à quatre pas de la hutte d'un Iroquois. Le soir, lorsque les serviteurs étaient revenus des bois ou des champs, avec la cognée ou la charrue, on ouvrait les fenêtres ; les jeunes filles de mon hôte chantaient, en s'accompagnant sur le piano, la musique de Paësiello et de Cimarosa, à la vue du désert, et quelquefois au murmure d'une cataracte.

Dans les terrains les meilleurs s'établissaient des bourgades. On ne peut se faire une idée du sentiment et du plaisir qu'on éprouve en voyant s'élancer la flèche d'un nouveau clocher du sein d'une vieille forêt américaine. Comme les mœurs anglaises suivent partout les Anglais, après avoir traversé des pays où il n'y avait pas trace d'habitants, j'apercevais l'enseigne d'une auberge qui pendait à une branche d'arbre sur le bord du chemin, et que balançait le vent de la solitude. Des chasseurs, des planteurs, des Indiens, se rencontraient à ces caravansérails ; mais la première fois que je m'y reposai je jurai bien que ce serait la dernière.

Un soir, en entrant dans ces singulières hôtelleries, je restai stupéfait à l'aspect d'un lit immense bâti en rond autour d'un poteau : chaque voyageur venait prendre sa place dans ce lit, les pieds au poteau du centre, la tête à la circonférence du cercle, de manière que les dormeurs étaient rangés symétriquement comme les rayons d'une roue ou les bâtons d'un éventail. Après quelque hésitation, je m'introduisis pourtant dans cette machine, parce que je n'y voyais personne. Je commençais à m'assoupir lorsque je sentis la jambe d'un homme qui se glissait le long de la mienne : c'était celle de mon grand diable de Hollandais qui s'étendait auprès de moi. Je n'ai jamais éprouvé une plus grande horreur de ma vie. Je sautai dehors de ce cabas hospitalier, maudissant cordialement les bons usages de nos bons aïeux. J'allai dormir dans mon manteau au clair de la lune : cette compagne de la couche du voyageur n'avait rien du moins que d'agréable, de frais et de pur.

Le manuscrit manque ici, ou plutôt ce qu'il contenait a été inséré dans mes autres ouvrages. Après plusieurs jours de marche, j'arrive à la rivière Génésée ; je vois de l'autre côté de cette rivière la merveille du serpent à sonnettes attiré par le son d'une flûte [*Génie du Christianisme*. (N.d.A.)] ; plus loin je rencontre une famille sauvage, et je passe la nuit avec cette famille à quelque distance de la chute du Niagara. On retrouve l'histoire de cette rencontre et la description de cette nuit dans l'*Essai historique* et dans le *Génie du Christianisme*.

Les sauvages du saut de Niagara, dans la dépendance des Anglais, étaient chargés de la garde de la frontière du Haut-Canada de ce côté. Ils vinrent au-devant de nous armés d'arcs et de flèches, et nous empêchèrent de passer.

Je fus obligé d'envoyer le Hollandais au fort Niagara chercher une permission du commandant pour entrer sur les terres de la domination britannique : cela me serrait un peu le cœur, car je songeais que la France avait jadis commandé dans ces contrées. Mon guide revint avec la permission : je la conserve encore ; elle est signée : Le capitaine *Gordon*. N'est-il pas singulier que j'aie retrouvé le même nom anglais sur la porte de ma cellule à Jérusalem [*Itinéraire* (N.d.A.)] ?

Je restai deux jours dans le village des sauvages. Le manuscrit offre en cet endroit la minute d'une lettre que j'écrivais à l'un de mes amis en France. Voici cette lettre :

Lettre écrite de chez les sauvages de Niagara.

Il faut que je vous raconte ce qui s'est passé hier matin chez mes hôtes. L'herbe était encore couverte de rosée ; le vent sortait des forêts tout parfumé, les feuilles du mûrier sauvage étaient chargées des cocons d'une espèce de ver à soie, et les plantes à coton du pays, renversant leurs capsules épanouies, ressemblaient à des rosiers blancs.

Les Indiennes s'occupaient de divers ouvrages, réunies ensemble au pied d'un gros hêtre pourpre. Leurs plus petits enfants étaient suspendus dans des réseaux aux branches de l'arbre : la brise des bois berçait ces couches aériennes d'un mouvement presque insensible. Les mères se levaient de temps en temps pour voir si leurs enfants dormaient et s'ils n'avaient point été réveillés par une multitude d'oiseaux qui chantaient et voltigeaient à l'entour. Cette scène était charmante.

Nous étions assis à part, l'interprète et moi, avec les guerriers, au nombre de sept ; nous avions tous une grande pipe à la bouche ; deux ou trois de ces Indiens parlaient anglais.

A quelque distance de jeunes garçons s'ébattaient : mais au milieu de leurs jeux, en sautant, en courant, en lançant des balles, ils ne prononçaient pas un mot. On n'entendait point l'étourdissante criaillerie des enfants européens ; ces jeunes sauvages bondissaient comme des chevreuils, et ils étaient muets comme eux. Un grand garçon de sept ou huit ans, se détachant quelquefois de la troupe, venait téter sa mère, et retournait jouer avec ses camarades.

L'enfant n'est jamais sevré de force ; après s'être nourri d'autres aliments, il épuise le sein de sa mère comme la coupe que l'on vide à la fin d'un banquet. Quand la nation entière meurt de faim, l'enfant trouve encore au sein maternel une source de vie. Cette coutume est peut-être une des causes qui empêchent les tribus américaines de s'accroître autant que les familles européennes.

Les pères ont parlé aux enfants et les enfants ont répondu aux pères. Je me suis fait rendre compte du colloque par mon Hollandais. Voici ce qui s'est passé :

Un sauvage d'une trentaine d'années a appelé son fils, et l'a invité à sauter moins fort : l'enfant a répondu : C'est raisonnable. Et, sans faire ce que le père lui disait, il est retourné au jeu.

Le grand-père de l'enfant l'a appelé à son tour, et lui a dit : Fais cela ; et le petit garçon s'est soumis. Ainsi l'enfant a désobéi à son père, qui le *priait* et a obéi à son aïeul, qui lui *commandait*. Le père n'est presque rien pour l'enfant.

On n'inflige jamais une punition à celui-ci ; il ne reconnaît que l'autorité de l'âge et celle de sa mère. Un crime réputé affreux et sans exemple parmi les Indiens est celui d'un fils rebelle à sa mère. Lorsqu'elle est devenue vieille, il la nourrit.

A l'égard du père, tant qu'il est jeune, l'enfant le compte pour rien ; mais lorsqu'il avance dans la vie, son fils l'honore, non comme père, mais comme vieillard, c'est-à-dire comme un homme de bons conseils et d'expérience.

Cette manière d'élever les enfants dans toute leur indépendance devrait les rendre sujets à l'humeur et aux caprices ; cependant les enfants des sauvages n'ont ni caprices ni humeur, parce qu'ils ne désirent que ce qu'ils savent pouvoir obtenir. S'il arrive à un enfant de pleurer pour quelque chose que sa mère n'a pas, on lui dit d'aller prendre cette chose où il l'a vue : or, comme il n'est pas le plus fort et qu'il sent sa faiblesse, il oublie l'objet de sa convoitise. Si l'enfant sauvage n'obéit à personne, personne ne lui obéit : tout le secret de sa gaieté ou de sa raison est là.

Les enfants indiens ne se querellent point, ne se battent point : ils ne sont ni bruyants, ni tracassiers, ni hargneux ; ils ont dans l'air je ne sais quoi de sérieux comme le bonheur, de noble comme l'indépendance.

Nous ne pourrions pas élever ainsi notre jeunesse ; il nous faudrait commencer par nous défaire de nos vices : or nous trouvons plus aisé de les ensevelir dans le cœur de nos enfants, prenant soin seulement d'empêcher ces vices de paraître au dehors.

Quand le jeune Indien sent naître en lui le goût de la pêche, de la chasse, de la guerre, de la politique, il étudie et imite les arts qu'il voit pratiquer à son père : il apprend alors à coudre un canot, à tresser un filet, à manier l'arc, le fusil, le casse-tête, la hache, à couper un arbre, à bâtir une hutte, à expliquer les colliers. Ce qui est un amusement pour le fils devient une autorité pour le père : le droit de la force et de l'intelligence de celui-ci est reconnu, et ce droit le conduit peu à peu au pouvoir du sachem.

Les filles jouissent de la même liberté que les garçons : elles font à peu près ce qu'elles veulent, mais elles restent davantage avec leurs mères, qui leur enseignent les travaux du ménage. Lorsqu'une jeune Indienne a mal agi, sa mère se contente de lui jeter des gouttes d'eau au visage et de lui dire : Tu me déshonores. Ce reproche manque rarement son effet.

Nous sommes restés jusqu'à midi à la porte de la cabane ; le soleil était devenu brûlant. Un de nos hôtes s'est avancé vers les petits garçons, et leur a dit : Enfants, le soleil vous mangera la tête, allez dormir. Ils se sont tous écriés : C'est juste. Et pour toute marque d'obéissance ils ont continué de jouer, après être convenus que le soleil leur *mangerait* la tête.

Mais les femmes se sont levées, l'une montrant de la sagamité dans un vase de bois, l'autre un fruit favori, une troisième déroulant une natte pour se coucher : elles ont appelé la troupe obstinée, en joignant à chaque nom un mot de tendresse. A l'instant les enfants ont volé vers leurs mères comme une couvée d'oiseaux. Les femmes les ont saisis en riant, et chacune d'elles a emporté avec assez de peine son fils, qui mangeait dans les bras maternels ce qu'on venait de lui donner.

Adieu, je ne sais si cette lettre écrite du milieu des bois vous arrivera jamais.

Je me rendis du village des Indiens à la cataracte de Niagara. La description de cette cataracte, placée à la fin d'Atala, est trop connue pour la reproduire ; d'ailleurs elle fait encore partie d'une note sur l'Essai historique ; mais il y a dans cette même note quelques détails si intimement liés à l'histoire de mon voyage, que je crois devoir les répéter ici.

A la cataracte de Niagara, l'échelle indienne qui s'y trouvait jadis étant rompue, je voulus, en dépit des représentations de mon guide, me rendre au bas de la chute par un rocher à pic d'environ deux cents pieds de hauteur. Je m'aventurai dans la descente. Malgré les rugissements de la cataracte et l'abîme effrayant qui bouillonnait au-dessous de moi, je conservai ma tête et parvins à une quarantaine de pieds du fond. Mais ici le rocher lisse et vertical n'offrait plus ni racines ni fentes où pouvoir reposer mes pieds. Je demeurai suspendu par la main à toute ma longueur, ne pouvant ni remonter ni descendre, sentant mes doigts s'ouvrir peu à peu de lassitude sous le poids de mon corps et voyant la mort inévitable. Il y a peu d'hommes qui aient passé dans leur vie deux minutes comme je les comptai alors, suspendu sur le gouffre de Niagara. Enfin mes mains s'ouvrirent et je tombai. Par le bonheur le plus inouï je me trouvai sur le roc vif, où j'aurais dû me briser cent fois, et cependant je ne me sentais pas grand mal ; j'étais à un demi-pouce de l'abîme, et je n'y avais pas roulé ; mais lorsque le froid de l'eau commença à me pénétrer, je m'aperçus que je n'en étais pas quitte à aussi bon marché que je l'avais cru d'abord. Je sentis une douleur insupportable au bras gauche ; je l'avais cassé au-dessous du coude. Mon guide, qui me regardait d'en haut, et auquel je fis signe, courut chercher quelques sauvages, qui, avec beaucoup de peine, me remontèrent avec des cordes de bouleau et me transportèrent chez eux.

Ce ne fut pas le seul risque que je courus à Niagara. En arrivant je m'étais rendu à la chute, tenant la bride de mon cheval entortillée à mon bras ; tandis que je me penchais pour regarder en bas, un serpent à sonnettes remua dans les buissons voisins ; le cheval s'effraye, recule en se cabrant et en approchant du gouffre. Je ne puis dégager mon bras des rênes, et le cheval, toujours plus effarouché, m'entraîne après lui. Déjà ses pieds de devant quittaient la terre, et accroupi sur le bord de l'abîme, il ne s'y tenait plus que par force de reins. C'en était fait de moi, lorsque l'animal, étonné lui-même du nouveau péril, fait un nouvel effort, s'abat en dedans par une pirouette et s'élance à dix pieds loin du bord.

Je n'avais qu'une fracture simple au bras : deux lattes, un bandage et une écharpe suffirent à ma guérison. Mon Hollandais ne voulut pas aller plus loin. Je le payai, et il retourna chez lui. Je fis un nouveau marché avec des Canadiens de Niagara, qui avaient une partie de leur famille à Saint-Louis des Illinois, sur le Mississippi.

Le manuscrit présente maintenant un aperçu général des lacs du Canada.

Lacs du Canada.

Le trop-plein des eaux du lac Erié se décharge dans le lac Ontario, après avoir formé la cataracte de Niagara. Les Indiens trouvaient autour du lac Ontario le baume blanc dans le baumier ; le sucre dans l'érable, le noyer et le merisier ; la teinture rouge dans l'écorce de la perousse ; le toit de leurs chaumières dans l'écorce du bois blanc : ils trouvaient le vinaigre dans les grappes rouges du vinaigrier, le miel et le coton dans les fleurs de l'asperge sauvage ; l'huile pour les cheveux dans le tournesol, et une panache pour les blessures dans la *plante universelle*. Les Européens ont remplacé ces bienfaits de la nature par les productions de l'art : les sauvages ont disparu.

Le lac Erié a plus de cent lieues de circonférence. Les nations qui peuplaient ses bords furent exterminées par les Iroquois il y a deux siècles ; quelques hordes errantes infestèrent ensuite des lieux où l'on n'osait s'arrêter.

C'est une chose effrayante que de voir les Indiens s'aventurer dans des nacelles d'écorce sur ce lac où les tempêtes sont terribles. Ils suspendent leurs manitous à la poupe des canots, et s'élancent au milieu des tourbillons de neige, entre les vagues soulevées. Ces vagues, de niveau avec l'orifice des canots, ou les surmontant, semblent les aller engloutir. Les chiens des chasseurs, les pattes appuyées sur le bord, poussent des cris lamentables, tandis que leurs maîtres, gardant un profond silence, frappent les flots en mesure avec leurs pagaies. Les canots s'avancent à la file ; à la proue du premier se tient debout un chef, qui répète le monosyllabe oah, la première voyelle sur une note élevée et courte, la seconde sur une note sourde et longue ; dans le dernier canot est encore un chef debout, manœuvrant une grande rame en forme de gouvernail. Les autres guerriers sont assis, les jambes croisées, au fond des canots : à travers le brouillard, la neige et les vagues, on n'aperçoit que les plumes dont la tête de ces Indiens est ornée, le cou allongé des dogues hurlant, et les épaules des deux sachems, pilote et augure, on dirait des dieux de ces eaux.

Le lac Erié est encore fameux par ses serpents. A l'ouest de ce lac, depuis les îles aux Couleuvres jusqu'aux rivages du continent, dans un espace de plus de vingt milles, s'étendent de larges nénuphars : en été les feuilles de ces plantes sont couvertes de serpents entrelacés les uns aux autres. Lorsque les reptiles viennent à se mouvoir aux rayons du soleil, on voit rouler leurs anneaux d'azur, de pourpre, d'or et d'ébène ; on ne distingue dans ces horribles nœuds, doublement, triplement formés, que des yeux étincelants, des langues à triple dard, des gueules de feu, des queues armées d'aiguillons ou de sonnettes, qui s'agitent en l'air comme des fouets. Un sifflement continuel, un bruit semblable, au froissement des feuilles mortes dans une forêt, sortent de cet impur Cocyte.

Le détroit qui ouvre le passage du lac Huron au lac l'Erié tire sa renommée de ses ombrages et de ses prairies. Le lac Huron abonde en poisson ; on y pêche l'artikamègue et des truites qui pèsent deux cents livres. L'île de Matimoulin était fameuse ; elle renfermait le reste de la nation des Ontawais, que les Indiens faisaient descendre du grand Castor. On a remarqué que l'eau du lac Huron, ainsi que celle du lac Michigan, croît pendant sept mois, et diminue dans la même proportion pendant sept autres. Tous ces lacs ont un flux et reflux plus ou moins sensibles.

Le lac Supérieur occupe un espace de plus de 4 degrés entre le 46e et le 50e de latitude nord, et non moins de 8 degrés entre le 87e et le 95e de longitude ouest, méridien de Paris ; c'est-à-dire que cette mer intérieure a cent lieues de large et environ deux cents de long, donnant une circonférence d'à peu près six cents lieues [10].

Quarante rivières réunissent leurs eaux dans cet immense bassin ; deux d'entre elles, l'Allinipigon et le Michipicroton, sont deux fleuves considérables ; le dernier prend sa source dans les environs de la baie d'Hudson.

Des îles ornent le lac, entre autres l'île Maurepas, sur la côte septentrionale, l'île Pontchartrain, sur la rive orientale ; l'île Minong vers la partie méridionale, et l'île du Grand-Esprit, ou des Ames, à l'occident : celle-ci pourrait former le territoire d'un Etat en Europe ; elle mesure trente-cinq lieues de long et vingt de large.

Les caps remarquables du lac sont : la pointe Kioucounan, espèce d'isthme s'allongeant de deux lieues dans les flots ; le cap Minabeaujou, semblable à un phare ; le cap de Tonnerre, près de l'anse du même nom, et le cap Rochedebout,

10. L'extension est surestimée de quelques degrés. Les « cent lieues de large » (environ 440 km) correspondent en fait à 257 km et les « deux cents de long » à 563 km.

qui s'élève perpendiculairement sur les grèves comme un obélisque brisé.

Le rivage méridional du lac Supérieur est bas, sablonneux, sans abri ; les côtes septentrionales et orientales sont au contraire montagneuses, et présentent une succession de rochers taillés à pic. Le lac lui-même est creusé dans le roc. A travers son onde verte et transparente, l'œil découvre à plus de trente et quarante pieds de profondeur des masses de granit de différentes formes, et dont quelques-unes paraissent comme nouvellement sciées par la main de l'ouvrier. Lorsque le voyageur, laissant dériver son canot, regarde, penché sur le bord, la crête de ces montagnes sous-marines, il ne peut jouir longtemps de ce spectacle ; ses yeux se troublent, et il éprouve des vertiges.

Frappée de l'étendue de ce réservoir des eaux, l'imagination s'accroît avec l'espace : selon l'instinct commun de tous les hommes, les Indiens ont attribué la formation de cet immense bassin à la même puissance qui arrondit la voûte du firmament ; ils ont ajouté à l'admiration qu'inspire la vue du lac Supérieur la solennité des idées religieuses.

Ces sauvages ont été entraînés à faire de ce lac l'objet principal de leur culte, par l'air de mystère que la nature s'est plu à attacher à l'un de ses plus grands ouvrages. Le lac Supérieur a un flux et un reflux irréguliers : ses eaux, dans les plus grandes chaleurs de l'été, sont froides comme la neige à un demi-pied au-dessous de leur surface ; ces mêmes eaux gèlent rarement dans les hivers rigoureux de ces climats, alors même que la mer est gelée.

Les productions de la terre autour du lac varient selon les différents sols : sur la côte orientale on ne voit que des forêts d'érables rachitiques et déjetés, qui croissent presque horizontalement dans du sable ; au nord, partout où le roc vif laisse à la végétation quelque gorge, quelques revers de vallée, on aperçoit des buissons de groseilliers sans épines, et des guirlandes d'une espèce de vigne qui porte un fruit semblable à la framboise, mais d'un rose plus pâle. Ça et là s'élèvent des pins isolés.

Parmi le grand nombre de sites que présentent ces solitudes, deux se font particulièrement remarquer.

En entrant dans le lac Supérieur par le détroit de Sainte-Marie, on voit à gauche des îles qui se courbent en demi-cercle, et qui toutes plantées d'arbres à fleurs ressemblent à des bouquets dont le pied trempe dans l'eau ; à droite, les caps du continent s'avancent dans les vagues : les uns sont enveloppés d'une pelouse qui marie sa verdure au double azur du ciel et de l'onde ; les autres, composés d'un sable rouge et blanc, ressemblent, sur le fond du lac bleuâtre, à des rayons d'ouvrages de marqueterie. Entre ces caps longs et nus s'entremêlent de gros promontoires revêtus de bois qui se répètent invertis dans le cristal au-dessous. Quelquefois aussi les arbres serrés forment un épais rideau sur la côte, et quelquefois clairsemés ils bordent la terre comme des avenues ; alors leurs troncs écartés ouvrent des points d'optique miraculeux. Les plantes, les rochers, les couleurs, diminuent de proportion ou changent de teinte à mesure que le paysage s'éloigne ou se rapproche de la vue.

Ces îles au midi et ces promontoires à l'orient, s'inclinant par l'occident les uns sur les autres, forment et embrassent une vaste rade, tranquille quand l'orage bouleverse les autres régions du lac. Là se jouent des milliers de poissons et d'oiseaux aquatiques ; le canard noir du Labrador se perche sur la pointe d'un brisant ; les vagues environnent ce solitaire en deuil des festons de leur blanche écume ; des plongeons disparaissent, se montrent de nouveau, disparaissent encore ; l'oiseau des lacs plane à la surface des flots, et le martin-pêcheur agite rapidement ses ailes d'azur pour fasciner sa proie.

Par-delà les îles et les promontoires enfermant cette rade, au débouché du détroit de Sainte-Marie, l'œil découvre les plaines fluides et sans bornes du lac. Les surfaces mobiles de ces plaines s'élèvent et se perdent graduellement dans l'étendue ; du vert d'émeraude elles passent au bleu pâle, puis à l'outremer, puis à l'indigo. Chaque teinte se fondant l'une dans l'autre, la dernière se termine à l'horizon, où elle se joint au ciel par une barre d'un sombre azur.

Ce site, sur le lac même, est proprement un site d'été : il faut en jouir lorsque la nature est calme et riante, le second paysage est au contraire un paysage d'hiver : il demande une saison orageuse et dépouillée.

Près de la rivière Allinipigon s'élève une roche énorme et isolée, qui domine le lac. A l'occident se déploie une chaîne de rochers, les uns couchés, les autres plantés dans le sol, ceux-ci perçant l'air de leurs pics arides, ceux-là de leurs sommets arrondis ; leurs flancs verts, rouges et noirs, retiennent la neige dans leurs crevasses, et mêlent ainsi l'albâtre à la couleur des granits et des porphyres.

Là croissent quelques-uns de ces arbres de forme pyramidale que la nature entremêle à ses grandes architectures et à ses grandes ruines comme les colonnes de ces édifices debout ou tombés : le pin se dresse sur les plinthes des rochers, et des herbes hérissées de glaçons pendent tristement de leurs corniches ; on croirait voir les débris d'une cité dans les déserts de l'Asie, pompeux monuments, qui avant leur chute dominaient les bois, et qui portent maintenant des forêts sur leurs combles écroulés.

Derrière la chaîne de rochers que je viens de décrire se creuse comme un sillon une étroite vallée : la rivière du Tombeau passe au milieu. Cette vallée n'offre en été qu'une mousse flasque et jaune ; des rayons de fongus, au chapeau de diverses couleurs, dessinent les interstices de rochers. En hiver, dans cette solitude remplie de neige, le chasseur ne peut découvrir les oiseaux et les quadrupèdes peints de la blancheur des frimas que par les becs colorés des premiers, les museaux noirs et les yeux sanglants des seconds. Au bout de la vallée et loin par-delà, on aperçoit la cime des montagnes hyperboréennes où Dieu a placé la source des quatre plus grands fleuves de l'Amérique septentrionale. Nés dans le même berceau, ils vont, après un cours de douze cents lieues, se mêler, aux quatre points de l'horizon, à quatre océans : le Mississippi se perd, au midi, dans le golfe Mexicain. le Saint-Laurent se jette, au levant, dans l'Atlantique. L'Ontawais se précipite, au nord, dans les mers du pôle, et le fleuve de l'Ouest porte au couchant le tribut de ses ondes à l'océan de Nontoulia [C'était la Géographie erronée du temps : elle n'est plus la même aujourd'hui. (N.d.A.)].

Après cet aperçu des lacs vient un commencement de journal qui ne porte que l'indication des heures.

Journal sans date.

Le ciel est pur sur ma tête, l'onde limpide sous mon canot, qui fuit devant une légère brise. A ma gauche sont des collines taillées à pic et flanquées de rochers d'où pendent des convolvulus à fleurs blanches et bleues, des festons de bignonias, de longues graminées, des plantes saxatiles de toutes les couleurs ; à ma droite règnent de vastes prairies. A mesure que le canot avance, s'ouvrent de nouvelles scènes et de nouveaux points de vue : tantôt ce sont des vallées solitaires et riantes, tantôt des collines nues ; ici c'est une forêt de cyprès, dont on aperçoit les portiques sombres ; là c'est un bois léger d'érables, où le soleil se joue comme à travers une dentelle.

Liberté primitive, je te retrouve enfin ! Je passe comme cet oiseau qui vole devant moi, qui se dirige au hasard, et n'est embarrassé que du choix des ombrages. Me voilà tel que le Tout-Puissant m'a créé, souverain de la nature, porté triomphant sur les eaux, tandis que les habitants des fleuves accompagnent ma course, que les peuples de l'air me chantent leurs hymnes, que les bêtes de la terre me saluent, que les forêts courbent leur cime sur mon passage. Est-ce sur le front de l'homme de la société, ou sur le mien, qu'est gravé le sceau immortel de notre origine? Courez vous enfermer dans vos cités, allez vous soumettre à vos petites lois; gagnez votre pain à la sueur de votre front, ou dévorez le pain du pauvre; égorgez-vous pour un mot, pour un maître; doutez de l'existence de Dieu, ou adorez-le sous des formes superstitieuses: moi j'irai errant dans mes solitudes; pas un seul battement de mon cœur ne sera comprimé, pas une seule de mes pensées ne sera enchaînée; je serai libre comme la nature; je ne reconnaîtrai de souverain que celui qui alluma la flamme des soleils et qui d'un seul coup de sa main fit rouler tous les mondes [Je laisse toutes ces choses de la jeunesse: on voudra bien les pardonner. (N.d.A.)].

Sept heures du soir.

Nous avons traversé la fourche de la rivière et suivi la branche du sud-est. Nous cherchions le long du canal une anse où nous pussions débarquer. Nous sommes entrés dans une crique qui s'enfonce sous un promontoire chargé d'un bocage de tulipiers. Ayant tiré notre canot à terre, les uns ont amassé des branches sèches pour notre feu, les autres ont préparé l'ajoupa. J'ai pris mon fusil, et je me suis enfoncé dans le bois voisin.

Je n'y avais pas fait cent pas que j'ai aperçu un troupeau de dindes occupées à manger des baies de fougères et des fruits d'aliziers. Ces oiseaux diffèrent assez de ceux de leur race naturalisés en Europe: ils sont plus gros, leur plumage est couleur d'ardoise, glacé sur le cou, sur le dos, et à l'extrémité des ailes d'un rouge de cuivre; selon les reflets de la lumière, ce plumage brille comme de l'or bruni. Ces dindes sauvages s'assemblent souvent en grandes troupes. Le soir elles se perchent sur les cimes des arbres les plus élevés. Le matin elles font entendre du haut de ces arbres leur cri répété ; un peu après le lever du soleil leurs clameurs cessent, et elles descendent dans les forêts.

Nous nous sommes levés de grand matin pour partir à la fraîcheur ; les bagages ont été rembarqués ; nous avons déroulé notre voile. Des deux côtes nous avions de hautes terres chargées de forêts : le feuillage offrait toutes les nuances imaginables : l'écarlate fuyant sur le rouge, le jaune foncé sur l'or brillant, le brun ardent sur le brun léger, le vert, le blanc, l'azur, lavés en mille teintes plus ou moins faibles, plus ou moins éclatantes. Près de nous c'était toute la variété du prisme ; loin de nous, dans les détours de la vallée, les couleurs se mêlaient et se perdaient dans des fonds veloutés. Les arbres harmonisaient ensemble leurs formes : les uns se déployaient en éventail, d'autres s'élevaient en cône, d'autres s'arrondissaient en boule, d'autres étaient taillés en pyramide. Mais il faut se contenter de jouir de ce spectacle sans chercher à le décrire.

Dix heures du matin.

Nous avançons lentement. La brise a cessé, et le canal commence à devenir étroit : le temps se couvre de nuages.

Midi.

Il est impossible de remonter plus haut en canot ; il faut maintenant changer notre manière de voyager ; nous allons tirer notre canot à terre, prendre nos provisions, nos armes, nos fourrures pour la nuit et pénétrer dans les bois.

Trois heures.

Qui dira le sentiment qu'on éprouve en entrant dans ces forêts aussi vieilles que le monde, et qui seules donnent une idée de la création telle qu'elle sortit des mains de Dieu ? Le jour, tombant d'en haut à travers un voile de feuillage, répand dans la profondeur du bois une demi-lumière changeante et mobile, qui donne aux objets une grandeur fantastique. Partout il faut franchir des arbres abattus, sur lesquels s'élèvent d'autres générations d'arbres. Je cherche en vain une issue dans ces solitudes; trompé par un jour plus vif, j'avance à travers les herbes, les orties, les mousses, les lianes et l'épais humus composé des débris des végétaux; mais je n'arrive qu'à une clairière formée par quelques pins tombés. Bientôt la forêt redevient plus sombre; l'œil n'aperçoit que des troncs de chênes et de noyers qui se succèdent les uns les autres, et qui semblent se serrer en s'éloignant: l'idée de l'infini se présente à moi.

Six heures.

J'avais entrevu de nouveau une clarté, et j'avais marché vers elle. Me voilà au point de lumière: triste champ, plus mélancolique que les forêts qui l'environnent! Ce champ est un ancien cimetière indien. Que je me repose un instant dans cette double solitude de la mort et de la nature: est-il un asile où j'aimasse mieux dormir pour toujours?

Sept heures.

Ne pouvant sortir de ces bois, nous y avons campé. La réverbération de notre bûcher s'étend au loin: éclairé en dessous par la lueur scarlatine, le feuillage paraît ensanglanté; les troncs des arbres les plus proches s'élèvent comme des colonnes de granit rouge, mais les plus distants, atteints à peine de la lumière, ressemblent, dans l'enfoncement du bois, à de pales fantômes rangés en cercle au bord d'une nuit profonde.

Minuit.

Le feu commence à s'éteindre, le cercle de sa lumière se rétrécit. J'écoute: un calme formidable pèse sur ces forêts; on dirait que des silences succèdent à des silences. Je cherche vainement à entendre dans un tombeau universel quelque bruit qui décèle la vie. D'où vient ce soupir? D'un de mes compagnons: il se plaint, bien qu'il sommeille. Tu vis, donc tu souffres: voilà l'homme.

Minuit et demi.

Le repos continue ; mais l'arbre décrépit se rompt, il tombe. Les forêts mugissent ; mille voix s'élèvent. Bientôt les bruits s'affaiblissent ; ils meurent dans des lointains presque imaginaires : le silence envahit de nouveau le désert.

Une heure du matin.

Voici le vent ; il court sur la cime des arbres ; il les secoue en passant sur ma tête. Maintenant c'est comme le flot de la mer qui se brise tristement sur le rivage.

Les bruits ont réveillé les bruits. La forêt est toute harmonie. Est-ce les sons graves de l'orgue que j'entends, tandis que des sons plus légers errent dans les voûtes de verdure ? Un court silence succède ; la musique aérienne recommence ; partout de douces plaintes, des murmures qui renferment en eux-mêmes d'autres murmures ; chaque feuille parle un différent langage, chaque brin d'herbe rend une note particulière.

Une voix extraordinaire retentit : c'est celle de cette grenouille qui imite les mugissements du taureau. De toutes les parties de la forêt les chauves-souris accrochées aux feuilles élèvent leurs chants monotones : on croit ouïr des glas continus ou le tintement funèbre d'une cloche. Tout nous ramène à quelque idée de la mort, parce que cette idée est au fond de la vie.

Dix heures du matin.

Nous avons repris notre course : descendus dans un vallon inondé, des branches de chêne saule étendues d'une racine de jonc à une autre racine nous ont servi de pont pour traverser le marais. Nous préparons notre dîner au pied d'une colline couverte de bois, que nous escaladerons bientôt pour découvrir la rivière que nous cherchons.

Une heure.

Nous nous sommes remis en marche ; les gelinottes nous promettent pour ce soir un bon souper.

Le chemin s'escarpe, les arbres deviennent rares ; une bruyère glissante couvre le flanc de la montagne.

Six heures.

Nous voilà au sommet : au-dessous de nous on n'aperçoit que la cime des arbres. Quelques rochers isolés sortent de cette mer de verdure, comme des écueils élevés au-dessus de la surface de l'eau. La carcasse d'un chien, suspendue à une branche de sapin, annonce le sacrifice indien offert au génie de ce désert. Un torrent se précipite à nos pieds, et va se perdre dans une petite rivière.

Quatre heures du matin.

La nuit a été paisible. Nous nous sommes décidés à retourner à notre bateau, parce que nous étions sans espérance de trouver un chemin dans ces bois.

Neuf heures.

Nous avons déjeuné sous un vieux saule tout couvert de convolvulus et rongé par de larges potirons. Sans les maringouins, ce lieu serait fort agréable : il a fallu faire une grande fumée de bois vert pour chasser nos ennemis. Les guides ont annoncé la visite de quelques voyageurs qui pouvaient être encore à deux heures de marche de l'endroit où nous étions. Cette finesse de l'ouïe tient du prodige : il y a tel Indien qui entend les pas d'un autre Indien à quatre et cinq heures de distance, en mettant l'oreille à terre. Nous avons vu arriver en effet au bout de deux heures une famille sauvage ; elle a poussé le cri de bienvenue : nous y avons répondu joyeusement.

Midi.

Nos hôtes nous ont appris qu'ils nous entendaient depuis deux jours ; qu'ils savaient que nous étions des *chairs blanches*, le bruit que nous faisions en marchant étant plus considérable que le bruit fait par les chairs rouges. J'ai demandé la cause de cette différence ; on m'a répondu que cela tenait à la manière de rompre les branches et de se frayer un chemin. Le blanc révèle aussi sa race à la pesanteur de son pas ; le bruit qu'il produit n'augmente pas progressivement : l'Européen tourne dans les bois ; l'Indien marche en ligne droite.

La famille indienne est composée de deux femmes, d'un enfant et de trois hommes. Revenus ensemble au bateau, nous avons fait un grand feu au bord de la rivière. Une bienveillance mutuelle règne parmi nous : les femmes ont apprêté notre souper, composé de truites saumonées et d'une grosse dinde. Nous autres guerriers, nous fumons et devisons ensemble. Demain nos hôtes nous aideront à porter notre canot à un fleuve qui n'est qu'à cinq milles du lieu où nous sommes.

Le journal finit ici. Une page détachée qui se trouve à la suite nous transporte au milieu des Apalaches. Voici cette page :

Ces montagnes ne sont pas, comme les Alpes et les Pyrénées, des monts entassés régulièrement les uns sur les autres, élevant au-dessus des nuages leurs sommets couverts de neige. A l'ouest et au nord, elles ressemblent à des murs perpendiculaires de quelque mille pieds, du haut desquels se précipitent les fleuves qui tombent dans l'Ohio et le Mississippi. Dans cette espèce de grande fracture, on aperçoit des sentiers qui serpentent au milieu des précipices avec les torrents. Ces sentiers et ces torrents sont bordés d'une espèce de pin dont la cime est couleur de vert de mer, et dont le tronc presque lilas est marqué de taches obscures produites par une mousse rase et noire.

Mais du côté du sud et de l'est, les Appalaches ne peuvent presque plus porter le nom de montagnes : leurs sommets s'abaissent graduellement jusqu'au sol qui borde l'Atlantique ; elles versent sur ce sol d'autres fleuves qui fécondent des forêts de chênes verts, d'érables, de noyers, de mûriers, de marronniers, de pins, de sapins, de copalmes, de magnolias et de mille espèces d'arbustes à fleurs.

Après ce court fragment vient un morceau assez étendu sur le cours de l'Ohio et du Mississippi, depuis Pittsburgh jusqu'aux Natchez. Le récit s'ouvre par la description des monuments de l'Ohio. Le *Génie du Christianisme* a un passage et une note sur ces monuments ; mais ce que j'ai écrit dans ce passage et dans cette note diffère en beaucoup de points de ce que je dis ici

Représentez-vous des restes de fortifications ou de monuments, occupant une étendue immense. Quatre espèces d'ouvrages s'y font remarquer : des bastions carrés, des lunes, des demi-lunes et des *tumuli*. Les bastions, les lunes et demi-lunes sont réguliers, les fossés larges et profonds, les retranchements faits de terre avec des parapets à pan incliné ; mais les angles des glacis correspondent à ceux des fossés, et ne s'inscrivent pas comme le parallélogramme dans le polygone.

Les *tumuli* sont des tombeaux de forme circulaire. On a ouvert quelques-uns de ces tombeaux : on a trouvé au fond un cercueil formé de quatre pierres, dans lequel il y avait des ossements humains. Ce cercueil était surmonté d'un autre cercueil contenant un autre squelette, et ainsi de suite jusqu'au haut de la pyramide, qui peut avoir de vingt à trente pieds d'élévation.

Ces constructions ne peuvent être l'ouvrage des nations actuelles de l'Amérique ; les peuples qui les ont élevées devaient avoir une connaissance des arts supérieure même à celle des Mexicains et des Péruviens.

Faut-il attribuer ces ouvrages aux Européens modernes ? Je ne trouve que Ferdinand de Soto[11] qui ait pénétré ancienne-

11. *Ferdinand de Soto* : conquistador espagnol qui mena une expédition en Flo-

ment dans les Florides, et il ne s'est jamais avancé au-delà d'un village de Chicassas, sur une des branches de la Mobile : d'ailleurs, avec une poignée d'Espagnols, comment aurait-il remué toute cette terre et à quel dessein ?

Sont-ce les Carthaginois ou les Phéniciens qui jadis, dans leur commerce autour de l'Afrique et aux îles Cassitérides, ont été poussés aux régions américaines ? Mais avant de pénétrer plus avant dans l'ouest, ils ont du s'établir sur les côtes de l'Atlantique : pourquoi alors ne trouve-t-on pas la moindre trace de leur passage dans la Virginie, les Géorgies et les Florides ? Ni les Phéniciens ni les Carthaginois n'enterraient leurs morts comme sont enterrés les morts des fortifications de l'Ohio. Les Egyptiens faisaient quelque chose de semblable ; mais les momies étaient embaumées, et celles des tombes américaines ne le sont pas ; on ne saurait dire que les ingrédients manquaient : les gommes, les résines, les camphres, les sels, sont ici de toutes parts.

L'Atlantide de Platon aurait-elle existé ? L'Afrique, dans des siècles inconnus, tenait-elle à l'Amérique ? Quoi qu'il en soit, une nation ignorée, une nation supérieure aux générations indiennes de ce moment, a passé dans ces déserts. Quelle était cette nation ? Quelle révolution l'a détruite ? Quand cet événement est-il arrivé ! Questions qui nous jettent dans cette immensité du passé où les siècles s'abîment comme des songes.

Les ouvrages dont je parle se trouvent à l'embouchure du grand Miami, à celle du Muskingum à la *Crique du Tombeau*, et sur une des branches du Scioto : ceux qui bordent cette rivière occupent un espace de plus de deux heures de marche en descendant vers l'Ohio. Dans le Kentucky, le long du Tennessee, chez les Siminoles, vous ne pouvez faire un pas sans apercevoir quelques vestiges de ces monuments.

---

ride de 1538 à 1542. Il figure dans une *Histoire de la conquête de la Floride* publiée en 1731.

Les Indiens s'accordent à dire que quand leurs pères vinrent de l'ouest, ils trouvèrent les ouvrages de l'Ohio tels qu'on les voit aujourd'hui. Mais la date de cette migration des Indiens d'occident en orient varie selon les nations. Les Chicassas, par exemple, arrivèrent dans les forts qui couvrent les fortifications il n'y a guère plus de deux siècles : ils mirent sept ans à accomplir leur voyage, ne marchant qu'une fois chaque année, et emmenant des chevaux dérobés aux Espagnols, devant lesquels ils se retiraient.

Une autre tradition veut que les ouvrages de l'Ohio aient été élevés par les Indiens blancs. Ces Indiens blancs, selon les Indiens rouges, devaient être venus de l'orient ; et lorsqu'ils quittèrent le lac sans rivages (la mer), ils étaient vêtus comme les Chairs-Blanches d'aujourd'hui.

Sur cette faible tradition, on a raconté que, vers l'an 1170, Ogan, prince du pays de Galles, ou son fils Madoc, s'embarqua avec un grand nombre de ses sujets [C'est une altération des traditions islandaises et des poétiques histoires de Sagas. (N.d.A.)], et qu'il aborda à des pays inconnus, vers l'occident. Mais est-il possible d'imaginer que les descendants de ces Gallois aient pu construire les ouvrages de l'Ohio, et qu'en même temps, ayant perdu tous les arts, ils se soient trouvés réduits à une poignée de guerriers errants dans les bois comme les autres Indiens ?

On a aussi prétendu qu'aux sources du Missouri des peuples nombreux et civilisés vivent dans des enceintes militaires pareilles à celles des bords de l'Ohio ; que ces peuples se servent de chevaux et d'autres animaux domestiques ; qu'ils ont des villes, des chemins publics, qu'ils sont gouvernés par des rois [Aujourd'hui les sources du Missouri sont connues : on n'a rencontré dans ces régions que des sauvages. Il faut pareillement reléguer parmi les fables cette histoire d'un temple où on aurait trouvé une Bible, laquelle Bible ne pouvait être lue par des Indiens *blancs*, possesseurs du temple, et qui avaient perdu l'usage de l'écriture. Au reste, la colonisation des Russes au nord-ouest de l'Amérique aurait bien pu donner naissance à ces bruits d'un peuple blanc établi vers les sources du Missouri (N.d.A.)].

La tradition religieuse des Indiens sur les monuments de leurs déserts n'est pas conforme à leur tradition historique. Il y a, disent-ils, au milieu de ces ouvrages, une caverne ; cette caverne est celle du Grand Esprit. Le Grand Esprit créa les Chicassas dans cette caverne. Le pays était alors couvert d'eau ; ce que voyant le Grand Esprit, il bâtit des murs de terre pour mettre sécher dessus les Chicassas.

Passons à la description du cours de l'Ohio. L'Ohio est formé par la réunion de la Niononganhcla et de l'Allogllany, la première rivière prenant sa source au sud, dans les montagnes Bleues ou les Apalaches ; la seconde, dans une autre chaîne de ces montagnes au nord, entre le lac Erié et le lac Ontario : au moyen d'un court partage, l'Alleghany communique avec le premier lac. Les deux rivières se joignent au-dessous du fort jadis appelé le fort Duquesne, aujourd'hui le fort Pitt, ou Pittsburg : leur confluent est au pied d'une haute colline de charbon de terre ; en mêlant leurs ondes, elles perdent leurs noms, et ne sont plus connues que sous celui de l'Ohio, qui signifie à bon droit belle rivière.

Plus de soixante rivières apportent leurs richesses à ce fleuve ; celles dont le cours vient de l'est et du midi sortent des hauteurs qui divisent les eaux tributaires de l'Atlantique des eaux descendantes à l'Ohio et au Mississippi ; celles qui naissent à l'ouest et au nord découlent des collines dont le double versant nourrit les lacs du Canada et alimente le Mississippi et l'Ohio.

L'espace où roule ce dernier fleuve offre dans son ensemble un large vallon bordé de collines d'égales hauteurs ; mais, dans les détails, à mesure que l'on voyage avec les eaux, ce n'est plus cela.

Rien d'aussi fécond que les terres arrosées par l'Ohio : elles produisent sur les coteaux des forêts de pins rouges, des bois de lauriers de myrtes, d'érables à suc, de chênes de quatre espèces ; les vallées donnent le noyer, l'alizier, le franc, le tupelo ; les marais portent le bouleau, le tremble, le peuplier et le cyprès chauve. Les Indiens font des étoffes avec l'écorce de peuplier ; ils mangent la seconde écorce du bouleau ; ils emploient la sève de la bourgène pour guérir la fièvre et pour chasser les serpents ; le chêne leur fournit des flèches, le frêne des canots.

Les herbes et les plantes sont très variées : mais celles qui couvrent toutes les campagnes sont : l'herbe à bullle, de sept à huit pieds de haut, l'herbe à trois fouilles, la folle avoine, ou le riz sauvage, et l'indigo.

Sous un sol partout fertile, à cinq ou six pieds de profondeur, on rencontre généralement un lit de pierre blanche, base d'un excellent humus ; cependant, en approchant du Mississippi, on trouve d'abord à la surface du sol une terre forte et noire, ensuite une couche de craie de diverses couleurs, et puis des bois entiers de cyprès chauves, engloutis dans la vase.

Sur le bord du Chanon, à deux cents pieds au-dessous de l'eau, on prétend avoir vu des caractères tracés aux parois d'un précipice : on en a conclu que l'eau coulait jadis à ce niveau, et que des nations inconnues écrivirent ces lettres mystérieuses en passant sur le fleuve.

Une transition subite de température et de climat se fait remarquer sur l'Ohio : aux environs du Canaway, le cyprès chauve cesse de croître, et les sassafras disparaissent ; les forêts de chênes et d'ormeaux se multiplient. Tout prend une couleur différente : les verts sont plus foncés, leurs nuances plus sombres.

Il n'y a, pour ainsi dire, que deux saisons sur les fleuves : les feuilles tombent tout à coup en novembre ; les neiges les suivent de près ; le vent du nord-ouest commence, et l'hiver règne. Un froid sec continue avec un ciel pur jusqu'au mois de mars ; alors le vent tourne au nord-est et en moins de quinze jours, les arbres chargés de givre apparaissent couverts de fleurs. L'été se confond avec le printemps.

La chasse est abondante. Les canards branchus, les linottes bleues, les cardinaux, les chardonnerets pourpres, brillent dans la verdure des arbres ; l'oiseau *whet-shaw* imite le bruit de la scie ; l'oiseau-chat miaule, et les perroquets qui apprennent quelques mots autour des habitations les répètent dans les bois. Un grand nombre de ces oiseaux vivent d'insectes : la chenille verte à tabac, le ver d'une espèce de mûrier blanc, les mouches luisantes, l'araignée d'eau, leur servent principalement de nourriture ; mais les perroquets se réunissent en grandes troupes et dévastent les champs ensemencés. On accorde une prime pour chaque tête de ces oiseaux : on donne la même prime pour les têtes d'écureuil.

L'Ohio offre à peu près les mêmes poissons que le Mississippi. Il est assez commun d'y prendre des truites de trente à trente-cinq livres, et une espèce d'esturgeon dont la tête est faite comme la pelle d'une pagaïe.

En descendant le cours de l'Ohio on passe une petite rivière appelée le Lic des grands Os. On appelle *lic* en Amérique des bancs d'une terre blanche un peu glaiseuse, que les buffles se plaisent à lécher ; ils y creusent avec leur langue des sillons. Les excréments de ces animaux sont si imprégnés de la terre du lic, qu'ils ressemblent à des morceaux de chaux. Les buffles recherchent les lics à cause des sels qu'ils contiennent : ces sels guérissent les animaux ruminants des tranchées que leur cause la crudité des herbes. Cependant les terres de la vallée de l'Ohio ne sont point salées au goût · elles sont au contraire extrêmement insipides.

Le lic de la rivière du Lic est un des plus grands que l'on connaisse ; les vastes chemins que les buffles ont tracés à travers les herbes pour y aborder seraient effrayants si l'on ne savait que ces taureaux sauvages sont les plus paisibles de toutes les créatures. On a découvert dans ce lic une partie du squelette d'un mammouth : l'os de la cuisse pesait soixante-dix livres, les côtes comptaient dans leur courbure sept pieds, et la tête trois pieds de long ; les dents mâchelières portaient cinq pouces de largeur et huit de hauteur, les défenses quatorze pouces de la racine à la pointe.

De pareilles dépouilles ont été rencontrées au Chili et en Russie. Les Tartares prétendent que le mammouth existe encore dans leur pays à l'embouchure des rivières : on assure aussi que des chasseurs l'ont poursuivi à l'ouest du Mississippi. Si la race de ces animaux a péri, comme il est à croire, quand cette destruction dans des pays si divers et dans des climats si différents est-elle arrivée ? Nous ne savons rien, et pourtant nous demandons tous les jours à Dieu compte de ses ouvrages !

Le Lic des grands Os est à environ trente milles de la rivière Kentucky, et à cent huit milles à peu près des rapides de l'Ohio. Les bords de la rivière Kentucky sont taillés à pic comme des murs. On remarque dans ce lieu un chemin fait par les buffles, qui descend du haut d'une colline, des sources de bitume qu'on peut brûler en guise d'huile, des grottes qu'embellissent des colonnes naturelles, et un lac souterrain qui s'étend à des distances inconnues.

Au confluent du Kentucky et de l'Ohio le paysage déploie une pompe extraordinaire : là, ce sont des troupeaux de chevreuils qui de la pointe du rocher vous regardent passer sur les fleuves ; ici des bouquets de vieux pins se projettent horizontalement sur les flots ; des plaines riantes se déroulent à perte de vue, tandis que des rideaux de forets voilent la base de quelques montagnes dont la cime apparaît dans le lointain.

Ce pays si magnifique s'appelle pourtant le Kentucky, du nom de sa rivière, qui signifie *rivière de sang* : il doit ce nom funeste à sa beauté même : pendant plus de deux siècles les nations du parti des Chéroquois et du parti des nations iroquoises s'en disputèrent les chasses. Sur ce champ de bataille, aucune tribu indienne n'osait se fixer : les Sawanoes, les Miamis, les Piankiciawoes, les Wayoes, les Kaskasias, les Delawares, les Illinois, venaient tour à tour y combattre. Ce ne fut que vers l'an 1752 que les Européens commencèrent à savoir quelque chose de positif sur les vallées situées à l'ouest des monts Alleghany, appelés d'abord les *montagnes Endless* (sans fin), ou *Kittanniny*, ou *montagnes Bleues*. Cependant Charlevoix [12], en 1720, avait parlé du cours de l'Ohio ; et le fort Duquesne, aujourd'hui fort Pitt (Pittsburgh), avait été tracé par les Français à la jonction des deux rivières mères de l'Ohio. En 1752, Louis Evant publia une carte du pays situé sur l'Ohio et le Kentucky ; Jacques Macbrive fit une course dans ce désert en 1754 ; Jones Finley y pénétra en 1757 ; le colonel Boone le découvrit entièrement en 1769, et s'y établit avec sa famille en 1775. On prétend que le docteur Wood et Simon Kenton furent les premiers Européens qui descendirent l'Ohio en 1773, depuis le fort Pitt jusqu'au Mississippi. L'orgueil national des Américains les porte à s'attribuer le mérite de la plupart des découvertes à l'occident des Etats-Unis ; mais il ne faut pas oublier que les Français du Canada et de la Louisiane, arrivant par le nord et par le midi, avaient parcouru ces régions longtemps avant les Américains, qui venaient du côté de l'orient et que gênaient dans leur route la confédération des Creeks et les Espagnols des Florides.

---

12. *Charlevoix* : jésuite explorateur et historien. Parti à la recherche d'un passage vers l'océan Pacifique, il explore la région des Grands Lacs et suit le cours du Mississippi. Il publie en 1723 *Histoire et Description générale de la Nouvelle France*, source précieuse d'informations pour Chateaubriand.

Cette terre commence (1791) à se peupler par les colonies de la Pennsylvanie, de la Virginie et de la Caroline, et par quelques-uns de mes malheureux compatriotes fuyant devant les premiers orages de la révolution.

Les générations européennes seront-elles plus vertueuses et plus libres sur ces bords que les générations américaines qu'elles auront exterminées ? Des esclaves ne laboureront-ils point la terre sous le fouet de leur maître, dans ces déserts où l'homme promenait son indépendance ? Des prisons et des gibets ne remplaceront-ils point la cabane ouverte et le haut chêne, qui ne porte que le nid des oiseaux ? La richesse du sol ne fera-t-elle point naître de nouvelles guerres ? Le Kentucky cessera-t-il d'être la terre du sang, et les édifices des hommes embelliront-ils mieux les bords de l'Ohio que les monuments de la nature ?

Du Kentucky aux rapides de l'Ohio on compte à peu près quatre-vingts milles. Ces rapides sont formés par une roche qui s'étend sous l'eau dans le lit de la rivière ; la descente de ces rapides n'est ni dangereuse ni difficile, la chute moyenne n'étant guère que de quatre à cinq pieds dans l'espace d'un tiers de lieue. La rivière se divise en deux canaux par des îles groupées au milieu des rapides. Lorsqu'on s'abandonne au courant, on peut passer sans alléger les bateaux, mais il est impossible de les remonter sans diminuer leur charge.

Le fleuve, à l'endroit des rapides, a un mille de large. Glissant sur le magnifique canal, la vue est arrêtée à quelque distance au-dessous de sa chute par une île couverte d'un bois d'ormes enguirlandés de lianes et de vigne vierge.

Au nord se dessinent les collines de la Crique d'Argent : la première de ces collines trempe perpendiculairement dans l'Ohio ; sa falaise, taillée à grandes facettes rouges, est décorée de plantes ; d'autres collines parallèles, couronnées de forêts, s'élèvent derrière la première colline, fuient en montant de plus en plus dans le ciel, jusqu'à ce que leur sommet, frappé de lumière, devienne de la couleur du ciel et s'évanouisse.

Au midi sont des savanes parsemées de bocages et couvertes de buffles, les uns couchés, les autres errants, ceux-ci paissant l'herbe, ceux-là arrêtés en groupe, et opposant les uns aux autres leurs têtes baissées. Au milieu de ce tableau les rapides, selon qu'ils sont frappés des rayons du soleil, rebroussés par le vent, ou ombrés par les nuages, s'élèvent en bouillons d'or, blanchissent en écume, ou roulent à flots brunis.

Au bas des rapides est un îlot où les corps se pétrifient. Cet îlot est couvert d'eau au temps des débordements ; on prétend que la vertu pétrifiante confinée à ce petit coin de terre ne s'étend pas au rivage voisin.

Des rapides à l'embouchure du Wabash on compte trois cent seize milles. Cette rivière communique, au moyen d'un portage de neuf milles, avec le Miami du lac qui se décharge dans l'Erié. Les rivages du Wabash sont élevés ; on y a découvert une mine d'argent.

A quatre-vingt-quatorze milles au-dessous de l'embouchure du Wabash commence une cyprière. De cette cyprière aux bancs jaunes, toujours en descendant l'Ohio, il y a cinquante-six milles : on laisse à gauche les embouchures de deux rivières qui ne sont qu'à dix-huit milles de distance l'une de l'autre.

La première rivière s'appelle le Chéroquois ou le Tennessee ; elle sort des monts qui séparent les Carolines et les Géorgies de ce qu'on appelle les terres de l'Ouest ; elle roule d'abord d'orient en occident au pied des monts : dans cette première partie de son cours, elle est rapide et tumultueuse ; ensuite elle tourne subitement au nord ; grossie de plusieurs affluents, elle épand et retient ses ondes, comme pour se délasser, après une fuite précipitée de quatre cents lieues. A son embouchure, elle a six cents toises de large, et dans un endroit nommé le Grand-Détour elle présente une nappe d'eau d'une lieue d'étendue.

La seconde rivière, le Shanawon ou le Cumberland, est la compagne du Chéroquois ou du Tennessee. Elle passe avec lui son enfance dans les mêmes montagnes, et descend avec lui dans les plaines. Vers le milieu de sa carrière, obligée de quitter le Tennessee, elle se hâte de parcourir des lieux déserts, et les deux jumeaux, se rapprochant vers la fin de leur vie, expirent à quelque distance l'un de l'autre dans l'Ohio, qui les réunit.

Le pays que ces rivières arrosent est généralement entrecoupé de collines et de vallées rafraîchies par une multitude de ruisseaux : cependant, il y a quelques plaines de cannes sur le Cumberland et plusieurs grandes cyprières. Le buffle et le chevreuil abondent dans ce pays, qu'habitent encore des nations sauvages, particulièrement les Chéroquois. Les cimetières indiens sont fréquents, triste preuve de l'ancienne population de ces déserts.

De la grande cyprière sur l'Ohio aux bancs Jaunes j'ai dit que la route estimée est d'environ cinquante-six mille. Les bancs Jaunes sont ainsi nommés de leur couleur : placés sur la rive septentrionale de l'Ohio, on les rase de près, parce que l'eau est profonde de ce côté. L'Ohio a presque partout un double rivage, l'un pour la saison des débordements, l'autre pour les temps de sécheresse.

Des bancs Jaunes à l'embouchure de l'Ohio dans le Mississippi, par les 360 51' de latitude, on compte à peu près trente-cinq milles.

Pour bien juger du confluent des deux fleuves, il faut supposer que l'on part d'une petite île sous la rive orientale du Mississippi, et que l'on veut entrer dans l'Ohio : à gauche vous apercevez le Mississippi, qui coule dans cet endroit presque est et ouest, et qui présente une grande eau troublée et tumultueuse ; à droite, l'Ohio, plus transparent que le cristal, plus paisible que l'air, vient lentement du nord au sud, décrivant une courbe gracieuse : l'un et l'autre dans les saisons moyennes ont à peu près deux milles de large au moment de leur rencontre. Le volume de leur fluide est presque le même ; les deux fleuves, s'opposant une résistance égale, ralentissent leur cours, et paraissent dormir ensemble pendant quelques lieues dans leur lit commun.

La pointe où ils marient leurs flots est élevée d'une vingtaine de pieds au-dessus d'eux : composé de limon et de sable, ce cap marécageux se couvre de chanvre sauvage, de vigne qui rampe sur le sol ou qui grimpe le long des tuyaux de l'herbe à buffle ; des chênes-saules croissent aussi sur cette langue de terre qui disparaît dans les grandes inondations. Les fleuves débordés et réunis ressemblent alors à un vaste lac.

Le confluent du Missouri et du Mississippi présente peut-être encore quelque chose de plus extraordinaire. Le Missouri est un fleuve fougueux, aux eaux blanches et limoneuses, qui se précipite dans le pur et tranquille Mississippi avec violence. Au printemps, il détache de ses rives de vastes morceaux de terre : ces îles flottantes descendant le cours du Missouri avec leurs arbres couverts de feuilles ou de fleurs, les uns encore debout, les autres à moitié tombés, offrent un spectacle merveilleux.

De l'embouchure de l'Ohio aux mines de fer, sur la côte orientale du Mississippi, il n'y a guère plus de quinze milles ; des mines de fer à l'embouchure de la rivière de Chicassas on marque soixante-sept milles. Il faut faire cent quatre milles pour arriver aux collines de Margette, qu'arrose la petite rivière de ce nom ; c'est un lieu rempli de gibier.

Pourquoi trouve-t-on tant de charme à la vie sauvage ? Pourquoi l'homme le plus accoutumé à exercer sa pensée s'oublie-t-il joyeusement dans le tumulte d'une chasse ?

Courir dans les bois, poursuivre des bêtes sauvages, bâtir sa hutte, allumer son feu, apprêter soi-même son repas auprès d'une source, est certainement un très grand plaisir. Mille Européens ont connu ce plaisir, et n'en ont plus voulu d'autre, tandis que l'Indien meurt de regret si on l'enferme dans nos cités. Cela prouve que l'homme est plutôt un être actif qu'un être contemplatif; que dans sa condition naturelle il lui faut peu de chose, et que la simplicité de l'âme est une source inépuisable de bonheur.

De la rivière Margelle à celle de Saint-François on parcourt soixante-dix milles. La rivière de Saint-François a reçu son nom des Français, et elle est encore pour eux un rendez-vous de chasse.

On compte cent huit milles de la rivière Saint-François aux Akansas ou Arkansas. Les Akansas nous sont encore fort attachés. De tous les Européens, mes compatriotes sont les plus aimés des Indiens. Cela tient à la gaieté des Français, à leur valeur brillante, à leur goût de la chasse et même de la vie sauvage ; comme si la plus grande civilisation se rapprochait de l'état de nature !

La rivière d'Akansas est navigable en canot pendant plus de quatre cent cinquante milles : elle coule à travers une belle contrée ; sa source paraît être cachée dans les montagnes du Nouveau-Mexique.

De la rivière des Akansas à celle des Yazous, cent cinquante-huit milles. Cette dernière rivière a cent toises de largeur à son embouchure. Dans la saison des pluies, les grands bateaux peuvent remonter le Yazou à plus de quatre-vingts milles ; une petite cataracte oblige seulement à un portage. Les Yazous, les Chactas et les Chicassas habitaient autrefois les diverses branches de cette rivière. Les Yazous ne faisaient qu'un peuple avec les Natchez.

La distance des Yazous aux Natchez par le fleuve se divise ainsi : des côtes des Yazous au Bayouk-Noir, trente-neuf milles ; du Bayouk-Noir à la rivière des Pierres, trente milles ; de la rivière des Pierres aux Natchez, dix milles.

Depuis les côtes des Yazous jusqu'au Bayouk-Noir, le Mississippi est rempli d'îles et fait de longs détours ; sa largeur est d'environ deux milles, sa profondeur de huit à dix brasses. Il serait facile de diminuer les distances en coupant des pointes. La distance de la Nouvelle Orléans à l'embouchure de l'Ohio, qui n'est que de quatre cent soixante milles en ligne droite, est de huit cent cinquante-six sur le fleuve. On pourrait raccourcir de ce trajet deux cent cinquante milles au moins.

Du Bayouk-Noir à la rivière des Pierres, on remarque des carrières de pierres. Ce sont les premières que l'on rencontre à partir de l'embouchure du Mississippi jusqu'à la petite rivière qui a pris le nom de ces carrières.

Le Mississippi est sujet à deux inondations périodiques, l'une au printemps, l'autre en automne : la première est la plus considérable ; elle commence en mai et finit en juin. Le courant du fleuve file alors cinq milles à l'heure, et l'ascension des contre-courants est à peu près de la même vitesse : admirable prévoyance de la nature ! car, sans ces contre-courants, les embarcations pourraient à peine remonter le fleuve [Les bateaux à vapeur ont fait disparaître la difficulté de la navigation d'amont. (N.d.A.)]. A cette époque, l'eau s'élève à une grande hauteur, noie ses rivages, et ne retourne point au fleuve dont elle est sortie, comme l'eau du Nil ; elle reste sur la terre, ou filtre à travers le sol, sur lequel elle dépose un sédiment fertile.

La seconde crue a lieu aux pluies d'octobre ; elle n'est pas aussi considérable que celle du printemps. Pendant ces inondations, le Mississippi charrie des trains de bois énormes et pousse des mugissements. La vitesse ordinaire du cours du fleuve est d'environ deux milles à l'heure.

Les terres un peu élevées qui bordent le Mississippi, depuis la Nouvelle-Orléans jusqu'à l'Ohio, sont presque toutes sur la rive gauche ; mais ces terres s'éloignent ou se rapprochent plus ou moins du canal laissant quelquefois entre elles et le fleuve des savanes de plusieurs milles de largeur. Les collines ne courent pas toujours parallèlement au rivage ; tantôt elles divergent en rayons à de grandes distances, et présentent, dans les perspectives qu'elles ouvrent, des vallées plantées de mille sortes d'arbres : tantôt elles viennent converger au fleuve, et forment une multitude de caps qui se mirent dans l'onde. La rive droite du Mississippi est rase, marécageuse, uniforme, à quelques exceptions près : au milieu des hautes cannes vertes ou dorées qui la décorent, on voit bondir des buffles ou étinceler les eaux d'une multitude d'étangs remplis d'oiseaux aquatiques.

Les poissons du Mississippi sont la perche, le brochet, l'esturgeon et les colles ; on y pèche aussi des crabes énormes.

Le sol autour du fleuve fournit la rhubarbe, le coton, l'indigo, le safran, l'arbre ciré, le sassafras, le lin sauvage ; un ver du pays file une assez forte soie ; la drague, dans quelques ruisseaux, amène de grandes huîtres à perles, mais dont l'eau n'est pas belle. On connaît une mine de vif-argent, une autre de lapis-lazuli, et quelques mines de fer.

La suite du manuscrit contient la description du pays des Natchez et celle du cours du Mississippi jusqu'à la Nouvelle-Orléans. Ces descriptions sont complètement transportées dans *Atala* et dans les *Natchez*.

Immédiatement après la description de la Louisiane, viennent dans le manuscrit quelques extraits des voyages de Bartram [13], que j'avais traduits avec assez de soin. A ces extraits sont entremêlées mes rectifications, mes observations,

13. *William Bartram* : naturaliste américain (1739-1823) qui réalise en 1773 une exploration du Sud-Est, notamment de la Floride, récoltant des exemplaires de la flore et de la faune locales. Ses observations seront connues avec la publication du *Journal* en 1791.

mes réflexions, mes additions, mes propres descriptions, à peu près comme les notes de M. Ramond à sa traduction du *Voyage de Coxe en Suisse*. Mais, dans mon travail, le tout est beaucoup plus enchevêtré, de sorte qu'il est presque impossible de séparer ce qui est de moi de ce qui est de Bartram, ni souvent même de le reconnaître. Je laisse donc le morceau tel qu'il est sous ce titre :

Description de quelques sites dans l'intérieur des Florides.

Nous étions poussés par un vent frais. La rivière allait se perdre dans un lac qui s'ouvrait devant nous, et qui formait un bassin d'environ neuf lieues de circonférence. Trois îles s'élevaient du milieu de ce lac ; nous fîmes voile vers la plus grande, où nous arrivâmes à huit heures du matin.

Nous débarquâmes à l'orée d'une plaine de forme circulaire ; nous mîmes notre canot à l'abri sous un groupe de marronniers qui croissaient presque dans l'eau. Nous bâtîmes notre hutte sur une petite éminence. La brise de l'est souillait, et rafraîchissait le lac et les forêts. Nous déjeunâmes avec nos galettes de maïs, et nous nous dispersâmes dans l'île, les uns pour chasser, les autres pour pêcher ou pour cueillir des plantes.

Nous remarquâmes une espèce d'hibiscus. Cette herbe énorme, qui croît dans les lieux bas et humides, monte à plus de dix ou douze pieds, et se termine en un cône extrêmement aigu : les feuilles, lisses, légèrement sillonnées, sont ravivées par de belles fleurs cramoisies, que l'on aperçoit à une grande distance.

L'agavé vivipare s'élevait encore plus haut dans les criques salées, et présentait une forêt d'herbes de trente pieds perpendiculaires. La graine mure de cette herbe germe quelquefois sur la plante même, de sorte que le jeune plant tombe à terre tout formé. Comme l'agavé vivipare croît souvent au bord des eaux courantes, ses graines nues emportées du flot étaient exposées à périr : la nature les a développées pour ces cas particuliers sur la vieille plante, afin qu'elles pussent se fixer par leurs petites racines en s'échappant du sein maternel.

Le souchet d'Amérique était commun dans l'île. Le tuyau de ce souchet ressemble à celui d'un jonc noueux, et sa feuille à celle du poireau. Les sauvages l'appellent *apoya matsi*. Les filles indiennes de mauvaise vie broient cette plante entre deux pierres, et s'en frottent le sein et les bras.

Nous traversâmes une prairie semée de jacobée à fleurs jaunes, d'alcée à panaches roses, et d'obélia, dont l'aigrette est pourpre. Des vents légers se jouant sur la cime de ces plantes brisaient leurs flots d'or, de rose et de pourpre, ou creusaient dans la verdure de longs sillons.

La sénéka, abondante dans les terrains marécageux, ressemblait, par la forme et par la couleur, à des scions d'osier rouge ; quelques branches rampaient à terre, d'autres s'élevaient dans l'air : la sénéka a un petit goût amer et aromatique. Auprès d'elle croissait le convolvulus des Carolines, dont la feuille imite la pointe d'une flèche. Ces deux plantes se trouvent partout où il y a des serpents à sonnettes : la première guérit de leur morsure ; la seconde est si puissante, que les sauvages, après s'en être frotté les mains, manient impunément ces redoutables reptiles. Les Indiens racontent que le Grand Esprit a eu pitié des guerriers de la chair rouge *aux jambes nues*, et qu'il a semé lui-même ces herbes salutaires, malgré la réclamation des âmes des serpents.

Nous reconnûmes la serpentaire sur les racines des grands arbres ; l'arbre pour le mal de dents, dont le tronc et les branches épineuses sont chargés de protubérances grosses comme des œufs de pigeon ; l'arctosta ou canneberge, dont la cerise rouge croît parmi les mousses et guérit du flux hépatique. La bourgène, qui a la propriété de chasser les couleuvres, poussait vigoureusement dans des eaux stagnantes couvertes de rouille.

Un spectacle inattendu frappa nos regards : nous découvrîmes une ruine indienne ; elle était située sur un monticule au bord du lac ; on remarquait sur la gauche un cône de terre de quarante à quarante-cinq pieds de haut ; de ce cône partait un ancien chemin tracé à travers un magnifique bocage de magnolias et de chênes verts, et qui venait aboutir à une savane. Des fragments de vases et d'ustensiles divers étaient dispersés çà et là, agglomérés avec des fossiles, des coquillages, des pétrifications de plantes et des ossements d'animaux.

Le contraste de ces ruines et de la jeunesse de la nature, ces monuments des hommes dans un désert où nous croyions avoir pénétré les premiers, causaient un grand saisissement de cœur et d'esprit. Quel peuple avait habité cette île ? Son nom, sa race, le temps de son existence, tout est inconnu ; il vivait peut-être lorsque le monde qui le cachait dans son sein était encore ignoré des trois autres parties de la terre. Le silence de ce peuple est peut-être contemporain du bruit que faisaient de grandes nations européennes tombées à leur tour dans le silence, et qui n'ont laissé elles-mêmes que des débris.

Nous examinâmes les ruines : des anfractuosités sablonneuses du tumulus sortait une espèce de pavot à fleur rose, pesant au bout d'une tige inclinée d'un vert pâle. Les Indiens tirent de la racine de ce pavot une boisson soporifique ; la tige et la fleur ont une odeur agréable, qui reste attachée à la main lorsqu'on y touche. Cette plante était faite pour orner le tombeau d'un sauvage : ses racines procurent le sommeil, et le parfum de sa fleur, qui survit à cette fleur même, est une assez douce image du souvenir qu'une vie innocente laisse dans la solitude.

Continuant notre route et observant les mousses, les graminées pendantes, les arbustes échevelés, et tout ce train de plantes au port mélancolique qui se plaisent à décorer les ruines, nous observâmes une espèce d'oenothère pyramidale, haute de sept à huit pieds, à feuilles oblongues, dentelées et d'un vert noir; sa fleur est jaune. Le soir, cette fleur commence à s'entrouvrir; elle s'épanouit pendant la nuit; l'aurore la trouve dans tout son éclat; vers la moitié du matin elle se fane. elle tombe à midi: elle ne vit que quelques heures, mais elle passé ces heures sous un ciel serein. Qu'importe alors la brièveté de sa vie?

A quelques pas de là s'étendait une lisière de mimosa ou de sensitive; dans les chansons des sauvages, l'âme d'une jeune fille est souvent comparée à cette plante [Tous ces divers passages sont de moi ; mais je dois à la vérité historique de dire que si je voyais aujourd'hui ces ruines indiennes de l'Alabama, je rabattrais de leur antiquité. (N.d.A.)].

En retournant à notre camp, nous traversâmes un ruisseau tout bordé de dionées ; une multitude d'éphémères bourdonnaient à l'entour. Il y avait aussi sur ce parterre trois espèces de papillons : l'un blanc comme l'albâtre, l'autre noir comme le jais avec des ailes traversées de bandes jaunes, le troisième portant une queue fourchue, quatre ailes d'or barrées de bleu et semées d'yeux de pourpre. Attirés par les dionées, ces insectes se posaient sur elles ; mais ils n'en avaient pas plus tôt touché les feuilles qu'elles se refermaient et enveloppaient leur proie.

De retour à notre ajoupa, nous allâmes à la pêche pour nous consoler du peu de succès de la chasse. Embarqués dans le canot, avec les filets et les lignes, nous côtoyâmes la partie orientale de l'île, au bord des algues et le long des caps ombragés : la truite était si vorace que nous la prenions à des hameçons sans amorce; le poisson appelé le poisson d'or était en abondance. Il est impossible de voir rien de plus beau que ce petit roi des ondes : il a environ cinq pouces de long ; sa tête est couleur d'outremer ; ses côtés et son ventre étincellent comme le feu ; une barre brune longitudinale traverse ses flancs ; l'iris de ses larges yeux brille comme de l'or bruni. Ce poisson est carnivore.

A quelque distance du rivage, à l'ombre d'un cyprès chauve, nous remarquâmes de petites pyramides limoneuses qui s'élevaient sous l'eau et montaient jusqu'à sa surface. Une légion de poissons d'or faisait en silence les approches de ces citadelles. Tout à coup l'eau bouillonnait ; les poissons d'or fuyaient. Des écrevisses armées de ciseaux, sortant de la place insultée, culbutaient leurs brillants ennemis. Mais bientôt les bandes éparses revenaient à la charge, faisaient plier à leur tour les assiégés, et la brave mais lente garnison rentrait à reculons pour se réparer dans la forteresse.

Le crocodile, flottant comme le tronc d'un arbre, la truite, le brochet, la perche, le cannelet, la basse, la brème, le poisson tambour, le poisson d'or, tous ennemis mortels les uns des autres, nageaient pêle-mêle dans le lac, et semblaient avoir fait une trêve afin de jouir en commun de la beauté de la soirée : le fluide azuré se peignait de leurs couleurs changeantes. L'onde était si pure, que l'on eût cru pouvoir toucher du doigt les acteurs de cette scène, qui se jouaient à vingt pieds de profondeur dans leur grotte de cristal.

Pour regagner l'anse où nous avions notre établissement, nous n'eûmes qu'à nous laisser dériver au gré de l'eau et des brises. Le soleil approchait de son couchant : sur le premier plan de l'île paraissaient des chênes verts, dont les branches horizontales formaient le parasol, et des azalées qui brillaient comme des réseaux de corail.

Derrière ce premier plan s'élevaient les plus charmants de tous les arbres, les papayers : leur tronc droit, grisâtre et guilloché, de la hauteur de vingt à vingt-cinq pieds, soutient une touffe de longues feuilles à côtes, qui se dessinent comme l'S gracieuse d'un vase antique. Les fruits, en forme de poire, sont rangés autour de la tige ; on les prendrait pour des cristaux de verre ; l'arbre entier ressemble à une colonne d'argent ciselé, surmontée d'une urne corinthienne.

Enfin, au troisième plan, montaient graduellement dans l'air les magnolias et les liquidambars.

Le soleil tomba derrière le rideau d'arbres de la plaine, à mesure qu'il descendait, les mouvements de l'ombre et de la lumière répandaient quelque chose de magique sur le tableau : là, un rayon se glissait à travers le dôme d'une futaie et brillait comme une escarboucle enchâssée dans le feuillage sombre ; ici, la lumière divergeait entre les troncs et les branches, et projetait sur les gazons des colonnes croissantes et des treillages mobiles. Dans les cieux, c'étaient des nuages de toutes les couleurs, les uns fixes, imitant de gros promontoires ou de vieilles tours près d'un torrent, les autres flottant en fumée de rose ou en flocons de soie blanche. Un moment suffisait pour changer la scène aérienne : on voyait alors des gueules de four enflammées, de grands tas de braise, des rivières de laves, des paysages ardents. Les mêmes teintes se répétaient sans se confondre ; le feu se détachait du feu, le jaune pâle du jaune pâle, le violet du violet : tout était éclatant, tout était enveloppé, pénétré, saturé de lumière.

Mais la nature se joue du pinceau des hommes : lorsqu'on croit qu'elle a atteint sa plus grande beauté, elle sourit et s'embellit encore.

A notre droite étaient les ruines indiennes ; à notre gauche notre camp de chasseurs ; l'île déroulait devant nous ses paysages gravés ou modelés dans les ondes. A l'orient, la lune, touchant l'horizon, semblait reposer immobile sur les côtes lointaines ; à l'occident, la voûte du ciel paraissait fondue en une mer de diamants et de saphirs, dans laquelle le soleil, à demi plongé, avait l'air de se dissoudre.

Les animaux de la création étaient, comme nous, attentifs à ce grand spectacle : le crocodile, tourné vers l'astre du jour, lançait par sa gueule béante l'eau du lac en gerbes colorées ; perché sur un rameau desséché, le pélican louait à sa manière le Maître de la nature, tandis que la cigogne s'envolait pour le bénir au-dessus des nuages !

Nous te chanterons aussi, Dieu de l'univers, toi qui prodigues tant de merveilles ! la voix d'un homme s'élèvera avec la voix du désert : tu distingueras les accents du faible fils de la femme, au milieu du bruit des sphères que ta main fait rouler, du mugissement de l'abîme dont tu as scellé les portes.

A notre retour dans l'île, j'ai fait un repas excellent ; des truites fraîches, assaisonnées avec des cimes de canneberge étaient un mets digne de la table d'un roi : aussi étais-je bien plus qu'un roi. Si le sort m'avait placé sur le trône, et qu'une révolution m'en eût précipité, au lieu de traîner ma misère dans l'Europe comme Charles et Jacques, j'aurais dit aux amateurs : « Ma place vous fait envie, eh bien ! essayez du métier, vous verrez qu'il n'est pas si bon. Egorgez-vous pour mon vieux manteau ; je vais jouir dans les forêts de l'Amérique de la liberté que vous m'avez rendue. »

Nous avions un voisin à notre souper : un trou semblable à la tanière d'un blaireau était la demeure d'une tortue : la solitaire sortit de sa grotte, et se mit à marcher gravement au bord de l'eau. Ces tortues diffèrent peu des tortues de mer ; elles ont le cou plus long. On ne tua point la paisible reine de l'île.

Après le souper, je me suis assis à l'écart sur la rive ; on n'entendait que le bruit du flux et du reflux du lac, prolongé le long des grèves ; des mouches luisantes brillaient dans l'ombre et s'éclipsaient lorsqu'elles passaient sous les rayons de la lune. Je suis tombe dans cette espèce de rêverie connue de tous les voyageurs : nul souvenir distinct de moi ne me restait ; je me sentais vivre comme partie du grand tout et végéter avec les arbres et les fleurs. C'est peut-être la disposition la plus douce pour l'homme, car, alors même qu'il est heureux, il y a dans ses plaisirs un certain fonds d'amertume, un je ne sais quoi qu'on pourrait appeler la tristesse du bonheur. La rêverie du voyageur est une sorte de plénitude de cœur et de vide de tête qui vous laisse jouir en repos de votre existence : c'est par la pensée que nous troublons la félicité que Dieu nous donne : l'âme est paisible, l'esprit est inquiet.

Les sauvages de la Floride racontent qu'il y a au milieu d'un lac une île où vivent les plus belles femmes du monde. Les Muscogulges ont voulu plusieurs fois tenter la conquête de l'île magique ; mais les retraites élyséennes fuyant devant leurs canots finissaient par disparaître : naturelle image du temps que nous perdons à la poursuite de nos chimères. Dans ce pays était aussi une fontaine de Jouvence : qui voudrait rajeunir ?

Le lendemain, avant le lever du soleil, nous avons quitté l'île, traversé le lac et rentré dans la rivière par laquelle nous y étions descendus. Cette rivière était remplie de caïmans. Ces animaux ne sont dangereux que dans l'eau, surtout au moment d'un débarquement. A terre, un enfant peut aisément les devancer en marchant d'un pas ordinaire. Pour éviter leurs embûches, on met le feu aux herbes et aux roseaux : c'est alors un spectacle curieux que de voir de grands espaces d'eau surmontés d'une chevelure de flamme.

Lorsque le crocodile de ces régions a pris toute sa croissance, il mesure environ vingt à vingt-quatre pieds de la tête à la queue. Son corps est gros comme celui d'un cheval : ce reptile aurait exactement la forme du lézard commun si sa queue n'était comprimée des deux côtés comme celle d'un poisson. Il est couvert d'écailles à l'épreuve de la balle, excepté auprès de la tête et entre les pattes. Sa tête a environ trois pieds de long ; les naseaux sont larges ; la mâchoire supérieure de l'animal est la seule qui soit mobile ; elle s'ouvre à angle droit sur la mâchoire inférieure : au-dessous de la première sont placées deux grosses dents comme les défenses d'un sanglier, ce qui donne au monstre un air terrible.

La femelle du caïman pond à terre des œufs blanchâtres, qu'elle recouvre d'herbes et de vase. Ces œufs, quelquefois au nombre de cent forment avec le limon dont ils sont recouverts de petites meules de quatre pieds de haut et de cinq pieds de diamètre à leur base : le soleil et la fermentation de l'argile font éclore ces œufs. Une femelle ne distingue point ses propres œufs des œufs d'une autre femelle ; elle prend sous sa garde toutes les couvées du soleil. N'est-il pas singulier de trouver chez des crocodiles les enfants communs de la république de Platon ?

La chaleur était accablante ; nous naviguions au milieu des marais ; nos canots prenaient l'eau : le soleil avait fait fondre la poix du bordage. Il nous venait souvent des bouffées brûlantes du nord ; nos coureurs de bois prédisaient un orage, parce que le rat des savanes montait et descendait incessamment le long des branches du chêne vert ; les maringouins nous tourmentaient affreusement. On apercevait des feux errants sur les lieux bas.

Nous avons passé la nuit fort mal à l'aise, sans ajoupa, sur une presqu'île formée par des marais ; la lune et tous les objets étaient noyés dans un brouillard rouge. Ce matin la brise a manqué, et nous nous sommes rembarqués pour tâcher de gagner un village indien à quelques milles de distance ; mais il nous a été impossible de remonter longtemps la rivière, et nous avons été obligés de débarquer sur la pointe d'un cap couvert d'arbres, d'où nous commandons une vue immense. Des nuages sortent tour à tour de dessous l'horizon du nord-ouest, et montent lentement dans le ciel. Nous nous faisons, du mieux que nous pouvons, un abri avec des branches. Le soleil se couvre, les premiers roulements du tonnerre se font entendre ; les crocodiles y répondent par un sourd rugissement, comme un tonnerre répond à un autre tonnerre. Une immense colonne de nuages s'étend au nord-est et au sud-est ; le reste du ciel est d'un cuivre sale, demi-transparent et teint de la foudre. Le désert éclairé d'un jour faux, l'orage suspendu sur nos têtes et près d'éclater offrent un tableau plein de grandeur.

Voilà l'orage ! qu'on se figure un déluge de feu sans vent et sans l'odeur de soufre remplit l'air ; la nature est éclairée comme à la lueur d'un embrasement.

A présent les cataractes de l'abîme s'ouvrent ; les grains de pluie ne sont point séparés : un voile d'eau unit les nuages à la terre.

Les Indiens disent que le bruit du tonnerre est causé par des oiseaux immenses qui se battent dans l'air et par les efforts que fait un vieillard pour vomir une couleuvre de feu. En preuve de cette assertion, ils montrent des arbres où la foudre a tracé l'image d'un serpent. Souvent les orages mettent le feu aux forêts ; elles continuent de brûler jusqu'à ce que l'incendie soit arrêté par le cours de quelque fleuve : ces forêts brûlées se changent en lacs et en marais.

Le courlis, dont nous entendons la voix dans le ciel au milieu de la pluie et du tonnerre, nous annonce la fin de l'ouragan. Le vent déchire les nuages qui volent brisés à travers le ciel ; le tonnerre et les éclairs attachés à leurs flancs les suivent ; l'air devient froid et sonore : il ne reste plus de ce déluge que des gouttes d'eau qui tombent en perles du feuillage des arbres. Nos filets et nos provisions de voyage flottent dans les canots remplis d'eau jusqu'à l'échancrure des avirons.

Le pays habité par les Creeks (la confédération des Muscogulges, des Siminoles et des Chéroquois) est enchanteur. De distance en distance la terre est percée par une multi tude de bassins qu'on appelle des *puits*, et qui sont plus ou moins larges, plus ou moins profonds : ils communiquent par des routes souterraines aux lacs, aux marais et aux rivières. Tous ces puits sont placés au centre d'un monticule planté des plus beaux arbres, et dont les flancs creusés ressemblent aux parois d'un vase rempli d'une eau pure. De brillants poissons nagent au fond de cette eau.

Dans la saison des pluies, les savanes deviennent des espèces de lacs au-dessus desquels s'élèvent, comme des îles, les monticules dont nous venons de parler.

Cuscowilla, village siminole, est situé sur une chaîne de collines graveleuses à quatre cents toises d'un lac ; des sapins écartés les uns des autres, et se touchant seulement par la cime, séparent la ville et le lac : entre leurs troncs, comme entre des colonnes. On aperçoit des cabanes, le lac et ses rivages attachés d'un côté à des forêts, de l'autre à des prairies : c'est à peu près ainsi que la mer, la plaine et les ruines d'Athènes se montrent, dit-on [Je les ai vues depuis. (N.d.A.)], à travers les colonnes isolées du temple de Jupiter Olympien.

Il serait difficile d'imaginer rien de plus beau que les environs d'Apalachucla, la ville de la paix. A partir du fleuve Chata-Uche, le terrain s'élève en se retirant à l'horizon du couchant ; ce n'est pas par une pente uniforme, mais par des espèces de terrasses posées les unes sur les autres.

A mesure que vous gravissez de terrasse en terrasse, les arbres changent selon l'élévation du sol : au bord de la rivière ce sont des chênes-saules, des lauriers et des magnolias ; plus haut des sassafras et des platanes, plus haut encore des ormes et des noyers ; enfin la dernière terrasse est plantée d'une forêt de chênes, parmi lesquels on remarque l'espèce qui traîne de longues mousses blanches. Des rochers nus et brisés surmontent cette forêt.

Des ruisseaux descendent en serpentant de ces rochers, coulent parmi les fleurs et la verdure, ou tombent en nappes de cristal. Lorsque, placé de l'autre côté de la rivière Chata-Uche, on découvre ces vastes degrés couronnés par l'architecture des montagnes, on croirait voir le temple de la nature et le magnifique perron qui conduit à ce monument.

Au pied de cet amphithéâtre est une plaine où paissent des troupeaux de taureaux européens, des escadrons de chevaux de race espagnole, des hordes de daims et de cerfs, des bataillons de grues et de dindes, qui marbrent de blanc et de noir le fond vert de la savane. Cette association d'animaux domestiques et sauvages, les huttes siminoles, où l'on remarque les progrès de la civilisation à travers l'ignorance indienne, achèvent de donner à ce tableau un caractère que l'on ne retrouve nulle part.

Ici finit, à proprement parler, l'*Itinéraire* ou le mémoire des lieux parcourus ; mais il reste dans les diverses parties du manuscrit une multitude de détails sur les mœurs et les usages des Indiens. J'ai réuni ces détails dans des chapitres communs, après les avoir soigneusement revus et amené ma narration jusqu'à l'époque actuelle. Trente-six ans écoulés depuis mon voyage ont apporté bien des lumières et changé bien des choses dans l'Ancien et dans le Nouveau Monde ; ils ont dû modifier les idées et rectifier les jugements de l'écrivain. Avant de passer aux *mœurs des sauvages*, je mettrai sous les yeux des lecteurs quelques esquisses de l'*histoire naturelle* de l'Amérique septentrionale.

HISTOIRE NATURELLE

Castors.

Quand on voit pour la première fois les ouvrages des castors, on ne peut s'empêcher d'admirer celui qui enseigna à une pauvre petite bête l'art des architectes de Babylone, et qui souvent envoie l'homme, si fier de son génie, à l'école d'un insecte.

Ces étonnantes créatures ont-elles rencontré un vallon où coule un ruisseau, elles barrent ce ruisseau par une chaussée ; l'eau monte et remplit bientôt l'intervalle qui se trouve entre les deux collines : c'est dans ce réservoir que les castors bâtissent leurs habitations. Détaillons la construction de la chaussée.

Des deux flancs opposés des collines qui forment la vallée commence un rang de palissades entrelacées de branches et revêtues de mortier. Ce premier rang est fortifié d'un second rang placé à quinze pieds en arrière du premier. L'espace entre les deux palissades est comblé avec de la terre.

La levée continue de venir ainsi des deux côtés de la vallée, jusqu'à ce qu'il ne reste plus qu'une ouverture d'une vingtaine de pieds au centre ; mais à ce centre l'action du courant opérant dans toute son énergie, les ingénieurs changent de matériaux : ils renforcent le milieu de leurs substructions hydrauliques de troncs d'arbres entassés les uns sur les autres, et liés ensemble par un ciment semblable à celui des palissades. Souvent la digue entière a cent pieds de long, quinze de haut et douze de large à la base ; diminuant d'épaisseur dans une proportion mathématique à mesure qu'elle s'élève, elle n'a plus que trois pieds de surface au plan horizontal qui la termine.

Le côté de la chaussée opposé à l'eau se retire graduellement en talus ; le côté extérieur garde un parfait aplomb.

Tout est prévu : le castor sait par la hauteur de la levée combien il doit bâtir d'étages à sa maison future ; il sait qu'au-delà d'un certain nombre de pieds il n'a plus d'inondation à craindre, parce que l'eau passerait alors par-dessus la digue. En conséquence une chambre qui surmonte cette digue lui fournit une retraite dans les grandes crues ; quelquefois il pratique une écluse de sûreté dans la chaussée, écluse qu'il ouvre et ferme à son gré.

La manière dont les castors abattent les arbres est très curieuse : ils les choisissent toujours au bord d'une rivière. Un nombre de travailleurs proportionné à l'importance de la besogne ronge incessamment les racines : on n'incise point l'arbre du côté de la terre, mais du côté de l'eau, pour qu'il tombe sur le courant. Un castor, placé à quelque distance, avertit les bûcherons par un sifflement quand il voit pencher la cime de l'arbre attaqué, afin qu'ils se mettent à l'abri de la chute. Les ouvriers traînent le tronc abattu à l'aide du flottage jusqu'à leurs villes, comme les Egyptiens, pour embellir leurs métropoles, faisaient descendre sur le Nil les obélisques taillés dans les carrières d'Eléphantine.

Les palais de la Venise de la solitude, construits dans le lac artificiel, ont deux, trois, quatre et cinq étages, selon la profondeur du lac. L'édifice, bâti sur pilotis, sort des deux tiers de sa hauteur hors de l'eau : les pilotis sont au nombre de six ; ils supportent le premier plancher, fait de brins de bouleau croisés. Sur ce plancher s'élève le vestibule du monument : les murs de ce vestibule se courbent et s'arrondissent en voûte recouverte d'une glaise polie comme un stuc. Dans le plancher du portique est ménagée une trappe par laquelle les castors descendent au bain ou vont chercher les branches de tremble pour leur nourriture : ces branches sont entassées sous l'eau dans un magasin commun, entre les pilotis des diverses habitations. Le premier étage du palais est surmonté de trois autres, construits de la même manière, mais divisés en autant d'appartements qu'il y a de castors. Ceux-ci sont ordinairement au nombre de dix ou douze, partagés en trois familles : ces familles s'assemblent dans le vestibule déjà décrit et y prennent leur repas en commun : la plus grande propreté règne de toutes parts. Outre le passage du bain, il y a des issues pour les divers besoins des habitants ; chaque chambre est tapissée de jeunes branches de sapin, et l'on n'y souffre pas la plus petite ordure. Lorsque les propriétaires vont à leur maison des champs, bâtie au bord du lac et construite comme celle de la ville, personne ne prend leur place, leur appartement demeure vide jusqu'à leur retour. A la fonte des neiges, les citoyens se retirent dans les bois.

Comme il y a une écluse pour le trop-plein des eaux, il y a une route secrète pour l'évacuation de la cité : dans les châteaux gothiques un souterrain creusé sous les tours aboutissait dans la campagne. Il y a des infirmeries pour les malades. Et c'est un animal faible et informe qui achève tous ces travaux, qui fait tous ces calculs !

Vers le mois de juillet, les castors tiennent un conseil général : ils examinent s'il est expédient de réparer l'ancienne ville et l'ancienne chaussée, ou s'il est bon de construire une cité nouvelle et une nouvelle digue. Les vivres manquent-ils dans cet endroit, les eaux et les chasseurs ont-ils trop endommagé les ouvrages, on se décide à former un autre établissement. Juge-t-on au contraire que le premier peut subsister, on remet à neuf les vieilles demeures, et l'on s'occupe des provisions d'hiver.

Les castors ont un gouvernement régulier : des édiles sont choisis pour veiller à la police de la république. Pendant le travail commun, des sentinelles préviennent toute surprise. Si quelque citoyen refuse de porter sa part des charges publiques, on l'exile ; il est obligé de vivre honteusement seul dans un trou. Les Indiens disent que ce paresseux puni est maigre et qu'il a le dos pelé en signe d'infamie. Que sert à ces sages animaux tant d'intelligence ? L'homme laisse vivre les bêtes féroces et extermine les castors, comme il souffre les tyrans et persécute l'innocence et le génie.

La guerre n'est malheureusement point inconnue aux castors : il s'élève quelquefois entre eux des discordes civiles, indépendamment des contestations étrangères qu'ils ont avec les rats musqués. Les Indiens racontent que si un castor est surpris en maraude sur le territoire d'une tribu qui n'est pas la sienne, il est conduit devant le chef de cette tribu, et puni correctionnellement ; à la récidive, on lui coupe cette utile queue qui est à la fois sa charrette et sa truelle : il retourne ainsi mutilé chez ses amis, qui s'assemblent pour venger son injure. Quelquefois le différend est vidé par un duel entre les deux chefs des deux troupes, ou par un combat singulier de trois contre trois, de trente contre trente, comme le combat des Curiaces et des Horaces, ou des trente Bretons contre les trente Anglais. Les batailles générales sont sanglantes : les sauvages qui surviennent pour dépouiller les morts en ont souvent trouvé plus de quinze couchés au lit d'honneur. Les castors vainqueurs s'emparent de la ville des castors vaincus, et, selon les circonstances, ils y établissent une colonie ou y entretiennent une garnison.

La femelle du castor porte deux, trois, et jusqu'à quatre petits ; elle les nourrit et les instruit pendant une année. Quand la population devient trop nombreuse, les jeunes castors vont former un nouvel établissement, comme un essaim d'abeilles échappé de la ruche. Le castor vit chastement avec une seule femelle ; il est jaloux, et tue quelquefois sa femme pour cause ou soupçon d'infidélité.

La longueur moyenne du castor est de deux pieds et demi à trois pieds ; sa largeur, d'un flanc à l'autre, d'environ quatorze pouces ; il peut peser quarante-cinq livres ; sa tête ressemble à celle du rat ; ses yeux sont petits, ses oreilles courtes, nues en dedans, velues en dehors ; ses pattes de devant n'ont guère que trois pouces de long, et sont armées d'ongles creux et aigus ; ses pattes de derrière, palmées comme celles du cygne, lui servent à nager ; la queue est plate, épaisse d'un pouce, recouverte d'écailles hexagones, disposées en tuiles comme celles des poissons ; il use de cette queue en guise de truelle et de traîneau. Ses mâchoires, extrêmement fortes, se croisent ainsi que les branches des ciseaux ; chaque mâchoire est garnie de dix dents, dont deux incisives de deux pouces de longueur : c'est l'instrument avec lequel le castor coupe les arbres, équarrit leurs troncs, arrache leur écorce et broie les bois tendres dont il se nourrit.

L'animal est noir, rarement blanc ou brun ; il a deux poils, le premier long, creux et luisant ; le second, espèce de duvet qui pousse sous le premier, est le seul employé dans le feutre. Le castor vit vingt ans. La femelle est plus grosse que le mâle, et son poil est plus grisâtre sous le ventre. Il n'est pas vrai que le castor se mutile lorsqu'il tombe vivant entre les mains des chasseurs, afin de soustraire sa postérité à l'esclavage. Il faut chercher une autre étymologie à son nom.

La chair des castors ne vaut rien, de quelque manière qu'on l'apprête. Les sauvages la conservent cependant après l'avoir fait boucaner à la fumée : ils la mangent lorsque les vivres viennent à leur manquer.

La peau du castor est fine sans être chaude ; aussi la chasse du castor n'avait autrefois aucun renom chez les Indiens : celle de l'ours, où ils trouvaient avantage et péril, était la plus honorable. On se contentait de tuer quelques castors pour en porter la dépouille comme parure, mais on n'immolait pas des peuplades entières. Le prix que les Européens ont mis à cette dépouille a seul amené dans le Canada l'extermination de ces quadrupèdes, qui tenaient par leur instinct le premier rang chez les animaux. Il faut cheminer très loin vers la baie d'Hudson pour trouver maintenant des castors ; encore ne montrent-ils plus la même industrie, parce que le climat est trop froid : diminués en nombre, ils ont baissé en intelligence, et ne développent plus les facultés qui naissent de l'association [On a retrouvé des castors entre le Missouri et le Mississippi ; ils sont surtout extrêmement nombreux au-delà des montagnes Rocheuses, sur les branches de la Colombie ; mais les Européens ayant pénétré dans ces régions, les castors seront bientôt exterminés. Déjà l'année dernière (1826) on a vendu à Saint-Louis, sur le Mississippi, cent paquets de peaux de castor, chaque paquet pesant cent livres, et chaque livre de cette précieuse marchandise vendue au prix de cinq gourdes (N.d.A.)].

Ces républiques comptaient cent et cent cinquante citoyens ; quelques-unes étaient encore plus populeuses. On voyait auprès de Québec un étang formé par des castors, qui suffisait à l'usage d'un moulin à scie. Les réservoirs de ces amphibies étaient souvent utiles en fournissant de l'eau aux pirogues qui remontaient les rivières pendant l'été. Des castors faisaient ainsi pour des sauvages, dans la Nouvelle-France, ce qu'un esprit ingénieux, un grand roi et un grand ministre ont fait dans l'ancienne pour des hommes policés.

Ours.

Les ours sont de trois espèces en Amérique : l'ours brun ou jaune, l'ours noir et l'ours blanc. L'ours brun est petit et frugivore ; il grimpe aux arbres.

L'ours noir est plus grand ; il se nourrit de chair, de poisson et de fruits ; il pêche avec une singulière adresse. Assis au bord d'une rivière, de sa patte droite il saisit dans l'eau le poisson qu'il voit passer et le jette sur le bord. Si, après avoir assouvi sa faim, il lui reste quelque chose de son repas, il le cache. Il dort une partie de l'hiver dans les tanières ou dans les arbres creux où il se retire. Lorsqu'aux premiers jours de mars il sort de son engourdissement, son premier soin est de se purger avec des simples.

Il vivait de régime et mangeait à ses heures[14].

L'ours blanc ou l'ours marin fréquente les côtes de l'Amérique septentrionale, depuis les parages de Terre-Neuve jusqu'au fond de la baie de Baffin, gardien féroce de ces déserts glacés.

Cerf.

Le cerf du Canada est une espèce de renne que l'on peut apprivoiser. Sa femelle, qui n'a point de bois, est charmante ; et si elle avait les oreilles plus courtes, elle ressemblerait assez bien à une légère jument anglaise.

Orignal.

L'orignal a le mufle du chameau, le bois plat du daim, les jambes du cerf. Son poil est mêlé de gris, de blanc, de rouge et de noir ; sa course est rapide.

Selon les sauvages, les orignaux ont un roi surnommé le *grand orignal* ; ses sujets lui rendent toutes sortes de devoirs. Ce grand orignal a les jambes si hautes, que huit pieds de neige ne l'embarrassent point du tout. Sa peau est invulnérable ; il a un bras qui lui sort de l'épaule, et dont il use de la même manière que les hommes se servent de leurs bras.

Les jongleurs prétendent que l'orignal a dans le cœur un petit os qui, réduit en poudre, apaise les douleurs de l'enfantement ; ils disent aussi que la corne du pied gauche de ce quadrupède appliquée sur le cœur des épileptiques les guérit radicalement. L'orignal, ajoutent-ils, est lui-même sujet à l'épilepsie ; lorsqu'il sent approcher l'attaque il se tire du sang de l'oreille gauche avec la corne de son pied gauche, et se trouve soulagé.

14. Vers de La Fontaine figurant dans la fable « Le Héron » (*Fables*, Livre VII, 4).

Bison.

Le bison porte basses ses cornes noires et courtes ; il a une longue barbe de crin ; un toupet pareil pend échevelé entre ses deux cornes jusque sur ses yeux. Son poitrail est large, sa croupe effilée, sa queue épaisse et courte ; ses jambes sont grosses et tournées en dehors ; une bosse d'un poil roussâtre et long s'élève sur ses épaules comme la première bosse du dromadaire. Le reste de son corps est couvert d'une laine noire, que les Indiennes filent pour en faire des sacs à blé et des couvertures. Cet animal a l'air féroce, et il est fort doux.

Il y a des variétés dans les bisons, ou, si l'on veut, dans les *buffaloes*, mot espagnol *anglicisé*. Les plus grands sont ceux que l'on rencontre entre le Missouri et le Mississippi ; ils approchent de la taille d'un moyen éléphant. Ils tiennent du lion par la crinière, du chameau par la bosse, de l'hippopotame ou du rhinocéros par la queue et la peau de l'arrière-train, du taureau par les cornes et par les jambes.

Dans cette espèce, le nombre des femelles surpasse de beaucoup celui des mâles. Le taureau fait sa cour à la génisse en galopant en rond autour d'elle. Immobile au milieu du cercle, elle mugit doucement. Les sauvages imitent dans leurs jeux propitiatoires ce manège, qu'ils appellent la danse du bison.

Le bison a des temps irréguliers de migration : on ne sait trop où il va ; mais il paraît qu'il remonte beaucoup au nord en été, puisqu'on le retrouve aux bords du lac de l'Esclave, et qu'on l'a rencontré jusque dans les îles de la mer Polaire. Peut-être aussi gagne-t-il les vallées des montagnes Rocheuses à l'ouest et les plaines du Nouveau Mexique au midi. Les bisons sont si nombreux dans les steppes verdoyantes du Missouri, que quand ils émigrent leur troupe met quelquefois plusieurs jours à défiler comme une immense armée : on entend leur marche à plusieurs milles de distance, et l'on sent trembler la terre.

Les Indiens tannent supérieurement la peau du bison avec l'écorce du bouleau : l'os de l'épaule de la bête tuée leur sert de grattoir.

La viande du bison, coupée en tranches larges et minces, séchée au soleil ou à la fumée, est très savoureuse ; elle se conserve plusieurs années, comme du jambon : les bosses et les langues des vaches sont les parties les plus friandes à manger fraîches. La fiente du bison brûlée donne une braise ardente, elle est d'une grande ressource dans les savanes, où l'on manque de bois. Cet utile animal fournit à la fois les aliments et le feu du festin. Les Sioux trouvent dans sa dépouille la couche et le vêtement. Le bison et le sauvage, placés sur le même sol, sont le taureau et l'homme dans l'état de nature : ils ont l'air de n'attendre tous les deux qu'un sillon, l'un pour devenir domestique, l'autre pour se civiliser.

Fouine.

La fouine américaine porte auprès de la vessie un petit sac rempli d'une liqueur roussâtre : lorsque la bête est poursuivie, elle lâche cette eau en s'enfuyant ; l'odeur en est telle que les chasseurs et les chiens même abandonnent la proie : elle s'attache aux vêtements et fait perdre la vue. Cette odeur est une sorte de musc pénétrant qui donne des vertiges : les sauvages prétendent qu'elle est souveraine pour les maux de tête.

Renards.

Les renards du Canada sont de l'espèce commune ; ils ont seulement l'extrémité du poil d'un noir lustré. On sait la manière dont ils prennent les oiseaux aquatiques : La Fontaine, le premier des naturalistes, ne l'a pas oublié dans ses immortels tableaux.

Le renard canadien fait donc au bord d'un lac ou d'un fleuve mille sauts et gambades. Les oies et les canards, charmés qu'ils sont, s'approchent pour le mieux considérer. Il s'assied alors sur son derrière, et remue doucement la queue. Les oiseaux, de plus en plus satisfaits, abordent au rivage, s'avancent en dandinant vers le futé quadrupède, qui affecte autant de bêtise qu'ils en montrent. Bientôt la sotte volatile s'enhardit au point de venir becqueter la queue du *maître-passé*, qui s'élance sur sa proie.

Loups.

Il y a en Amérique diverses sortes de loups : celui qu'on appelle *cervier* vient pendant la nuit aboyer autour des habitations. Il ne hurle jamais qu'une fois au même lieu ; sa rapidité est si grande, qu'en moins de quelques minutes on entend sa voix à une distance prodigieuse de l'endroit où il a poussé son premier cri.

Rat musqué.

Le rat musqué vit au printemps de jeunes pousses d'arbrisseaux, et en été de fraises et de framboises ; il mange des baies de bruyères en automne, et se nourrit en hiver de racines d'orties. Il bâtit et travaille comme le castor. Quand les sauvages ont tué un rat musqué, ils paraissent fort tristes : ils fument autour de son corps et l'environnent de manitous, en déplorant leur parricide : on sait que la femelle du rat musqué est la mère du genre humain.

Carcajou.

Le carcajou est une espèce de tigre ou de grand chat. La manière dont il chasse l'orignal avec ses alliés les renards est célèbre. Il monte sur un arbre, se couche à plat sur une branche abaissée, et s'enveloppe d'une queue touffue qui fait trois fois le tour de son corps. Bientôt on entend des glapissements lointains, et l'on voit paraître un orignal rabattu par trois renards, qui manœuvrent de manière à le diriger vers l'embuscade du carcajou. Au moment où la bête lancée passe sous l'arbre fatal, le carcajou tombe sur elle, lui serre le cou avec sa queue, et cherche à lui couper avec les dents la veine jugulaire. L'orignal bondit, frappe l'air de son bois, brise la neige sous ses pieds : il se traîne sur ses genoux, fuit en ligne directe, recule, s'accroupit, marche par sauts, secoue sa tête. Ses forces s'épuisent, ses flancs battent, son sang ruisselle le long de son cou, ses jarrets tremblent, plient. Les trois renards arrivent à la curée : tyran équitable, le carcajou divise également la proie entre lui et ses satellites. Les sauvages n'attaquent jamais le carcajou et les renards dans ce moment : ils disent qu'il serait injuste d'enlever à ces autres chasseurs le fruit de leurs travaux.

Oiseaux.

Les oiseaux sont plus variés et plus nombreux en Amérique qu'on ne l'avait cru d'abord : il en a été ainsi pour l'Afrique et pour l'Asie. Les premiers voyageurs n'avaient été frappés en arrivant que de ces grands et brillants volatiles qui sont comme des fleurs sur les arbres ; mais on a découvert depuis une foule de petits oiseaux chanteurs, dont le ramage est aussi doux que celui de nos fauvettes.

Poissons.

Les poissons dans les lacs du Canada, et surtout dans les lacs de la Floride, sont d'une beauté et d'un éclat admirables.

Serpents.

L'Amérique est comme la patrie des serpents. Le serpent d'eau ressemble au serpent à sonnettes ; mais il n'en a ni la sonnette ni le venin. On le trouve partout.

J'ai parlé plusieurs fois dans mes ouvrages du serpent à sonnettes : on sait que les dents dont il se sert pour répandre son poison ne sont point celles avec lesquelles il mange. On peut lui arracher les premières, et il ne reste plus alors qu'un assez beau serpent plein d'intelligence et qui aime passionnément la musique. Aux ardeurs du midi, dans le plus profond silence des forêts, il fait entendre sa sonnette pour appeler sa femelle : ce signal d'amour est le seul bruit qui frappe alors l'oreille du voyageur.

La femelle porte quelquefois vingt petits ; quand ceux-ci sont poursuivis, ils se retirent dans la gueule de leur mère, comme s'ils rentraient dans le sein maternel.

Les serpents en général, et surtout le serpent à sonnettes, sont en grande vénération chez les indigènes de l'Amérique, qui leur attribuent un esprit divin : ils les apprivoisent au point de les faire venir coucher l'hiver dans des boîtes placées au foyer d'une cabane. Ces singuliers pénates sortent de leurs habitacles au printemps, pour retourner dans les bois.

Un serpent noir, qui porte un anneau jaune au cou, est assez malfaisant ; un autre serpent tout noir, sans poison, monte sur les arbres, et donne la chasse aux oiseaux et aux écureuils. Il charme l'oiseau par ses regards, c'est-à-dire qu'il l'effraye. Cet effet de la peur, qu'on a voulu nier, est aujourd'hui mis hors de doute : la peur casse les jambes à l'homme : pourquoi ne briserait-elle pas les ailes à l'oiseau ?

Le serpent ruban, le serpent vert, le serpent piqué, prennent leurs noms de leurs couleurs et des dessins de leur peau ; ils sont parfaitement innocents et d'une beauté remarquable.

Le plus admirable de tous est le serpent appelé de verre, à cause de la fragilité de son corps, qui se brise au moindre contact. Ce reptile est presque transparent, et reflète les couleurs comme un prisme. Il vit d'insectes, et ne fait aucun mal : sa longueur est celle d'une petite couleuvre.

Le serpent à épines est court et gros. Il porte à la queue un dard dont la blessure est mortelle.

Le serpent à deux têtes est peu commun : il ressemble assez à la vipère ; toutefois ses têtes ne sont pas comprimées.

Le serpent siffleur est fort multiplié dans la Géorgie et dans les Florides. Il a dix-huit pouces de long ; sa peau est sablée de noir sur un fond vert. Lorsqu'on approche de lui, il s'aplatit, devient de différentes couleurs, et ouvre la gueule en sifflant. Il se faut bien garder d'entrer dans l'atmosphère qui l'environne ; il a le pouvoir de décomposer l'air autour de lui. Cet air imprudemment respiré fait tomber en langueur. L'homme attaqué dépérit, ses poumons se vicient, et au bout de quelques mois il meurt de consomption : c'est le dire des habitants du pays.

Arbres et plantes.

Les arbres, les arbrisseaux, les plantes, les fleurs, transportés dans nos bois, dans nos champs, dans nos jardins, annoncent la variété et la richesse du règne végétal en Amérique. Qui ne connaît aujourd'hui le laurier couronné de roses appelé *Magnolia*, le marronnier qui porte une véritable hyacinthe, le catalpa qui reproduit la fleur de l'oranger, le tulipier qui prend le nom de sa fleur, l'érable à sucre, le hêtre pourpre, le sassafras, et parmi les arbres verts et résineux, le pin du lord Weymouth, le cèdre de la Virgie, le baumier de Gilead, et ce cyprès de la Louisiane, aux racines noueuses, au tronc énorme, dont la feuille ressemble à une dentelle de mousse ? les lilas, les azalées, les pompadouras ont enrichi nos printemps ; les aristoloches, les ustérias, les bignonias, les décumarias, les célustris, ont mêlé leurs fleurs, leurs fruits et leurs parfums à la verdure de nos lierres.

Les plantes à fleurs sont sans nombre : l'éphémère de Virginie, l'hélonias, le lis du Canada, le lis appelé *superbe*, la tigridie panachée, l'achillée rose, le dahlia, l'hellénie d'automne, les phlox de toutes les espèces se confondent aujourd'hui avec nos fleurs natives.

Enfin, nous avons exterminé presque partout la population sauvage ; et l'Amérique nous a donné la pomme de terre, qui prévient à jamais la disette parmi les peuples destructeurs des Américains.

Abeilles.

Tous ces végétaux nourrissent de brillants insectes. Ceux-ci ont reçu dans leurs tribus notre mouche à miel, qui est venue à la découverte de ces savanes et de ces forêts embaumées dont on racontait tant de merveilles. On a remarqué que les colons sont souvent précédés dans les bois du Kentucky et du Tennessee par des abeilles : avant-garde des laboureurs, elles sont le symbole de l'industrie et de la civilisation qu'elles annoncent. Etrangères à l'Amérique, arrivées à la suite des voiles de Colomb, ces conquérantes pacifiques n'ont ravi à un nouveau monde de fleurs que des trésors dont les indigènes ignoraient l'usage ; elles ne se sont servies de ces trésors que pour enrichir le sol dont elles les avaient tirés. Qu'il faudrait se féliciter, si toutes les invasions et toutes les conquêtes ressemblaient à celles de ces filles du ciel !

Les abeilles ont pourtant eu à repousser des myriades de moustiques et de maringouins, qui attaquaient leurs essaims dans le tronc des arbres ; leur génie a triomphé de ces envieux, méchants et laids ennemis. Les abeilles ont été reconnues reines du désert, et leur monarchie administrative s'est établie dans les bois auprès de la république de Washington.

MŒURS DES SAUVAGES

Il y a deux manières également fidèles et infidèles de peindre les sauvages de l'Amérique septentrionale : l'une est de ne parler que de leurs lois et de leurs mœurs, sans entrer dans le détail de leurs coutumes bizarres, de leurs habitudes souvent dégoûtantes pour les hommes civilisés. Alors on ne verra que des Grecs et des Romains ; car les lois des Indiens sont graves et les mœurs souvent charmantes.

L'autre manière consiste à ne représenter que les habitudes et les coutumes des sauvages, sans mentionner leurs lois et leurs mœurs ; alors on n'aperçoit plus que des cabanes enfumées et infectes dans lesquelles se retirent des espèces de singes à parole humaine. Sidoine Apollinaire[15] se plaignait d'être obligé *d'entendre le rauque langage du Germain et de fréquenter le Bourguignon, qui se frottait les cheveux avec du beurre.*

Je ne sais si la chaumine du vieux Caton, dans le pays des Sabins, était beaucoup plus propre que la hutte d'un Iroquois. Le malin Horace pourrait sur ce point nous laisser des doutes.

Si l'on donne aussi les mêmes traits à tous les sauvages de l'Amérique septentrionale, on altérera la ressemblance ; les sauvages de la Louisiane et de la Floride différaient en beaucoup de points des sauvages du Canada. Sans faire l'histoire particulière de chaque tribu, j'ai rassemblé tout ce que j'ai su des Indiens sous ces titres :

Mariages, enfants, funérailles ;

Moissons, fêtes, danses et jeu ;

Année, division et règlement du temps, calendrier naturel ;

Médecine ;

Langues indiennes ;

Chasse ;

Guerre ;

Religion ;

Gouvernement.

Une conclusion générale fait voir l'Amérique telle qu'elle s'offre aujourd'hui.

Mariages, enfants, funérailles.

Il y a deux espèces de mariages parmi les sauvages : le premier se fait par le simple accord de la femme et de l'homme ; l'engagement est pour un temps plus ou moins long, et tel qu'il a plu au couple qui se marie de le fixer. Le

---

15. *Sidoine Apollinaire* : homme politique gallo-romain, saint de l'Église catholique et évêque de Clermont en 471.

terme de l'engagement expiré, les deux époux se séparent : tel était à peu près le concubinage légal en Europe, dans le VIIIe et le XIXe siècle.

Le second mariage se fait pareillement en vertu du consentement de l'homme et de la femme ; mais les parents interviennent. Quoique ce mariage ne soit point limité, comme le premier, à un certain nombre d'années, il peut toujours se rompre. On a remarqué que chez les Indiens le second mariage, le mariage légitime, était préféré par les jeunes filles et les vieillards, et le premier par les vieilles femmes et les jeunes gens.

Lorsqu'un sauvage s'est résolu au mariage légal, il va avec son père faire la demande aux parents de la femme. Le père revêt des habits qui n'ont point encore été portés ; il orne sa tête de plumes nouvelles, lave l'ancienne peinture de son visage, met un nouveau fard, et change l'anneau pendant à son nez ou à ses oreilles ; il prend dans sa main droite un calumet dont le fourneau est blanc, le tuyau bleu, et empenné avec des queues d'oiseaux ; dans sa main gauche il tient son arc détendu en guise de bâton. Son fils le suit chargé de peaux d'ours, de castors et d'orignaux ; il porte en outre deux colliers de porcelaine à quatre branches et une tourterelle vivante dans une cage.

Les prétendants vont d'abord chez le plus vieux parent de la jeune fille ; ils entrent dans sa cabane, s'asseyent devant lui sur une natte, et le père du jeune guerrier, prenant la parole, dit : « Voilà des peaux. Les deux colliers, le calumet bleu et la tourterelle demandent ta fille en mariage. »

Si les présents sont acceptés, le mariage est conclu, car le consentement de l'aïeul ou du plus ancien sachem de la famille l'emporte sur le consentement paternel. L'âge est la source de l'autorité chez les sauvages : plus un homme est vieux, plus il a d'empire. Ces peuples font dériver la puissance divine de l'éternité du Grand Esprit.

Quelquefois le vieux parent, tout en acceptant les présents, met à son consentement quelque restriction. On est averti de cette restriction si, après avoir aspiré trois fois la vapeur du calumet, le fumeur laisse échapper la première bouffée au lieu de l'avaler, comme dans un consentement absolu.

De la cabane du vieux parent on se rend au foyer de la mère et de la jeune fille. Quand les songes de celle-ci ont été néfastes, sa frayeur est grande. Il faut que les songes, pour être favorables, n'aient représenté ni les Esprits, ni les aïeux, ni la patrie, mais qu'ils aient montré des berceaux, des oiseaux et des biches blanches. Il y a pourtant un moyen infaillible de conjurer les rêves funestes, c'est de suspendre un collier rouge au cou d'un marmouset de bois de chêne : chez les hommes civilisés l'espérance a aussi ses colliers rouges et ses marmousets.

Après cette première demande, tout a l'air d'être oublié ; un temps considérable s'écoule avant la conclusion du mariage : la vertu de prédilection du sauvage est la patience. Dans les périls les plus imminents, tout se doit passer comme à l'ordinaire : lorsque l'ennemi est aux portes, un guerrier qui négligerait de fumer tranquillement sa pipe, assis les jambes croisées au soleil, passerait pour une *vieille femme*.

Quelle que soit donc la passion du jeune homme, il est obligé d'affecter un air d'indifférence et d'attendre les ordres de la famille. Selon la coutume ordinaire, les deux époux doivent demeurer d'abord dans la cabane de leur plus vieux parent ; mais souvent des arrangements particuliers s'opposent à l'observation de cette coutume. Le futur mari bâtit alors sa cabane : il en choisit presque toujours l'emplacement dans quelque vallon solitaire, auprès d'un ruisseau ou d'une fontaine, et sous les bois qui la peuvent cacher.

Les sauvages sont tous, comme les héros d'Homère, des médecins, des cuisiniers et des charpentiers. Pour construire la hutte du mariage, on enfonce dans la terre quatre poteaux, ayant un pied de circonférence et douze pieds de haut ; ils sont destinés à marquer les quatre angles d'un parallélogramme de vingt pieds de long sur dix-huit de large. Des mortaises creusées dans ces poteaux reçoivent des traverses, lesquelles forment, quand leurs intervalles sont remplis avec de la terre, les quatre murailles de la cabane.

Dans les deux murailles longitudinales on pratique deux ouvertures : l'une sert d'entrée à tout l'édifice, l'autre conduit dans une seconde chambre semblable à la première, mais plus petite.

On laisse le prétendu poser seul les fondements de sa demeure mais il est aidé dans la suite du travail par ses compagnons. Ceux-ci arrivent chantant et dansant ; ils apportent des instruments de maçonnerie faits de bois ; l'omoplate de quelque grand quadrupède leur sert de truelle. Ils frappent dans la main de leur ami, sautent sur ses épaules, font des railleries sur son mariage, et achèvent la cabane. Montés sur les poteaux et les murs commencés, ils élèvent le toit d'écorce de bouleau ou de chaume de maïs ; mêlant du poil de bête fauve et de la paille de folle avoine hachée dans de l'argile rouge, ils enduisent de ce mastic les murailles à l'extérieur et à l'intérieur. Au centre ou à l'une des extrémités de la grande salle, les ouvriers plantent cinq longues perches, qu'ils entourent d'herbe sèche et de mortier : cette espèce de cône devient la cheminée, et laisse échapper la fumée par une ouverture ménagée dans le toit. Tout ce travail se fait au milieu des brocards et des chants satiriques : la plupart de ces chants sont grossiers ; quelques-uns ne manquent pas d'une certaine grâce :

« La lune cache son front sous un nuage ; elle est honteuse, elle rougit ; c'est qu'elle sort du lit du soleil. Ainsi se cachera et rougira... le lendemain de ses noces, et nous lui dirons : Laisse-nous donc voir tes yeux »

Les coups de marteau, le bruit des truelles, le craquement des branches rompues, les ris, les cris, les chansons, se font entendre au loin, et les familles sortent de leurs villages pour prendre part à ces ébattements.

La cabane étant terminée en dehors, on la lambrisse en dedans avec du plâtre quand le pays en fournit, avec de la terre glaise au défaut de plâtre. On pèle le gazon resté dans l'intérieur de l'édifice : les ouvriers, dansant sur le sol humide, l'ont bientôt pétri et égalisé. Des nattes de roseaux tapissent ensuite cette aire ainsi que les parois du logis. Dans quelques heures est achevée une hutte qui cache souvent sous un toit d'écorce plus de bonheur que n'en recouvrent les voûtes d'un palais.

Le lendemain on remplit la nouvelle habitation de tous les meubles et comestibles du propriétaire : nattes, escabelles, vases de terre et de bois, chaudières, seaux, jambons d'ours et d'orignaux, gâteaux secs, gerbes de maïs, plantées pour nourriture ou pour remèdes : ces divers objets s'accrochent aux murs ou s'étalent sur des planches ; dans un trou garni de cannes éclatées, on jette le maïs et la folle-avoine. Les instruments de pêche, de chasse, de guerre et d'agriculture, la crosse du labourage, les pièges, les filets faits avec la moelle intérieure du faux palmier, les hameçons de dents de castor, les arcs, les flèches, les casse-têtes, les haches, les couteaux, les armes à feu, les cornes pour porter la poudre, les chichikoués, les tambourins, les fifres, les calumets, le fil de nerfs de chevreuil, la toile de mûrier ou de bouleau ; les plumes, les perles, les colliers, le noir, l'azur et le vermillon pour la parure, une multitude de peaux, les unes tannées, les autres avec leurs poils : tels sont les trésors dont on enrichit la cabane.

Huit jours avant la célébration du mariage, la jeune femme se retire à la cabane des purifications, lieu séparé où les femmes entrent et restent trois ou quatre jours par mois, et où elles vont faire leurs couches. Pendant les huit jours de retraite, le guerrier engagé chasse : il laisse le gibier dans l'endroit où il le tue ; les femmes le ramassent et le portent à la cabane des parents pour le festin de noces. Si la chasse a été bonne, on en tire un augure favorable.

Enfin le grand jour arrive. Les jongleurs et les principaux sachems sont invités à la cérémonie. Une troupe de jeunes guerriers va chercher le marié chez lui ; une troupe de jeunes filles va pareillement chercher la mariée à sa cabane. Le couple promis est orné de ce qu'il a de plus beau en plumes, en colliers, en fourrures, et de plus éclatant en couleurs.

Les deux troupes, par des chemins opposés, surviennent en même temps à la hutte du plus vieux parent. On pratique une seconde porte à cette hutte, en face de la porte ordinaire : environné de ses compagnons, l'époux se présente à l'une des portes ; l'épouse, entourée de ses compagnes, se présente à l'autre. Tous les sachems de la fête sont assis dans la cabane, le calumet à la bouche. La bru et le gendre vont se placer sur des rouleaux de peaux à l'une des extrémités de la cabane.

Alors commence en dehors la danse nuptiale entre les deux chœurs restés à la porte. Les jeunes filles, armées d'une crosse recourbée, imitent les divers ouvrages du labour ; les jeunes guerriers font la garde autour d'elles, l'arc à la main. Tout à coup un parti ennemi sortant de la forêt s'efforce d'enlever les femmes, celles-ci jettent leur hoyau et s'enfuient ; leurs frères volent à leur secours. Un combat simulé s'engage ; les ravisseurs sont repoussés.

A cette pantomime succèdent d'autres tableaux tracés avec une vivacité naturelle ; c'est la peinture de la vie domestique, le soin du ménage, l'entretien de la cabane, les plaisirs et les travaux du foyer ; touchantes occupations d'une mère de famille. Ce spectacle se termine par une ronde où les jeunes filles tournent à rebours du cours du soleil, et les jeunes guerriers selon le mouvement apparent de cet astre.

Le repas suit : il est composé de soupes, de gibier, de gâteaux de maïs, de canneberges, espèce de légumes, de pommes de mai, sorte de fruit porté par une herbe, de poissons, de viandes grillées et d'oiseaux rôtis. On boit dans les grandes calebasses le suc de l'érable ou du sumac, et dans de petites tasses de hêtre une préparation de cassine, boisson chaude que l'on sert comme du café. La beauté du repas consiste dans la profusion des mets.

Après le festin la foule se retire. Il ne reste dans la cabane du plus vieux parent que douze personnes, six sachems de la famille du mari, six matrones de la famille de la femme. Ces douze personnes, assises à terre, forment deux cercles concentriques ; les hommes décrivent le cercle extérieur. Les conjoints se placent au centre des deux cercles : ils tiennent horizontalement, chacun par un bout, un roseau de six pieds de long. L'époux porte dans la main droite un pied de chevreuil ; l'épouse élève de la main gauche une gerbe de maïs. Le roseau est peint de différents hiéroglyphes qui marquent l'âge du couple uni et la lune où se fait le mariage. On dépose aux pieds de la femme les présents du mari et de sa famille, savoir : une parure complète, le jupon d'écorce de mûrier, le corset pareil, la mante de plumes d'oiseaux ou de peau de martre, les mocassines brodées en poil de porc-épic, les bracelets de coquillages, les anneaux ou les perles pour le nez et pour les oreilles.

A ces vêtements sont mêlés un berceau de jonc, un morceau d'agaric, des pierres à fusil pour allumer le feu, la chaudière pour faire bouillir les viandes, le collier de cuir pour porter les fardeaux, et la bûche du foyer. Le berceau fait palpiter le cœur de l'épouse, la chaudière et le collier ne l'effrayent point : elle regarde avec soumission ces marques de l'esclavage domestique.

Le mari ne demeure pas sans leçons : un casse-tête, un arc, une une pagaïe, lui annoncent ses devoirs : combattre, chasser et naviguer. Chez quelques tribus, un lézard vert, de cette espèce dont les mouvements sont si rapides que l'œil peut à peine les saisir, des feuilles mortes entassées dans une corbeille, font entendre au nouvel époux que le temps fuit et que l'homme tombe. Ces peuples enseignent par des emblèmes la morale de la vie, et rappellent la part des soins que la nature a distribués à chacun de ses enfants.

Les deux époux enfermés dans le double cercle des douze parents ayant déclaré qu'ils veulent s'unir, le plus vieux parent prend le roseau de six pieds ; il le sépare en douze morceaux, lesquels il distribue aux douze témoins : chaque témoin est obligé de représenter sa portion de roseau pour être réduite en cendre si les époux demandent un jour le divorce.

Les jeunes filles qui ont amené l'épouse à la cabane du plus vieux parent l'accompagnent avec des chants à la hutte nuptiale ; les jeunes guerriers y conduisent de leur côté le nouvel époux. Les conviés à la fête retournent à leurs villages : ils jettent en sacrifice aux Manitous des morceaux de leurs habits dans les fleuves, et brûlent une part de leur nourriture.

En Europe, afin d'échapper aux lois militaires on se marie : parmi les sauvages de l'Amérique septentrionale, nul ne se pouvait marier qu'après avoir combattu pour la patrie. Un homme n'était jugé digne d'être père que quand il avait prouvé qu'il saurait défendre ses enfants. Par une conséquence de cette mâle coutume, un guerrier ne commençait à jouir de la considération publique que du jour de son mariage.

La pluralité des femmes est permise ; un abus contraire livre quelquefois une femme à plusieurs maris : des hordes plus grossières offrent leurs femmes et leurs filles aux étrangers. Ce n'est pas une dépravation, mais le sentiment profond de leur misère qui pousse ces Indiens à cette sorte d'infamie ; ils pensent rendre leur famille plus heureuse en changeant le sang paternel.

Les sauvages du nord-ouest voulurent avoir de la race du premier nègre qu'ils aperçurent : ils le prirent pour un mauvais esprit : ils espérèrent qu'en le naturalisant chez eux ils se ménageraient des intelligences et des protecteurs parmi les génies noirs.

L'adultère dans la femme était autrefois puni chez les Hurons par la mutilation du nez : on voulait que la faute restât gravée sur le visage.

En cas de divorce, les enfants sont adjugés à la femme : chez les animaux, disent les sauvages, c'est la femelle qui nourrit les petits.

On taxe d'incontinence une femme qui devient grosse la première année de son mariage ; elle prend quelquefois le suc d'une espèce de rue pour détruire son fruit trop hâtif cependant (inconséquences naturelles aux hommes) une femme n'est estimée qu'au moment où elle devient mère. Comme mère, elle est appelée aux délibérations publiques ; plus elle a d'enfants, et surtout de fils, plus on la respecte.

Un mari qui perd sa femme épouse la sœur de sa femme quand elle a une sœur, de même qu'une femme qui perd son mari épouse le frère de ce mari s'il a un frère : c'était à peu près la loi athénienne. Une veuve chargée de beaucoup d'enfants est fort recherchée.

Aussitôt que les premiers symptômes de la grossesse se déclarent, tous rapports cessent entre les époux. Vers la fin du neuvième mois, la femme se retire à la hutte des purifications, où elle est assistée par les matrones. Les hommes, sans en excepter le mari, ne peuvent entrer dans cette hutte. La femme y demeure trente ou quarante jours après ses couches, selon qu'elle a mis au monde une fille ou un garçon.

Lorsque le père a reçu la nouvelle de la naissance de son enfant, il prend un calumet de paix dont il entoure le tuyau avec des pampres de vigne vierge, et court annoncer l'heureuse nouvelle aux divers membres de la famille. Il se rend d'abord chez les parents maternels, parce que l'enfant appartient exclusivement à la mère. S'approchant du sachem le plus âgé, après avoir fumé vers les quatre points cardinaux, il lui présente sa pipe, en disant: « Ma femme est mère. » Le sachem prend la pipe, fume à son tour, et dit en ôtant le calumet de sa bouche: « Est-ce un guerrier? »

Si la réponse est affirmative, le sachem fume trois fois vers le soleil: si la réponse est négative, le sachem ne fume qu'une fois. Le père est reconduit en cérémonie plus ou moins loin, selon le sexe de l'enfant. Un sauvage devenu père prend une tout autre autorité dans la nation; sa dignité d'homme commence avec sa paternité.

Après les trente ou quarante jours de purification, l'accouchée se dispose à revenir à sa cabane: les parents s'y rassemblent pour imposer un nom à l'enfant. on éteint le feu; on jette au vent les anciennes cendres du foyer; on prépare un bûcher composé de bois odorants: le prêtre ou jongleur, une mèche à la main, se tient prêt à allumer le feu nouveau: on purifie les lieux d'alentour en les aspergeant avec de l'eau de fontaine.

Bientôt s'avance la jeune mère: elle vient seule, vêtue d'une robe nouvelle; elle ne doit rien porter de ce qui lui a servi autrefois. Sa mamelle gauche est découverte; elle y suspend son enfant complètement nu; elle pose un pied sur le seuil de sa porte.

Le prêtre met le feu au bûcher: le mari s'avance, et reçoit son enfant des mains de sa femme. Il le reconnaît d'abord et l'avoue à haute voix. Chez quelques tribus les parents du même sexe que l'enfant assistent seuls aux relevailles. Après avoir baisé les lèvres de son enfant, le père le remet au plus vieux sachem; le nouveau né passe entre les bras de toute sa famille: il reçoit la bénédiction du prêtre et les vœux des matrones.

On procède ensuite au choix d'un nom : la mère reste toujours sur le seuil de la cabane. Chaque famille a ordinairement trois ou quatre noms qui reviennent tour à tour ; mais il n'est jamais question que de ceux du côté maternel. Selon l'opinion des sauvages, c'est le père qui crée l'âme de l'enfant, la mère n'en engendre que le corps [Voyez *Les Natchez* (N.d.A.)] : on trouve juste que le corps ait un nom qui vienne de la mère.

Quand on veut faire un grand honneur à l'enfant, on lui confère le nom le plus ancien dans sa famille : celui de son aïeule, par exemple. Dès ce moment l'enfant occupe la place de la femme dont il a recueilli le nom ; on lui donne en lui parlant le degré de parenté que son nom fait revivre : ainsi un oncle peut saluer un neveu du titre de *grand-mère* ; coutume qui prêterait au rire si elle n'était infiniment touchante. Elle rend pour ainsi dire la vie aux aïeux ; elle reproduit dans la faiblesse des premiers ans la faiblesse du vieil âge ; elle lie et rapproche les deux extrémités de la vie, le commencement et la fin de la famille ; elle communique une espèce d'immortalité aux ancêtres, en les supposant présents au milieu de leur postérité ; elle augmente les soins que la mère a pour l'enfance par le souvenir des soins qu'on prit de la sienne : la tendresse filiale redouble l'amour maternel.

Après l'imposition du nom, la mère entre dans la cabane ; on lui rend son enfant, qui n'appartient plus qu'à elle. Elle le met dans un berceau. Ce berceau est une petite planche du bois le plus léger, qui porte un lit de mousse ou de coton sauvage : l'enfant est déposé tout nu sur cette couche ; deux bandes d'une peau moelleuse l'y retiennent et préviennent sa chute, sans lui ôter le mouvement. Au-dessus de la tête du nouveau né est un cerceau sur lequel on étend un voile pour éloigner les insectes et pour donner de la fraîcheur et de l'ombre à la petite créature.

J'ai parlé ailleurs [*Atala*, le *Génie du Christianisme, Les Natchez*, etc. (N.d.A.)] de la mère indienne ; j'ai raconté comment elle porte ses enfants ; comment elle les suspend aux branches des arbres ; comment elle leur chante ; comment elle les pare, les endort et les réveille ; comment, après leur mort, elle les pleure ; comment elle va répandre son lait sur le gazon de leur tombe, ou recueillir leur âme sur les fleurs [Voyez, pour l'éducation des enfants, la lettre ci-dessus. (N.d.A.)].

Après le mariage et la naissance, il conviendrait de parler de la mort, qui termine les scènes de la vie ; mais j'ai si souvent décrit les funérailles des sauvages, que la matière est presque épuisée.

Je ne répéterai donc point ce que j'ai dit dans *Atala* et dans *Les Natchez* relativement à la manière dont on habille le décédé, dont on le peint, dont on s'entretient avec lui, etc. j'ajouterai seulement que parmi toutes les tribus il est d'usage de se ruiner pour les morts : la famille distribue ce qu'elle possède aux convives du repas funèbre ; il faut manger et boire tout ce qui se trouve dans la cabane. Au lever du soleil, on pousse de grands hurlements sur le cercueil d'écorce où gît le cadavre ; au coucher du soleil, les hurlements recommencent : cela dure trois jours, au bout desquels le défunt est enterré. On le recouvre du mont du tombeau ; s'il fut guerrier renommé, un poteau peint en rouge marque sa sépulture.

Chez plusieurs tribus les parents du mort se font des blessures aux jambes et aux bras. Un mois de suite, on continue les cris de douleur au coucher et au lever du soleil, et pendant plusieurs années on accueille par des mêmes cris l'anniversaire de la perte que l'on a faite.

Quand un sauvage meurt l'hiver à la chasse, son corps est conservé sur les branches des arbres ; on ne lui rend les derniers honneurs qu'après le retour des guerriers au village de sa tribu. Cela se pratiquait jadis ainsi chez les Moscovites.

Non seulement les Indiens ont des prières, des cérémonies différentes, selon le degré de parenté, la dignité, l'âge et le sexe de la personne décédée, mais ils ont encore des temps d'exhumation publique [*Atala* (N.d.A.)], de commémoration générale.

Pourquoi les sauvages de l'Amérique sont-ils de tous les peuples ceux qui ont le plus de vénération pour les morts ? Dans les calamités nationales, la première chose à laquelle on pense, c'est à sauver les trésors de la tombe : on ne reconnaît la propriété légale que là où sont ensevelis les ancêtres. Quand les Indiens ont plaidé leurs droits de possession, ils se sont toujours servis de cet argument, qui leur paraissait sans réplique : « Dirons-nous aux os de nos pères : Levez-vous, et suivez-nous dans une terre étrangère ? » Cet argument n'étant point écouté, qu'ont-ils fait ? ils ont emporté les ossements, qui ne les pouvaient suivre.

Les motifs de cet attachement extraordinaire à de saintes reliques se trouvent facilement. Les peuples civilisés ont pour conserver les souvenirs de leur patrie les monuments des lettres et des arts, ils ont des cités, des palais, des tours, des colonnes, des obélisques ; ils ont la trace de la charrue dans les champs par eux cultivés ; leurs noms sont gravés sur l'airain et le marbre ; leurs actions conservées dans les chroniques.

Les sauvages n'ont rien de tout cela : leur nom n'est point écrit sur les arbres de leurs forêts ; leur hutte, bâtie dans quelques heures, périt dans quelques instants : la simple crosse de leur labour, qui n'a fait qu'effleurer la terre, n'a pu même élever un sillon ; leurs chansons traditionnelles s'évanouissent avec la dernière mémoire qui les retient, avec la dernière voix qui les répète. Il n'y a donc pour les tribus du Nouveau-Monde qu'un seul monument : la tombe. Enlevez à des sauvages les os de leurs pères, vous leur enlevez leur histoire, leur loi et jusqu'à leurs dieux ; vous ravissez à ces hommes dans la postérité la preuve de leur existence comme celle de leur néant.

MOISSONS, FÊTES, RÉCOLTES DE SUCRE D'ÉRABLE, PÊCHES, DANSES ET JEUX

Moissons.

On a cru et on a dit que les sauvages ne tiraient pas parti de la terre : c'est une erreur. Ils sont principalement chasseurs, à la vérité, mais tous s'adonnent à quelque genre de culture, tous savent employer les plantes et les arbres aux besoins de la vie. Ceux qui occupaient le beau pays qui forme aujourd'hui les Etats de la Géorgie, du Tennessee de l'Alabama, du Mississippi, étaient sous ce rapport plus civilisés que les naturels du Canada.

Chez les sauvages, tous les travaux publics sont des fêtes : lorsque les derniers froids étaient passés, les femmes siminoles, chicassoises, natchez, s'armaient d'une crosse de noyer, mettaient sur leur tête des corbeilles à compartiments remplies de semailles de maïs, de graine de melon d'eau, de féveroles et de tournesols. Elles se rendaient au champ commun, ordinairement placé dans une position facile à défendre, comme sur une langue de terre entre deux fleuves ou dans un cercle de collines.

A l'une des extrémités du champ, les femmes se rangeaient en ligne et commençaient à remuer la terre avec leur crosse, en marchant à reculons.

Tandis qu'elles rafraîchissaient ainsi l'ancien labourage sans former de sillon, d'autres Indiennes les suivaient ensemençant l'espace préparé par leurs compagnes. Les féveroles et le grain de maïs étaient jetés ensemble sur le guéret, les quenouilles du maïs étant destinées à servir de tuteurs ou de rames au légume grimpant.

Des jeunes filles s'occupaient à faire des couches d'une terre noire et lavée : elles répandaient sur ces couches des graines de courge et de tournesol ; on allumait autour de ces lits de terre des feux de bois vert, pour hâter la germination au moyen de la fumée.

Les sachems et les jongleurs présidaient au travail ; les jeunes hommes rodaient autour du champ commun et chassaient les oiseaux par leurs cris.

Fêtes.

La fête de blé vert arrivait au mois de juin : on cueillait une certaine quantité de maïs tandis que le grain était encore en lait. De ce grain, alors excellent, on pétrissait le tossomanony, espèce de gâteau qui sert de provisions de guerre ou de chasse.

Les quenouilles de maïs, mises bouillir dans de l'eau de fontaine, sont retirées à moitié cuites et présentées à un feu sans flamme. Lorsqu'elles ont acquis une couleur roussâtre, on les égrène dans un *poutagan* ou mortier de bois. On pile le grain en l'humectant. Cette pâte, coupée en tranches et séchée au soleil, se conserve un temps infini.

Lorsqu'on veut en user, il suffit de la plonger dans de l'eau, du lait de noix ou du jus d'érable ; ainsi détrempée, elle offre une nourriture saine et agréable.

La plus grande fête des Natchez était la fête du feu nouveau, espèce de jubilé en l'honneur du soleil, à l'époque de la grande moisson : le soleil était la divinité principale de tous les peuples voisins de l'empire mexicain.

Un crieur public parcourait villages, annonçant la cérémonie au son d'une conque. Il faisait entendre ces paroles :

« Que chaque famille prépare des vases vierges, des vêtements qui n'ont point été portés ; qu'on lave les cabanes ;

que les vieux grains, les vieux habits, les vieux ustensiles, soient jetés et brûlés dans un feu commun au milieu de chaque village ; que les malfaiteurs reviennent : les sachems oublient leurs crimes. »

Cette amnistie des hommes accordée aux hommes au moment où la terre leur prodigue ses trésors, cet appel général des heureux et des infortunés, des innocents et des coupables au grand banquet de la nature étaient un reste touchant de la simplicité primitive de la race humaine.

Le crieur reparaissait le second jour, prescrivait un jeûne de soixante-douze heures, une abstinence rigoureuse de tout plaisir, et ordonnait en même temps la *médecine des purifications*. Tous les Natchez prenaient aussitôt quelques gouttes d'une racine qu'ils appelaient la *racine du sang*. Cette racine appartient à une espèce de plantin ; elle distille une liqueur rouge, violent émétique. Pendant les trois jours d'abstinence et de prières, on gardait un profond silence ; on s'efforçait de se détacher des choses terrestres pour s'occuper uniquement de celui qui mûrit le fruit sur l'arbre et le blé dans l'épi.

A la fin du troisième jour, le crieur proclamait l'ouverture de la fête fixée au lendemain.

A peine l'aube avait-elle blanchi le ciel, qu'on voyait s'avancer, par les chemins brillants de rosée, les jeunes filles, les jeunes guerriers, les matrones et les sachems. Le temple du soleil, grande cabane qui ne recevait le jour que par deux portes, l'une du côté de l'occident et l'autre du côté de l'orient, était le lieu du rendez-vous ; on ouvrait la porte orientale ; le plancher et les parois intérieures du temple étaient couverts de nattes fines, peintes et ornées de différents hiéroglyphes. Des paniers rangés en ordre dans le sanctuaire renfermaient les ossements des plus anciens chefs de la nation, comme les tombeaux dans nos églises gothiques.

Sur un autel placé en face de la porte orientale, de manière à recevoir les premiers rayons du soleil levant, s'élevait une idole représentant un chouchouacha. Cet animal, de la grosseur d'un cochon de lait, a le poil du blaireau, la queue du rat, les pattes du singe ; la femelle porte sous le ventre une poche où elle nourrit ses petits. A droite de l'image du chouchouacha était la figure d'un serpent à sonnettes, à gauche un marmouset grossièrement sculpté. On entretenait dans un vase de pierre, devant les symboles, un feu d'écorce de chêne, qu'on ne laissait jamais éteindre, excepté la veille de la fête du feu nouveau ou de la moisson : les prémices des fruits étaient suspendues autour de l'autel, les assistants ordonnés ainsi dans le temple :

Le grand-chef ou le soleil, à droite de l'autel ; à gauche, la femme-chef, qui, seule de toutes les femmes, avait le droit de pénétrer dans le sanctuaire ; auprès du soleil se rangeaient successivement les deux chefs de guerre, les deux officiers pour les traités, et les principaux sachems ; à côté de la femme-chef s'asseyaient l'édile ou l'inspecteur des travaux publics, les quatre hérauts des festins, et ensuite les jeunes guerriers. A terre, devant l'autel, des tronçons de cannes séchées, couchés obliquement les uns sur les autres jusqu'à la hauteur de dix-huit pouces, traçaient des cercles concentriques dont les différentes révolutions embrassaient, en s'éloignant du centre, un diamètre de douze à treize pieds.

Le grand-prêtre debout, au seuil du temple, tenait les yeux attachés sur l'orient. Avant de présider à la fête, il s'était plongé trois fois dans le Mississippi. Une robe blanche d'écorce de bouleau l'enveloppait et se rattachait autour de ses reins par une peau de serpent. L'ancien hibou empaillé, qu'il portait sur sa tête, avait fait place à la dépouille d'un jeune oiseau de cette espèce. Ce prêtre frottait lentement l'un contre l'autre deux morceaux de bois sec, et prononçait à voix basse des paroles magiques. A ses côtés, deux acolytes soulevaient par les anses deux coupes remplies d'une espèce de sorbet noir. Toutes les femmes, le dos tourné à l'orient, appuyées d'une main sur leur crosse de labour, de l'autre tenant leurs petits enfants, décrivaient en dehors un grand cercle à la porte du temple.

Cette cérémonie avait quelque chose d'auguste : le vrai Dieu se fait sentir jusque dans les fausses religions ; l'homme qui prie est respectable ; la prière qui s'adresse à la Divinité est si sainte de sa nature, qu'elle donne quelque chose de sacré à celui-là même qui la prononce, innocent, coupable ou malheureux. C'était un touchant spectacle que celui d'une nation assemblée dans un désert à l'époque de la moisson pour remercier le Tout-Puissant de ses bienfaits, pour chanter ce Créateur qui perpétue le souvenir de la création en ordonnant chaque matin au soleil de se lever sur le monde.

Cependant un profond silence régnait dans la foule. Le grand-prêtre observait attentivement les variations du ciel. Lorsque les couleurs de l'aurore, muées du rose au pourpre, commençaient à être traversées des rayons d'un feu pur et devenaient de plus en plus vives, le prêtre accélérait la collision de deux morceaux de bois sec. Une mèche soufrée de moelle de sureau était préparée afin de recevoir l'étincelle. Les deux maîtres de cérémonies s'avançaient à pas mesurés, l'un vers le grand-chef, l'autre vers la femme-chef. De temps en temps ils s'inclinaient ; et s'arrêtant enfin devant le grand-chef et devant la femme-chef, ils demeuraient complètement immobiles.

Des torrents de flamme s'échappaient de l'orient, et la portion supérieure du disque du soleil se montrait au-dessus de l'horizon. A l'instant le grand-prêtre pousse l'oah sacré, le feu jaillit du bois échauffé par le frottement, la mèche soufrée s'allume, les femmes, en dehors du temple, se retournent subitement et élèvent toutes à la fois vers l'astre du jour leurs enfants nouveau-nés et la crosse du labourage.

Le grand-chef et la femme-chef boivent le sorbet noir que leur présentent les maîtres de cérémonies ; le jongleur communique le feu aux cercles de roseau : la flamme serpente en suivant leur spirale. Les écorces de chêne sont allumées sur l'autel, et ce feu nouveau donne ensuite une nouvelle semence aux foyers éteints du village. Le grand-chef entonne l'hymne au soleil.

Les cercles de roseau étant consumés et le cantique achevé, la femme-chef sortait du temple, et se mettait à la tête des femmes, qui toutes rangées à la file, se rendaient au champ commun de la moisson. Il n'était pas permis aux hommes de les suivre. Elles allaient cueillir les premières gerbes de maïs pour les offrir au temple, et pétrir avec le surplus les pains azymes du banquet de la nuit.

Arrivées aux cultures, les femmes arrachaient dans le carré attribué à leur famille un certain nombre des plus belles gerbes de maïs, plante superbe, dont les roseaux de sept pieds de hauteur, environnés de feuilles vertes et surmontés d'un rouleau de grains dorés, ressemblent a ces quenouilles entourées de rubans que nos paysannes consacrent dans les églises de village. Des milliers de grives bleues, de petites colombes de la grosseur d'un merle, des oiseaux de rizière, dont le plumage gris est mêlé de brun, se posent sur la tige des gerbes, et s'envolent à l'approche des moissonneuses américaines, entièrement cachées dans les avenues des grands épis. Les renards noirs font quelquefois des ravages considérables dans ces champs.

Les femmes revenaient au temple, portant les prémices en faisceau sur leur tête ; le grand-prêtre recevait l'offrande, et la déposait sur l'autel. On fermait la porte orientale du sanctuaire, et l'on ouvrait la porte occidentale.

Rassemblée à cette dernière porte lorsque le jour allait clore, la foule dessinait un croissant dont les deux pointes étaient tournées vers le soleil ; les assistants, le bras droit levé, présentaient les pains azymes à l'astre de la lumière. Le jongleur chantait l'hymne du soir ; c'était l'éloge du soleil à son coucher : ses rayons naissants avaient fait croître le maïs, ses rayons mourants avaient sanctifié les gâteaux formés du grain de la gerbe moissonnée.

La nuit venue, on allumait des feux ; on faisait rôtir des oursons, lesquels, engraissés de raisins sauvages, offraient à cette époque de l'année un mets excellent. On mettait griller sur des charbons des dindes de savanes, des perdrix noires, des espèces de faisans plus gros que ceux d'Europe. Ces oiseaux ainsi préparés s'appelaient la *nourriture des hommes blancs*. Les boissons et les fruits servis à ces repas étaient l'eau de smilax, d'érable, de plane, de noyer blanc, les pommes de mai, les plankmines, les noix. La plaine resplendissait de la flamme des bûchers ; on entendait de toutes parts les sons du chichikoué, du tambourin et du fifre, mêlés aux voix des danseurs et aux applaudissements de la foule.

Dans ces fêtes, si quelque infortuné retiré à l'écart promenait ses regards sur les jeux de la plaine, un sachem l'allait chercher, et s'informait de la cause de sa tristesse ; il guérissait ses maux s'ils n'étaient pas sans remède, ou le soulageait du moins s'ils étaient de nature à ne pouvoir finir.

La moisson du maïs se fait en arrachant les gerbes ou en les coupant à deux pieds de hauteur sur leur tige. Le grain se conserve dans des outres ou dans des fosses garnies de roseaux. On garde aussi les gerbes entières ; on les égrène à mesure que l'on en a besoin. Pour réduire le mais en farine, on le pile dans un mortier ou on l'écrase entre deux pierres. Les sauvages usent aussi de moulins à bras achetés des Européens.

La moisson de la folle-avoine ou de riz sauvage suit immédiatement celle du maïs. J'ai parlé ailleurs de cette moisson [Dans *Les Natchez* (N.d.A.)].

Récolte du sucre d'érable.

La récolte du suc d'érable se faisait et se fait encore parmi les sauvages deux fois l'année. La première récolte a lieu vers la fin de février, de mars ou d'avril, selon la latitude du pays où croît l'érable à sucre. L'eau recueillie après les légères gelées de la nuit se convertit en sucre, en la faisant bouillir sur un grand feu. La quantité de sucre obtenue par ce procédé varie selon les qualités de l'arbre. Ce sucre léger de digestion, est d'une couleur verdâtre, d'un goût agréable et un peu acide.

La seconde récolte a lieu quand la sève de l'arbre n'a pas assez de consistance pour se changer en suc. Cette sève se condense en une espèce de mélasse qui, étendue dans de l'eau de fontaine, offre une liqueur fraîche pendant les chaleurs de l'été.

On entretient avec grand soin le bois d'érable de l'espèce rouge et blanche. Les érables les plus productifs sont ceux dont l'écorce paraît noire et galeuse. Les sauvages ont cru observer que ces accidents sont causés par le pivert noir à tête rouge, qui perce l'érable dont la sève est la plus abondante. Ils respectent ce pivert comme un oiseau intelligent et un bon génie.

A quatre pieds de terre environ, on ouvre dans le tronc d'érable deux trous de trois quarts de pouce de profondeur, et perforés du haut en bas pour faciliter l'écoulement de la sève.

Ces deux premières incisions sont tournées au midi ; on en pratique deux autres semblables du côté du nord. Ces quatre taillades sont ensuite creusées, à mesure que l'arbre donne sa sève, jusqu'à la profondeur de deux pouces et demi.

Deux auges de bois sont placées aux deux faces de l'arbre au nord et au midi, et des tuyaux de sureau introduits dans les fentes servent à diriger la sève dans ces auges.

Toutes les vingt-quatre heures on enlève le suc écoulé ; on le porte sous des hangars couverts d'écorce ; on le fait bouillir dans un bassin de pierre en l'écumant. Lorsqu'il est réduit à moitié par l'action d'un feu clair, on le transvase dans un autre bassin, où l'on continue à le faire bouillir jusqu'à ce qu'il ait pris la consistance d'un sirop. Alors retiré du feu, il repose pendant douze heures. Au bout de ce temps on le précipite dans un troisième bassin, prenant soin de ne pas remuer le sédiment tombé au fond de la liqueur.

Ce troisième bassin est à son tour remis sur des charbons demi-brûlés et sans flamme. Un peu de graisse est jetée dans le sirop pour l'empêcher de surmonter les bords du vase. Lorsqu'il commence à filer, il faut se hâter de le verser dans un quatrième et dernier bassin de bois, appelé le *refroidisseur*. Une femme vigoureuse le remue en rond, sans discontinuer, avec un bâton de cèdre, jusqu'à ce qu'il ait pris le grain du sucre. Alors elle le coule dans des moules d'écorce qui donnent au fluide coagulé la forme de petits pains coniques : l'opération est terminée.

Quand il ne s'agit que des mélasses, le procédé finit au second feu.

L'écoulement des érables dure quinze jours, et ces quinze jours sont une fête continuelle. Chaque matin on se rend au bois d'érables, ordinairement arrosé par un courant d'eau. Des groupes d'Indiens et d'Indiennes sont dispersés au pied des arbres ; des jeunes gens dansent et jouent à différents jeux ; des enfants se baignent sous les yeux des sachems. A la gaieté de ces sauvages, à leur demi-nudité, à la vivacité des danses, aux luttes non moins bruyantes des baigneurs, à la mobilité et à la fraîcheur des eaux, à la vieillesse des ombrages, on croirait assister à l'une de ces scènes de Faunes et de Dryades décrites par les poètes.

Tum vero in numerum Faunosque ferasque videres
Ludere[16]

Pêches.

Les sauvages sont aussi habiles à la pêche qu'adroits à la chasse : ils prennent le poisson avec des hameçons et des filets ; ils savent aussi épuiser les viviers. Mais ils ont de grandes pêches publiques. La plus célèbre de toutes ces pêches était celle de l'esturgeon, qui avait lieu sur le Mississippi et sur ses affluents.

Elle s'ouvrait par le mariage du filet. Six guerriers et six matrones portant ce filet s'avançaient au milieu des spectateurs sur la place publique, et demandaient en mariage pour leur fils, le filet, deux jeunes filles qu'ils désignaient.

Les parents des jeunes filles donnaient leur consentement, et les jeunes filles et le filet étaient mariés par le jongleur avec les cérémonies d'usage : le doge de Venise épousait la mer !

Des danses de caractère suivaient le mariage. Après les noces du filet on se rendait au fleuve, au bord duquel étaient assemblés les canots et les pirogues. Les nouvelles épouses, enveloppées dans le filet, étaient portées à la tête du cortège : on s'embarquait après s'être muni de flambeaux de pin et de pierres pour battre le feu. Le filet, ses femmes, le jongleur, le grand-chef, quatre sachems, huit guerriers pour manier les rames, montaient une grande pirogue qui prenait le devant de la flotte.

La flotte cherchait quelque baie fréquentée par l'esturgeon. Chemin faisant, on pêchait toutes les autres sortes de poissons : la truite, avec la seine, le poisson-armé, avec l'hameçon. On frappe l'esturgeon d'un dard attaché à une corde,

16. Vers de Virgile dans les *Bucoliques* (VI, 27) : « Alors vous eussiez vu les faunes et les bêtes sauvages bondir en cadence autour de lui, et les chênes balancer leur cime altière. »

laquelle est nouée à la barre intérieure du canot. Le poisson frappé fuit en entraînant le canot ; mais peu à peu sa fuite se ralentit, et il vient expirer à la surface de l'eau. Les différentes attitudes des pêcheurs, le jeu des rames, le mouvement des voiles, la position des pirogues, groupées ou dispersées, montrant le flanc, la poupe ou la proue, tout cela compose un spectacle très pittoresque : les paysages de la terre forment le fond immobile de ce mobile tableau.

A l'entrée de la nuit, on allumait dans les pirogues des flambeaux dont la lueur se répétait à la surface de l'onde. Les canots, pressés, jetaient des masses d'ombres sur les flots rougis ; on eût pris les pécheurs indiens qui s'agitaient dans ces embarcations pour leurs Manitous, pour ces êtres fantastiques, création de la superstition et des rêves du sauvage.

A minuit le jongleur donnait le signal de la retraite, déclarant que le filet voulait se retirer avec ses deux épouses. Les pirogues se rangeaient sur deux lignes. Un flambeau était symétriquement et horizontalement placé entre chaque rameur sur le bord des pirogues : ces flambeaux, parallèles à la surface du fleuve, paraissaient, disparaissaient à la vue par le balancement des vagues, et ressemblaient à des rames enflammées plongeant dans l'onde pour faire voguer les canots.

On chantait alors l'épithalame du filet : le filet, dans toute la gloire d'un nouvel époux, était déclaré vainqueur de l'esturgeon qui porte une couronne et qui a douze pieds de long. On peignait la déroute de l'armée entière des poissons : le lencornet, dont les barbes servent à entortiller son ennemi, le chaousaron, pourvu d'une lance dentelée, creuse et percée par le bout, l'artimègue qui déploie un pavillon blanc, les écrevisses qui précèdent les guerriers-poissons, pour leur frayer le chemin, tout cela était vaincu par le filet.

Venaient des strophes qui disaient la douleur des veuves des poissons. « En vain ces veuves apprennent à nager, elles ne reverront plus ceux avec qui elles aimaient à errer dans les forêts sous les eaux ; elles ne se reposeront plus avec eux sur des couches de mousse que recouvrait une voûte transparente. » Le filet est invité, après tant d'exploits, à dormir dans les bras de ses deux épouses.

Danses.

La danse chez les sauvages, comme chez les anciens Grecs et chez la plupart des peuples enfants, se mêle à toutes les actions de la vie. On danse pour les mariages, et les femmes font partie de cette danse ; on danse pour recevoir un hôte, pour fumer un calumet ; on danse pour les moissons ; on danse pour la naissance d'un enfant ; on danse surtout pour les morts. Chaque chasse a sa danse, laquelle consiste dans l'imitation des mouvements, des mœurs et des cris de l'animal dont la poursuite est décidée : on grimpe comme un ours, on bâtit comme un castor, on galope en rond comme un bison, on bondit comme un chevreuil, on hurle comme un loup, et l'on glapit comme un renard.

Dans la danse des braves ou de la guerre, les guerriers, complètement armés, se rangent sur deux lignes ; un enfant marche devant eux, un chichikoué à la main ; c'est l'*enfant des songes*, l'enfant qui a *rêvé* sous l'inspiration des bons ou des mauvais manitous. Derrière les guerriers vient le jongleur, le prophète ou l'augure interprète des songes de l'enfant.

Les danseurs forment bientôt un double cercle en mugissant sourdement, tandis que l'enfant, demeuré au centre de ce cercle, prononce, les yeux baissés, quelques mots inintelligibles. Quand l'enfant lève la tête, les guerriers sautent et mugissent plus fort : ils se vouent à Athaensic, manitou de la haine et de la vengeance. Une espèce de coryphée marque la mesure en frappant sur un tambourin. Quelquefois les danseurs attachent à leurs pieds de petites sonnettes achetées des Européens.

Si l'on est au moment de partir pour une expédition, un chef prend la place de l'enfant, harangue les guerriers, frappe à coups de massue l'image d'un homme ou celle du manitou de l'ennemi, dessinée grossièrement sur la terre. Les guerriers recommençant à danser, assaillent également l'image, imitent les attitudes de l'homme qui combat, brandissent leurs massues ou leurs haches, manient leurs mousquets ou leurs arcs, agitent leurs couteaux avec des convulsions et des hurlements.

Au retour de l'expédition, la danse de la guerre est encore plus affreuse : des têtes, des cœurs, des membres mutilés, des crânes avec leurs chevelures sanglantes sont suspendus à des piquets plantés en terre. On danse autour de ces trophées, et les prisonniers qui doivent être brûlés assistent au spectacle de ces horribles joies. Je parlerai de quelques autres danses de cette nature à l'article de la guerre.

Jeux.

Le jeu est une action commune à l'homme ; il a trois sources : la nature, la société, les passions. De là trois espèces de jeux : les jeux de l'enfance, les jeux de la virilité, les jeux de l'oisiveté ou des passions. Les jeux de l'enfance, inventés par les enfants eux-mêmes, se retrouvent sur toute la terre. J'ai vu le petit sauvage, le petit Bedouin, le petit nègre, le petit Français, le petit Anglais, le petit Allemand, le petit Italien, le petit Espagnol, le petit Grec opprimé, le petit Turc oppresseur, lancer la balle et rouler le cerceau. Qui a montré à ces enfants si divers par leurs langues, si différents par leurs races, leurs mœurs et leurs pays, qui leur a montré ces mêmes jeux ? Le Maître des hommes, le Père de la grande et même famille : il enseigna à l'innocence ces amusements, développement des forces, besoin de la nature.

La seconde espèce de jeux est celle qui, servant à apprendre un art, est un besoin de la société. Il faut ranger dans cette espèce les jeux gymnastiques, les courses de char, la naumachie chez les anciens, les joutes, les castilles, les pas d'armes, les tournois dans le moyen âge, la paume, l'escrime, les courses de chevaux et les jeux d'adresse chez les modernes. Le théâtre avec ses pompes est une chose à part, et le génie le réclame comme une de ses récréations : il en est de même de quelques combinaisons de l'esprit, comme le jeu de dames et des échecs.

La troisième espèce de jeux, les jeux de hasard, est celle où l'homme expose sa fortune, son honneur, quelquefois sa liberté et sa vie avec une fureur qui tient du délire ; c'est un besoin des passions. Les dés chez les anciens, les cartes chez les modernes, les osselets chez les sauvages de l'Amérique septentrionale, sont au nombre de ces récréations funestes.

On retrouve les trois espèces de jeux dont je viens de parler chez les Indiens.

Les jeux de leurs enfants sont ceux de nos enfants ; ils ont la balle et la paume [Voyez *Les Natchez* (N.d.A.)], la course, le tir de l'arc pour la jeunesse, et de plus le jeu des plumes, qui rappelle un ancien jeu de chevalerie.

Les guerriers et les jeunes filles dansent autour de quatre poteaux, sur lesquels sont attachés des plumes de différentes couleurs : de temps en temps un jeune homme sort des quadrilles et enlève une plume de la couleur que porte sa maîtresse : il attache cette plume dans ses cheveux, et rentre dans les chœurs de danse. Par la disposition de la plume et la forme des pas, l'Indienne devine le lieu que son amant lui indique pour rendez-vous. Il y a des guerriers qui prennent des plumes d'une couleur dont aucune danseuse n'est parée : cela veut dire que ce guerrier n'aime point ou n'est point aimé. Les femmes mariées ne sont admises que comme spectatrices à ce jeu.

Parmi les jeux de la troisième espèce, les jeux de l'oisiveté ou des passions, je ne décrirai que celui des osselets.

A ce jeu, les sauvages pleigent leurs femmes, leurs enfants, leur liberté ; et lorsqu'ils ont joué sur promesse et qu'ils ont perdu, ils tiennent leur promesse. Chose étrange ! l'homme, qui manque souvent aux serments les plus sacrés, qui se rit des lois, qui trompe sans scrupule son voisin et quelquefois son ami, qui se fait un mérite de la ruse et de la duplicité, met son honneur à remplir les engagements de ses passions, à tenir sa parole au crime, à être sincère envers les auteurs, souvent coupables, de sa ruine et les complices de sa dépravation.

Au jeu des osselets, appelé aussi le jeu du plat, deux joueurs seuls tiennent la main ; le reste des joueurs parie pour ou contre : les deux adversaires ont chacun leur marqueur. La partie se joue sur une table ou simplement sur le gazon.

Les deux joueurs qui tiennent la main sont pourvus de six ou huit dés ou osselets, ressemblant à des noyaux d'abricot taillés à six faces inégales : les deux plus larges faces sont peintes, l'une en blanc, l'autre en noir.

Les osselets se mêlent dans un plat de bois un peu concave ; le joueur fait pirouetter ce plat ; puis, frappant sur la table ou sur le gazon, il fait sauter en l'air les osselets.

Si tous les osselets, en tombant, présentent la même couleur, celui qui a joué gagne cinq points : si cinq osselets, sur six ou huit, amènent la même couleur, le joueur ne gagne qu'un point pour la première fois ; mais si le même joueur répète le même coup, il fait rafle de tout, et gagne la partie, qui est en quarante.

A mesure que l'on prend des points, on en défalque autant sur la partie de l'adversaire.

Le gagnant continue de tenir la main ; le perdant cède sa place à l'un des parieurs de son côté, appelé à volonté par le marqueur de sa partie : les marqueurs sont les personnages principaux de ce jeu : on les choisit avec de grandes précautions, et l'on préfère surtout ceux à qui l'on croit le manitou le plus fort et le plus habile.

La désignation des marqueurs amène de violents débats : si un parti a nommé un marqueur dont le manitou, c'est-à-dire la fortune, passe pour redoutable, l'autre parti s'oppose à cette nomination : on a quelquefois une très grande idée de la puissance du manitou d'un homme qu'on déteste ; dans ce cas l'intérêt l'emporte sur la passion, et l'on adopte cet homme pour marqueur, malgré la haine qu'on lui porte.

Le marqueur tient à la main une petite planche sur laquelle il note les coups en craie rouge : les sauvages pressent en foule autour des joueurs ; tous les yeux sont attachés sur le plat et sur les osselets ; chacun offre des vœux et fait des promesses aux bons génies. Quelquefois les valeurs engagées sur le coup de dés sont immenses pour des Indiens ; les uns y ont mis leur cabane ; les autres se sont dépouillés de leurs vêtements, et les jouent contre les vêtements des parieurs du parti opposé ; d'autres, enfin, qui ont déjà perdu tout ce qu'ils possèdent, proposent contre un faible enjeu leur liberté ; ils offrent de servir pendant un certain nombre de mois ou d'années celui qui gagnerait le coup contre eux.

Les joueurs se préparent à leur ruine par des observances religieuses : ils jeûnent, ils veillent, ils prient ; les garçons s'éloignent de leurs maîtresses, les hommes mariés de leurs femmes ; les songes sont observés avec soin. Les intéressés se munissent d'un sachet où ils mettent toutes les choses auxquelles ils ont rêvé, de petits morceaux de bois, des feuilles d'arbres, des dents de poissons, et cent autres manitous supposés propices. L'anxiété est peinte sur les visages pendant la partie ; l'assemblée ne serait pas plus émue s'il s'agissait du sort de la nation. On se presse autour du marqueur ; on cherche à le toucher, à se mettre sous son influence ; c'est une véritable frénésie ; chaque coup est précédé d'un profond silence et suivi d'une vive acclamation.

Les applaudissements de ceux qui gagnent, les imprécations de ceux qui perdent, sont prodigués aux marqueurs, et des hommes ordinairement chastes et modérés dans leurs propos vomissent des outrages d'une grossièreté et d'une atrocité incroyables.

Quand le coup doit être décisif, il est souvent arrêté avant d'être joué : des parieurs de l'un ou l'autre parti déclarent que le moment est fatal, qu'il ne faut pas encore faire sauter les osselets. Un joueur, apostrophant ces osselets, leur reproche leur méchanceté et les menace de les brûler : un autre ne veut pas que l'affaire soit décidée avant qu'il ait jeté un morceau de pétun dans le fleuve ; plusieurs demandent à grands cris le saut des osselets ; mais il suffit qu'une seule voix s'y oppose pour que le coup soit de droit suspendu. Lorsqu'on se croit au moment d'en finir, un assistant s'écrie : « Arrêtez ! arrêtez ! ce sont les meubles de ma cabane qui me portent malheur ! » Il court à sa cabane, brise et jette tous les meubles à la porte et revient en disant : « Jouez ! jouez ! »

Souvent un parieur se figure que tel homme lui porte malheur ; il faut que cet homme s'éloigne du jeu s'il n'y est pas mêlé, ou que l'on trouve un autre homme dont le manitou, au jugement du parieur, puisse vaincre celui de l'homme qui porte malheur. Il est arrivé que des commandants français au Canada, témoins de ces déplorables scènes, se sont vus forcés de se retirer pour satisfaire aux caprices d'un Indien. Et il ne s'agit pas de traiter légèrement ces caprices : toute la nation prendrait fait et cause pour le joueur ; la religion se mêlerait de l'affaire, et le sang coulerait.

Enfin, quand le coup décisif se joue, peu d'Indiens ont le courage d'en supporter la vue ; la plupart se précipitent à terre, ferment les yeux, se bouchent les oreilles, et attendent l'arrêt de la fortune comme on attendrait une sentence de vie ou de mort.

ANNÉE, DIVISION ET RÈGLEMENT DU TEMPS, CALENDRIER NATUREL

Année.

Les sauvages divisent l'année en douze lunes, division qui frappe tous les hommes ; car la lune, disparaissant et reparaissant douze fois, coupe visiblement l'année en douze parties, tandis que l'année solaire, véritable année, n'est point indiquée par des variations dans le disque du soleil.

Division du temps.

Les douze lunes tirent leurs noms des labeurs, des biens et des maux des sauvages, des dons et des accidents de la nature : conséquemment ces noms varient selon le pays et les usages des diverses peuplades. Charlevoix en cite un grand nombre. Un voyageur moderne [Beltrami[17]. (N.d.A.)] donne ainsi les mois des Sioux et les mois des Cipawois :

Mois des Sioux. Langue siouse.

Mars, la lune du mal des yeux. Wisthociasia-oni.

Avril, la lune du gibier. Mograhoandi-oni.

Mai, la lune des nids. Mograhochandà-oni.

Juin, la lune des fraises. Wojusticiascià-oni.

Juillet, la lune des cerises. Champascià-oni.

Août, la lune des buffaloes. Tantankakiocu-oni.

Septembre, la lune de la folle-avoine. Wasipi-oni.

Octobre, la lune de la fin de la Sciwostapi-oni.

folle-avoine.

Novembre, la lune du chevreuil. Takiouka-oni.

Décembre, la lune du chevreuil Ah esciakiouska-oni.

qui jette ses cornes.

17. *Beltrami* : auteur de l'ouvrage *La Découverte des sources du Mississippi et de la rivière Sanglante* publié en 1824

Janvier, la lune de valeur. Ouwikari-oni.

Février, la lune des chats sauvages. Owiciata-oni.

Mois des Cipawois. Langue Algonquine.

Juin, la lune des fraises. Hode i min-quisis.

Juillet, la lune des fruits brûlés. Mikin-quisis.

Août, la lune des feuilles jaunes. Wathebaqui-quisis.

Septembre, la lune des feuilles tombantes. Inaqui-quisis.

Octobre, la lune du gibier qui passe. Bina-hamo-quisis.

Novembre, la lune de la neige. Kaskadino-quisis.

Décembre, la lune du Petit-Esprit. Manito-quisis.

Janvier, la lune du Grand Esprit. Kitci-manito-quisis.

Février, la lune des aigles qui arrivent. Wamebinni-quisis.

Mars, la lune de la neige durcie. Ouabanni-quisis.

Avril, la lune des raquettes Pokaodaquimi-quisis.
aux pieds.

Mai, la lune des fleurs. Wabigon-quisis.

Les années se comptent par neiges ou par fleurs : le vieillard et la jeune fille trouvent ainsi le symbole de leurs âges dans le nom de leurs années.

Calendrier naturel.

En astronomie, les Indiens ne connaissent guère que l'étoile polaire ; ils l'appellent l'*étoile immobile* ; elle leur sert pour se guider pendant la nuit. Les Osages ont observé et nommé quelques constellations. Le jour, les sauvages n'ont pas besoin de boussole ; dans les savanes, la pointe de l'herbe qui penche du côté du sud, dans les forêts, la mousse qui s'attache au tronc des arbres du côté du nord, leur indiquent le septentrion et le midi. Ils savent dessiner sur des écorces des cartes géographiques où les distances sont désignées par les nuits de marche.

Les diverses limites de leur territoire sont des fleuves, des montagnes, un rocher où l'on aura conclu un traité, un tombeau au bord d'une forêt, une grotte du Grand-Esprit dans une vallée.

Les oiseaux, les quadrupèdes, les poissons, servent de baromètre, de thermomètre, de calendrier aux sauvages : ils disent que le castor leur a appris à bâtir et à se gouverner, le carcajou à chasser avec des chiens, parce qu'il chasse avec des loups, l'épervier d'eau à pêcher avec une huile qui attire le poisson.

Les pigeons, dont les volées sont innombrables, les bécasses américaines, dont le bec est d'ivoire, annoncent l'automne aux Indiens ; les perroquets et les piverts leur prédisent la pluie par des sifflements tremblotants.

Quand le maukawis, espèce de caille, fait entendre son chant au mois d'avril depuis le lever jusqu'au coucher du soleil, le Siminole se tient assuré que les froids sont passés : les femmes sèment les grains d'été ; mais quand le maukawis se perche la nuit sur une cabane, l'habitant de cette cabane se prépare à mourir.

Si l'oiseau blanc se joue au haut des airs, il annonce un orage ; s'il vole le soir au-devant du voyageur, en se jetant d'une aile sur l'autre, comme effrayé, il prédit des dangers.

Dans les grands événements de la patrie, les jongleurs affirment que Kit-chi-manitou se montre au-dessus des nuages porté par son oiseau favori, le wakon, espèce d'oiseau de paradis aux ailes brunes, et dont la queue est ornée de quatre longues plumes vertes et rouges.

Les moissons, les jeux, les chasses, les danses, les assemblées des sachems, les cérémonies du mariage, de la naissance et de la mort, tout se règle par quelques observations tirées de l'histoire de la nature. On sent combien ces usages doivent répandre de grâce et de poésie dans le langage ordinaire de ces peuples. Les nôtres se réjouissent à la Grenouillère, grimpent au mât de cocagne, moissonnent à la mi-août, plantent des oignons à la Saint-Fiacre, et se marient à la Saint-Nicolas.

MÉDECINE

La science du médecin est une espèce d'initiation chez les sauvages : elle s'appelle la grande médecine ; on y est affilié comme à une franc-maçonnerie ; elle a ses secrets, ses dogmes, ses rites.

Si les Indiens pouvaient bannir du traitement des maladies les coutumes superstitieuses et les jongleries des prêtres, ils connaîtraient tout ce qu'il y a d'essentiel dans l'art de guérir ; on pourrait même dire que cet art est presque aussi avancé chez eux que chez les peuples civilisés.

Ils connaissent une multitude de simples propres à fermer les blessures ; ils ont l'usage du *garent oguen*, qu'ils appellent encore *abasoutchenza*, à cause de sa forme : c'est le ginseng des Chinois. Avec la seconde écorce de sassafras, ils coupent les fièvres intermittentes : les racines du lycnis à feuilles de lierre leur servent pour faire passer les enflures du ventre ; ils emploient le *bellis* du Canada, haut de six pieds, dont les feuilles sont grasses et cannelées, contre la gangrène : il nettoie complètement les ulcères, soit qu'on le réduise en poudre, soit qu'on l'applique cru et broyé.

L'hédisaron à trois feuilles, dont les fleurs rouges sont disposées en épi, a la même vertu que le bellis.

Selon les Indiens, la forme des plantes a des analogies et des ressemblances avec les différentes parties du corps humain que ces plantes sont destinées à guérir, ou avec les animaux malfaisants dont elles neutralisent le venin. Cette observation mériterait d'être suivie : les peuples simples, qui dédaignent moins que nous les indications de la Providence, sont moins sujets que nous à s'y tromper.

Un des grands moyens employés par les sauvages dans beaucoup de maladies, ce sont les bains de vapeur. Ils bâtissent à cet effet une cabane qu'ils appellent la cabane des sueurs. Elle est construite avec des branches d'arbres plantées en rond et attachées ensemble par la cime, de manière à former un cône ; on les garnit en dehors de peaux de différents animaux : on y ménage une très petite ouverture pratiquée contre terre, et par laquelle on entre en se traînant sur les genoux et sur les mains. Au milieu de cette étuve est un bassin plein d'eau que l'on fait bouillir en y jetant des cailloux rougis au feu ; la vapeur qui s'élève de ce bassin est brûlante, et en moins de quelques minutes le malade se couvre de sueur.

La chirurgie n'est pas à beaucoup près aussi avancée que la médecine parmi les Indiens. Cependant ils sont parvenus à suppléer à nos instruments par des inventions ingénieuses. Ils entendent très bien les bandages applicables aux fractures simples : ils ont des os aussi pointus que des lancettes pour saigner et pour scarifier les membres rhumatisés ; ils sucent le sang à l'aide d'une corne, et en tirent la quantité prescrite. Des courges pleines de matières combustibles auxquelles ils mettent le feu leur tiennent lieu de ventouses. Ils ouvrent des ustions[18] avec des nerfs de chevreuil, ils font des siphons avec les vessies des divers animaux.

Les principes de la boîte fumigatoire employée quelque temps en Europe, dans le traitement des noyés, sont connus des Indiens. Ils se servent à cet effet d'un large boyau fermé à l'une des extrémités ouvert à l'autre par un petit tube de bois. On enfle ce boyau avec de la fumée, et l'on fait entrer cette fumée dans les intestins du noyé.

Dans chaque famille on conserve ce qu'on appelle le sac de médecine ; c'est un sac rempli de manitous et de différents simples d'une grande puissance. On porte ce sac à la guerre :

---

18. *Ustion* : terme de chirurgie désignant un mode de cautérisation.

dans les camps c'est un palladium, dans les cabanes un dieu Lare.

Les femmes pendant leurs couches se retirent à la cabane de purification ; elles y sont assistées par des matrones. Celles-ci, dans les accouchements ordinaires, ont les connaissances suffisantes, mais dans les accouchements difficiles, elles manquent d'instruments. Lorsque l'enfant se présente mal et qu'elles ne le peuvent retourner, elles suffoquent la mère, qui, se débattant contre la mort, délivre son fruit par l'effort d'une dernière convulsion. On avertit toujours la femme en travail avant de recourir à ce moyen ; elle n'hésite jamais à se sacrifier. Quelquefois la suffocation n'est pas complète ; on sauve à la fois l'enfant et son héroïque mère.

La pratique est encore, dans ces cas désespérés, de causer une grande frayeur à la femme en couches ; une troupe de jeunes gens s'approchent en silence de la cabane des purifications, et poussent tout à coup un cri de guerre : ces clameurs échouent auprès des femmes courageuses, et il y en a beaucoup.

Quand un sauvage tombe malade, tous ses parents se rendent à sa hutte. On ne prononce jamais le mot de mort devant un ami du malade : l'outrage le plus sanglant qu'on puisse faire à un homme, c'est de lui dire : « Ton père est mort. »

Nous avons vu le côté sérieux de la médecine des sauvages, nous allons en voir le côté plaisant, le côté qu'aurait peint un Molière indien, si ce qui rappelle les infirmités morales et physiques de notre nature n'avait quelque chose de triste.

Le malade a-t-il des évanouissements, dans les intervalles où on peut le supposer mort, les parents, assis selon les degrés de parenté autour de la natte du moribond, poussent des hurlements qu'on entendrait d'une demi-lieue. Quand le malade reprend ses sens les hurlements cessent pour recommencer à la première crise.

Cependant le jongleur arrive ; le malade lui demande s'il reviendra à la vie : le jongleur ne manque pas de répondre qu'il n'y a que lui, jongleur, qui puisse lui rendre la santé. Alors le malade qui se croit près d'expirer harangue ses parents, les console, les invite à bannir la tristesse et à bien manger.

On couvre le patient d'herbes, de racines et de morceaux d'écorce ; on souffle avec un tuyau de pipe sur les parties de son corps où le mal est censé résider ; le jongleur lui parle dans la bouche pour conjurer, s'il en est temps encore, l'esprit infernal.

Le malade ordonne lui-même le repas funèbre : tout ce qui reste de vivres dans la cabane se doit consommer. On commence à égorger les chiens, afin qu'ils aillent avertir le Grand-Esprit de la prochaine arrivée de leur maître. A travers ces puérilités, la simplicité avec laquelle un sauvage accomplit le dernier acte de la vie a pourtant quelque chose de grand.

En déclarant que le malade va mourir, le jongleur met sa science à l'abri des événements et fait admirer son art si le malade recouvre la santé.

Quand il s'aperçoit que le danger est passé, il n'en dit rien, et commence ses adjurations.

Il prononce d'abord des mots que personne ne comprend ; puis il s'écrie : « Je découvrirai le maléfice ; je forcerai Kitchi-Manitou à fuir devant moi. »

Il sort de la hutte ; les parents le suivent ; il court s'enfoncer dans la cabane des sueurs pour recevoir l'inspiration divine. Rangés dans une muette terreur autour de l'étuve, les parents entendent le prêtre qui hurle, chante, crie en s'accompagnant d'un chichikoué. Bientôt il sort tout nu par le soupirail de la hutte, l'écume aux lèvres et les yeux tors : il se plonge, dégouttant de sueur, dans une eau glacée, se roule par terre, fait le mort, ressuscite, vole à sa hutte en ordonnant aux parents d'aller l'attendre à celle du malade.

Bientôt on le voit revenir, tenant un charbon à moitié allumé dans sa bouche et un serpent dans sa main.

Après de nouvelles contorsions autour du malade, il laisse tomber le charbon et s'écrie : « Réveille-toi, je te promets la vie ; le Grand-Esprit m'a fait connaître le sort qui te faisait mourir. » Le forcené se jette sur le bras de sa dupe, le déchire avec les dents, et ôtant de sa bouche un petit os qu'il y tenait caché : « Voilà, s'écrie-t-il, le maléfice que j'ai arraché de ta chair ! » Alors le prêtre demande un chevreuil et des truites pour en faire un repas, sans quoi le malade ne pourrait guérir : les parents sont obligés d'aller sur-le-champ à la chasse et à la pêche.

Le médecin mange le dîner ; cela ne suffit pas. Le malade est menacé d'une rechute, si l'on n'obtient, dans une heure, le manteau d'un chef qui réside à deux ou trois journées de marche du lieu de la scène. Le jongleur le sait ; mais comme il prescrit à la fois la règle et donne les dispenses, moyennant quatre ou cinq manteaux profanes fournis par les parents, il les tient quittes du manteau sacré réclamé par le ciel.

Les fantaisies du malade, qui revient tout naturellement à la vie augmentent la bizarrerie de cette cure : le malade s'échappe de son lit, se traîne sur les pieds et sur les mains derrière les meubles de la cabane. Vainement on l'interroge ; il continue sa ronde et pousse des cris étranges. On le saisit : on le remet sur sa natte ; on le croit en proie à une attaque de son mal : il reste tranquille un moment, puis il se relève à l'improviste et va se plonger dans un vivier ; on l'en retire avec peine ; on lui présente un breuvage « Donne-le à cet original », dit-il en désignant un de ses parents.

Le médecin cherche à pénétrer la cause du nouveau délire du malade. « Je me suis endormi, répond gravement celui-ci, et j'ai rêvé que j'avais un bison dans l'estomac ». La famille semble consternée ; mais soudain les assistants s'écrient qu'ils sont aussi possédés d'un animal : l'un imite le cri d'un caribou, l'autre l'aboiement d'un chien, un troisième le hurlement d'un loup ; le malade contrefait à son tour le mugissement de son bison : c'est un charivari épouvantable. On fait transpirer le songeur sur une infusion de sauge et de branches de sapin ; son imagination est guérie par la complaisance de ses amis, et il déclare que le bison lui est sorti du corps. Ces folies, mentionnées par Charlevoix, se renouvellent tous les jours chez les Indiens.

Comment le même homme, qui s'élevait si haut lorsqu'il se croyait au moment de mourir, tombe-t-il si bas lorsqu'il est sûr de vivre ? Comment de sages vieillards, des jeunes gens raisonnables, des femmes sensées, se soumettent-ils aux caprices d'un esprit déréglé ? Ce sont là les mystères de l'homme, la double preuve de sa grandeur et de sa misère.

LANGUES INDIENNES

Quatre langues principales paraissent se partager l'Amérique septentrionale : l'algonquin et le huron au nord et à l'est, le sioux à l'ouest, et le chicassais au midi ; mais les dialectes diffèrent pour ainsi dire de tribu à tribu. Les Creeks actuels parlent le chicassais mêlé d'algonquin.

L'ancien natchez n'était qu'un dialecte plus doux du chicassais.

Le natchez, comme le huron et l'algonquin, ne connaissait que deux genres, le masculin et le féminin ; il rejetait le neutre. Cela est naturel chez des peuples qui prêtent des sens à tout, qui entendent des voix dans tous les murmures, qui donnent des haines et des amours aux plantes, des désirs à l'onde, des esprits immortels aux animaux, des âmes aux rochers. Les noms en natchez ne se déclinaient point ; ils prenaient seulement au pluriel la lettre *k* ou le monosyllabe *ki*, si le nom finissait par une consonne.

Les verbes se distinguaient par la caractéristique, la terminaison et l'augment[19]. Ainsi les Natchez disaient : *T-ija*, je marche ; *ni Tija-ban*, je marchais ; *ni-ga Tija*, je marcherai ; *ni-ki Tija*, je marcherai ou j'ai marché.

Il y avait autant de verbes qu'il y avait de substantifs exposés à la même action ; ainsi *manger* du maïs était un autre verbe que *manger* du chevreuil ; se *promener* dans une forêt se disait d'une autre manière que se promener sur une colline ; *aimer son ami* se rendait par le verbe *napitilima*, qui signifie j'estime ; *aimer sa maîtresse* s'exprimait par le verbe *nisakia*, qu'on peut traduire par *je suis heureux*. Dans les langues des peuples près de la nature, les verbes sont ou très multipliés ou peu nombreux, mais surchargés d'une multitude de lettres qui en varient les significations : le père, la mère, le fils, la femme, le mari, pour exprimer leurs divers sentiments, ont cherché des expressions diverses ; ils ont modifié d'après les passions humaines la parole primitive que Dieu a donnée à l'homme avec l'existence. Le verbe était un et renfermait tout : l'homme en a tiré les langues avec leurs variations et leurs richesses ; langues où l'on trouve pourtant quelques mots radicalement les mêmes, restés comme type ou preuve d'une commune origine.

Le chicassais, racine du natchez, est privé de la lettre *r* excepté dans les mots dérivés de l'algonquin, comme *arreg, je fais la guerre*, qui se prononce avec une sorte de déchirement de son. Le chicassais a des aspirations fréquentes pour le langage des passions violentes telles que la haine, la colère, la jalousie ; dans les sentiments tendres, dans les

19. *Augment* : dans la conjugaison d'un verbe, adjonction à certaines formes de temps d'un élément précédant le verbe.

descriptions de la nature, ses expressions sont pleines de charme et de pompe.

Les Sioux, que leur tradition fait venir du Mexique sur le haut Mississippi, ont étendu l'empire de leur langue depuis ce fleuve jusqu'aux montagnes Rocheuses à l'ouest, et jusqu'à la rivière Rouge, au nord : là se trouvent les Cypowois, qui parlent un dialecte de l'algonquin et qui sont ennemis des Sioux.

La langue siouse siffle d'une manière assez désagréable à l'oreille : c'est elle qui a nommé presque tous les fleuves et tous les lieux à l'ouest du Canada, le Mississippi, le Missouri, l'Osage, etc. On ne sait rien encore ou presque rien de sa grammaire.

L'algonquin et le huron sont des langues mères de tous les peuples de la partie de l'Amérique septentrionale comprise entre les sources du Mississippi, la baie d'Hudson et l'Atlantique, jusqu'à la côte de la Caroline. Un voyageur qui saurait ces deux langues pourrait parcourir plus de dix-huit cents lieues de pays sans interprète, et se faire entendre de plus de cent peuples.

La langue algonquine commençait à l'Acadie et au golfe Saint-Laurent ; tournant du sud-est par le nord jusqu'au sud-ouest, elle embrassait une étendue de douze cents lieues. Les indigènes de la Virginie la parlaient ; au delà, dans les Carolines, au midi, dominait la langue chicassaise. L'idiome algonquin, au nord, venait finir chez les Cypowois. Plus loin encore, au septentrion, paraît la langue des Esquimaux ; à l'ouest, la langue algonquine touchait la rive gauche du Mississippi : sur la rive droite règne la langue siouse.

L'algonquin a moins d'énergie que le Luron ; mais il est plus doux, plus élégant et plus clair : on l'emploie ordinairement dans les traités ; il passe pour la langue polie ou la langue classique du désert.

Le huron était parlé par le peuple qui lui a donné son nom, et par les Iroquois, colonie de ce peuple.

Le huron est une langue complète ayant ses verbes, ses noms, ses pronoms et ses adverbes. Les verbes simples ont une double conjugaison, l'une absolue, l'autre réciproque ; les troisièmes personnes ont les deux genres, et les nombres et les temps suivent le mécanisme de la langue grecque. Les verbes actifs se multiplient à l'infini, comme dans la langue chicassaise.

Le huron est sans labiales ; on le parle du gosier, et presque toutes les syllabes sont aspirées. La diphtongue *ou* forme un son extraordinaire qui s'exprime sans faire aucun mouvement des lèvres. Les missionnaires, ne sachant comment l'indiquer, l'ont écrit par le chiffre 8.

Le génie de cette noble langue consiste surtout à personnifier l'action, c'est-à-dire à tourner le passif par l'actif. Ainsi, l'exemple est cité par le père Rasle : « Si vous demandiez à un Européen pourquoi Dieu l'a créé, il vous dirait : C'est pour le connaître, l'aimer, le servir et par ce moyen mériter la gloire éternelle. »

Un sauvage vous répondrait dans la langue huronne : « Le Grand-Esprit a pensé de nous : qu'ils me connaissent, qu'ils m'aiment, qu'ils me servent, alors je les ferai entrer dans mon illustre félicité. »

La langue huronne ou iroquoise a cinq principaux dialectes.

Cette langue n'a que quatre voyelles, *a, e, i, o*, et la diphtongue 8, qui tient un peu de la consonne et de la valeur du *w* anglais ; elle a six consonnes, *h, k, n, r, s, t*.

Dans le huron, presque tous les noms sont verbes. Il n'y a point d'infinitif ; la racine du verbe est la première personne du présent de l'indicatif.

Il y a trois temps primitifs dont se forment tous les autres : le présent de l'indicatif, le prétérit indéfini, et le futur simple affirmatif.

Il n'y a presque pas de substantifs abstraits ; si on en trouve quelques-uns, ils ont été évidemment formés après coup du verbe concret, en modifiant une de ses personnes.

Le huron a un duel comme le grec, et deux premières personnes plurielles et duelles. Point d'auxiliaire pour conjuguer les verbes ; point de participes ; point de verbes passifs ; on tourne par l'actif : *Je suis aimé*, dites : *On m'aime*, etc. Point de pronoms pour exprimer les relations dans les verbes : elles se connaissent seulement par l'initiale du verbe, que l'on modifie autant de différentes fois et d'autant de différentes manières qu'il y a de relations possibles entre les différentes personnes des trois nombres, ce qui est énorme. Aussi ces relations sont-elles la clef de la langue. Lorsqu'on les comprend (elles ont des règles fixes), on n'est plus arrêté.

Une singularité, c'est que, dans les verbes, les impératifs ont une première personne.

Tous les mots de la langue huronne peuvent se composer entre eux. Il est général, à quelques exceptions près, que l'objet du verbe, lorsqu'il n'est pas un nom propre, s'inclut dans le verbe même, et ne fait plus qu'un seul mot, mais alors le verbe prend la conjugaison du nom ; car tous les noms appartiennent à une conjugaison. Il y en a cinq.

Cette langue a un grand nombre de particules explétives, qui seules ne signifient rien, mais qui répandues dans le discours lui donnent une grande force et une grande clarté. Les particules ne sont pas toujours les mêmes pour les hommes et pour les femmes. Chaque genre a les siennes propres.

Il y a deux genres, le genre noble, pour les hommes, et le genre non noble, pour les femmes et les animaux mâles ou femelles. En disant d'un lâche qu'il est une femme, on masculinise le mot femme ; en disant d'une femme qu'elle est un homme, on féminise le mot homme.

La marque du genre noble et du genre non noble, du singulier, du duel et du pluriel, est la même dans les noms que dans les verbes, lesquels ont tous, à chaque temps et à chaque nombre, deux troisièmes personnes, noble et non noble.

Chaque conjugaison est absolue, réfléchie, réciproque et relative. J'en mettrai ici un exemple.

Conjugaison absolue.

Singulier présent de l'indicatif.

Iks8ens. – Je hais, etc.

Duel.

Tenis8ens. – Toi et moi, etc.

Pluriel.

Te8as8ens. – Vous et nous, etc.

Conjugaison réfléchie.

Singulier.

Katats8ens. – Je me hais, etc.

Duel.

Tiatats8ens. – Nous nous, etc.

Pluriel.

Te8atats8ens. – Vous et nous, etc.

Pour la conjugaison réciproque on ajoute *te* à la conjugaison réfléchie, en changeant *r* en *h* dans les troisièmes personnes du singulier et du pluriel.

On aura donc :

Tekatats8ens. – Je me hais, *muwtuo*, avec quelqu'un.

Conjugaison relative du même verbe, du même temps.

Singulier.

Relation de la première personne aux autres.

Kons8ens. – *Ego te odi*, etc.

Relation de la seconde personne aux autres.

Taks8ens. – *Tu me.*

Relation de la troisième masculine aux autres.

Rask8ens. – *Ille me.*

Relation de la troisième personne féminine aux autres.

8aks8ens. – *Illa me*, etc.

Relation de la troisième personne indéfinie on.

Ionks8ens. – On me hait.

Duel.

La relation du duel au duel et au pluriel devient plurielle. On ne mettra donc que la relation du duel au singulier.

Relation du duel aux autres personnes.

Kenis8ens. – *Nos 2 te*, etc.

Les troisièmes personnes duelles aux autres sont les mêmes que les plurielles.

Pluriel.

Relation de la première plurielle aux autres.

K8as8ens. – *Nos te*, etc.

Relation de la seconde plurielle aux autres.

Tak8as8ens. – *Vos me.*

Relation de la troisième plurielle masculine aux autres.

Ronks8ens. – *Illi me.*

Relation de la troisième féminine plurielle aux autres.

Ionsks8ens. – *Illae me.*

Conjugaison d'un nom.

Singulier.

Hieronke. – Mon corps.

Tsieronke. – Ton corps.

Raieronke. – Son – à lui.

Kaierouke. – Son – à elle.

Ierouke. – Le corps de quelqu'un.

Duel.

Tenïeronke. – Notre (*meum, et tuum*).

Iakeniieronke. – Notre (*meum et illum*).

Seniieronke. – Votre 2.

Niieronke. – Leur 2 à eux.

Kaniieronke. – Leur 2 à elles.

Pluriel.

Te8aieronke. – Notre (*nost. et vest.*).

Iak8aieronke. – Notre (*nost. et illor.*)

Et ainsi de tous les noms. En comparant la conjugaison de ce nom avec la conjugaison absolue du verbe *iks* 8 *ens*, je hais, on voit que ce sont absolument les mêmes modifications aux trois nombres : *k* pour la première personne, *s* pour la seconde ; *r* pour la troisième noble, *ka* pour la troisième non noble ; *ni* pour le duel. Pour le pluriel, on redouble *te* 8 *a*, *se* 8 *a rati, konti*, changeant *k* en *te* 8 *a*, *s* en *se* 8 *a*, *ra* en *rati, ka* en *konti*, etc.

La relation dans la parenté est toujours du plus grand au plus petit. Exemple :

Mon père, *rakenika*, celui qui m'a pour fils. (Relation de la troisième personne à la première.)

Mon fils, *rienha*, celui que j'ai pour fils. (Relation de la première à la troisième personne.)

Mon oncle, *rakenchaa, rak...* (Relation de la troisième personne à la première.)

Mon neveu, *rion* 8 *atenha, ri...* (Relation de la première à la troisième personne comme dans le verbe précédent.)

Le verbe *vouloir* ne se peut traduire en iroquois. On se sert de *ikire, penser* ; ainsi :

Je veux aller là.

Ikere etho iake

Je pense aller là.

Les verbes qui expriment une chose qui n'existe plus au moment où l'on parle n'ont point de parfait, mais seulement un imparfait, comme *ronnhek* 8 *e*, imparfait, il a vécu, il ne vit plus. Par analogie à cette règle : si *j'ai aimé* quelqu'un et si je l'*aime encore*, je me servirai du parfait *kenon* 8 *ehon*. Si je ne l'aime plus, je me servirai de l'imparfait *kenon* 8 *esk* 8 *e* : je l'*aimais*, mais je *ne l'aime plus* : voilà pour les temps.

Quant aux personnes, les verbes qui expriment une chose que l'on ne fait pas volontairement n'ont pas de premières personnes, mais seulement une troisième relative aux autres. Ainsi, j'éternue, *te* 8 *akitsionk* 8 *a*, relation de la troisième à la première : cela m'*éternue* ou me fait éternuer.

Je bâille, *te* 8 *akskara* 8 *ata*, même relation de la troisième non noble à la première 8 *ak*, cela m'*ouvre la bouche*. La seconde personne, *tu bâilles, tu éternues*, sera la relation de la même troisième personne non noble à la seconde *tesatsionk* 8 *a, tesaskara* 8 *ata*, etc.

Pour les termes des verbes, ou régimes indirects, il y a une variété suffisante de modifications aux finales qui les expriment intelligiblement ; et ces modifications sont soumises à des règles fixes.

Kninons, j'achète. *Kehninonse*, j'achète pour quelqu'un. *Kehninon*, j'achète de quelqu'un. – *Katennietha*, j'envoie. *Kehnieta*, j'envoie par quelqu'un. *Keiatennietennis*, j'envoie à quelqu'un.

Du seul examen de ces langues, il résulte que des peuples surnommés par nous *sauvages* étaient fort avancés dans cette civilisation qui tient à la combinaison des idées. Les détails de leur gouvernement confirmeront de plus en plus cette vérité [J'ai puisé la plupart des renseignements curieux que je viens de donner sur la langue huronne dans une petite grammaire iroquoise manuscrite qu'a bien voulu m'envoyer M. Marcoux, missionnaire au saut Saint-Louis, district de Montréal, dans le bas Canada. Au reste, les jésuites ont laissé des travaux considérables sur les langues sauvages du Canada. Le P. Chaumont, qui avait passé cinquante ans parmi les Hurons, a composé une grammaire de leur langue. Nous devons au P. Rasle, enfermé dix ans dans un village d'Abénakis, de précieux documents. Un dictionnaire français-iroquois est achevé ; nouveau trésor pour les philologues On a aussi le manuscrit d'un dictionnaire iroquois et anglais ; malheureusement le premier volume, depuis la lettre *A* jusqu'à la lettre *L*, a été perdu. (N.d.A.)].

CHASSE

Quand les vieillards ont décidé la chasse du castor ou de l'ours, un guerrier va de porte en porte dans les villages, disant : « Les chefs vont partir ; que ceux qui veulent les suivre se peignent de noir et jeûnent, pour apprendre à l'Esprit des songes où les ours et les castors se tiennent cette année. »

A cet avertissement tous les guerriers se barbouillent de noir de fumée détrempé avec de l'huile d'ours ; le jeûne de huit nuits commence : il est si rigoureux qu'on ne doit pas même avaler une goutte d'eau, et il faut chanter incessamment, afin d'avoir d'heureux songes.

Le jeûne accompli, les guerriers se baignent : on sert un grand festin. Chaque Indien fait le récit de ses songes : si le plus grand nombre de ces songes désigne un même lieu pour la chasse, c'est là qu'on se résout d'aller.

On offre un sacrifice expiatoire aux âmes des ours tués dans les chasses précédentes, et on les conjure d'être favorables aux nouveaux chasseurs, c'est-à-dire qu'on prie les ours défunts de laisser assommer les ours vivants. Chaque guerrier chante ses anciens exploits contre les bêtes fauves.

Les chansons finies, on part complètement armé. Arrivés au bord d'un fleuve, les guerriers, tenant une une pagaïe à la main, s'asseyent deux à deux dans le fond des canots. Au signal donné par le chef, les canots se rangent à la file : celui qui tient la tête sert à rompre l'effort de l'eau lorsqu'on navigue contre le cours du fleuve. A ces expéditions, on mène des meutes, et l'on porte des lacets, des pièges, des raquettes à neige.

Lorsqu'on est parvenu au rendez-vous, les canots sont tirés à terre et environnés d'une palissade revêtue de gazon. Le chef divise les Indiens en compagnies composées d'un même nombre d'individus. Après le partage des chasseurs, on procède au partage du pays de chasse. Chaque compagnie bâtit une hutte au centre du lot qui lui est échu.

La neige est déblayée, des piquets sont enfoncés en terre, et des écorces de bouleau appuyées contre ces piquets : sur ces écorces, qui forment les murs de la hutte, s'élèvent d'autres écorces inclinées l'une vers l'autre ; c'est le toit de l'édifice : un trou ménagé dans ce toit laisse échapper la fumée du foyer. La neige bouche en dehors les vides de la bâtisse, et lui sert de ravalement ou de crépi. Un brasier est allumé au milieu de la cabane ; des fourrures couvrent le sol ; les chiens dorment sur les pieds de leurs maîtres ; loin de souffrir du froid, on étouffe. La fumée remplit tout : les chasseurs, assis ou couchés, tâchent de se placer au-dessous de cette fumée.

On attend que les neiges soient tombées, que le vent du nord-est, en rassérénant le ciel, ait amené un froid sec, pour commencer la chasse du castor. Mais, pendant les jours qui précèdent cette nuaison on s'occupe de quelques chasses intermédiaires, telles que celles des outres, des renards et des rats musqués.

Les trappes employées contre ces animaux sont des planches plus ou moins épaisses, plus ou moins larges. On fait un trou dans la neige : une des extrémités des planches est posée à terre, l'autre extrémité est élevée sur trois morceaux de bois agencés dans la forme du chiffre 4. L'amorce s'attache à l'un des jambages de ce chiffre ; l'animal qui la veut saisir s'introduit sous la planche, tire à soi l'appât, abat la trappe, est écrasé.

Les amorces diffèrent selon les animaux auxquels elles sont destinées : au castor on présente un morceau de bois de tremble, au renard et au loup un lambeau de chair, au rat musqué des noix et divers fruits secs.

On tend les trappes pour les loups à l'entrée des passes, au débouché d'un fourré ; pour les renards, au penchant des collines, à quelque distance des garennes ; pour le rat musqué, dans les taillis de frênes ; pour les loutres, dans les fossés des prairies et dans les joncs des étangs.

On visite les trappes le matin : on part de la hutte deux heures avant le jour.

Les chasseurs marchent sur la neige avec des raquettes : ces raquettes ont dix-huit pouces de long sur huit de large ; de forme ovale par-devant, elles se terminent en pointe par-derrière ; la courbe de l'ellipse est de bois de bouleau, plié et durci au feu. Les cordes transversales et longitudinales sont faites de lanières de cuir : elles ont six lignes en tous sens ; on les renforce avec des scions d'osier. La raquette est assujettie aux pieds au moyen de trois bandelettes. Sans ces machines ingénieuses il serait impossible de faire un pas l'hiver dans ces climats ; mais elles blessent et fatiguent d'abord, parce qu'elles obligent à tourner les genoux en dedans et à écarter les jambes.

Lorsqu'on procède à la visite et à la levée des pièges, dans les mois de novembre et de décembre, c'est ordinairement au milieu des tourbillons de neige, de grêle et de vent : on voit à peine à un demi-pied devant soi. Les chasseurs marchent en silence ; mais les chiens, qui sentent la proie, poussent des hurlements. Il faut toute la sagacité du sauvage pour retrouver les trappes ensevelies, avec les sentiers, sous les frimas.

A un jet de pierre des pièges, le chasseur s'arrête, afin d'attendre le lever du jour ; il demeure debout, immobile au milieu de la tempête, le dos tourné au vent, les doigts enfoncés dans la bouche : à chaque poil des peaux dont il est enveloppé se forme une aiguille de givre, et la touffe de cheveux qui couronne sa tête devient un panache de glace.

A la première lueur du jour, lorsqu'on aperçoit les trappes tombées, on court aux fins de la bête. Un loup ou un renard, les reins à moitié cassés, montre aux chasseurs ses dents blanches et sa gueule noire : les chiens font raison du blessé.

On balaye la nouvelle neige, on relève la machine ; on y met une pâture fraîche, observant de dresser l'embûche sous le vent. Quelquefois les pièges sont détendus sans que le gibier y soit resté : cet accident est l'effet de la matoiserie des renards ; ils attaquent l'amorce en avançant la patte par le côté de la planche, au lieu de s'engager sous la trappe ; ils emportent sains et saufs la picorée.

Si la première levée des pièges a été bonne, les chasseurs retournent triomphants à la hutte ; le bruit qu'ils font alors est incroyable : ils racontent les captures de la matinée ; ils invoquent les manitous ; ils crient sans s'entendre ; ils déraisonnent de joie, et les chiens ne sont pas muets. De ce premier succès on tire les présages les plus heureux pour l'avenir.

Lorsque les neiges ont cessé de tomber, que le soleil brille sur leur surface durcie, la chasse du castor est proclamée. On fait d'abord au Grand-Castor une prière solennelle, et on lui présente une offrande de pétun. Chaque Indien s'arme d'une massue pour briser la glace, d'un filet pour envelopper la proie. Mais quelle que soit la rigueur de l'hiver, certains petits étangs ne gèlent jamais dans le Haut-Canada :

ce phénomène tient ou à l'abondance de quelques sources chaudes. Ou à l'exposition particulière du sol.

Ces réservoirs d'eau non congélable sont souvent formés par les castors eux-mêmes, comme je l'ai dit à l'article de l'histoire naturelle. Voici comment on détruit les paisibles créatures de Dieu :

On pratique à la chaussée de l'étang où vivent les castors un trou assez large pour que l'eau se perde et pour que la ville merveilleuse demeure à sec. Debout sur la chaussée, un assommoir à la main, leurs chiens derrière eux, les chasseurs sont attentifs : ils voient les habitations se découvrir à mesure que l'eau baisse. Alarmé de cet écoulement rapide, le peuple amphibie, jugeant, sans en connaître la cause, qu'une brèche s'est faite à la chaussée, s'occupe aussitôt à la fermer. Tous nagent à l'envi : les uns s'avancent pour examiner la nature du dommage ; les autres abordent au rivage pour chercher des matériaux ; d'autres se rendent aux maisons de campagne pour avertir les citoyens. Les infortunés sont environnés de toutes parts : à la chaussée la massue étend raide mort l'ouvrier qui s'efforçait de réparer l'avarie ; l'habitant réfugié dans sa maison champêtre n'est pas plus en sûreté : le chasseur lui jette une poudre qui l'aveugle, et les dogues l'étranglent. Les cris des vainqueurs font retentir les bois, l'eau s'épuise, et l'on marche à l'assaut de la cité.

La manière de prendre les castors dans les viviers gelés est différente : des percées sont ménagées dans la glace ; emprisonnés sous leur voûte de cristal, les castors s'empressent de venir respirer à ces ouvertures. Les chasseurs ont soin de recouvrir l'endroit brisé avec de la bourre de roseau ; sans cette précaution, les castors découvriraient l'embuscade que leur cache la moelle du jonc répandue sur l'eau. Ils approchent donc du soupirail ; le remolé[20] qu'ils font en

20. *Remolé* : tourbillon qui se produit à l'avant et à l'arrière d'un bateau en marche.

nageant les trahit : le chasseur plonge son bras dans l'issue, saisit l'animal par une patte, le jette sur la glace, où il est entouré d'un cercle d'assassins, dogues et hommes. Bientôt attaché à un arbre, un sauvage l'écorche à moitié vivant, afin que son poil aille envelopper au-delà des mers la tête d'un habitant de Londres ou de Paris.

L'expédition contre les castors terminée, on revient à la hutte des chasses, en chantant des hymnes au Grand-Castor, au bruit du tambour et du chichikoué.

L'écorchement se fait en commun. On plante des poteaux : deux chasseurs se placent à chaque poteau, qui porte deux castors suspendus par les jambes de derrière. Au commandement du chef, on ouvre le ventre des animaux tués et on les dépouille. S'il se trouve une femelle parmi les victimes, la consternation est grande ; non seulement c'est un crime religieux de tuer les femelles du castor, mais c'est encore un délit politique, une cause de guerre entre les tribus. Cependant l'amour du gain, la passion des liqueurs fortes, le besoin d'armes à feu, l'ont emporté sur la force de la superstition et sur le droit établi ; des femelles en grande quantité ont été traquées, ce qui produira tôt ou tard l'extinction de leur race.

La chasse finit par un repas composé de la chair des castors. Un orateur prononce l'éloge des défunts comme s'il n'avait pas contribué à leur mort : il raconte tout ce que j'ai rapporté de leurs mœurs ; il loue leur esprit et leur sagesse : « Vous n'entendrez plus, dit-il, la voix des chefs qui vous commandaient et que vous aviez choisis entre tous les guerriers castors pour vous donner des lois. Votre langage, que les jongleurs savent parfaitement, ne sera plus parlé au fond du lac ; vous ne livrerez plus de batailles aux loutres, vos cruels ennemis. Non, castors ! mais vos peaux serviront à acheter des armes, nous porterons vos jambons fumés à nos enfants, nous empêcherons nos chiens de briser vos os, qui sont si durs. »

Tous les discours, toutes les chansons des Indiens, prouvent qu'ils s'associent aux animaux, qu'ils leur prêtent un caractère et un langage, qu'ils les regardent comme des instituteurs, comme des êtres doués d'une âme intelligente. L'Ecriture offre souvent l'instinct des animaux en exemple à l'homme.

La chasse de l'ours est la chasse la plus renommée chez les sauvages. Elle commence par de longs jeûnes, des purgations sacrées et des festins, elle a lieu en hiver. Les chasseurs suivent des chemins affreux, le long des lacs, entre des montagnes dont les précipices sont cachés dans la neige. Dans les défilés dangereux, ils offrent le sacrifice réputé le plus puissant auprès du génie du désert : ils suspendent un chien vivant aux branches d'un arbre, et l'y laissent mourir enragé. Des huttes élevées chaque soir à la hâte ne donnent qu'un mauvais abri : on y est glacé d'un côté et brûlé de l'autre ; pour se défendre contre la fumée, on n'a d'autre ressource que de se coucher sur le ventre, le visage enseveli dans des peaux. Les chiens affamés hurlent, passent et repassent sur le corps de leurs maîtres : lorsque ceux-ci croient aller prendre un chétif repas, le dogue, plus alerte, l'engloutit.

Après des fatigues inouïes, on arrive à des plaines couvertes de forêts de pins, retraite des ours. Les fatigues et les périls sont oubliés ; l'action commence.

Les chasseurs se divisent et embrassent, en se plaçant à quelque distance les uns des autres, un grand espace circulaire. Rendus aux différents points du cercle, ils marchent, à l'heure fixée, sur un rayon qui tend au centre, examinant avec soin sur ce rayon les vieux arbres qui recèlent les ours : l'animal se trahit par la marque que son haleine laisse dans la neige.

Aussitôt que l'Indien a découvert les traces qu'il cherche, il appelle ses compagnons, grimpe sur le pin, et, à dix ou douze pieds de terre, trouve l'ouverture par laquelle le solitaire s'est retiré dans sa cellule : si l'ours est endormi, on lui fend la tête ; deux autres chasseurs, montant à leur tour sur l'arbre, aident le premier à retirer le mort de sa niche et à le précipiter.

Le guerrier explorateur et vainqueur se hâte alors de descendre : il allume sa pipe, la met dans la gueule de l'ours, et soufflant dans le fourneau du calumet, remplit de fumée le gosier du quadrupède. Il adresse ensuite des paroles à l'âme du trépassé ; il le prie de lui pardonner sa mort, de ne point lui être contraire dans les chasses qu'il pourrait entreprendre. Après cette harangue, il coupe le filet de la langue de l'ours, pour le brûler au village, afin de découvrir, par la manière dont il pétillera dans la flamme, si l'esprit de l'ours est ou n'est pas apaisé.

L'ours n'est pas toujours renfermé dans le tronc d'un pin ; il habite souvent une tanière dont il a bouché l'entrée. Cet ermite est quelquefois si replet, qu'il peut à peine marcher, quoiqu'il ait vécu une partie de l'hiver sans nourriture.

Les guerriers partis des différents points du cercle, et dirigés vers le centre, s'y rencontrent enfin, apportant, traînant ou chassant leur proie : on voit quelquefois arriver ainsi de jeunes sauvages qui poussent devant eux, avec une baguette, un gros ours trottant pesamment sur la neige. Quand ils sont las de ce jeu, ils enfoncent un couteau dans le cœur du pauvre animal.

La chasse de l'ours, comme toutes les autres chasses, finit par un repas sacré. L'usage est de faire rôtir un ours tout entier et de le servir aux convives, assis en rond sur la neige, à l'abri des pins, dont les branches étagées sont aussi couvertes de neige. La tête de la victime, peinte de rouge et de bleu, est exposée au haut d'un poteau. Des orateurs lui adressent la parole ; prodiguent les louanges au mort, tandis qu'ils dévorent ses membres. « Comme tu montais au haut des arbres ! quelle force dans tes étreintes ! quelle constance dans tes entreprises ! quelle sobriété dans tes jeûnes ! Guerrier à l'épaisse fourrure, au printemps les jeunes ourses brûlaient d'amour pour toi. Maintenant tu n'es plus ; mais ta dépouille fait encore les délices de ceux qui la possèdent. »

On voit souvent assis pêle-mêle avec les sauvages à ces festins des dogues, des ours et des loutres apprivoisés.

Les Indiens prennent pendant cette chasse des engagements qu'ils ont de la peine à remplir. Ils jurent, par exemple, de ne point manger avant d'avoir porté la patte du premier ours qu'ils tueront à leur mère ou à leur femme, et quelquefois leur mère et leur femme sont à trois ou quatre cents milles de la forêt où ils ont assommé la bête. Dans ces cas on consulte le jongleur, lequel, au moyen d'un présent, accommode l'affaire. Les imprudents faiseurs de vœux en sont quittes pour brûler en l'honneur du Grand-Lièvre la partie de l'animal qu'ils avaient dévouée à leurs parents

La chasse de l'ours finit vers la fin de février, et c'est à cette époque que commence celle de l'orignal. On trouve de grandes troupes de ces animaux dans les jeunes semis de sapins.

Pour les prendre, on enferme un terrain considérable dans deux triangles de grandeur inégale, et formés de pieux hauts et serrés. Ces deux triangles se communiquent par un de leurs angles, à l'issue duquel on tend des lacets. La base du plus grand triangle reste ouverte, et les guerriers s'y rangent sur une seule ligne. Bientôt ils s'avancent poussant de grands cris, frappant sur une espèce de tambour. Les orignaux prennent la fuite dans l'enclos cerné par les pieux. Ils cherchent en vain un passage, arrivent au détroit fatal, et demeurent embarrassés dans les filets. Ceux qui les franchissent se précipitent dans le petit triangle, où ils sont aisément percés de flèches.

La chasse du bison a lieu pendant l'été, dans les savanes qui bordent le Missouri ou ses affluents. Les Indiens, battant la plaine, poussent les troupeaux vers le courant d'eau. Quand ils refusent de fuir, on embrase les herbes, et les bisons se trouvent resserrés entre l'incendie et le fleuve. Quelques milliers de ces pesants animaux mugissant à la fois, traversant la flamme ou l'onde, tombant atteints par la balle ou percés par l'épieu, offrent un spectacle étonnant.

Les sauvages emploient encore d'autres moyens d'attaque contre les bisons : tantôt ils se déguisent en loups, afin de les approcher ; tantôt ils attirent les vaches, en imitant le mugissement du taureau. Aux derniers jours de l'automne, lorsque les rivières sont à peine gelées, deux ou trois tribus réunies dirigent les troupeaux vers ces rivières. Un Sioux, revêtu de la peau d'un bison, franchit le fleuve sur la glace mince ; les bisons trompés le suivent, le pont fragile se rompt sous le lourd bétail, que l'on massacre au milieu des débris flottants. Dans ces occasions les chasseurs emploient la flèche : le coup muet de cette arme n'épouvante point le gibier, et le trait est repris par l'archer quand l'animal est abattu. Le mousquet n'a pas cet avantage : il y a perte et bruit dans l'usage du plomb et de la poudre.

On a soin de prendre les bisons sous le vent, parce qu'ils flairent l'homme à une grande distance. Le taureau blessé revient sur le coup ; il défend la génisse, et meurt souvent pour elle.

Les Sioux errant dans les savanes, sur la rive droite du Mississippi, depuis les sources de ce fleuve jusqu'au saut Saint-Antoine, élèvent des chevaux de race espagnole, avec lesquels ils lancent les bisons.

Ils ont quelquefois de singuliers compagnons dans cette chasse : ce sont les loups. Ceux-ci se mettent à la suite des

Indiens afin de profiter de leurs restes, et dans la mêlée ils emportent les veaux égarés.

Souvent aussi ces loups chassent pour leur propre compte. Trois d'entre eux amusent une vache par leurs folâtreries : tandis que, naïvement attentive, elle regarde les jeux de ces traîtres, un loup tapi dans l'herbe la saisit aux mamelles ; elle tourne la tête pour s'en débarrasser, et les trois complices du brigand lui sautent à la gorge.

Sur le théâtre de cette chasse s'exécute, quelques mois après, une chasse non moins cruelle, mais plus paisible, celle des colombes : on les prend la nuit au flambeau, sur les arbres isolés où elles se reposent pendant leur migration du nord au midi.

Le retour des guerriers au printemps, quand la chasse a été bonne, est une grande fête. On revient chercher les canots ; on les radoube avec de la graisse d'ours et de la résine de térébinthe ; les pelleteries, les viandes fumées, les bagages sont embarqués, et l'on s'abandonne au cours des rivières, dont les rapides et les cataractes ont disparu sous la crue des eaux.

En approchant des villages, un Indien, mis à terre, court avertir la nation. Les femmes, les enfants, les vieillards, les guerriers restés aux cabanes, se rendent au fleuve. Ils saluent la flotte par un cri, auquel la flotte répond par un autre cri. Les pirogues rompent leur file, se rangent bord à bord et présentent la proue. Les chasseurs sautent sur la rive, et rentrent aux villages dans l'ordre observé au départ.

Chaque Indien chante sa propre louange : « Il faut être homme pour attaquer les ours comme je l'ai fait ; il faut être homme pour apporter de telles fourrures et des vivres en si grande abondance. » Les tribus applaudissent. Les femmes suivent portant le produit de la chasse.

On partage les peaux et les viandes sur la place publique ; on allume le feu du retour ; on y jette les filets de langues d'ours : s'ils sont charnus et pétillent bien, c'est l'augure le plus favorable ; s'ils sont secs et brûlent sans bruit, la nation est menacée de quelque malheur.

Après la danse du calumet, on sert le dernier repas de la chasse : il consiste en un ours amené vivant de la forêt : on le met cuire tout entier avec la peau et les entrailles dans une énorme chaudière. Il ne faut rien laisser de l'animal, ne point briser ses os, coutume judaïque ; il faut boire jusqu'à la dernière goutte de l'eau dans laquelle il a bouilli : le sauvage dont l'estomac repousse l'aliment appelle à son secours ses compagnons. Ce repas dure huit ou dix heures : les festoyants en sortent dans un état affreux ; quelques-uns payent de leur vie l'horrible plaisir que la superstition impose. Un sachem clôt la cérémonie :

« Guerriers, le Grand-Lièvre a regardé nos flèches ; vous avez montré la sagesse du castor, la prudence de l'ours, la force du bison, la vitesse de l'orignal. Retirez-vous, et passez la lune de feu à la pêche et aux jeux. » Ce discours se termine par un *Oah !* cri religieux, trois fois répété.

Les bêtes qui fournissent la pelleterie aux sauvages sont : le blaireau, le renard gris, jaune et rouge, le pécan, le gopher, le racoon, le lièvre gris et blanc, le castor, l'hermine, la martre, le rat musqué, le chat-tigre ou carcajou, la loutre, le loup-cervier, la bête puante, l'écureuil noir, gris et rayé, l'ours, et le loup de plusieurs espèces.

Les peaux à tanner se tirent de l'orignal, de l'élan, de la brebis de montagne, du chevreuil, du daim, du cerf et du bison.

LA GUERRE

Chez les sauvages tout porte les armes, hommes, femmes et enfants; mais le corps des combattants se compose en général du cinquième de la tribu.

Quinze ans est l'âge légal du service militaire. La guerre est la grande affaire des sauvages et tout le fond de leur politique; elle a quelque chose de plus légitime que la guerre chez les peuples civilisés, parce qu'elle est presque toujours déclarée pour l'existence même du peuple qui l'entreprend: il s'agit de conserver des pays de chasse ou des terrains propres à la culture. Mais, par la raison même que l'Indien ne s'applique que pour vivre à l'art qui lui donne la mort, il en résulte des fureurs implacables entre les tribus: c'est la nourriture de la famille qu'on se dispute. Les haines deviennent individuelles: comme les armées sont peu nombreuses, comme chaque ennemi connaît le nom et le visage de son ennemi, on se bat encore avec acharnement par des antipathies de caractère et par des ressentiments particuliers; ces enfants du même désert portent dans leurs querelles étrangères quelque chose de l'animosité des troubles civils.

A cette première et générale cause de guerre parmi les sauvages viennent se mêler d'autres raisons de prises d'armes, tirées de quelque motif superstitieux, de quelques dissensions domestiques, de quelque intérêt né du commerce des Européens. Ainsi, tuer des femelles de castor était devenu chez les hordes du nord de l'Amérique un sujet légitime de guerre.

La guerre se dénonce d'une manière extraordinaire et terrible. Quatre guerriers, peints en noir de la tête aux pieds, se glissent dans les plus profondes ténèbres chez le peuple menacé: parvenus aux portes des cabanes, ils jettent au foyer de ces cabanes un casse-tête peint en rouge, sur le pied duquel sont marqués, par des signes connus des sachems, les motifs des hostilités : les premiers Romains lançaient une javeline sur le territoire ennemi. Ces hérauts d'armes indiens disparaissent aussitôt dans la nuit comme des fantômes, en poussant le fameux cri ou *woop* de guerre. On le forme en appuyant une main sur la bouche et frappant les lèvres, de manière à ce que le son échappé en tremblotant, tantôt plus sourd, tantôt plus aigu, se termine par une espèce de rugissement dont il est impossible de se faire une idée.

La guerre dénoncée, si l'ennemi est trop faible pour la soutenir, il fuit ; s'il se sent fort, il l'accepte : commencent aussitôt les préparatifs et les cérémonies d'usage.

Un grand feu est allumé sur la place publique, et la chaudière de la guerre placée sur le bûcher : c'est la marmite du janissaire. Chaque combattant y jette quelque chose de ce qui lui appartient. On plante aussi deux poteaux où l'on suspend des flèches, des casse-têtes et des plumes, le tout peint en rouge. Les poteaux sont placés au septentrion, à l'orient, au midi ou à l'occident de la place publique, selon le point géographique d'où la bataille doit venir.

Cela fait, on présente aux guerriers la *médecine* de la guerre, vomitif violent, délayé dans deux pintes d'eau qu'il faut avaler d'un trait. Les jeunes gens se dispersent aux environs, mais sans trop s'écarter. Le chef qui doit les commander, après s'être frotté le cou et le visage de graisse d'ours et de charbon pilé, se retire à l'étuve, où il passe deux jours entiers à suer, à jeûner et à observer ses songes. Pendant ces deux jours, il est défendu aux femmes d'approcher des guerriers ; mais elles peuvent parler au chef de l'expédition, qu'elles visitent, afin d'obtenir de lui une part du butin fait sur l'ennemi, car les sauvages ne doutent jamais du succès de leurs entreprises.

Ces femmes portent différents présents qu'elles déposent aux pieds du chef. Celui-ci note avec des graines ou des coquillages les prières particulières : une sœur réclame un prisonnier pour lui tenir lieu d'un frère mort dans les combats ; une matrone exige des chevelures pour se consoler de la perte de ses parents ; une veuve requiert un captif pour mari, ou une veuve étrangère pour esclave ; une mère demande un orphelin pour remplacer l'enfant qu'elle a perdu.

Les deux jours de retraite écoulés, les jeunes guerriers se rendent à leur tour auprès du chef de guerre : ils lui déclarent leur dessein de prendre part à l'expédition ; car, bien que le conseil ait résolu la guerre, cette résolution ne lie personne, l'engagement est purement volontaire.

Tous les guerriers se barbouillent de noir et de rouge de la manière la plus capable, selon eux, d'épouvanter l'ennemi. Ceux-ci se font des barres longitudinales ou transversales sur les joues ; ceux-là, des marques rondes ou triangulaires ; d'autres y tracent des figures de serpents. La poitrine découverte et les bras nus d'un guerrier offrent l'histoire de ses exploits : des chiffres particuliers expriment le nombre de chevelures qu'il a enlevées, les combats où il s'est trouvé les dangers qu'il a courus. Ces hiéroglyphes, imprimés dans la peau en points bleus, restent ineffaçables : ce sont des piqûres fines, brûlées avec de la gomme de pin.

Les combattants, entièrement nus ou vêtus d'une tunique sans manches, ornent de plumes la seule touffe de cheveux qu'ils conservent sur le sommet de la tête. A leur ceinture de cuir est passé le couteau pour découper le crâne ; le casse-tête pend à la même ceinture : dans la main droite ils tiennent l'arc ou la carabine ; sur l'épaule gauche ils portent le carquois garni de flèches, ou la corne remplie de poudre et de balles. Les Cimbres, les Teutons et les Francs essayaient ainsi de se rendre formidables aux yeux des Romains.

Le chef de guerre sort de l'étuve, un collier de porcelaine rouge à la main, et adresse un discours à ses frères d'armes : « Le Grand-Esprit ouvre ma bouche. Le sang de nos proches tués dans la dernière guerre n'a point été essuyé ; leurs corps n'ont point été recouverts : il faut aller les garantir des mouches. Je suis résolu de marcher par le sentier de la guerre ; j'ai vu des ours dans mes songes ; les bons manitous m'ont promis de m'assister, et les mauvais ne me seront pas contraires : j'irai donc manger les ennemis, boire leur sang, faire des prisonniers. Si je péris, ou si quelques-uns de ceux qui consentent à me suivre perdent la vie, nos âmes seront reçues dans la contrée des esprits ; nos corps ne resteront pas couchés dans la poussière ou dans la boue, car ce collier rouge appartiendra à celui qui couvrira les morts. »

Le chef jette le collier à terre ; les guerriers les plus renommés se précipitent pour le ramasser : ceux qui n'ont point encore combattu, ou qui n'ont qu'une gloire commune, n'osent disputer le collier. Le guerrier qui le relève devient le lieutenant général du chef ; il le remplace dans le commandement si ce chef périt dans l'expédition.

Le guerrier possesseur du collier fait un discours. On apporte de l'eau chaude dans un vase. Les jeunes gens lavent le chef de guerre et lui enlèvent la couleur noire dont il est couvert ; ensuite ils lui peignent les joues, le front, la poitrine, avec des craies et des argiles de différentes teintes, et le revêtent de sa plus belle robe.

Pendant cette ovation, le chef chante à demi-voix cette fameuse chanson de mort que l'on entonne lorsqu'on va subir le supplice du feu :

« Je suis brave, je suis intrépide, je ne crains point la mort ; je me ris des tourments ; qu'ils sont lâches ceux qui les redoutent ! des femmes, moins que des femmes ! Que la rage suffoque mes ennemis ! puissé-je les dévorer et boire leur sang jusqu'à la dernière goutte ! »

Quand le chef a achevé la chanson de mort, son lieutenant général commence la chanson de guerre :

« Je combattrai pour la patrie ; j'enlèverai des chevelures ; je boirai dans le crâne de mes ennemis, etc. »

Chaque guerrier, selon son caractère, ajoute à sa chanson des détails plus ou moins atroces. Les uns disent : « Je couperai les doigts de mes ennemis avec les dents ; je leur brûlerai les pieds et ensuite les jambes. » Les autres disent : « Je laisserai les vers se mettre dans leurs plaies ; je leur enlèverai la peau du crâne ; je leur arracherai le cœur, et je le leur enfoncerai dans la bouche. »

Ces infernales chansons n'étaient guère hurlées que par les hordes septentrionales. Les tribus du midi se contentaient d'étouffer les prisonniers dans la fumée.

Le guerrier, ayant répété sa chanson de guerre, redit sa chanson de famille : elle consiste dans l'éloge des aïeux. Les jeunes gens qui vont au combat pour la première fois gardent le silence.

Ces premières cérémonies achevées, le chef se rend au conseil des sachems, qui sont assis en rond, une pipe rouge à la bouche : il leur demande s'ils persistent à vouloir lever la hache. La délibération recommence, et presque toujours la première résolution est confirmée. Le chef de guerre revient sur la place publique, annonce aux jeunes gens la décision des vieillards, et les jeunes gens y répondent par un cri.

On délie le chien sacré qui était attaché à un poteau : on l'offre à Areskoui, dieu de la guerre. Chez les nations canadiennes, on égorge ce chien, et, après l'avoir fait bouillir dans une chaudière, on le sert aux hommes rassemblés. Aucune femme ne peut assister à ce festin mystérieux. A la fin du repas, le chef déclare qu'il se mettra en marche tel jour, au lever ou au coucher du soleil.

L'indolence naturelle des sauvages est tout à coup remplacée par une activité extraordinaire ; la gaieté et l'ardeur martiale des jeunes gens se communiquent à la nation. Il s'établit des espèces d'ateliers pour la fabrique des traîneaux et des canots.

Les traîneaux employés au transport des bagages, des malades et des blessés, sont faits de deux planches fort minces, d'un pied et demi de long sur sept pouces de large, relevés sur le devant. Ils ont clos rebords où s'attachent des courroies pour fixer les fardeaux. Les sauvages tirent ce char sans roues à l'aide d'une double bande de cuir appelée *metump*, qu'ils se passent sur la poitrine, et dont les bouts sont liés à l'avant-train du traîneau.

Les canots sont de deux espèces, les uns plus grands, les autres plus petits. On les construit de la manière suivante :

Des pièces courbes s'unissent par leur extrémité, de façon à former une ellipse d'environ huit pieds et demi dans le court diamètre, de vingt dans le diamètre long. Sur ces maîtresses pièces on attache des côtes minces de bois de cadre rouge ; ces cotes sont renforcées par un treillage d'osier. On recouvre ce squelette du canot de l'écorce enlevée pendant l'hiver, aux ormes et aux bouleaux, en jetant de l'eau bouillante sur le tronc de ces arbres. On assemble ces écorces avec des racines de sapin extrêmement souples, et qui sèchent difficilement. La couture est enduite en dedans et en dehors d'une résine dont les sauvages gardent le secret. Lorsque le canot est fini et qu'il est garni de ses pagaies d'érable, il ressemble assez à une araignée d'eau, élégant et léger insecte qui marche avec rapidité sur la surface des lacs et des fleuves.

Un combattant doit porter avec lui dix livres de maïs ou d'autres grains, sa natte, son manitou et son *sac de médecine*.

Le jour qui précède celui du départ, et qu'on appelle le jour des adieux, est consacré à une cérémonie touchante, chez les nations des langues huronne et algonquine. Les guerriers, qui jusqu'alors ont campé sur la place publique ou sur une espèce de Champ de Mars, se dispersent dans les villages, et vont faire leurs adieux de cabane en cabane. On les reçoit avec des marques du plus tendre intérêt ; on veut avoir quelque chose qui leur ait appartenu ; on leur ôte leur manteau pour leur en donner un meilleur ; on échange avec eux un calumet : ils sont obligés de manger ou de vider une coupe. Chaque hutte a pour eux un vœu particulier, et il faut qu'ils répondent par un souhait semblable à leurs hôtes.

Lorsque le guerrier fait ses adieux à sa propre cabane, il s'arrête, debout, sur le seuil de la porte. S'il a une mère, cette mère s'avance la première : il lui baise les yeux, la bouche et les mamelles. Ses sœurs viennent ensuite, et il leur touche le front : sa femme se prosterne devant lui ; il la recommande aux bons génies. De tous ses enfants, on ne lui présente que ses fils ; il étend sur eux sa hache ou son casse-tête sans prononcer un mot. Enfin, son père paraît le dernier. Le sachem, après lui avoir frappé l'épaule, lui fait un discours pour l'inviter à honorer ses aïeux ; il lui dit : « Je suis derrière toi comme tu es derrière ton fils : si on vient à moi, on fera du bouillon de ma chair en insultant ta mémoire. »

Le lendemain du jour des adieux est le jour même du départ. A la première blancheur de l'aube, le chef de guerre sort de sa hutte et pousse le cri de mort. Si le moindre nuage a obscurci le ciel, si un songe funeste est survenu, si quelque oiseau ou quelque animal de mauvais augure a été vu, le jour du départ est différé. Le camp, réveillé par le cri de mort, se lève et s'arme.

Les chefs des tribus haussent les étendards formés de morceaux d'écorce ronds, attachés au bout d'un long dard, et sur lesquels se voient, grossièrement dessinés, des manitous, une tortue, un ours, un castor, etc. Les chefs des tribus sont des espèces de maréchaux de camp, sous le commandement du général et de son lieutenant. Il y a, de plus, des capitaines non reconnus par le gros de l'armée : ce sont des partisans que suivent les aventuriers.

Le recensement ou le dénombrement de l'armée s'opère. chaque guerrier donne au chef, en passant devant lui, un petit morceau de bois marqué d'un sceau particulier. Jusqu'au moment de la remise de leur symbole, les guerriers se peuvent retirer de l'expédition ; mais, après cet engagement, quiconque recule est déclaré infâme.

Bientôt arrive le prêtre suprême, suivi du collège des jongleurs ou médecins. Ils apportent des corbeilles de jonc en forme d'entonnoir, des sacs de peau remplis de racines et de plantes. Les guerriers s'asseyent à terre, les jambes croisées, formant un cercle ; les prêtres se tiennent debout au milieu.

Le grand jongleur appelle les combattants par leurs noms : le guerrier appelé se lève et donne son manitou au jongleur, qui le met dans une des corbeilles de jonc, en chantant ces mots algonquins : *Ajouhoyah-allaya !*

Les manitous varient à l'infini, parce qu'ils représentent les caprices et les songes des sauvages : ce sont des peaux de souris rembourrées avec du foin ou du coton, de petits cailloux blancs, des oiseaux empaillés, des dents de quadrupèdes ou de poissons, des morceaux d'étoffe rouge, des branches d'arbre, des verroteries, ou quelques parures européennes, enfin toutes les formes que les bons génies sont censés avoir pris pour se manifester aux possesseurs de ces manitous : heureux du moins de se rassurer à si peu de frais, et de se croire sous un fétu à l'abri des coups de la fortune ! Sous le régime féodal on prenait acte d'un droit acquis par le don d'une baguette, d'une paille, d'un anneau, d'un couteau, etc.

Les manitous, distribués en trois corbeilles, sont confiés à la garde du chef de guerre et des chefs de tribu.

De la collection des manitous, on passe à la bénédiction des plantes médicinales et des instruments de la chirurgie. Le grand jongleur les tire tour à tour du fond d'un sac de cuir ou de poil de buffle ; il les dépose à terre, danse alentour avec les autres jongleurs, se frappe les cuisses, se démonte le visage, hurle et prononce des mots inconnus. Il finit par déclarer qu'il a communiqué aux simples une vertu surnaturelle, et qu'il a la puissance de rendre à la vie les guerriers expirés. Il s'ouvre les lèvres avec les dents, applique une poudre sur la blessure dont il a sucé le sang avec adresse, et paraît subitement guéri. Quelquefois on lui présente un chien réputé mort ; mais, à l'application d'un instrument, le chien se relève sur ses pattes, et l'on crie au miracle. Ce sont pourtant des hommes intrépides qui se laissent enchanter par des prestiges aussi grossiers. Le sauvage n'aperçoit dans les jongleries de ses prêtres que l'intervention du Grand-Esprit ; il ne rougit point d'invoquer à son aide celui qui a fait la plaie et qui peut la guérir.

Cependant les femmes ont préparé le festin du départ ; ce dernier repas est composé de chair de chien comme le premier. Avant de toucher au mets sacré, le chef s'adresse à l'assemblée :

« Mes frères,

Je ne suis pas encore un homme, je le sais, cependant on n'ignore pas que j'ai vu quelquefois l'ennemi. Nous avons été tués dans la dernière guerre ; les os de nos compagnons n'ont point été garantis des mouches ; il les faut aller couvrir. Comment avons-nous pu rester si longtemps sur nos nattes ? Le manitou de mon courage m'ordonne de venger l'homme. Jeunesse, ayez du cœur. »

Le chef entonne la chanson du manitou des combats [Voyez *Les Natchez* (N.d.A.)] ; les jeunes gens en répètent le refrain. Après le cantique, le chef se retire au sommet d'une éminence, se couche sur une peau, tenant à la main un calumet rouge dont le fourneau est tourné du côté du pays ennemi.

On exécute les danses et les pantomimes de la guerre. La première s'appelle la *danse de la découverte*.

Un Indien s'avance seul et à pas lents au milieu des spectateurs ; il représente le départ des guerriers : on le voit marcher, et puis camper au déclin du jour. L'ennemi est découvert ; on se traîne sur les mains pour arriver jusqu'à lui : attaque, mêlée, prise de l'un, mort de l'autre, retraite précipitée ou tranquille, retour douloureux ou triomphant.

Le guerrier qui exécute cette pantomime y met fin par un chant en son honneur et à la gloire de sa famille.

« Il y a vingt neiges que je fis douze prisonniers ; il y a dix neiges que je sauvai le chef. Mes ancêtres étaient braves et fameux. Mon grand-père était la sagesse de la tribu et le rugissement de la bataille ; mon père était un pin dans sa force. Ma trisaïeule fut mère de cinq guerriers ; ma grand-mère valait seule un conseil de sachems ; ma mère fait de la sagamité excellente. Moi je suis plus fort, plus sage que tous mes aïeux. » C'est la chanson de Sparte : *Nous avons été jadis jeunes, vaillants et hardis*.

Après ce guerrier, les autres se lèvent et chantent pareillement leurs hauts faits ; plus ils se vantent, plus on les félicite : rien n'est noble, rien n'est beau comme eux ; ils ont toutes les qualités et toutes les vertus. Celui qui se disait au-dessus de tout le monde applaudit à celui qui déclare le surpasser en mérite. Les Spartiates avaient encore cette coutume : ils pensaient que l'homme qui se donne en public des louanges prend un engagement de les mériter.

Peu à peu tous les guerriers quittent leur place pour se mêler aux danses ; on exécute des marches au bruit du tambourin, du fifre et du chichikoué. Le mouvement augmente ; on imite les travaux d'un siège, l'attaque d'une palissade : les uns sautent comme pour franchir un fossé, les autres semblent se jeter à la nage ; d'autres présentent la main à leurs compagnons pour les aider à monter à l'assaut. Les casse-têtes retentissent contre les casse-têtes ; le chichikoué précipite la marche ; les guerriers tirent leurs poignards ; ils commencent à tourner sur eux-mêmes, d'abord lentement, ensuite plus vite, et bientôt avec une telle rapidité, qu'ils disparaissent dans le cercle qu'ils décrivent : d'horribles cris percent la voûte du ciel. Le poignard que ces hommes féroces se portent à la gorge avec une adresse qui fait frémir, leur visage noir ou bariolé, leurs habits fantastiques, leurs longs hurlements, tout ce tableau d'une guerre sauvage inspire la terreur. Epuisés, haletants, couverts de sueur, les acteurs terminent la danse, et l'on passe à l'épreuve des jeunes gens. On les insulte, on leur fait des reproches outrageants, on répand des cendres brûlantes sur leurs cheveux, on les frappe avec des fouets, on leur jette des tisons à la tête ; il leur faut supporter ces traitements avec la plus parfaite insensibilité. Celui qui laisserait échapper le moindre signe d'impatience serait déclaré indigne de lever la hache.

Le troisième et dernier banquet du chien sacré couronne ces diverses cérémonies : il ne doit durer qu'une demi-heure. Les guerriers mangent en silence ; le chef les préside ; bientôt il quitte le festin. A ce signal les convives courent aux bagages, et prennent les armes. Les parents et les amis les environnent sans prononcer une parole ; la mère suit des regards son fils occupé à charger les paquets sur les traîneaux ; on voit couler des larmes muettes. Des familles sont assises à terre ; quelques-unes se tiennent debout ; toutes sont attentives aux occupations du départ ; on lit, écrite sur tous les fronts, cette même question faite antérieurement par diverses tendresses : « Si je n'allais plus le revoir ! »

Enfin le chef de guerre sort, complètement armé, de sa cabane. La troupe se forme dans l'ordre militaire : le grand jongleur, portant les manitous, paraît à la tête ; le chef de guerre marche derrière lui ; vient ensuite le porte-étendard de la première tribu, levant en l'air son enseigne ; les hommes de cette tribu suivent leur symbole. Les autres tribus défilent après la première, et tirent les traîneaux chargés des chaudières, des nattes et des sacs de maïs ; des guerriers portent sur leurs épaules, quatre à quatre ou huit à huit, les petits et les grands canots : les *filles peintes* ou les courtisanes, avec leurs enfants accompagnent l'armée. Elles sont aussi attelées aux traîneaux ; mais au lieu d'avoir le *metump* passé par la poitrine, elles l'ont appliqué sur le front. Le lieutenant général marche seul sur le flanc de la colonne.

Le chef de guerre, après quelques pas faits sur la route, arrête les guerriers et leur dit :

« Bannissons la tristesse : quand on va mourir on doit être content. Soyez dociles à mes ordres. Celui qui se distinguera recevra beaucoup de pétun[21]. Je donne ma natte à porter à..., puissant guerrier. Si moi et mon lieutenant nous sommes mis dans la chaudière, ce sera... qui vous conduira. Allons ! frappez-vous les cuisses et hurlez trois fois. »

Le chef remet alors son sac de maïs et sa natte au guerrier qu'il a désigné, ce qui donne à celui-ci le droit de commander la troupe si le chef et son lieutenant périssent.

La marche recommence : l'armée est ordinairement accompagnée de tous les habitants des villages jusqu'au fleuve ou au lac où l'on doit lancer les canots. Alors se renouvelle la scène des adieux : les guerriers se dépouillent et partagent leurs vêtements entre les membres de leur famille. Il est permis, dans ce dernier moment, d'exprimer tout haut sa douleur : chaque combattant est entouré de ses parents qui lui prodiguent des caresses, le pressent dans leurs bras, l'appellent par les plus doux noms qui soient entre les hommes. Avant de se quitter, peut-être pour jamais, on se pardonne les torts qu'on a pu avoir réciproquement. Ceux qui restent prient les manitous d'abréger la longueur de l'absence,

21. *Pétun* : tabac. Le terme fut évincé dès le début du XVIIe siècle par « tabac », mais son emploi survécut dans certaines régions de l'Ouest, notamment en Bretagne.

ceux qui partent invitent la rosée à descendre sur la hutte natale ; ils n'oublient pas même dans leurs souhaits de bonheur les animaux domestiques hôtes du foyer paternel. Les canots sont lancés sur le fleuve ; on s'y embarque, et la flotte s'éloigne. Les femmes, demeurées au rivage, font de loin les derniers signes de l'amitié à leurs époux, à leurs pères et à leurs fils.

Pour se rendre au pays ennemi, on ne suit pas toujours la route directe ; on prend quelquefois le chemin le plus long, comme le plus sûr. La marche est réglée par le jongleur, d'après les bons ou les mauvais présages : s'il a observé un chat-huant, on s'arrête. La flotte entre dans une crique ; on descend à terre, on dresse une palissade ; après quoi, les feux étant allumés, on fait bouillir les chaudières. Le souper fini, le camp est mis sous la garde des esprits. Le chef recommande aux guerriers de tenir auprès d'eux leur casse-tête et de ne pas ronfler trop fort. On suspend aux palissades les manitous, c'est-à-dire les souris empaillées, les petits cailloux blancs, les brins de paille, les morceaux d'étoffe rouge, et le jongleur commence la prière :

« Manitous, soyez vigilants : ouvrez les yeux et les oreilles. Si les guerriers étaient surpris, cela tournerait à votre déshonneur. Comment ! diraient les sachems, les manitous de notre nation se sont laissé battre par les manitous de l'ennemi ! Vous sentez combien cela serait honteux ; personne ne vous donnerait à manger ; les guerriers rêveraient pour obtenir d'autres esprits plus puissants que vous. Il est de votre intérêt de faire bonne garde ; si on enlevait notre chevelure pendant notre sommeil, ce ne serait pas nous qui serions blâmables, mais vous qui auriez tort. »

Après cette admonition aux manitous, chacun se retire dans la plus parfaite sécurité, convaincu qu'il n'a pas la moindre chose à craindre.

Des Européens qui ont fait la guerre avec les sauvages, étonnés de cette étrange confiance, demandaient à leurs compagnons de natte s'ils n'étaient jamais surpris dans leurs campements : « Très souvent » répondaient ceux-ci. « Ne feriez-vous pas mieux, dans ce cas, disaient les étrangers, de poser des sentinelles ? » « Cela serait fort bien », répondait le sauvage en se tournant pour dormir. L'Indien se fait une vertu de son imprévoyance et de sa paresse, en se mettant sous la seule protection du ciel.

Il n'a point d'heure fixe pour le repos ou pour le mouvement : que le jongleur s'écrie à minuit qu'il a vu une araignée sur une feuille de saule, il faut partir.

Quand on se trouve dans un pays abondant en gibier, la troupe se disperse ; les bagages et ceux qui les portent restent à la merci du premier parti hostile ; mais deux heures avant le coucher du soleil tous les chasseurs reviennent au camp avec une justesse et une précision dont les Indiens sont seuls capables.

Si l'on tombe dans le *sentier blazed*, ou le *sentier du commerce* la dispersion des guerriers est encore plus grande : ce sentier est marqué, dans les forêts, sur le tronc des arbres, entaillés à la même hauteur. C'est le chemin que suivent les diverses nations rouges pour trafiquer les unes avec les autres, ou avec les nations blanches. Il est de droit public que ce chemin demeure neutre ; on ne trouble point ceux qui s'y trouvent engagés.

La même neutralité est observée dans le *sentier du sang* ; ce sentier est tracé par le feu que l'on a mis aux buissons. Aucune cabane ne s'élève sur ce chemin consacré au passage des tribus dans leurs expéditions lointaines. Les partis même ennemis s'y rencontrent, mais ne s'y attaquent jamais. Violer le sentier *du commerce*, ou celui *du sang*, est une cause immédiate de guerre contre la nation coupable du sacrilège.

Si une troupe trouve endormie une autre troupe avec laquelle elle a des alliances, elle reste debout, en dehors des palissades du camp, jusqu'au réveil des guerriers. Ceux-ci étant sortis de leur sommeil, leur chef s'approche de la troupe voyageuse, lui présente quelques chevelures destinées pour ces occasions, et lui dit : « *Vous avez coup ici* » ce qui signifie : « Vous pouvez passer, vous êtes nos frères, votre honneur est à couvert. » Les alliés répondent : « Nous avons coup ici ; » et ils poursuivent leur chemin. Quiconque prendrait pour ennemie une tribu amie, et la réveillerait, s'exposerait à un reproche d'ignorance et de lâcheté.

Si l'on doit traverser le territoire d'une nation neutre, il faut demander le passage. Une députation se rend, avec le calumet, au principal village de cette nation. L'orateur déclare que l'arbre de paix a été planté par les aïeux ; que son ombrage s'étend sur les deux peuples ; que la hache est enterrée au pied de l'arbre ; qu'il faut éclaircir la chaîne d'amitié et fumer la pipe sacrée. Si le chef de la nation neutre reçoit le calumet et fume, le passage est accordé. L'ambassadeur s'en retourne, toujours dansant, vers les siens.

Ainsi l'on avance vers la contrée où l'on porte la guerre, sans plan, sans précaution, comme sans crainte. C'est le hasard qui donne ordinairement les premières nouvelles de l'ennemi : un chasseur reviendra en hâte déclarer qu'il a rencontré des traces d'homme. On ordonne aussitôt de cesser toute espèce de travaux, afin qu'aucun bruit ne se fasse entendre. Le chef part avec les guerriers les plus expérimentés pour examiner les traces. Les sauvages, qui entendent les sons à des distances infinies, reconnaissent les empreintes sur d'arides bruyères, sur des rochers nus, où tout autre œil que le leur ne verrait rien. Non seulement ils découvrent ces vestiges, mais ils peuvent dire quelle tribu indienne les a laissés et de quelle date ils sont. Si la disjonction des deux pieds est considérable, ce sont des Illinois qui ont passé là ; si la marque du talon est profonde et l'impression de l'orteil large, on reconnaît les Outchipouois ; si le pied a porté de côté, on est sûr que les Pontonétamis sont en course ; si l'herbe est à peine foulée, si son pli est à la cime de la plante et non près de la terre, ce sont les traces fugitives des Hurons ; si les pas sont tournés en dehors, s'ils tombent à trente-six pouces l'un de l'autre, des Européens ont marqué leur route ; les Indiens marchent la pointe du pied en dedans : les deux pieds sur la même ligne. On juge de l'âge des guerriers par la pesanteur ou la légèreté, le raccourci ou l'allongement du pas.

Quand la mousse ou l'herbe n'est plus humide, les traces sont de la veille ; ces traces comptent quatre ou cinq jours quand les insectes courent déjà dans l'herbe ou dans la mousse foulée ; elles ont huit, dix ou douze jours lorsque la force végétale du sol a reparu et que des feuilles nouvelles ont poussé : ainsi quelques insectes, quelques brins d'herbe et quelques jours effacent les pas de l'homme et de sa gloire.

Les traces ayant été bien reconnues, on met l'oreille à terre, et l'on juge, par des murmures que l'ouïe européenne ne peut saisir, à quelle distance est l'ennemi.

Rentré au camp, le chef fait éteindre les feux : il défend la parole, il interdit la chasse ; les canots sont tirés à terre et cachés dans les buissons. On fait un grand repas en silence, après quoi on se couche.

La nuit qui suit la première découverte de l'ennemi s'appelle la *nuit des songes*. Tous les guerriers sont obligés de rêver et de raconter le lendemain ce qu'ils ont rêvé, afin que l'on puisse juger du succès de l'entreprise.

Le camp offre alors un singulier spectacle : des sauvages se lèvent et marchent dans les ténèbres, en murmurant leur chanson de mort, à laquelle ils ajoutent quelques paroles nouvelles, comme celles-ci : « J'avalerai quatre serpents blancs, et j'arracherai les ailes à un aigle roux. » C'est le rêve que le guerrier vient de faire et qu'il entremêle à sa chanson. Ses compagnons sont tenus de deviner ce songe, ou le songeur est dégagé du service. Ici les quatre serpents blancs peuvent être pris pour quatre Européens que le songeur doit tuer, et l'aigle roux pour un Indien auquel il enlèvera la chevelure.

Un guerrier, dans la *nuit des songes*, augmenta sa chanson de mort de l'histoire d'un chien qui avait des oreilles de feu ; il ne put jamais obtenir l'explication de son rêve, et il partit pour sa cabane. Ces usages, qui tiennent du caractère de l'enfance, pourraient favoriser la lâcheté chez l'Européen ; mais chez le sauvage du nord de l'Amérique ils n'avaient point cet inconvénient : on n'y reconnaissait qu'un acte de cette volonté libre et bizarre dont l'Indien ne se départ jamais, quel que soit l'homme auquel il se soumet un moment par raison ou par caprice.

Dans la *nuit des songes* les jeunes gens craignent beaucoup que le jongleur n'ait mal rêvé, c'est-à-dire qu'il n'ait eu peur ; car le jongleur, par un seul songe, peut faire rebrousser chemin à l'armée, eût-elle marché deux cents lieues. Si quelque guerrier a cru voir les esprits de ses pères, ou s'il s'est figuré entendre leur voix, il oblige aussi le camp à la retraite. L'indépendance absolue et la religion sans lumière gouvernent les actions des sauvages.

Aucun rêve n'ayant dérangé l'expédition, elle se remet en route. Les *femmes peintes* sont laissées derrière avec les canots ; on envoie en avant une vingtaine de guerriers choisis entre ceux qui ont fait le serment des amis [Voyez *Les Natchez* (N.d.A.)]. Le plus grand ordre et le plus profond silence règnent dans la troupe ; les guerriers cheminent à la file, de manière que celui qui suit pose le pied dans l'endroit quitté par le pied de celui qui précède : on évite ainsi la multiplicité des traces. Pour plus de précaution, le guerrier qui ferme la marche répand des feuilles mortes et de la poussière derrière lui. Le chef est à la tête de la colonne. Guidé par les vestiges de l'ennemi, il parcourt leurs sinuosités à travers les buissons, comme un limier sagace. De temps en temps on fait halte et l'on prête une oreille attentive. Si la chasse est l'image de la guerre parmi les Européens, chez les sauvages la guerre est l'image de la chasse : l'Indien apprend, en poursuivant les hommes, à découvrir les ours. Le plus grand général dans l'état de nature est le plus fort et le plus vigoureux chasseur ; les qualités intellectuelles, les combinaisons savantes, l'usage perfectionné du jugement, font dans l'état social les grands capitaines.

Les coureurs envoyés à la découverte rapportent quelquefois des paquets de roseaux nouvellement coupés ; ce sont des défis ou des cartels. On compte les roseaux : leur nombre indique celui des ennemis. Si les tribus qui portaient autrefois ces défis étaient connues, comme celle des Hurons, pour leur franchise militaire, les paquets de jonc disaient exactement la vérité ; si, au contraire, elles étaient renommées, comme celle des Iroquois, pour leur génie politique, les roseaux augmentaient ou diminuaient la force numérique des combattants.

L'emplacement d'un camp que l'ennemi a occupé la veille vient-il à s'offrir, on l'examine avec soin : selon la construction des huttes, les chefs reconnaissent les différentes tribus de la même nation et leurs différents alliés. Les huttes qui n'ont qu'un seul poteau à l'entrée sont celles des Illinois. L'addition d'une seule perche, son inclinaison plus ou moins forte, devient un indice. Les ajoupas ronds sont ceux des Outouois. Une hutte dont le toit est plat et exhaussé annonce des chairs blanches. Il arrive quelquefois que les ennemis, avant d'être rencontrés par la nation qui les cherche, ont battu un parti allié de cette nation : pour intimider ceux qui sont à leur poursuite, ils laissent derrière eux un monument de leur victoire. On trouva un jour un large bouleau dépouillé de son écorce. Sur l'obier nu et blanc était tracé un ovale où se détachaient, en noir et en rouge, les figures suivantes : un ours, une feuille de bouleau rongée par un papillon, dix cercles et quatre nattes, un oiseau volant, une lune sur des gerbes de maïs, un canot et trois ajoupas, un pied d'homme et vingt huttes, un hibou et un soleil à son couchant, un hibou, trois cercles et un homme couché, un casse-tête et trente têtes rangées sur une ligne droite, deux hommes debout sur un petit cercle, trois têtes dans un arc avec trois lignes.

L'ovale avec des hiéroglyphes désignait un chef Illinois appelé Atabou ; on le reconnaissait par les marques particulières qui étaient celles qu'il avait au visage ; l'ours était le manitou de ce chef ; la feuille de bouleau rongée par un papillon représentait le symbole national des Illinois ; les dix cercles nombraient mille guerriers, chaque cercle étant posé pour cent ; les quatre nattes proclamaient quatre avantages obtenus ; l'oiseau volant marquait le départ des Illinois ; la lune sur des gerbes de maïs signifiait que ce départ avait eu lieu dans la lune du blé vert ; le canot et les trois ajoupas racontaient que les mille guerriers avaient voyagé trois jours par eau ; le pied d'homme et les vingt huttes dénotaient vingt jours de marche par terre ; le hibou était le symbole des Chicassas ; le soleil à son couchant montrait que les Illinois étaient arrivés à l'ouest du camp des Chicassas ; le hibou, les trois cercles et l'homme couché, disaient que trois cents Chicassas avaient été surpris pendant la nuit ; le casse-tête et les trente têtes rangées sur une ligne droite déclaraient que les Illinois avaient tué trente Chicassas. Les deux hommes debout sur un petit cercle annonçaient qu'ils emmenaient vingt prisonniers ; les trois têtes dans l'arc comptaient trois morts du côté des Illinois, et les trois lignes indiquaient trois blessés.

Un chef de guerre doit savoir expliquer avec rapidité et précision ces emblèmes ; et par les connaissances qu'il a de la force et des alliances de l'ennemi, il doit juger du plus ou moins d'exactitude historique de ces trophées. S'il prend le parti d'avancer, malgré les victoires vraies ou prétendues de l'ennemi, il se prépare au combat.

De nouveaux investigateurs sont dépêchés. Ils s'avancent en se courbant le long des buissons et quelquefois en se traînant sur les mains. Ils montent sur les plus hauts arbres ; quand ils ont découvert les huttes hostiles, ils se hâtent de revenir au camp, et de rendre compte au chef de la position de l'ennemi. Si cette position est forte, on examine par quel stratagème on pourra la lui faire abandonner.

Un des stratagèmes les plus communs est de contrefaire le cri des bêtes fauves. Des jeunes gens se dispersent dans les taillis, imitant le bramement des cerfs, le mugissement des buffles, le glapissement des renards. Les sauvages sont accoutumés à cette ruse ; mais telle est leur passion pour la chasse, et telle est la parfaite imitation de la voix des animaux, qu'ils sont continuellement pris à ce leurre. Ils sortent de leur camp, et tombent dans des embuscades. Ils se rallient, s'ils le peuvent, sur un terrain défendu par des obstacles naturels, tels qu'une chaussée dans un marais, une langue de terre entre deux lacs.

Cernés dans ce poste, on les voit alors, au lieu de chercher à se faire jour, s'occuper paisiblement de différents jeux, comme s'ils étaient dans leurs villages. Ce n'est jamais qu'à la dernière extrémité que deux troupes d'indiens se déterminent à une attaque de vive force ; elles aiment mieux lutter de patience et de ruse ; et comme ni l'une ni l'autre n'a de provisions, ou ceux qui bloquent un défilé sont contraints à la retraite, ou ceux qui y sont enfermés sont obligés de s'ouvrir un passage.

La mêlée est épouvantable ; c'est un grand duel comme dans les combats antiques : l'homme voit l'homme. Il y a dans le regard humain animé par la colère quelque chose de contagieux, de terrible qui se communique. Les cris de mort, les chansons de guerre, les outrages mutuels font retentir le champ de bataille ; les guerriers s'insultent comme les héros d'Homère ; ils se connaissent tous par leur nom : « Ne te souvient-il plus, se disent-ils, du jour où tu désirais que tes pieds eussent la vitesse du vent pour fuir devant ma flèche ! vieille femme ! te ferai-je apporter de la sagamité nouvelle et de la cassine brûlante dans le nœud du roseau ? – Chef babillard, à la large bouche ! répondent les autres, on voit bien que tu es accoutumé à porter le jupon ; ta langue est comme la feuille du tremble, elle remue sans cesse. »

Les combattants se reprochent ainsi leurs imperfections naturelles : ils se donnent le nom de boiteux, de louche, de petit ; ces blessures faites à l'amour-propre augmentent leur rage. L'affreuse coutume de scalper l'ennemi augmente la férocité du combat. On met le pied sur le cou du vaincu : de la main gauche on saisit le toupet de cheveux que les Indiens gardent sur le sommet de la tête ; de la main droite on trace, à l'aide d'un étroit couteau, un cercle dans le crâne, autour de la chevelure : ce trophée est souvent enlevé avec tant d'adresse, que la cervelle reste à découvert sans avoir été entamée par la pointe de l'instrument.

Lorsque deux partis ennemis se présentent en rase campagne, et que l'un est plus faible que l'autre, le plus faible creuse des trous dans la terre, il y descend et s'y bat, ainsi que dans ces villes de guerre dont les ouvrages, presque de niveau avec le sol, présentent peu de surface au boulet. Les assiégeants lancent leurs flèches comme des bombes, avec tant de justesse, qu'elles retombent sur la tête des assiégés.

Des honneurs militaires sont décernés à ceux qui ont abattu le plus d'ennemis : on leur permet de porter des plumes de killiou. Pour éviter les injustices, les flèches de chaque guerrier portent une marque particulière : en les retirant du corps de la victime, on connaît la main qui les a lancées.

L'arme à feu ne peut rendre témoignage de la gloire de son maître. Lorsque l'on tue avec la balle, le casse-tête ou la hache, c'est par le nombre des chevelures enlevées que les exploits sont comptés.

Pendant le combat, il est rare que l'on obéisse au chef de guerre, qui lui-même ne cherche qu'à se distinguer personnellement. Il est rare que les vainqueurs poursuivent les vaincus : ils restent sur le champ de bataille à dépouiller les morts, à lier les prisonniers, à célébrer le triomphe par des danses et des chants : on pleure les amis que l'on a perdus : leurs corps sont exposés avec de grandes lamentations sur les branches des arbres : les corps des ennemis demeurent étendus dans la poussière.

Un guerrier détaché du camp porte à la nation la nouvelle de la victoire et du retour de l'armée [Ce retour est décrit dans le XIe livre des *Natchez* (N.d.A.)] : les vieillards s'assemblent ; le chef de guerre fait au conseil le rapport de l'expédition : d'après ce rapport on se détermine à continuer la guerre ou à négocier la paix.

Si l'on se décide à la paix, les prisonniers sont conservés comme moyen de la conclure : si l'on s'obstine à la guerre, les prisonniers sont livrés au supplice. Qu'il me soit permis de renvoyer les lecteurs à l'épisode d'*Atala* et aux *Natchez* pour le détail. Les femmes se montrent ordinairement cruelles dans ces vengeances : elles déchirent les prisonniers avec leurs ongles, les percent avec les instruments des travaux domestiques, et apprêtent le repas de leur chair. Ces chairs se mangent grillées ou bouillies, et les cannibales connaissent les parties les plus succulentes de la victime. Ceux qui ne dévorent pas leurs ennemis, du moins boivent leur sang, et s'en barbouillent la poitrine et le visage.

Mais les femmes ont aussi un beau privilège : elles peuvent sauver les prisonniers en les adoptant pour frères ou pour maris, surtout si elles ont perdu des frères ou des maris dans le combat. L'adoption confère les droits de la nature ! il n'y a point d'exemple qu'un prisonnier adopté ait trahi la famille dont il est devenu membre, et il ne montre pas moins d'ardeur que ses nouveaux compatriotes en portant les armes contre son ancienne nation : de là les aventures les plus pathétiques. Un père se trouve assez souvent en face d'un fils, si le fils terrasse le père, il le laisse aller une première fois, mais il lui dit : « Tu m'as donné la vie, je te la rends : nous voilà quittes. Ne te présente plus devant moi, car je t'enlèverais la chevelure. »

Toutefois les prisonniers adoptés ne jouissent pas d'une sûreté complète. S'il arrive que la tribu où ils servent fasse quelque perte, on les massacre : telle femme qui avait pris soin d'un enfant le coupe en deux d'un coup de hache.

Les Iroquois, renommés d'ailleurs pour leur cruauté envers les prisonniers de guerre, avaient un usage qu'on aurait dit emprunté des Romains, et qui annonçait le génie d'un grand peuple : ils incorporaient la nation vaincue dans leur nation sans la rendre esclave ; ils ne la forçaient même pas d'adopter leurs lois ; ils ne la soumettaient qu'à leurs mœurs.

Toutes les tribus ne brûlaient pas leurs prisonniers ; quelques-unes se contentaient de les réduire en servitude. Les sachems, rigides partisans des vieilles coutumes, déploraient cette humanité, dégénération, selon eux, de l'ancienne vertu. Le christianisme, en se répandant chez les Indiens, avait contribué à adoucir des caractères féroces. C'était au nom d'un Dieu sacrifié par les hommes que les missionnaires obtenaient l'abolition des sacrifices humains : ils plantaient la croix à la place du poteau du supplice, et le sang de Jésus-Christ rachetait le sang du prisonnier.

RELIGION

Lorsque les Européens abordèrent en Amérique, ils trouvèrent parmi les sauvages des croyances religieuses presque effacées aujourd'hui. Les peuples de la Floride et de la Louisiane adoraient presque tous le soleil, comme les Péruviens et les Mexicains. Ils avaient des temples, des prêtres ou jongleurs, des sacrifices ; ils mêlaient seulement à ce culte du midi le culte et les traditions de quelque divinité du nord.

Les sacrifices publics avaient lieu au bord des fleuves ; ils se faisaient aux changements de saison, ou à l'occasion de la paix ou de la guerre. Les sacrifices particuliers s'accomplissaient dans les huttes. On jetait au vent les cendres profanes, et l'on allumait un feu nouveau. L'offrande aux bons et aux mauvais génies consistait en peaux de bêtes, ustensiles de ménage, armes, colliers, le tout de peu de valeur.

Mais une superstition commune à tous les Indiens, et pour ainsi dire la seule qu'ils aient conservée, c'était celle des *manitous*. Chaque sauvage a son manitou, comme chaque nègre a son fétiche : c'est un oiseau, un poisson, un quadrupède, un reptile, une pierre, un morceau de bois, un lambeau d'étoffe, un objet coloré, un ornement américain ou européen. Le chasseur prend soin de ne tuer ni blesser l'animal qu'il a choisi pour manitou : quand ce malheur lui arrive, il cherche par tous les moyens possibles à apaiser les mânes du dieu mort ; mais il n'est parfaitement rassuré que quand il a *rêvé* un autre manitou.

Les songes jouent un grand rôle dans la religion du sauvage ; leur interprétation est une science, et leurs illusions sont tenues pour des réalités. Chez les peuples civilisés c'est souvent le contraire : les réalités sont des illusions.

Parmi les nations indigènes du Nouveau-Monde le dogme de l'immortalité de l'âme n'est pas distinctement exprimé, mais elles en ont toutes une idée confuse, comme le témoignent leurs usages, leurs fables, leurs cérémonies funèbres, leur piété envers les morts. Loin de nier l'immortalité de l'âme, les sauvages la multiplient : ils semblent l'accorder aux âmes des bêtes, depuis l'insecte, le reptile, le poisson et l'oiseau, jusqu'au plus grand quadrupède. En effet, des peuples qui voient et qui entendent partout des esprits doivent naturellement supposer qu'ils en portent un en eux-mêmes, et que les êtres animés compagnons de leur solitude ont aussi leurs intelligences divines.

Chez les nations du Canada, il existait un système complet de fables religieuses, et l'on remarquait, non sans étonnement, dans ces fables des traces des fictions grecques et des vérités bibliques.

Le Grand-Lièvre assembla un jour sur les eaux sa cour, composée de l'orignal, du chevreuil, de l'ours et des autres quadrupèdes. Il tira un grain de sable du fond du grand lac, et il en forma la terre. Il créa ensuite les hommes des corps morts des divers animaux.

Une autre tradition fait d'Areskoui ou d'Agresgoué, dieu de la guerre, l'Etre suprême ou le Grand-Esprit.

Le Grand-Lièvre fut traversé dans ses desseins : le dieu des eaux, Michabou, surnommé le Grand-Chat-Tigre, s'opposa à l'entreprise du Grand-Lièvre ; celui-ci ayant à combattre Michabou ne put créer que six hommes : un de ces hommes monta au ciel ; il eut commerce avec la belle Athaensic, divinité des vengeances. Le Grand-Lièvre, s'apercevant qu'elle était enceinte, la précipita d'un coup de pied sur la terre : elle tomba sur le dos d'une tortue.

Quelques jongleurs prétendent qu'Athaensic eut deux fils, dont l'un tua l'autre ; mais on croit généralement qu'elle ne mit au monde qu'une fille, laquelle devint mère de Tahouet-Saron et de Jouskeka. Jouskeka tua Tahouet-Saron.

Athaensic est quelquefois prise pour la lune, et Jouskeka pour le soleil. Areskoui, dieu de la guerre, devient aussi le soleil. Parmi les Natchez, Athaensic, déesse de la vengeance, était la *femme-chef* des mauvais manitous, comme Jouskeka était la *femme-chef* des bons.

A la troisième génération, la race de Jouskeka s'éteignit presque tout entière : le Grand-Esprit envoya un déluge. Messou, autrement Saketchak, voyant ce débordement, députa un corbeau pour s'enquérir de l'état des choses, mais le corbeau s'acquitta mal de sa commission ; alors Messou fit partir le rat musqué, qui lui apporta un peu de limon. Messou rétablit la terre dans son premier état ; il lança des flèches contre le tronc des arbres qui restaient encore debout, et ces flèches devinrent des branches. Il épousa ensuite, par reconnaissance, une femelle du rat musqué : de ce mariage naquirent tous les hommes qui peuplent aujourd'hui le monde.

Il y a des variantes à ces fables : selon quelques autorités, ce ne fut pas Messou qui fit cesser l'inondation, mais la tortue sur laquelle Athaensic tomba du ciel : cette tortue, en nageant, écarta les eaux avec ses pattes, et découvrit la terre. Ainsi c'est la vengeance qui est la mère de la nouvelle race des hommes.

Le Grand-Castor est après le Grand-Lièvre le plus puissant des manitous : c'est lui qui a formé le lac Nipissingue : les cataractes que l'on trouve dans la rivière des Ontaouois, qui sortent du Nipissingue sont les restes des chaussées que le Grand-Castor avait construites pour former ce lac ; mais il mourut au milieu de son entreprise. Il est enterré au haut d'une montagne à laquelle il a donné sa forme. Aucune nation ne passe au pied de son tombeau sans fumer en son honneur. Michabou, dieu des eaux, est né à Michilinakinac, sur le détroit qui joint le lac Huron au lac Michigan. De là il se transporta au Détroit jeta une digue au saut Sainte-Marie, et, arrêtant les eaux du lac Alimipigon, il fit le lac Supérieur pour prendre des castors. Michabou apprit de l'araignée à tisser des filets, et il enseigna ensuite le même art aux hommes.

Il y a des lieux où les génies se plaisent particulièrement. A deux journées au-dessous du saut Antoine, on voit la grande Wakon-Teebe (la caverne du Grand-Esprit) : elle renferme un lac souterrain d'une profondeur inconnue ; lorsqu'on jette une pierre dans ce lac, le Grand-Lièvre fait entendre une voix redoutable. Des caractères sont gravés par les esprits sur la pierre de la voûte.

Au soleil couchant du lac Supérieur sont des montagnes formées de pierres qui brillent comme la glace des cataractes en hiver. Derrière ces montagnes s'étend un lac bien plus grand que le lac Supérieur. Michabou aime particulièrement ce lac et ces montagnes [Cette ancienne tradition d'une chaîne de montagnes et d'un lac immense situé au nord-ouest du lac Supérieur indique assez les montagnes Rocheuses et l'océan Pacifique. (N.d.A.)]. Mais c'est au lac Supérieur que le Grand-Esprit a fixé sa résidence ; on l'y voit se promener au clair de la lune : il se plaît aussi à cueillir le fruit d'un groseillier qui couvre la rive méridionale du lac. Souvent, assis sur la pointe d'un rocher, il déchaîne les tempêtes. Il habite dans le lac une île qui porte son nom : c'est là que les âmes des guerriers tombés sur le champ de bataille se rendent pour jouir du plaisir de la chasse.

Autrefois du milieu du lac Sacré émergeait une montagne de cuivre que le Grand-Esprit a enlevée et transportée ailleurs depuis longtemps ; mais il a semé sur le rivage des pierres du même métal qui ont une vertu singulière : elles rendent invisibles ceux qui les portent. Le Grand-Esprit ne veut pas qu'on touche à ces pierres. Un jour des Algonquins furent assez téméraires pour en enlever une : à peine étaient-ils rentrés dans leurs canots, qu'un manitou de plus de soixante coudées de hauteur, sortant du fond d'une forêt, les poursuivit : les vagues lui allaient à peine à la ceinture ; il obligea les Algonquins de jeter dans les flots le trésor qu'ils avaient ravi.

Sur les bords du lac Huron, le Grand-Esprit a fait chanter le lièvre blanc comme un oiseau, et donné la voix d'un chat à l'oiseau bleu.

Athaensic a planté dans les îles du lac Erié l'*herbe à la puce* : si un guerrier regarde cette herbe, il est saisi de la fièvre ; s'il la touche, un feu subtil court sur sa peau. Athaensic planta encore au bord du lac Erié le cèdre blanc pour détruire la race des hommes : la vapeur de l'arbre fait mourir l'enfant dans le sein de la jeune mère, comme la pluie fait couler la grappe sur la vigne.

Le Grand-Lièvre a donné la sagesse au chat-huant du lac Erié. Cet oiseau fait la chasse aux souris pendant l'été ; il les mutile et les emporte toutes vivantes dans sa demeure, où il prend soin de les engraisser pour l'hiver. Cela ne ressemble pas trop mal aux maîtres des peuples.

A la cataracte du Niagara habite le génie redoutable des Iroquois.

Auprès du lac Ontario, des ramiers mâles se précipitent le matin dans la rivière Gennessé ; le soir ils sont suivis d'un pareil nombre de femelles ; ils vont chercher la belle Endaé, qui fut retirée de la contrée des âmes par le chant de son époux.

Le petit oiseau du lac Ontario fait la guerre au serpent noir. Voici ce qui a donné lieu à cette guerre.

Hondioun était un fameux chef des Iroquois constructeurs de cabanes. Il vit la jeune Almilao, et il fut étonné. Il dansa trois fois de colère, car Almilao était fille de la nation des Hurons, ennemis des Iroquois. Hondioun retourna à sa hutte en disant : « C'est égal ; » mais l'âme du guerrier ne partait pas ainsi.

Il demeura couché sur la natte pendant deux soleils, il ne put dormir : au troisième soleil il ferma les yeux, et vit un ours dans ses songes. Il se prépara à la mort.

Il se lève, prend ses armes, traverse les forêts, et arrive à la hutte d'Almilao, dans le pays des ennemis. Il faisait nuit.

Almilao entend marcher dans sa cabane ; elle dit : « Akouessan, assieds-toi sur ma natte ». Hondioun s'assit sans parler sur la natte. Athaensic et sa rage étaient dans son cœur. Almilao jette un bras autour du guerrier iroquois sans le connaître, et cherche ses lèvres. Hondioun l'aima comme la lune.

Akouessan l'Abénakis, allié des Hurons, arrive ; il s'approche dans les ténèbres : les amants dormaient. Il se glisse auprès d'Almilao, sans apercevoir Hondioun roulé dans les peaux de la couche. Akouessan enchanta le sommeil de sa maîtresse.

Hondioun s'éveille, étend la main, touche la chevelure d'un guerrier. Le cri de guerre ébranle la cabane. Les sachems des Hurons accourent. Akouessan l'Abénakis n'était plus.

Hondioun, le chef iroquois, est attaché au poteau des prisonniers, et chante sa chanson de mort ; il appelle Almilao au milieu du feu, et invite la fille huronne à lui dévorer le cœur. Celle-ci pleurait et souriait : la vie et la mort étaient sur ses lèvres.

Le Grand-Lièvre fit entrer l'âme d'Hondioun dans le serpent noir, et celle d'Almilao dans le petit oiseau du lac Ontario. Le petit oiseau attaque le serpent noir et l'étend mort d'un coup de bec. Akouessan fut changé en homme marin.

Le Grand-Lièvre fit une grotte de marbre noir et vert dans le pays des Abénakis ; il planta un arbre dans le lac salé (la mer), à l'entrée de la grotte. Tous les efforts des chairs blanches n'ont jamais pu arracher cet arbre. Lorsque la tempête souffle sur le lac sans rivage, le Grand-Lièvre descend du rocher bleu et vient pleurer sous l'arbre Hondioun, Almilao et Akouessan.

C'est ainsi que les fables des sauvages amènent le voyageur du fond des lacs du Canada aux rivages de l'Atlantique. Moïse, Lucrèce et Ovide semblaient avoir légué à ces peuples, le premier sa tradition, le second sa mauvaise physique, le troisième ses métamorphoses. Il y avait dans tout cela assez de religion, de mensonge et de poésie pour s'instruire, s'égarer et se consoler.

GOUVERNEMENT

Les Natchez.

Despotisme dans l'état de nature.

Presque toujours on a confondu l'état de nature avec l'état sauvage : de cette méprise il est arrivé qu'on s'est figuré que les sauvages n'avaient point de gouvernement, que chaque famille était simplement conduite par son chef ou par son père ; qu'une chasse ou une guerre réunissait occasionnellement les familles dans un intérêt commun ; mais que cet intérêt satisfait, les familles retournaient à leur isolement et à leur indépendance.

Ce sont là de notables erreurs. On retrouve parmi les sauvages le type de tous les gouvernements connus des peuples civilisés, depuis le despotisme jusqu'à la république, en passant par la monarchie limitée ou absolue, élective ou héréditaire.

Les Indiens de l'Amérique septentrionale connaissent les monarchies et les républiques représentatives ; le fédéralisme était une des formes politiques les plus communes employées par eux : l'étendue de leur désert avait fait pour la science de leurs gouvernements ce que l'excès de la population a produit pour les nôtres.

L'erreur où l'on est tombé relativement à l'existence politique du gouvernement sauvage est d'autant plus singulière, que l'on aurait dû être éclairé par l'histoire des Grecs et des Romains : à la naissance de leur empire ils avaient des institutions très compliquées.

Les lois politiques naissent chez les hommes avant les lois civiles, qui sembleraient néanmoins devoir précéder les premières ; mais il est de fait que le *pouvoir* s'est réglé avant le *droit*, parce que les hommes ont besoin de se défendre contre l'arbitraire avant de fixer les rapports qu'ils ont entre eux.

Les lois politiques naissent spontanément avec l'homme, et s'établissent sans antécédents ; on les rencontre chez les hordes les plus barbares.

Les lois civiles, au contraire, se forment par les usages : ce qui était une coutume religieuse pour le mariage d'une fille et d'un garçon, pour la naissance d'un enfant, pour la mort d'un chef de famille, se transforme en loi par le laps de temps. La propriété particulière, inconnue des peuples chasseurs, est encore une source de lois civiles qui manquent à l'état de nature. Aussi n'existait-il point chez les Indiens de l'Amérique septentrionale de code de délits et de peines. Les crimes contre les choses et les personnes étaient punis par la famille, non par la loi. La vengeance était la justice : le droit naturel poursuivait chez l'homme sauvage ce que le droit public atteint chez l'homme policé.

Rassemblons d'abord les traits communs à tous les gouvernements des sauvages, puis nous entrerons dans le détail de chacun de ces gouvernements.

Les nations indiennes sont divisées en tribus ; chaque tribu a un chef héréditaire différent du chef militaire, qui tire son droit de l'élection, comme chez les anciens Germains.

Les tribus portent un nom particulier : la tribu de l'Aigle, de l'ours, du Castor, etc. Les emblèmes qui servent à distinguer les tribus deviennent des enseignes à la guerre, des sceaux au bas des traités, Les chefs des tribus et des divisions de tribu tirent leur nom de quelque qualité, de quelque défaut de leur esprit ou de leur personne, de quelque circonstance de leur vie. Ainsi l'un s'appelle *le bison blanc*, l'autre *la jambe cassée, la bouche plate, le jour sombre, le dardeur, la belle voix, le tueur de castors, le cœur de fer*, etc.

Il en fut ainsi dans la Grèce : à Rome, Coclès[22] tira son nom de ses yeux rapprochés, ou de la perte de son œil, et Cicéron[23], de la verrue ou de l'industrie de son aïeul. L'histoire moderne compte ses rois et ses guerriers, *Chauve, Bègue, Roux, Boiteux, Martel* ou *marteau, Capet* ou *grosse-tête*, etc.

Les conseils des nations indiennes se composent des chefs des tribus, des chefs militaires, des matrones, des orateurs, des prophètes ou jongleurs, des médecins ; mais ces conseils varient selon la constitution des peuples.

Le spectacle d'un conseil de sauvages est très pittoresque. Quand la cérémonie du calumet est achevée, un orateur prend la parole. Les membres du conseil sont assis ou couchés à terre dans diverses attitudes : les uns, tout nus, n'ont pour s'envelopper qu'une peau de buffle ; les autres, tatoués de la tête aux pieds, ressemblent à des statues égyptiennes ; d'autres entremêlent à des ornements sauvages, à des plumes, à des becs d'oiseau, à des griffes d'ours, à des cornes de buffle, à des os de castor, à des dents de poisson, entremêlent, dis-je, des ornements européens. Les visages sont bariolés de diverses couleurs, ou peinturés de blanc ou

22. *Publius Horatius Coclès* : « Horatius Le Borgne », héros de la mythologie romaine qui aurait défendu Rome contre les Étrusques en 507 av. J.-C.

23. *Marcus Tullius « Cicero »* : homme d'État romain et auteur de traités philosophiques (106 av. J.-C. – 43 av. J.-C.). Son surnom « Cicero », auquel il était attaché, peut être traduit par « pois chiche, verrue ». Il provenait de l'un de ses ancêtres dont le bout du nez aurait porté une excroissance ayant la forme du pois chiche.

de noir. On écoute attentivement l'orateur ; chacune de ses pauses est accueillie par le cri d'applaudissement *oah ! oah !*

Des nations aussi simples ne devraient avoir rien à débattre en politique ; cependant il est vrai qu'aucun peuple civilisé ne traite plus de choses à la fois. C'est une ambassade à envoyer à une tribu pour la féliciter de ses victoires, un pacte d'alliance à conclure ou à renouveler, une explication à demander sur la violation d'un territoire, une députation à faire partir pour aller pleurer sur la mort d'un chef, un suffrage à donner dans une diète, un chef à élire, un compétiteur à écarter, une médiation à offrir ou à accepter pour faire poser les armes à deux peuples, une balance à maintenir, afin que telle nation ne devienne pas trop forte et ne menace pas la liberté des autres. Toutes ces affaires sont discutées avec ordre ; les raisons pour et contre sont déduites avec clarté. On a connu des sachems qui possédaient à fond toutes ces matières, et qui parlaient avec une profondeur de vue et de jugement dont peu d'hommes d'Etat en Europe seraient capables.

Les délibérations du conseil sont marquées dans des colliers de diverses couleurs, archives de l'Etat qui renferment les traités de guerre, de paix et d'alliance, avec toutes les conditions et clauses de ces traités. D'autres colliers contiennent les harangues prononcées dans les divers conseils. J'ai mentionné ailleurs la mémoire artificielle dont usaient les Iroquois pour retenir un long discours. Le travail se partageait entre des guerriers qui, au moyen de quelques osselets, apprenaient par cœur, ou plutôt écrivaient dans leur mémoire la partie du discours qu'ils étaient chargés de reproduire [On peut voir dans *Les Natchez* la description d'un conseil de sauvages, tenu sur le rocher du Lac : les détails en sont rigoureusement historiques. (N.d.A.)].

Les arrêtés des sachems sont quelquefois gravés sur des arbres en signes énigmatiques. Le temps, qui ronge nos vieilles chroniques, détruit également celles des sauvages, mais d'une autre manière ; il étend une nouvelle écorce sur le papyrus qui garde l'histoire de l'Indien : au bout d'un petit nombre d'années, l'Indien et son histoire ont disparu à l'ombre du même arbre.

Passons maintenant à l'histoire des institutions particulières des gouvernements indiens, en commençant par le despotisme.

Il faut remarquer d'abord que partout où le despotisme est établi, règne une espèce de civilisation *physique*, telle qu'on la trouve chez la plupart des peuples de l'Asie, et telle qu'elle existait au Pérou et au Mexique. L'homme qui ne peut plus se mêler des affaires publiques, et qui livre sa vie à un maître comme une brute ou comme un enfant, a tout le temps de s'occuper de son bien-être matériel. Le système de l'esclavage soumettant à cet homme d'autres bras que les siens, ces machines labourent son champ, embellissent sa demeure, fabriquent ses vêtements et préparent son repas. Mais, parvenue à un certain degré, cette civilisation du despotisme reste stationnaire ; car le tyran supérieur, qui veut bien permettre quelques tyrannies particulières, conserve toujours le droit de vie et de mort sur ses sujets, et ceux-ci ont soin de se renfermer dans une médiocrité qui n'excite ni la cupidité ni la jalousie du pouvoir.

Sous l'empire du despotisme, il y a donc commencement de luxe et d'administration, mais dans une mesure qui ne permet pas à l'industrie de se développer, ni au génie de l'homme d'arriver à la liberté par les lumières.

Ferdinand de Soto trouva des peuples de cette nature dans les Florides, et vint mourir au bord du Mississippi. Sur ce grand fleuve s'étendait la domination des Natchez. Ceux-ci étaient originaires du Mexique, qu'ils ne quittèrent qu'après la chute du trône de Montezume. L'époque de l'émigration des Natchez concorde avec celle des Chicassais, qui venaient du Pérou, également chassés de leur terre natale par l'invasion des Espagnols.

Un chef surnommé le *soleil* gouvernait les Natchez : ce chef prétendait descendre de l'astre du jour. La succession au trône avait lieu par les femmes : ce n'était pas le fils même du soleil qui lui succédait, mais le fils de sa sœur ou de sa plus proche parente. Cette *femme-chef*, tel était son nom, avait avec le soleil une garde de jeunes gens appelés allouez.

Les dignitaires au-dessous du soleil étaient les deux chefs de guerre, les deux prêtres, les deux officiers pour les traités, l'inspecteur des ouvrages et des greniers publics, homme puissant, appelé le *chef de la farine*, et les quatre maîtres des cérémonies.

La récolte, faite en commun et mise sous la garde du soleil, fut dans l'origine la cause principale de l'établissement de la tyrannie. Seul dépositaire de la fortune publique, le monarque en profita pour se faire des créatures : il donnait aux uns aux dépens des autres ; il inventa cette hiérarchie de places qui intéressent une foule d'hommes au pouvoir par la complicité dans l'oppression. Le soleil s'entoura de satellites prêts à exécuter ses ordres. Au bout de quelques générations, des classes se formèrent dans l'Etat : ceux qui descendaient des généraux ou des officiers des allouez se prétendirent nobles ; on les crut. Alors furent inventées une multitude de lois : chaque individu se vit obligé de porter au soleil une partie de sa chasse ou de sa pêche. Si celui-ci commandait tel ou tel travail, on était tenu de l'exécuter sans en recevoir de salaire. En imposant la corvée, le soleil s'empara du droit de juger. « Qu'on me défasse de ce chien », disait-il, et ses gardes obéissaient.

Le despotisme du soleil enfanta celui de la femme-chef, et ensuite celui des nobles. Quand une nation devient esclave, il se forme une chaîne de tyrans depuis la première classe jusqu'à la dernière. L'arbitraire du pouvoir de la femme-chef prit le caractère du sexe de cette souveraine ; il se porta du côté des mœurs. La femme-chef se crut maîtresse de prendre autant de maris et d'amants qu'elle le voulut ; elle faisait ensuite étrangler les objets de ses caprices. En peu de temps il fut admis que le jeune soleil en parvenant au trône pouvait faire étrangler son père, lorsque celui-ci n'était pas noble.

Cette corruption de la mère de l'héritier du trône descendit aux autres femmes. Les nobles pouvaient abuser des vierges, et même des jeunes épouses, dans toute la nation. Le soleil avait été jusqu'à ordonner une prostitution générale des femmes, comme cela se pratiquait à certaines initiations babyloniennes.

A tous ces maux il n'en manquait plus qu'un, la superstition : les Natchez en furent accablés. Les prêtres s'étudièrent à fortifier la tyrannie par la dégradation de la raison du peuple. Ce devint un honneur insigne, une action méritoire pour le ciel que de se tuer sur le tombeau d'un noble ; il y avait des chefs dont les funérailles entraînaient le massacre de plus de cent victimes. Ces oppresseurs semblaient n'abandonner le pouvoir absolu dans la vie que pour hériter de la tyrannie de la mort : on obéissait encore à un cadavre, tant on était façonné à l'esclavage ! Bien plus, on sollicitait quelquefois dix ans d'avance l'honneur d'accompagner le soleil au pays des âmes. Le ciel permettait une justice : ces mêmes allouez par qui la servitude avait été fondée, recueillaient le fruit de leurs œuvres : l'opinion les obligeait de se percer de leur poignard aux obsèques de leur maître ; le suicide devenait le digne ornement de la pompe funèbre du despotisme. Mais que servait au souverain des Natchez d'emmener sa garde au-delà de la vie ? Pouvait-elle le défendre contre l'éternel vengeur des opprimés !

Une femme-chef étant morte, son mari, qui n'était pas noble, fut étouffé. La fille aînée de la femme-chef, qui lui succédait en dignité, ordonna l'étranglement de douze enfants : ces douze corps furent rangés autour de ceux de l'ancienne femme-chef et de son mari. Ces quatorze cadavres étaient déposés sur un brancard pompeusement décoré.

Quatorze allouez enlevèrent le lit funèbre. Le convoi se mit en marche : les pères et mères des enfants étranglés ouvraient la marche, marchant lentement deux à deux, et portant leurs enfants morts dans leurs bras. Quatorze victimes qui s'étaient dévouées à la mort suivaient le lit funèbre, tenant dans leurs mains le cordon fatal qu'elles avaient filé elles-mêmes. Les plus proches parents de ces victimes les environnaient. La famille de la femme-chef fermait le cortège.

De dix pas en dix pas, les pères et les mères qui précédaient la théorie laissaient tomber les corps de leurs enfants ; les hommes qui portaient le brancard marchaient sur ces corps, de sorte que quand on arriva au temple les chairs de ces tendres hosties tombaient en lambeaux.

Le convoi s'arrêta au lieu de la sépulture. On déshabilla les quatorze personnes dévouées ; elles s'assirent à terre ; un allouez s'assit sur les genoux de chacune d'elles, un autre leur tint les mains par-derrière ; on leur fit avaler trois morceaux de tabac et boire un peu d'eau ; on leur passa le lacet au cou, et les parents de la femme-chef tirèrent, en chantant, sur les deux bouts du lacet.

On a peine à comprendre comment un peuple chez lequel la propriété individuelle était inconnue, et qui ignorait la plupart des besoins de la société, avait pu tomber sous un pareil joug. D'un côté des hommes nus, la liberté de la nature ; de l'autre des exactions sans exemples, un despotisme qui passe ce qu'on a vu de plus formidable au milieu des peuples civilisés ; l'innocence et les vertus primitives de l'état politique à son berceau, la corruption et les crimes d'un gouvernement décrépit : quel monstrueux assemblage !

Une révolution simple, naturelle, presque sans effort, délivra en partie les Natchez de leurs chaînes. Accablés du joug des nobles et du soleil, ils se contentèrent de se retirer dans les bois ; la solitude leur rendit la liberté. Le soleil, demeuré au grand village, n'ayant plus rien à donner aux allouez, puisqu'on ne cultivait plus le champ commun, fut abandonné de ces mercenaires. Ce soleil eut pour successeur un prince raisonnable. Celui-ci ne rétablit point les gardes ; il abolit les usages tyranniques, rappela ses sujets, et leur fit aimer son gouvernement. Un conseil de vieillards formé par lui détruisit le principe de la tyrannie, en réglant d'une manière nouvelle la propriété commune.

Les nations sauvages, sous l'empire des idées primitives, ont un invincible éloignement pour la propriété particulière, fondement de l'ordre social. De là chez quelques Indiens cette propriété commune, ce champ public des moissons, ces récoltes déposées dans des greniers où chacun vient puiser selon ses besoins ; mais de là aussi la puissance des chefs qui veillent à ces trésors, et qui finissent par les distribuer au profit de leur ambition.

Les Natchez régénérés trouvèrent un moyen de se mettre à l'abri de la propriété particulière, sans tomber dans l'inconvénient de la propriété commune. Le champ public fut divisé en autant de lots qu'il y avait de familles. Chaque famille emportait chez elle la moisson contenue dans un de ces lots. Ainsi le grenier public fut détruit, en même temps que le champ commun resta, et comme chaque famille ne recueillait pas précisément le produit du carré qu'elle avait labouré et semé, elle ne pouvait pas dire qu'elle avait un droit particulier à la jouissance de ce qu'elle avait reçu. Ce ne fut plus la communauté de la terre, mais la communauté du travail qui fit la propriété commune.

Les Natchez conservèrent l'extérieur et les formes de leurs anciennes institutions : ils ne cessèrent point d'avoir une monarchie absolue, un soleil, une femme-chef, et différents ordres ou différentes classes d'hommes ; mais ce n'était plus que des souvenirs du passé, souvenirs utiles aux peuples, chez lesquels il n'est jamais bon de détruire l'autorité des aïeux. On entretint toujours le feu perpétuel dans le temple ; on ne toucha pas même aux cendres des anciens chefs déposées dans cet édifice, parce qu'il y a crime à violer l'asile des morts, et qu'après tout la poussière des tyrans donne d'aussi grandes leçons que celle des autres hommes.

Les Muscogulges.

Monarchie limitée dans l'état de nature.

A l'orient du pays des Natchez accablés par le despotisme, les Muscogulges présentaient dans l'échelle des gouvernements des sauvages la monarchie constitutionnelle ou limitée.

Les Muscogulges forment avec les Siminoles, dans l'ancienne Floride, la confédération des Creeks. Ils ont un chef appelé mico, roi ou magistrat.

Le mico, reconnu pour le premier homme de la nation, reçoit toutes sortes de marques de respect. Lorsqu'il préside le conseil, on lui rend des hommages presque abjects ; lorsqu'il est absent, son siège reste vide.

Le mico convoque le conseil pour délibérer sur la paix et sur la guerre ; à lui s'adressent les ambassadeurs et les étrangers qui arrivent chez la nation.

La royauté du mico est élective et inamovible. Les vieillards nomment le mico ; le corps des guerriers confirme la nomination. Il faut avoir versé son sang dans les combats, ou s'être distingué par sa raison, son génie, son éloquence, pour aspirer à la place de mico. Ce souverain, qui ne doit sa puissance qu'à son mérite, s'élève sur la confédération des Creeks, comme le soleil pour animer et féconder la terre.

Le mico ne porte aucune marque de distinction : hors du conseil, c'est un simple sachem qui se mêle à la foule, cause, fume, boit la coupe avec tous les guerriers : un étranger ne pourrait le reconnaître. Dans le conseil même, où il reçoit tant d'honneurs, il n'a que sa voix ; toute son influence est dans sa sagesse : son avis est généralement suivi, parce que son avis est presque toujours le meilleur.

La vénération des Muscogulges pour le mico est extrême. Si un jeune homme est tenté de faire une chose déshonnête, son compagnon lui dit : « Prends garde, le mico te voit » ; le jeune homme s'arrête : c'est l'action du despotisme invisible de la vertu.

Le mico jouit cependant d'une prérogative dangereuse. Les moissons chez les Muscogulges se font en commun. Chaque famille, après avoir reçu son lot, est obligée d'en porter une partie dans un grenier public, où le mico puise à volonté. L'abus d'un pareil privilège produisit la tyrannie des soleils des Natchez, comme nous venons de le voir.

Après le mico, la plus grande autorité de l'Etat réside dans le conseil des vieillards. Ce conseil décide de la paix et de la guerre, et applique les ordres du mico : institution politique singulière. Dans la monarchie des peuples civilisés, le roi est le pouvoir exécutif, et le conseil ou l'assemblée nationale, le pouvoir législatif ; ici, c'est l'opposé : le monarque fait les lois, et le conseil les exécute. Ces sauvages ont peut-être pensé qu'il y avait moins de péril à investir un conseil de vieillards du pouvoir exécutif qu'à remettre ce pouvoir aux mains d'un seul homme. D'un autre côté, l'expérience ayant prouvé qu'un seul homme d'un âge mûr, d'un esprit réfléchi, élabore mieux des lois qu'un corps délibérant, les Muscogulges ont placé le pouvoir législatif dans le roi.

Mais le conseil des Muscogulges a un vice capital : il est sous la direction immédiate du grand jongleur, qui le conduit par la crainte des sortilèges et par la divination des songes. Les prêtres forment chez cette nation un collège redoutable, qui menace de s'emparer des divers pouvoirs.

Le chef de guerre, indépendant du mico, exerce une puissance absolue sur la jeunesse armée. Néanmoins, si la nation est dans un péril imminent, le mico devient pour le temps limité général au dehors, comme il est magistrat au dedans.

Tel est, ou plutôt tel était le gouvernement muscogulge, considéré en lui-même et à part. Il a d'autres rapports comme gouvernement fédératif.

Les Muscogulges, nation fière et ambitieuse, vinrent de l'ouest, et s'emparèrent de la Floride après avoir extirpé les Yamases, ses premiers habitants [Les traditions des migrations indiennes sont obscures et contradictoires. Quelques hommes instruits regardent les tribus des Florides comme un débris de la grande nation des Allighewis, qui habitaient les vallées du Mississippi et de l'Ohio, et que chassèrent, vers les XIIe et XIIIe siècles, les Lennilénaps (les Iroquois et les sauvages Delawares), horde nomade et belliqueuse, venue du nord et de l'Ouest c'est-à-dire des côtes voisines du détroit de Behring. (N.d.A.)]. Bientôt après, les Siminoles, arrivant de l'est, firent alliance avec les Muscogulges. Ceux-ci étant les plus forts forcèrent ceux-là d'entrer dans une confédération, en vertu de laquelle les Siminoles envoient des députés au grand village des Muscogulges, et se trouvent ainsi gouvernés en partie par le mico de ces derniers.

Les deux nations réunies furent appelées par les Européens la nation des Creeks, et divisées par eux en Creeks supérieurs, les Muscogulges, et en Creeks inférieurs, les Siminoles. L'ambition des Muscogulges n'étant pas satisfaite, ils portèrent la guerre chez les Chéroquois et chez les Chicassais, et les obligèrent d'entrer dans l'alliance commune ; confédération aussi célèbre dans le midi de l'Amérique septentrionale que celle des Iroquois dans le nord. N'est-il pas singulier de voir des sauvages tenter la réunion des Indiens dans une république fédérative, au même lieu où les Européens devaient établir un gouvernement de cette nature ?

Les Muscogulges, en faisant des traités avec les blancs, ont stipulé que ceux-ci ne vendraient point d'eau-de-vie aux nations alliées. Dans les villages des Creeks on ne souffrait qu'un seul marchand européen : il y résidait sous la sauvegarde publique. On ne violait jamais à son égard les lois de la plus exacte probité ; il allait et venait, en sûreté de sa fortune comme de sa vie.

Les Muscogulges sont enclins à l'oisiveté et aux fêtes ; ils cultivent la terre ; ils ont des troupeaux et des chevaux de race espagnole ; ils ont aussi des esclaves. Le serf travaille aux champs, cultive dans le jardin les fruits et les fleurs, tient la cabane propre et prépare les repas. Il est logé, vêtu et nourri comme ses maîtres. S'il se marie, ses enfants sont libres ; ils rentrent dans leur droit naturel par la naissance. Le malheur du père et de la mère ne passe point à leur postérité ; les Muscogulges n'ont point voulu que la servitude fût héréditaire : belle leçon que les sauvages ont donnée aux hommes civilisés !

Tel est néanmoins l'esclavage : quelle que soit sa douceur, il dégrade les vertus. Le Muscogulge, hardi, bruyant, impétueux, supportant à peine la moindre contradiction, est servi par le Yamase, timide, silencieux, patient, abject. Ce Yamase, ancien maître des Florides, est cependant de race indienne : il combattit en héros pour sauver son pays de l'invasion des Muscogulges ; mais la fortune le trahit. Qui a mis entre le Yamase d'autrefois et le Yamase d'aujourd'hui, entre ce Yamase vaincu et ce Muscogulge vainqueur, une si grande différence ? Deux mots : liberté et servitude.

Les villages Muscogulges sont bâtis d'une manière particulière : chaque famille a presque toujours quatre maisons ou quatre cabanes pareilles. Ces quatre cabanes se font face les unes aux autres, et forment entre elles une cour carrée d'environ un demi-arpent : on entre dans cette cour par les quatre angles. Les cabanes, construites en planches, sont enduites en dehors et en dedans d'un mortier rouge, qui ressemble à de la terre de brique. Des morceaux d'écorce de cyprès, disposés comme des écailles de tortue, servent de toiture aux bâtiments.

Au centre du principal village, et dans l'endroit le plus élevé, est une place publique environnée de quatre longues galeries. L'une de ces galeries est la salle du conseil, qui se tient tous les jours pour l'expédition des affaires. Cette salle se divise en deux chambres par une cloison longitudinale: l'appartement du fond est ainsi privé de lumière; on n'y entre que par une ouverture surbaissée, pratiquée au bas de la cloison. Dans ce sanctuaire sont déposés les trésors de la religion et de la politique: les chapelets de cornes de cerf, la coupe à médecine, les chichikoués, le calumet de paix, l'étendard national fait d'une queue d'aigle. Il n'y a que le mico, le chef de guerre et le grand-prêtre qui puissent entrer dans ce lieu redoutable.

La chambre extérieure de la salle du conseil est coupée en trois parties par trois petites cloisons transversales, à hauteur d'appui. Dans ces trois balcons s'élèvent trois rangs de gradins appuyés contré les parois du sanctuaire. C'est sur ces bancs couverts de nattes que s'asseyent les sachems et les guerriers.

Les trois autres galeries, qui forment, avec la galerie du conseil, l'enceinte de la place publique, sont pareillement divisées chacune en trois parties; mais elles n'ont point de cloison longitudinale. Ces galeries se nomment galeries du banquet: on y trouve toujours une foule bruyante occupée de divers jeux.

Les murs, les cloisons, les colonnes de bois de ces galeries sont chargés d'ornements hiéroglyphiques, qui renferment les secrets sacerdotaux et politiques de la nation. Ces peintures représentent des hommes dans diverses attitudes, des oiseaux et des quadrupèdes à têtes d'hommes, des hommes à têtes d'animaux. Le dessin de ces monuments est tracé avec hardiesse et dans les proportions naturelles ; la couleur en est vive, mais appliquée sans art. L'ordre d'architecture des colonnes varie dans les villages selon la tribu qui habite ces villages : à Otasses les colonnes sont tournées en spirale, parce que les Muscogulges d'Otasses sont de la tribu du Serpent.

Il y a chez cette nation une ville de paix et une ville de sang. La ville de paix est la capitale même de la confédération des Creeks, et se nomme *Apalachucla*. Dans cette ville on ne verse jamais le sang ; et quand il s'agit d'une paix générale, les députés des Creeks y sont convoqués.

La ville de sang est appelée *Coweia* ; elle est située à douze milles d'Apalachucla : c'est là que l'on délibère de la guerre.

On remarque dans la confédération des Creeks les sauvages qui habitent le beau village d'Uche, composé de deux mille habitants, et qui peut armer cinq cents guerriers. Ces sauvages parlent la langue *savanna* ou *savantica*, langue radicalement différente de la langue muscogulge. Les alliés du village d'Usche sont ordinairement. dans le conseil, d'un avis différent des autres alliés, qui les voient avec jalousie ; mais on est assez sage de part et d'autre pour n'en pas venir à une rupture.

Les Siminoles, moins nombreux que les Muscogulges, n'ont guère que neuf villages, tous situés sur la rivière Flint. Vous ne pouvez faire un pas dans leur pays sans découvrir des savanes, des lacs, des fontaines, des rivières de la plus belle eau.

Le Siminole respire la gaieté, le contentement, l'amour ; sa démarche est légère, son abord ouvert et serein ; ses gestes décèlent l'activité de la vie : il parle beaucoup et avec volubilité ; son langage est harmonieux et facile. Ce caractère aimable et volage est si prononcé chez ce peuple, qu'il peut à peine prendre un maintien digne dans les assemblées politiques de la confédération.

Les Siminoles et les Muscogulges sont d'une assez grande taille, et, par un contraste extraordinaire, leurs femmes sont la plus petite race de femmes connue en Amérique : elles atteignent rarement la hauteur de quatre pieds deux ou trois pouces ; leurs mains et leurs pieds ressemblent à ceux d'une Européenne de neuf ou dix ans. Mais la nature les a dédommagées de cette espèce d'injustice : leur taille est élégante et gracieuse ; leurs yeux sont noirs, extrêmement longs, pleins de langueur et de modestie. Elles baissent leurs paupières avec une sorte de pudeur voluptueuse : si on ne les voyait pas, lorsqu'elles parlent, on croirait entendre des enfants qui ne prononcent que des mots à moitié formés.

Les femmes creeks travaillent moins que les autres femmes indiennes : elles s'occupent de broderies, de teinture et d'autres petits ouvrages. Les esclaves leur épargnent le soin de cultiver la terre ; mais elles aident pourtant, ainsi que les guerriers, à recueillir la moisson.

Les Muscogulges sont renommés pour la poésie et pour la musique. La troisième nuit de la fête du maïs nouveau, on s'assemble dans la galerie du conseil ; on se dispute le prix du chant. Ce prix est décerné, à la pluralité des voix, par le mico : c'est une branche de chêne vert : les Hellènes briguaient une branche d'olivier. Les femmes concourent, et souvent obtiennent la couronne ; une de leurs odes est restée célèbre :

Chanson de la chair blanche.

« La chair blanche vient de la Virginie. Elle était riche ; elle avait des étoffes bleues, de la poudre, des armes et du poison français [Eau-de-vie (N.d.A.)]. La chair blanche vit Tibéima l'ikouessen [Courtisane. (N.d.A.)].

Je t'aime, dit-elle à la fille peinte : quand je m'approche de toi, je sens fondre la moelle de mes os ; mes yeux se troublent, je me sens mourir.

La fille peinte, qui voulait les richesses de la chair blanche, lui répondit : Laisse-moi graver mon nom sur tes lèvres ; presse mon sein contre ton sein.

Tibéima et la chair blanche bâtirent une cabane. L'ikouessen dissipa les grandes richesses de l'étranger, et fut infidèle. La chair blanche le sut, mais elle ne put cesser d'aimer. Elle allait de porte en porte mendier des grains de maïs pour faire vivre Tibéima. Lorsque la chair blanche pouvait obtenir un peu de feu liquide [Eau-de-vie. (N.d.A.)], elle le buvait pour oublier sa douleur.

Toujours aimant Tibéima, toujours trompé par elle, l'homme blanc perdit l'esprit, et se mit à courir dans les bois. Le père de la fille peinte, illustre sachem, lui lit des réprimandes : le cœur d'une femme qui a cessé d'aimer est plus dur que le fruit du papaya.

La chair blanche revint à sa cabane. Elle était nue, elle portait une longue barbe hérissée ; ses yeux étaient creux, ses lèvres pâles : elle s'assit sur une natte pour demander l'hospitalité dans sa propre cabane. L'homme blanc avait faim : comme il était devenu insensé, il se croyait un enfant, et prenait Tibéima pour sa mère.

Tibéima, qui avait retrouvé des richesses avec un autre guerrier dans l'ancienne cabane de la chair blanche, eut horreur de celui qu'elle avait aimé. Elle le chassa. La chair blanche s'assit sur un tas de feuilles à la porte, et mourut. Tibéima mourut aussi. Quand le Siminole demande quelles sont les ruines de cette cabane recouverte de grandes herbes, on ne lui répond point. »

Les Espagnols avaient placé dans les beaux déserts de la Floride une fontaine de Jouvence. N'étais-je donc pas autorisé à choisir ces déserts pour le pays de quelques autres illusions ?

On verra bientôt ce que sont devenus les Creeks et quel sort menace ce peuple qui marchait à grands pas vers la civilisation.

Les Hurons et les Iroquois.

République dans l'état de nature.

Si les Natchez offrent le type du despotisme dans l'état de nature, les Creeks, le premier trait de la monarchie limitée, les Hurons et les Iroquois présentaient dans le même état de nature la forme du gouvernement républicain. Ils avaient, comme les Creeks, outre la constitution de la nation proprement dite, une assemblée générale représentative et un pacte fédératif.

Le gouvernement des Hurons différait un peu de celui des Iroquois. Auprès du conseil des tribus s'élevait un chef héréditaire, dont la succession se continuait par les femmes, ainsi que chez les Natchez. Si la ligne de ce chef venait à manquer, c'était la plus noble matrone de la tribu qui choisissait un chef nouveau. L'influence des femmes devait être considérable chez une nation dont la politique et la nature leur donnaient tant de droits. Les historiens attribuent à cette influence une partie des bonnes et des mauvaises qualités du Huron.

Chez les nations de l'Asie, les femmes sont esclaves et n'ont aucune part au gouvernement ; mais, chargées des soins domestiques, elles sont soustraites, en général, aux plus rudes travaux de la terre.

Chez les nations d'origine germanique, les femmes étaient libres, mais elles restaient étrangères aux actes de la politique, sinon à ceux du courage et de l'honneur.

Chez les tribus du nord de l'Amérique, les femmes participaient aux affaires de l'Etat, mais elles étaient employées à ces pénibles ouvrages qui sont dévolus aux hommes dans l'Europe civilisée. Esclaves et bêtes de somme dans les champs et à la chasse, elles devenaient libres et reines dans les assemblées de la famille et dans les conseils de la nation. Il faut remonter aux Gaulois pour retrouver quelque chose de cette condition des femmes chez un peuple.

Les Iroquois ou les Cinq nations [Six, selon la division des Anglais. (N.d.A.)], appelés dans la langue algonquine les *Agannonsioni*, étaient une colonie des Hurons. Ils se séparèrent de ces derniers à une époque ignorée ; ils abandonnèrent les bords du lac Huron, et se fixèrent sur la rive méridionale du fleuve Hochelaga (le Saint-Laurent), non loin du lac Champlain. Dans la suite, ils remontèrent jusqu'au lac Ontario, et occupèrent le pays situé entre le lac Erié et les sources de la rivière d'Albany.

Les Iroquois offrent un grand exemple du changement que l'oppression et l'indépendance peuvent opérer dans le caractère des hommes. Après avoir quitté les Hurons, ils se livrèrent à la culture des terres, devinrent une nation agricole et paisible, d'où ils tirèrent leur nom d'*Agannonsioni*.

Leurs voisins, les *Adirondacs*, dont nous avons fait les *Algouquins*, peuple guerrier et chasseur qui étendait sa domination sur un pays immense, méprisèrent les Hurons émigrants, dont ils achetaient les récoltes. Il arriva que les Algonquins invitèrent quelques jeunes Iroquois à une chasse ; ceux-ci s'y distinguèrent de telle sorte que les Algonquins, jaloux, les massacrèrent.

Les Iroquois coururent aux armes pour la première fois : battus d'abord, ils résolurent de périr jusqu'au dernier, ou d'être libres. Un génie guerrier, dont ils ne s'étaient point douté, se déploya tout à coup en eux. Ils défirent à leur tour les Algonquins, qui s'allièrent avec les Hurons, dont les Iroquois tiraient leur origine. Ce fut au moment le plus chaud de cette querelle que Jacques Cartier et ensuite Champlain abordèrent au Canada. Les Algonquins s'unirent aux étrangers, et les Iroquois eurent à lutter contre les Français, les Algonquins et les Hurons.

Bientôt les Hollandais arrivèrent à Manhatte[24] (New York). Les Iroquois recherchèrent l'amitié de ces nouveaux Européens, se procurèrent des armes à feu et devinrent en peu de temps plus habiles au maniement de ces armes que les blancs eux-mêmes. Il n'y a point chez les peuples civilisés d'exemple d'une guerre aussi longue et aussi implacable que celle que firent les Iroquois aux Algonquins et aux Hurons. Elle dura plus de trois siècles. Les Algonquins furent exterminés et les Hurons réduits à une tribu réfugiée sous la protection du canon de Québec. La colonie française du Canada, au moment de succomber elle-même aux attaques des Iroquois, ne fut sauvée que par un calcul de la politique de ces sauvages extraordinaires [D'autres traditions, comme on l'a vu, font des Iroquois une colonne de cette grande migration des Lennilénaps, venus des bords de l'océan Pacifique. Cette colonne des Iroquois et des Hurons aurait chassé les peuplades du nord du Canada, parmi lesquelles se trouvaient les Algonquins, tandis que les Indiens Delawares, plus au midi, auraient descendu jusqu'à l'Atlantique, en dispersant les peuples primitifs établis à l'est et à l'ouest des Alleghanys. (N.d.A.)].

Il est probable que les Indiens du nord de l'Amérique furent gouvernés d'abord par des rois, comme les habitants de Rome et d'Athènes, et que ces monarchies se changèrent ensuite en républiques aristocratiques : on retrouvait dans les principales bourgades huronnes et iroquoises des familles nobles, ordinairement au nombre de trois.

Ces familles étaient la souche des trois tribus principales : l'une de ces tribus jouissait d'une sorte de prééminence ; les

---

24. L'île de Manhattan fut achetée en 1624 aux Indiens Algonquins par le colonisateur hollandais Peter Minuit, au nom de la Compagnie hollandaise des Indes occidentales. Il fonda la Nouvelle Amsterdam.

membres de cette première tribu se traitaient de *frères*, et les membres des deux autres tribus de *cousins*.

Ces trois tribus portaient le nom des tribus huronnes : la tribu du Chevreuil, celle du Loup, celle de la Tortue. La dernière se partageait en deux branches, la grande et la petite Tortue.

Le gouvernement, extrêmement compliqué, se composait de trois conseils : le conseil des assistants, le conseil des vieillards, le conseil des guerriers en état de porter les armes, c'est-à-dire du corps de la nation.

Chaque famille fournissait un député au conseil des assistants ; ce député était nommé par les femmes, qui choisissaient souvent une femme pour les représenter. Le conseil des assistants était le conseil suprême : ainsi la première puissance appartenait aux femmes dont les hommes ne se disaient que les lieutenants ; mais le conseil des vieillards prononçait en dernier ressort, et devant lui étaient portées en appel les délibérations du conseil des assistants.

Les Iroquois avaient pensé qu'on ne se devait pas priver de l'assistance d'un sexe dont l'esprit, délié et ingénieux, est fécond en ressources et sait agir sur le cœur humain ; mais ils avaient aussi pensé que les arrêts d'un conseil de femmes pourraient être passionnés : ils avaient voulu que ces arrêts fussent tempérés et comme refroidis par le jugement des vieillards. On retrouvait ce conseil des femmes chez nos pères les Gaulois.

Le second conseil, ou le conseil des vieillards, était le modérateur entre le conseil des assistants et le conseil composé du corps des jeunes guerriers.

Tous les membres de ces trois conseils n'avaient pas le droit de prendre la parole : des orateurs choisis par chaque tribu traitaient devant les conseils des affaires de l'Etat : ces orateurs faisaient une étude particulière de la politique et de l'éloquence.

Cette coutume, qui serait un obstacle à la liberté chez les peuples civilisés de l'Europe, n'était qu'une mesure d'ordre chez les Iroquois. Parmi ces peuples, on ne sacrifiait rien de la liberté particulière à la liberté générale. Aucun membre des trois conseils ne se regardait lié individuellement par la délibération des conseils. Toutefois il était sans exemple qu'un guerrier eût refusé de s'y soumettre.

La nation iroquoise se divisait en cinq cantons : ces cantons n'étaient point dépendants les uns des autres ; ils pouvaient faire la paix et la guerre séparément. Les cantons neutres leur offraient dans ces cas leurs bons offices.

Les cinq cantons nommaient de temps en temps des députés qui renouvelaient l'alliance générale. Dans cette diète, tenue au milieu des bois, on traitait de quelques grandes entreprises pour l'honneur et la sûreté de toute la nation. Chaque député faisait un rapport relatif au canton qu'il représentait, et l'on délibérait sur des moyens de prospérité commune.

Les Iroquois étaient aussi fameux par leur politique que par leurs armes. Placés entre les Anglais et les Français, ils s'aperçurent bientôt de la rivalité de ces deux peuples. Ils comprirent qu'ils seraient recherchés par l'un et par l'autre : ils firent alliance avec les Anglais, qu'ils n'aimaient pas, contre les Français, qu'ils estimaient, mais qui s'étaient unis aux Algonquins et aux Hurons. Cependant, ils ne voulaient pas le triomphe complet d'un des deux partis étrangers : ainsi les Iroquois étaient prêts à disperser la colonie Française du Canada, lorsqu'un ordre du conseil des sachems arrêta l'armée et la força de revenir ; ainsi les Français se voyaient au moment de conquérir la Nouvelle Jersey, et d'en chasser les Anglais, lorsque les Iroquois firent marcher leurs cinq nations au secours des Anglais, et les sauvèrent.

L'Iroquois ne conservait de commun avec le Huron que le langage : le Huron, gai, spirituel, volage, d'une valeur brillante et téméraire, d'une taille haute et élégante, avait l'air d'être né pour être l'allié des Français.

L'Iroquois était au contraire d'une forte stature : poitrine large, jambes musculaires, bras nerveux. Les grands yeux ronds de l'Iroquois étincelaient d'indépendance : tout son air était celui d'un héros ; on voyait reluire sur son front les hautes combinaisons de la pensée et les sentiments élevés de l'âme. Cet homme intrépide ne fut point étonné des armes à feu lorsque pour la première fois on en usa contre lui ; il tint ferme au sifflement des balles et au bruit du canon, comme s'il les eût entendus toute sa vie ; il n'eut pas l'air d'y faire plus d'attention qu'à un orage. Aussitôt qu'il se put procurer un mousquet, il s'en servit mieux qu'un Européen. Il n'abandonna pas pour cela le casse-tête, le couteau, l'arc et la flèche ; mais il y ajouta la carabine, le pistolet, le poignard et la hache ; il semblait n'avoir jamais assez d'armes pour sa valeur. Doublement paré des instruments meurtriers de l'Europe et de l'Amérique, avec sa tête ornée de panaches, ses oreilles découpées, son visage barbouillé de noir, ses bras teints de sang, ce noble champion du Nouveau Monde devint aussi redoutable à voir qu'à combattre, sur le rivage qu'il défendit pied à pied contre l'étranger.

C'était dans l'éducation que les Iroquois plaçaient la source de leur vertu. Un jeune homme ne s'asseyait jamais devant un vieillard : le respect pour l'âge était pareil à celui que Lycurgue[25] avait fait naître à Lacédémone. On accoutumait la jeunesse à supporter les plus grandes privations ainsi qu'à braver les plus grands périls. De longs jeûnes commandés par la politique au nom de la religion, des chasses dangereuses, l'exercice continuel des armes, des jeux mâles et virils, avaient donné au caractère de l'Iroquois quelque chose d'indomptable. Souvent de petits garçons s'attachaient les

25. *Lycurgue* : législateur mythique de Sparte. Son existence est loin d'être certaine, bien qu'il apparaisse dans les écrits d'Hérodote et de Plutarque. Il aurait promulgué des lois qui régissaient très strictement la vie des citoyens.

bras ensemble, mettaient un charbon ardent sur leurs bras liés, et luttaient à qui soutiendrait plus longtemps la douleur. Si une jeune fille commettait une faute, et que sa mère lui jetât de l'eau au visage, cette seule réprimande portait quelquefois la jeune fille à s'étrangler.

L'Iroquois méprisait la douleur comme la vie : un sachem de cent années affrontait les flammes du bûcher ; il excitait les ennemis à redoubler de cruauté ; il les défiait de lui arracher un soupir. Cette magnanimité de la vieillesse n'avait pour but que de donner un exemple aux jeunes guerriers et de leur apprendre à devenir dignes de leurs pères.

Tout se ressentait de cette grandeur chez ce peuple : sa langue, presque tout aspirée, étonnait l'oreille. Quand un Iroquois parlait, on eût cru ouïr un homme qui, s'exprimant avec effort, passait successivement des intonations les plus sourdes aux intonations les plus élevées.

Tel était l'Iroquois avant que l'ombre et la destruction de la civilisation européenne se fussent étendues sur lui.

Bien que j'aie dit que le droit civil et le droit criminel sont à peu près inconnus des Indiens, l'usage en quelques lieux a suppléé à la loi.

Le meurtre, qui chez les Francs se rachetait par une composition pécuniaire en rapport avec l'état des personnes, ne se compense chez les sauvages que par la mort du meurtrier. Dans l'Italie du moyen âge, les familles respectives prenaient fait et cause pour tout ce qui concernait leurs membres : de là ces vengeances héréditaires qui divisaient la nation lorsque les familles ennemies étaient puissantes.

Chez les peuplades du nord de l'Amérique, la famille de l'homicide ne vient pas à son secours, mais les parents de l'homicidé se font un devoir de le venger. Le criminel que la loi ne menace pas, que ne défend pas la nature, ne rencontrant d'asile ni dans les bois, où les alliés du mort le poursuivent, ni chez les tribus étrangères, qui le livreraient, ni à son foyer domestique, qui ne le sauverait pas, devient si misérable, qu'un tribunal vengeur lui serait un bien. Là au moins il aurait une forme, une manière de le condamner ou de l'acquitter : car, si la loi frappe, elle conserve, comme le temps, qui sème et moissonne. Le meurtrier indien, las d'une vie errante, ne trouvant pas de famille publique pour le punir, se remet entre les mains d'une famille particulière qui l'immole : à défaut de la force armée, le crime conduit le criminel aux pieds du juge et du bourreau.

Le meurtre involontaire s'expiait quelquefois par des présents. Chez les Abénakis la loi prononçait : on exposait le corps de l'homme assassiné sur une espèce de claie en l'air ; l'assassin, attaché à un poteau, était condamné à prendre sa nourriture et à passer plusieurs jours à ce pilori de la mort.

ÉTAT ACTUEL DES SAUVAGES DE L'AMÉRIQUE SEPTENTRIONALE

Si je présentais au lecteur ce tableau de l'Amérique sauvage comme l'image fidèle de ce qui existe aujourd'hui, je tromperais le lecteur : j'ai peint ce qui fut beaucoup plus que ce qui est. On retrouve sans doute encore plusieurs traits du caractère indien dans les tribus errantes du Nouveau Monde ; mais l'ensemble des mœurs, l'originalité des coutumes, la forme primitive des gouvernements, enfin le génie américain a disparu. Après avoir raconté le passé, il me reste à compléter mon travail en retraçant le présent.

Quand on aura retranché du récit des premiers navigateurs et des premiers colons qui reconnurent et défrichèrent la Louisiane, la Floride, la Géorgie, les deux Carolines, la Virginie, le Maryland, la Delaware, la Pensylvanie, le New-Jersey, le New York, et tout ce qu'on appela la Nouvelle-Angleterre, l'Acadie et le Canada, on ne pourra guère évaluer la population sauvage comprise entre le Mississippi et le fleuve

Saint-Laurent, au moment de la découverte de ces contrées, au-dessous de trois millions d'hommes.

Aujourd'hui la population indienne de toute l'Amérique septentrionale, en n'y comprenant ni les Mexicains, ni les Esquimaux, s'élève à peine à quatre cent mille âmes. Le recensement des peuples indigènes de cette partie du Nouveau Monde n'a pas été fait ; je vais le faire. Beaucoup d'hommes, beaucoup de tribus manqueront à l'appel : dernier historien de ces peuples, c'est leur registre mortuaire que je vais ouvrir.

En 1534, à l'arrivée de Jacques Cartier au Canada, et à l'époque de la fondation de Québec par Champlain, en 1608, les Algonquins, les Iroquois, les Hurons, avec leurs tribus alliées ou sujettes, savoir : les Etchemins, les Souriquois, les Bersiamites, les Papinaclets, les Montagnès, les Attikamègues, les Nipissings, les Temiscamins, les Amikouès, les Cristinaux, les Assiniboïls, les Pouteouatamis, les Nokais, les Otchagras, les Miamis, armaient à peu près cinquante mille guerriers ; ce qui suppose chez les sauvages une population d'à peu près deux cent cinquante mille âmes. Au dire de Laboutan, chacun des cinq grands villages iroquois renfermait quatorze mille habitants. Aujourd'hui on ne rencontre, dans le bas Canada, que six hameaux de sauvages devenus chrétiens : les Hurons de Corette, les Abénakis de Saint-François, les Algonquins, les Nipissings, les Iroquois du lac des deux Montagnes et les Osouékatchies ; faibles échantillons de plusieurs races qui ne sont plus, et qui, recueillis par la religion, offrent la double preuve de sa puissance à conserver et de celle des hommes à détruire.

Le reste des cinq nations iroquoises est enclavé dans les possessions anglaises et américaines, et le nombre de tous les sauvages que je viens de nommer est tout au plus de deux mille cinq cents à trois mille âmes.

Les Abénakis, qui en 1587 occupaient l'Acadie (aujourd'hui le Nouveau-Brunswick et la Nouvelle-Ecosse), les sauvages du Maine, qui détruisirent tous les établissements des blancs en 1675, et qui continuèrent leurs ravages jusqu'en 1748 ; les mêmes hordes qui firent subir le même sort au New-Hampshire, les Wampanoags, les Nipmuchs, qui livrèrent des espèces de batailles rangées aux Anglais, assiégèrent Hadley et donnèrent l'assaut à Brookfield, dans le Massachusetts ; les Indiens qui dans les mêmes années 1673 et 1675 combattirent les Européens ; les Pequots du Connecticut ; les Indiens qui négocièrent la cession d'une partie de leurs terres avec les Etats de New York, de New-Jersey, de la Pensylvanie, de la Delaware ; les Pyscataways du Maryland ; les tribus qui obéissaient à Powhatan, dans la Virginie ; les Paraoustis, dans les Carolines, tous ces peuples ont disparu [La plupart de ces peuples appartenaient à la grande nation des Lennilénaps, dont les deux branches principales étaient les Iroquois et les Hurons au nord, et les Indiens Delawares au midi. (N.d.A.)].

Des nations nombreuses que Ferdinand de Soto rencontra dans les Florides (et il faut comprendre sous ce nom tout ce qui forme aujourd'hui les Etats de la Géorgie, de l'Alabama, du Mississippi et du Tennessee), il ne reste plus que les Creeks, les Chéroquois et les Chicassais [On peut consulter avec fruit, pour la Floride, un ouvrage intitulé : *Vue de la Floride occidentale, contenant sa géographie, sa topographie, etc., suivie d'un appendice sur ses antiquités, les titres de concession des terres et des canaux, et accompagnée d'une carte de la côte, des plans de Pensacola et de l'entrée du port* ; Philadelphie, 1817. (N.d.A.)].

Les Creeks, dont j'ai peint les anciennes mœurs, ne pourraient mettre sur pied dans ce moment deux mille guerriers. Des vastes pays qui leur appartenaient, ils ne possèdent plus qu'environ huit milles carrés dans l'Etat de Géorgien, et un territoire à peu près égal dans l'Alabama. Les Chéroquois et les Chicassais, réduits à une poignée d'hommes, vivent dans un coin des Etats de Géorgie et de Tennessee ; les derniers, sur les deux rives du fleuve Hiwassée.

Tout faibles qu'ils sont, les Creeks ont combattu vaillamment les Américains dans les années 1813 et 1814. Les généraux Jackson, White, Clayborne, Floyd, leur firent éprouver de grandes pertes à Talladega, Hillabes, Autossées, Bécanachaca, et surtout à Entonopeka. Ces sauvages avaient fait des progrès sensibles dans la civilisation, et surtout dans l'art de la guerre, employant et dirigeant très bien l'artillerie. Il y a quelques années qu'ils jugèrent et mirent à mort un de leurs micos, ou rois, pour avoir vendu des terres aux blancs sans la participation du conseil national.

Les Américains, qui convoitent le riche territoire où vivent encore les Muscogulges et les Siminoles, ont voulu les forcer à le leur céder pour une somme d'argent, leur proposant de les transporter ensuite à l'occident du Missouri. L'Etat de Géorgie a prétendu qu'il avait acheté ce territoire ; le congrès américain a mis quelque obstacle à cette prétention ; mais tôt ou tard les Creeks, les Chéroquois et les Chicassais, serrés entre la population blanche du Mississippi, du Tennessee, de l'Alabama et de la Géorgie, seront obligés de subir l'exil ou l'extermination.

En remontant le Mississippi, depuis son embouchure jusqu'au confluent de l'Ohio, tous les sauvages qui habitaient ces deux bords, les Biloxis, les Torimas, les Kappas, les Sotouïs, les Bayagoulas, les Colapissas, les Tansas, les Natchez et les Yazous ne sont plus.

Dans la vallée de l'Ohio, les nations qui erraient encore le long de cette rivière et de ses affluents se soulevèrent en 1810 contre les Américains. Elles mirent à leur tête un jongleur ou prophète qui annonçait la victoire, tandis que son frère, le fameux Thécumseh, combattait : trois mille sauvages se trouvèrent réunis pour recouvrer leur indépendance. Le général américain Harrison marcha contre eux avec un corps de troupes ; il les rencontra le 6 novembre 1811, au confluent du Tippacanoé et du Wabash. Les Indiens montrèrent le plus grand courage, et leur chef Thécumseh déploya une habileté extraordinaire : il fut pourtant vaincu.

La guerre de 1812 entre les Américains et les Anglais renouvela les hostilités sur les frontières du désert ; les sauvages se rangèrent presque tous du parti des Anglais ; Thécumseh était passé à leur service : le colonel Proctor, Anglais, dirigeait les opérations. Des scènes de barbarie eurent lieu à Cikago et aux forts Meigs et Milden : le cœur du capitaine Wells fut dévoré dans un repas de chair humaine. Le général Harrison accourut encore, et battit les sauvages à l'affaire du Thames. Thécumseh y fut tué : le colonel Proctor dut son salut à la vitesse de son cheval.

La paix ayant été conclue entre les Etats-Unis et l'Angleterre en 1814, les limites des deux empires furent définitivement réglées. Les Américains ont assuré par une chaîne de postes militaires leur domination sur les sauvages.

Depuis l'embouchure de l'Ohio jusqu'au saut de Saint-Antoine, sur le Mississippi, on trouve sur la rive occidentale de ce dernier fleuve les Saukis, dont la population s'élève à quatre mille huit cents âmes ; les Renards, à mille six cents âmes ; les Winebegos, à mille six cents, et les Ménomènes, à mille deux cents. Les Illinois sont la souche de ces tribus.

Viennent ensuite les Sioux, de race mexicaine, divisés en six nations : la première habite en partie le haut Mississippi ; la seconde, la troisième, la quatrième et la cinquième, tiennent les rivages de la rivière *Saint-Pierre* ; la sixième s'étend vers le Missouri. On évalue ces six nations siouses à environ quarante-cinq mille âmes.

Derrière les Sioux, en s'approchant du Nouveau-Mexique, se trouvent quelques débris des Osages, des Cansas, des Octotatas, des Mactotatas, des Ajouès et des Panis.

Les Assiboins errent, sous divers noms, depuis les sources septentrionales du Missouri jusqu'à la grande rivière Rouge, qui se jette dans la baie d'Hudson : leur population est de vingt-cinq mille âmes.

Les Cypowois, de race algonquine, et ennemis des Sioux, chassent, au nombre de trois ou quatre mille guerriers, dans les déserts qui séparent les grands lacs du Canada du lac Winnepic.

Voilà tout ce que l'on sait de plus positif sur la population des sauvages de l'Amérique septentrionale. Si l'on joint à ces tribus connues les tribus moins fréquentées qui vivent au-delà des montagnes Rocheuses, on aura bien de la peine à trouver les quatre cent mille individus mentionnés au commencement de ce dénombrement. Il y a des voyageurs qui ne portent pas à plus de cent mille âmes la population indienne en deçà des montagnes Rocheuses, et à plus de cinquante mille au-delà de ces montagnes, y compris les sauvages de la Californie.

Poussées par les populations européennes vers le nord-ouest de l'Amérique septentrionale, les populations sauvages viennent, par une singulière destinée, expirer au rivage même sur lequel elles débarquèrent, dans des siècles inconnus, pour prendre possession de l'Amérique. Dans la langue iroquoise, les Indiens se donnaient le nom d'*hommes de toujours*, *Ongoue-Ongoue*. Ces *hommes de toujours* ont passé, et l'étranger ne laissera bientôt aux héritiers légitimes de tout un monde que la terre de leur tombeau.

Les raisons de cette dépopulation sont connues : l'usage des liqueurs fortes, les vices, les maladies, les guerres, que nous avons multipliées chez les Indiens, ont précipité la destruction de ces peuples ; mais il n'est pas tout à fait vrai que l'état social, en venant se placer dans les forêts, ait été une cause efficiente de cette destruction.

L'Indien n'était pas *sauvage* ; la civilisation européenne n'a point agi sur le *pur état de nature* ; elle a agi sur *la civilisation américaine commençante* ; si elle n'eût rien rencontré, elle eût créé quelque chose ; mais elle a trouvé des mœurs, et les a détruites, parce qu'elle était plus forte et qu'elle n'a pas cru se devoir mêler à ces mœurs.

Demander ce que seraient devenus les habitants de l'Amérique si l'Amérique eût échappé aux voiles de nos navigateurs, serait sans doute une question inutile, mais pourtant curieuse à examiner. Auraient-ils péri en silence, comme ces nations, plus avancées dans les arts, qui selon toutes les probabilités fleurirent autrefois dans les contrées qu'arrosent l'Ohio, le Muskingum, le Tennessee, le Mississippi inférieur et le Tumbec-bee ?

Ecartant un moment les grands principes du christianisme, mettant à part les intérêts de l'Europe, un esprit philosophique aurait pu désirer que les peuples du Nouveau Monde eussent eu le temps de se développer hors du cercle de nos institutions.

Nous en sommes réduits partout aux formes usées d'une civilisation vieillie (je ne parle pas des populations de l'Asie, arrêtées depuis quatre mille ans dans un despotisme qui tient de l'enfance). On a trouvé chez les sauvages du Canada, de la Nouvelle-Angleterre et des Florides, des commencements de toutes les coutumes et de toutes les lois des Grecs, des Romains et des Hébreux. Une civilisation d'une nature différente de la nôtre aurait pu reproduire les hommes de l'antiquité ou faire jaillir des lumières inconnues d'une source encore ignorée. Qui sait si nous n'eussions pas vu aborder un jour à nos rivages quelque Colomb américain venant découvrir l'Ancien Monde ?

La dégradation des mœurs indiennes a marché de pair avec la dépopulation des tribus. Les traditions religieuses sont devenues beaucoup plus confuses ; l'instruction, répandue d'abord par les missionnaires du Canada, a mêlé des idées étrangères aux idées natives des indigènes. On aperçoit aujourd'hui, au travers des fables grossières, les croyances chrétiennes défigurées. La plupart des sauvages portent des croix pour ornements, et les traiteurs protestants leur vendent ce que leur donnaient les missionnaires catholiques. Disons, à l'honneur de notre patrie et à la gloire de notre religion, que les Indiens s'étaient fortement attachés aux Français ; qu'ils ne cessent de les regretter, et qu'*une robe noire* (un missionnaire) est encore en vénération dans les forêts américaines. Si les Anglais, dans leurs guerres avec les Etats-Unis, ont vu presque tous les sauvages s'enrôler sous la bannière britannique, c'est que les Anglais de Québec ont encore parmi eux des descendants des Français, et qu'ils occupent le pays qu'Ononthio [*La grande Montagne*. Nom sauvage des gouverneurs français du Canada. (N.d.A.)] a gouverné. Le sauvage continue de nous aimer dans le sol que nous avons foulé, dans la terre où nous fûmes ses premiers hôtes, et où nous avons laissé les tombeaux : en servant les nouveaux possesseurs du Canada, il reste fidèle à la France dans les ennemis des Français.

Voici ce qu'on lit dans un *Voyage* récent fait aux sources du Mississippi. L'autorité de ce passage est d'autant plus grande, que l'auteur, dans un autre endroit de son Voyage, s'arrête pour argumenter contre les jésuites de nos jours :

« Pour rendre justice à la vérité, les missionnaires français en général se sont toujours distingués partout par une vie exemplaire et conforme à leur état. Leur bonne foi religieuse, leur charité apostolique, leur douceur insinuante, leur patience héroïque, et leur éloignement du fanatisme et du rigorisme, fixent dans ces contrées des époques édifiantes dans les fastes du christianisme ; et pendant que la mémoire des del Vilde, des Vodilla, etc., sera toujours en exécration dans tous les cœurs vraiment chrétiens, celle des Daniel, des Brébeuf, etc., ne perdra jamais de la vénération que l'histoire des découvertes et des missions leur consacre à juste titre. De là cette prédilection que les sauvages témoignent pour les Français, prédilection qu'ils trouvent naturellement dans le fond de leur âme, nourrie par les traditions que leurs pères ont laissées en faveur des premiers apôtres du Canada, alors la Nouvelle-France [*Voyage de Beltrami*, 1823. (N.d.A.)]. »

Cela confirme ce que j'ai écrit autrefois sur les missions du Canada. Le caractère brillant de la valeur française, notre désintéressement, notre gaieté, notre esprit aventureux, sympathisaient avec le génie des Indiens ; mais il faut convenir aussi que la religion catholique est plus propre à l'éducation du sauvage que le culte protestant.

Quand le christianisme commença au milieu d'un monde civilisé et des spectacles du paganisme, il fut simple dans son extérieur, sévère dans sa morale, métaphysique dans ses arguments, parce qu'il s'agissait d'arracher à l'erreur des peuples séduits par les sens ou égarés par des systèmes de philosophie. Quand le christianisme passa des délices de Rome et des écoles d'Athènes aux forêts de la Germanie, il s'environna de pompes et d'images, afin d'enchanter la simplicité du barbare. Les gouvernements protestants de l'Amérique se sont peu occupés de la civilisation des sauvages : ils n'ont songé qu'à trafiquer avec eux : or, le commerce, qui accroît la civilisation parmi les peuples déjà civilisés, et chez lesquels l'intelligence a prévalu sur les mœurs, ne produit que la corruption chez les peuples où les mœurs sont supérieures à l'intelligence. La religion est évidemment la loi primitive : les pères Jogues, Lallemant et Brébeuf, étaient des législateurs d'une tout autre espèce que les traiteurs anglais et américains.

De même que les notions religieuses des sauvages se sont brouillées, les institutions politiques de ces peuples ont été altérées par l'irruption des Européens. Les ressorts du gouvernement indien étaient subtils et délicats ; le temps ne les avait point consolidés ; la politique étrangère, en les touchant, les a facilement brisés. Ces divers conseils balançant leurs autorités respectives, ces contrepoids formés par les assistants, les sachems, les matrones, les jeunes guerriers, toute cette machine a été dérangée : nos présents, nos vices, nos armes, ont acheté, corrompu ou tué les personnages dont se composaient ces pouvoirs divers.

Aujourd'hui les tribus indiennes sont conduites tout simplement par un chef : celles qui se sont confédérées se réunissent quelquefois dans des dictes générales ; mais aucune loi ne réglant ces assemblées, elles se séparent presque toujours sans avoir rien arrêté : elles ont le sentiment de leur nullité et le découragement qui accompagne la faiblesse.

Une autre cause a contribué à dégrader le gouvernement des sauvages : l'établissement des postes militaires américains et anglais au milieu des bois. Là, un commandant se constitue le protecteur des Indiens dans le désert ; à l'aide de quelques présents, il fait comparaître les tribus devant lui ; il se déclare leur père et l'envoyé d'un des *trois mondes blancs* : les sauvages désignent ainsi les Espagnols, les Français et les Anglais. Le commandant apprend à ses *enfants rouges* qu'il va fixer telles limites, défricher tel terrain, etc. Le sauvage finit par croire qu'il n'est pas le véritable possesseur de la terre dont on dispose sans son aveu ; il s'accoutume à se regarder comme d'une espèce inférieure au blanc ; il consent à recevoir des ordres, à chasser, à combattre pour des maîtres. Qu'a-t-on besoin de se gouverner quand on n'a plus qu'à obéir ?

Il est naturel que les mœurs et les coutumes se soient détériorées avec la religion et la politique, que tout ait été emporté à la fois.

Lorsque les Européens pénétrèrent en Amérique, les sauvages vivaient et se vêtissaient du produit de leurs chasses, et n'en faisaient entre eux aucun négoce. Bientôt les étrangers leur apprirent à le troquer pour des armes, des liqueurs fortes, et divers ustensiles de ménage, des draps grossiers et des parures. Quelques Français, qu'on appela *coureurs de bois*, accompagnèrent d'abord les Indiens dans leurs excursions. Peu à peu il se forma des compagnies de commerçants qui poussèrent des postes avancés et placèrent des factoreries au milieu des déserts. Poursuivis par l'avidité européenne et par la corruption des peuples civilisés jusqu'au fond de leurs bois, les Indiens échangent, dans ces magasins, de riches pelleteries contre des objets de peu de valeur, mais qui sont devenus pour eux des objets de première nécessité. Non seulement ils trafiquent de la chasse faite, mais ils disposent de la chasse à venir, comme on vend une récolte sur pied.

Ces avances accordées par les traiteurs plongent les Indiens dans un abîme de dettes : ils ont alors toutes les calamités de l'homme du peuple de nos cités et toutes les détresses du sauvage. Leurs chasses, dont ils cherchent à exagérer les résultats, se transforment en une effroyable fatigue : ils y mènent leurs femmes ; ces malheureuses, employées à tous les services du camp, tirent les traîneaux, vont chercher les bêtes tuées, tannent les peaux, font dessécher les viandes. On les voit, chargées des fardeaux les plus lourds, porter encore leurs petits enfants à leurs mamelles ou sur leurs épaules. Sont-elles enceintes et près d'accoucher, pour hâter leur délivrance et retourner plus vite à l'ouvrage, elles s'appliquent le ventre sur une barre de bois élevée à quelques pieds de terre ; laissant pendre en bas leurs jambes et leur tête, elles donnent ainsi le jour à une misérable créature, dans toute la rigueur de la malédiction : *In dolore paries filios*[26] !

26. *In dolore paries filios* : citation de la Bible (Genèse, III, 16), « Tu enfanteras dans la douleur ».

Ainsi la civilisation, en entrant par le commerce chez les tribus américaines, au lieu de développer leur intelligence, les a abruties. L'Indien est devenu perfide, intéressé, menteur, dissolu : sa cabane est un réceptacle d'immondices et d'ordure. Quand il était nu ou couvert de peaux de bêtes, il avait quelque chose de fier et de grand ; aujourd'hui des haillons européens, sans couvrir sa nudité, attestent seulement sa misère : c'est un mendiant à la porte d'un comptoir ; ce n'est plus un sauvage dans ses forêts.

Enfin, il s'est formé une espèce de peuple métis, né du commerce des aventuriers européens et des femmes sauvages. Ces hommes, que l'on appelle *Bois bricolés*, à cause de la couleur de leur peau, sont les gens d'affaires ou les courtiers de change entre les peuples dont ils tirent leur double origine : parlant à la fois la langue de leurs pères et de leurs mères, interprètes des traiteurs auprès des Indiens, et des Indiens auprès des traiteurs, ils ont les vices des deux races. Ces bâtards de la nature civilisée et de la nature sauvage se vendent tantôt aux Américains, tantôt aux Anglais, pour leur livrer le monopole des pelleteries ; ils entretiennent les rivalités des compagnies anglaises de la baie d'Hudson, du Nord-Ouest, et des compagnies américaines ; *Fur Colombian American Company, Missouri's fur Company*, et autres : ils font eux-mêmes des chasses au compte des traiteurs et avec des chasseurs soldés par les compagnies.

Le spectacle est alors tout différent des chasses indiennes : les hommes sont à cheval ; il y a des fourgons qui transportent les viandes sèches et les fourrures ; les femmes et les enfants sont traînés sur de petits chariots par des chiens. Ces chiens, si utiles dans les contrées septentrionales, sont encore une charge pour leurs maîtres ; car ceux-ci, ne pouvant les nourrir pendant l'été, les mettent en pension à crédit chez les gardiens, et contractent ainsi de nouvelles dettes. Les dogues affamés sortent quelquefois de leur chenil ; ne pouvant aller à la chasse, ils vont à la pêche : on les voit se plonger dans les rivières et saisir le poisson jusqu'au fond de l'eau.

On ne connaît en Europe que cette grande guerre de l'Amérique qui a donné au monde un peuple libre. On ignore que le sang a coulé pour les chétifs intérêts de quelques marchands fourreurs. La Compagnie de la baie d'Hudson vendit, en 1811, à lord Selkirk un grand terrain sur le bord de la rivière Rouge ; l'établissement se fit en 1812. La Compagnie du Nord-Ouest, ou du Canada, en prit ombrage : les deux compagnies, alliées à diverses tribus indiennes, et secondées des Bois brûlés, en vinrent aux mains. Cette petite guerre domestique, qui fut horrible, avait lieu dans les déserts glacés de la baie d'Hudson : la colonie de lord Selkirk fut détruite au mois de juin 1815, précisément au moment où se donnait la bataille de Waterloo. Sur ces deux théâtres, si différents par l'éclat et par l'obscurité, les malheurs de l'espèce humaine étaient les mêmes. Les deux compagnies, épuisées, ont senti qu'il valait mieux s'unir que se déchirer : elles poussent aujourd'hui de concert leurs opérations, à l'ouest jusqu'à Colombia, au nord jusque sur les fleuves qui se jettent dans la mer Polaire.

En résumé, les plus fières nations de l'Amérique septentrionale n'ont conservé de leur race que la langue et le vêtement ; encore celui-ci est-il altéré : elles ont un peu appris à cultiver la terre et à élever des troupeaux. De guerrier fameux qu'il était, le sauvage du Canada est devenu berger obscur ; espèce de pâtre extraordinaire, conduisant ses cavales avec un casse-tête et ses moutons avec des flèches. Philippe, successeur d'Alexandre, mourut greffier à Rome ; un Iroquois chante et danse pour quelques pièces de monnaie à Paris : il ne faut pas voir le lendemain de la gloire.

En traçant ce tableau d'un monde sauvage, en parlant sans cesse du Canada et de la Louisiane, en regardant sur les vieilles cartes l'étendue des anciennes colonies françaises dans l'Amérique, j'étais poursuivi d'une idée pénible : je me demandais comment le gouvernement de mon pays avait pu laisser périr ces colonies, qui seraient aujourd'hui pour nous une source inépuisable de prospérité.

De l'Acadie et du Canada à la Louisiane, de l'embouchure du Saint-Laurent à celle du Mississippi, le territoire de la Nouvelle-France entourait ce qui forma dans l'origine la confédération des treize premiers Etats-Unis. Les onze autres Etats, le district de la Colombie, les territoires du Michigan, du Nord-Ouest, du Missouri, de l'Orégon et d'Arkansa, nous appartenaient ou nous appartiendraient comme ils appartiennent aujourd'hui aux Etats-Unis, par la cession des Anglais et des Espagnols, nos premiers héritiers dans le Canada et dans la Louisiane.

Prenez votre point de départ entre le 43e et le 44e degré de latitude nord, sur l'Atlantique, au cap Sable de la Nouvelle-Ecosse, autrefois l'Acadie ; de ce point conduisez une ligne qui passe derrière les premiers Etats-Unis, le Maine, Vernon, New York, la Pensylvanie, la Virginie, la Caroline et la Géorgie ; que cette ligne vienne par le Tennessee chercher le Mississippi et la Nouvelle-Orléans, qu'elle remonte ensuite du 29e degré (latitude des bouches du Mississippi), qu'elle remonte par le territoire d'Arkansa à celui de l'Orégon ; qu'elle traverse les montagnes Rocheuses et se termine à la pointe Saint Georges, sur la côte de l'océan Pacifique, vers le 42e degré de latitude nord : l'immense pays compris entre cette ligne, la mer Atlantique au nord-est, la mer Polaire au nord, l'océan Pacifique et les possessions russes au nord-ouest le golfe Mexicain au midi, c'est-à-dire plus des deux tiers de l'Amérique septentrionale, reconnaîtraient les lois de la France.

Que serait-il arrivé si de telles colonies eussent été encore entre nos mains au moment de l'émancipation des Etats-Unis ? Cette émancipation aurait-elle eu lieu ? notre présence sur le sol américain l'aurait-elle hâtée ou retardée ? La Nouvelle-France elle-même serait-elle devenue libre ? Pourquoi non ? Quel malheur y aurait-il pour la mère patrie à voir fleurir un immense empire sorti de son sein, un empire qui répandrait la gloire de notre nom et de notre langue dans un autre hémisphère ?

Nous possédions au-delà des mers de vastes contrées qui pouvaient offrir un asile à l'excédant de notre population, un marché considérable à notre commerce, un aliment à notre marine ; aujourd'hui nous nous trouvons forcés d'ensevelir dans nos prisons des coupables condamnés par les tribunaux, faute d'un coin de terre pour y déposer ces malheureux. Nous sommes exclus du nouvel univers, où le genre humain recommence. Les langues anglaise et espagnole servent en Afrique, en Asie, dans les îles de la mer du Sud, sur le continent des deux Amériques, à l'interprétation de la pensée de plusieurs millions d'hommes ; et nous, déshérités des conquêtes de notre courage et de notre génie, à peine entendons-nous parler dans quelques bourgades de la Louisiane et du Canada, sous une domination étrangère, la langue de Racine, de Colbert et de Louis XIV ; elle n'y reste que comme un témoin des revers de notre fortune et des fautes de notre politique.

Ainsi donc la France a disparu de l'Amérique septentrionale, comme ces tribus indiennes avec lesquelles elle sympathisait, et dont j'ai aperçu quelques débris. Qu'est-il arrivé dans cette Amérique du Nord depuis l'époque où j'y voyageais ? C'est maintenant ce qu'il faut dire. Pour consoler les lecteurs, je vais, dans la conclusion de cet ouvrage, arrêter leurs regards sur un tableau miraculeux : ils apprendront ce que peut la liberté pour le bonheur et la dignité de l'homme, lorsqu'elle ne se sépare point des idées religieuses, qu'elle est à la fois intelligente et sainte.

CONCLUSION – ÉTATS-UNIS

Si je revoyais aujourd'hui les Etats-Unis, je ne les reconnaîtrais plus : là où j'ai laissé des forêts, je trouverais des champs cultivés ; là où je me suis frayé un chemin à travers les halliers, je voyagerais sur de grandes routes. Le Mississippi, le Missouri, l'Ohio, ne coulent plus dans la solitude ; de gros vaisseaux à trois mâts les remontent, plus de deux cents bateaux à vapeur en vivifient les rivages. Aux Natchez, au lieu de la hutte de Céluta, s'élève une ville charmante d'environ cinq mille habitants. Chactas pourrait être aujourd'hui député au congrès et se rendre chez Atala par deux routes, dont l'une mène à Saint-Etienne, sur le Tumbec-bee, et l'autre aux Natchitochès : un livre de poste lui indiquerait les relais au nombre de onze : Washington, Franklin, Homochitt, etc.

L'Alabama et le Tennessee sont divisés, le premier en trente-trois comtés, et il contient vingt et une villes ; le second en cinquante et un comtés, et il renferme quarante-huit villes. Quelques-unes de ces villes, telles que Cahawba, capitale de l'Alabama, conservent leur dénomination sauvage, mais elles sont environnées d'autres villes différemment désignées : il y a chez les Muscogulges, les Siminoles, les Chéroquois et les Chicassais, une cité d'Athènes, une autre de Marathon, une autre de Carthage, une autre de Memphis, une autre de Sparte, une autre de Florence, une autre d'Hampden, des comtés de Colombie et de Marengo : la gloire de tous les pays a placé un nom dans ces mêmes déserts où j'ai rencontré le père Aubry et l'obscure Atala.

Le Kentucky montre un Versailles ; un comté appelé *Bourbon* a pour capitale Paris. Tous les exilés, tous les opprimés qui se sont retirés en Amérique, y ont porté la mémoire de leur patrie.

Falsi Simoentis ad undam.
Libabat cineri Andromache[27].

Les Etats-Unis offrent donc dans leur sein, sous la protection de la liberté, une image et un souvenir de la plupart des lieux célèbres de l'ancienne et de la moderne Europe, semblables à ce jardin de la campagne de Rome où Adrien avait fait répéter les divers monuments de son empire.

Remarquons qu'il n'y a presque point de comtés qui ne renferment une ville, un village ou un hameau de Washington, touchante unanimité de la reconnaissance d'un peuple.

L'Ohio arrose maintenant quatre Etats : le Kentucky, l'Ohio proprement dit, l'Indiana et l'Illinois. Trente députés et huit sénateurs sont envoyés au congrès par ces quatre Etats. La Virginie et le Tennessee touchent l'Ohio sur deux points ; il compte sur ses bords cent quatre-vingt-onze comtés et deux cent huit villes. Un canal que l'on creuse au partage de ses rapides, et qui sera fini dans trois ans, rendra le fleuve navigable pour de gros vaisseaux jusqu'à Pittsburg.

Trente-trois grandes routes sortent de Washington, comme autrefois les voies romaines partaient de Rome, et aboutissent, en se partageant, à la circonférence des Etats-Unis. Ainsi on va de Washington à Dover, dans la Delaware ; de Washington à la Providence, dans le Rhode-Island ; de Washington à Robbinstown, dans le district du Maine, frontière des Etats britanniques au nord ; de Washington à Concorde ; de Washington à Montpellier, dans le Connecticut ; de Washington à Albany, et de là à Montréal et à Québec ; de Washington au Havre de Sackets, sur le lac Ontario ; de Washington à la chute et au fort de Niagara ; de Washington, par Pittsburg, au détroit et à Michilimakinac, sur le lac Erié ; de Washington, par Saint-Louis sur le Mississippi, à

27. Citation de Virgile (*L'Énéide*) : « Sur la rive d'un faux Simoïs, Andromaque offrait en ce moment le festin solennel des morts ».

Councile-Bluffs du Missouri ; de Washington à la Nouvelle-Orléans et à l'embouchure du Mississippi ; de Washington aux Natchez ; de Washington à Charlestown, à Savannah et à Saint-Augustin, le tout formant une circulation intérieure de routes de vingt-cinq mille sept cent quarante-sept milles.

On voit, par les points où se lient ces routes, qu'elles parcourent des lieux naguère sauvages, aujourd'hui cultivés et habités. Sur un grand nombre de ces routes, les postes sont montées : des voitures publiques vous conduisent d'un lieu à l'autre à des prix modérés. On prend la diligence pour l'Ohio ou pour la chute de Niagara, comme, de mon temps, on prenait un guide ou un interprète indien. Des chemins de communication s'embranchent aux voies principales, et sont également pourvus de moyens de transport. Ces moyens sont presque toujours doubles ; car des lacs et des rivières se trouvant partout, on peut voyager en bateaux à rames et à voiles, ou sur des bateaux à vapeur.

Des embarcations de cette dernière espèce font des passages réguliers de Boston et de New York à la Nouvelle-Orléans ; elles sont pareillement établies sur le lac du Canada, l'Ontario, l'Erié, le Michigan, le Champlain, sur ces lacs où l'on voyait à peine il y a trente ans quelques pirogues de sauvages, et où des vaisseaux de ligne se livrent maintenant des combats.

Les bateaux à vapeur aux Etats-Unis servent non seulement au besoin du commerce et des voyageurs, mais on les emploie encore à la défense du pays : quelques-uns d'entre eux, d'une immense dimension, placés à l'embouchure des fleuves, armés de canons et d'eau bouillante, ressemblent à la fois à des citadelles modernes et à des forteresses du moyen âge.

Aux vingt-cinq mille sept cent quarante-sept milles de routes générales, il faut ajouter l'étendue de quatre cent dix-neuf routes cantonales, et celle de cinquante-huit mille cent trente-sept milles de routes d'eau. Les canaux augmentent le nombre de ces dernières routes : le canal de Middlesex joint le port de Boston avec la rivière Merrimack ; le canal Champlain fait communiquer ce lac avec les mers canadiennes ; le fameux canal Erié, ou de New York, unit maintenant le lac Erié à l'Atlantique ; les canaux Sautee, Chesapeake et Albemarne sont dus aux Etats de la Caroline et de la Virginie ; et comme de larges rivières, coulant en diverses directions, se rapprochent par leurs sources, rien de plus facile que de les lier entre elles. Cinq chemins sont déjà connus pour aller à l'océan Pacifique ; un seul de ces chemins passe à travers le territoire espagnol.

Une loi du congrès de la session de 1824 à 1825 ordonne l'établissement d'un poste militaire à l'Orégon. Les Américains, qui ont un établissement sur la Colombia, pénètrent ainsi jusqu'au grand Océan, entre les Amériques anglaise, russe et espagnole, par une zone de terre d'à peu près six degrés de large.

Il y a cependant une borne naturelle à la colonisation. La frontière des bois s'arrête à l'ouest et au nord du Missouri, à des steppes immenses qui n'offrent pas un seul arbre, et qui semblent se refuser à la culture, bien que l'herbe y croisse abondamment. Cette Arabie verte sert de passage aux colons qui se rendent en caravanes aux montagnes Rocheuses et au Nouveau-Mexique ; elle sépare les Etats-Unis de l'Atlantique des Etats-Unis de la mer du Sud, comme ces déserts qui, dans l'Ancien Monde, disjoignent des régions fertiles. Un Américain a proposé d'ouvrir à ses frais un grand chemin ferré, depuis Saint-Louis sur le Mississippi jusqu'à l'embouchure de la Colombia, pour une concession de dix milles en profondeur qui lui serait faite par le congrès, des deux côtés du chemin : ce gigantesque marché n'a pas été accepté.

Dans l'année 1789 il y avait seulement soixante-quinze bureaux de poste aux Etats-Unis : il y en a maintenant plus de cinq mille.

De 1790 à 1795 ces bureaux furent portés de soixante-quinze à quatre cent cinquante-trois ; en 1800 ils étaient au nombre de neuf cent trois ; en 1805 ils s'élevaient quinze cent cinquante-huit ; en 1810, à deux mille trois cents ; en 1815, à trois mille ; en 1817, à trois mille quatre cent cinquante-neuf ; en 1820, à quatre mille trente ; en 1825, à près de cinq mille cinq cent.

Les lettres et dépêches sont transportées par des malles-poste, qui font environ cent cinquante milles par jour, et par des courriers à cheval et à pied.

Une grande ligne de malles-poste s'étend depuis Anson, dans l'Etat du Maine, par Washington, à Nashville, dans l'Etat du Tennessee : distance, quatorze cent quarante-huit milles. Une autre ligne joint Highgate, dans l'Etat de Vermont, à Sainte-Marie en Géorgie : distance, treize cent soixante-neuf milles. Des relais de malles-poste sont montés de Washington à Pittshourg ; distance, deux cent vingt-six milles : ils seront bientôt établis jusqu'à Saint-Louis du Mississippi, par Vincennes, et jusqu'à Nashville, par Lexington, Kentucky. Les auberges sont bonnes et propres, et quelquefois excellentes.

Des bureaux pour la vente des terres publiques sont ouverts dans les Etats de l'Ohio et d'Indiana, dans le territoire du Michigan, du Missouri et des Arkansas, dans les Etats de la Louisiane, du Mississippi et de l'Alabama. On croit qu'il reste plus de cent cinquante millions d'acres de terre propre à la culture, sans compter le sol des grandes forêts. On évalue ces cinquante millions d'acres à environ un milliard cinq cents millions de dollars, estimant les acres l'un dans l'autre à 10 dollars, et n'évaluant le dollar qu'à 3 fr. ; calcul extrêmement faible sous tous les rapports.

On trouve dans les Etats du nord vingt-cinq postes militaires, et vingt-deux dans les Etats du midi.

En 1790, la population des Etats-Unis était de trois millions neuf cent vingt-neuf mille trois cent vingt-six habitants ; en 1800 elle était de cinq millions trois cent cinq mille six cent soixante-six ; en 1810, de sept millions deux cent trente-neuf mille neuf cent trois ; en 1820, de neuf millions six cent neuf mille huit cent vingt-sept. Sur cette population il faut compter un million cinq cent trente-un mille quatre cent trente-six esclaves.

En 1790, l'Ohio, l'Indiana, l'Illinois, l'Alabama, le Mississippi, le Missouri, n'avaient pas assez de colons pour qu'on les pût recenser. Le Kentucky seul en 1800 en présentait soixante-treize mille six cent soixante-dix-sept, et le Tennessee trente-cinq mille six cent quatre-vingt-onze. L'Ohio, sans habitants en 1790, en comptait quarante-cinq mille trois cent soixante-cinq en 1800 ; deux cent trente mille sept cent soixante en 1810, et cinq cent quatre-vingt-un mille quatre cent trente-quatre en 1820 ; l'Alabama de 1810 à 1820 est monté de dix mille habitants à cent vingt-sept mille neuf cent un.

Ainsi, la population des Etats-Unis s'est accrue de dix ans en dix ans, depuis 1790 jusqu'à 1820, dans la proportion de trente-cinq individus sur cent. Six années sont déjà écoulées des dix années qui se compléteront en 1830, époque à laquelle on présume que la population des Etats-Unis sera à peu près de douze millions huit cent soixante-quinze mille âmes ; la part de l'Ohio sera de huit cent cinquante mille habitants, et celle du Kentucky de sept cent cinquante mille.

Si la population continuait à doubler tous les vingt-cinq ans, en 1855 les Etats-Unis auraient une population de vingt-cinq millions sept cent cinquante mille âmes : et vingt-cinq ans plus tard, c'est-à-dire en 1880, cette population s'élèverait au-dessus de cinquante millions.

En 1821, le produit des exportations des productions indigènes et étrangères des Etats-Unis a monté à la somme de 64 974 382 dollars ; le revenu public dans la même année s'est élevé à 14 264 000 dollars ; l'excédant de la recette sur la dépense a été de 3 334 826 dollars. Dans la même année encore, la dette nationale était réduite à 89 204 236 dollars.

L'armée a été quelquefois portée à cent mille hommes : onze vaisseaux de ligne, neuf frégates, cinquante bâtiments de guerre de différentes grandeurs, composent la marine des Etats-Unis.

Il est inutile de parler des constitutions des divers Etats ; il suffit de savoir qu'elles sont toutes libres.

Il n'y a point de religion dominante ; mais chaque citoyen est tenu de pratiquer un culte chrétien : la religion catholique fait des progrès considérables dans les Etats de l'ouest.

En supposant, ce que je crois la vérité, que les résumés statistiques publiés aux Etats-Unis soient exagérés par l'orgueil national, ce qui resterait de prospérité dans l'ensemble des choses serait encore digne de toute notre admiration.

Pour achever ce tableau surprenant, il faut se représenter les villes comme Boston, New York, Philadelphie, Baltimore, Savannah, la Nouvelle-Orléans, éclairées la nuit, remplies de chevaux et de voitures, offrant toutes les jouissances du luxe qu'introduisent dans leurs ports des milliers de vaisseaux ; il faut se représenter ces lacs du Canada, naguère si solitaires, maintenant couverts de frégates, de corvettes, de cutters, de barques, de bateaux à vapeur, qui se croisent avec les pirogues et les canots des Indiens, comme les gros navires et les galères avec les pinques, les chaloupes et les caïques dans les eaux du Bosphore. Des temples et des maisons embellis de colonnes d'architecture grecque s'élèvent au milieu de ces bois, sur le bord de ces fleuves antiques ornements du désert. Ajoutez à cela de vastes collèges, des observatoires élevés pour la science dans le séjour de l'ignorance sauvage, toutes les religions, toutes les opinions vivant en paix, travaillant de concert à rendre meilleure l'espèce humaine et à développer son intelligence : tels sont les prodiges de la liberté.

L'abbé Raynal avait proposé un prix pour la solution de cette question : « Quelle sera l'influence de la découverte du Nouveau Monde sur l'Ancien Monde ? »

Les écrivains se perdirent dans des calculs relatifs à l'exportation et l'importation des métaux, à la dépopulation de l'Espagne, à l'accroissement du commerce, au perfectionnement de la marine : personne, que je sache, ne chercha l'influence de la découverte de l'Amérique sur l'Europe dans l'établissement des républiques américaines. On ne voyait toujours que les anciennes monarchies à peu près telles qu'elles étaient, la société stationnaire, l'esprit humain n'avançant ni ne reculant ; on n'avait pas la moindre idée de la révolution qui dans l'espace de quarante années s'est opérée dans les esprits.

Le plus précieux des trésors que l'Amérique renfermait dans son sein, c'était la liberté ; chaque peuple est appelé à pui ser dans cette mine inépuisable. La découverte de la république représentative aux Etats-Unis est un des plus grands événements politiques du monde. Cet événement a prouvé, comme je l'ai dit ailleurs, qu'il y a deux espèces de liberté praticables : l'une appartient à l'enfance des peuples ; elle est fille des mœurs et de la vertu : c'était celle des premiers Grecs et des premiers Romains, c'était celle des sauvages de l'Amérique ; l'autre naît de la vieillesse des peuples ; elle est fille des lumières et de la raison : c'est cette liberté des Etats-Unis, qui remplace la liberté de l'Indien. Terre heureuse, qui, dans l'espace de moins de trois siècles a passé de l'une à l'autre liberté presque sans effort, et par une lutte qui n'a pas duré plus de huit années !

L'Amérique conservera-t-elle sa dernière espèce de liberté? Les Etats-Unis ne se diviseront-ils pas? N'aperçoit-on pas déjà les germes de ces divisions? Un représentant de la Virginie n'a-t-il pas déjà soutenu la thèse de l'ancienne liberté grecque et romaine avec le système d'esclavage, contre un député du Massachusetts qui défendait la cause de la liberté moderne sans esclaves, telle que le christianisme l'a faite?

Les Etats de l'ouest, en s'étendant de plus en plus, trop éloignés des Etats de l'Atlantique, ne voudront-ils pas avoir un gouvernement à part?

Enfin, les Américains sont-ils des hommes parfaits? n'ont-ils pas leurs vices comme les autres hommes? sont-ils moralement supérieurs aux Anglais, dont ils tirent leur origine? Cette émigration étrangère, qui coule sans cesse dans leur population de toutes les parties de l'Europe, ne détruira-t-elle pas à la longue l'homogénéité de leur race? L'esprit mercantile ne les dominera-t-il pas? L'intérêt ne commence-t-il pas à devenir chez eux le défaut national dominant?

Il faut encore le dire avec douleur l'établissement des républiques du Mexique, de la Colombie, du Pérou, du Chili, de Buenos Aires, est un danger pour les Etats-Unis. Lorsque ceux-ci n'avaient auprès d'eux que les colonies d'un royaume transatlantique, aucune guerre n'était probable. Maintenant des rivalités ne naîtront-elles point entre les anciennes républiques de l'Amérique septentrionale et les nouvelles républiques de l'Amérique espagnole? Celles-ci ne s'interdiront-elles pas des alliances avec des puissances européennes? Si de part et d'autre on courait aux armes; si l'esprit militaire s'emparait des Etats-Unis, un grand capitaine pourrait s'élever: la gloire aime les couronnes; les soldats ne sont que de brillants fabricants de chaînes, et la liberté n'est pas sûre de conserver son patrimoine sous la tutelle de la victoire.

Quoi qu'il en soit de l'avenir, la liberté ne disparaîtra jamais tout entière de l'Amérique ; et c'est ici qu'il faut signaler un des grands avantages de la liberté fille des lumières sur la liberté fille des mœurs.

La liberté fille des mœurs périt quand son principe s'altère, et il est de la nature des mœurs de se détériorer avec le temps.

La liberté fille des mœurs commence avant le despotisme aux jours d'obscurité et de pauvreté ; elle vient se perdre dans le despotisme et dans les siècles d'éclat et de luxe.

La liberté fille des lumières brille après les âges d'oppression et de corruption ; elle marche avec le principe qui la conserve et la renouvelle ; les lumières dont elle est l'effet, loin de s'affaiblir avec le temps, comme les mœurs qui enfantent la première liberté, les lumières, dis-je, se fortifient au contraire avec le temps : ainsi elles n'abandonnent point la liberté qu'elles ont produite ; toujours auprès de cette liberté, elles en sont à la fois la vertu générative et la source intarissable.

Enfin, les Etats-Unis ont une sauvegarde de plus : leur population n'occupe pas un dix-huitième de leur territoire. L'Amérique habite encore la solitude ; longtemps encore ses déserts seront ses mœurs, et ses lumières sa liberté.

Je voudrais pouvoir en dire autant des républiques espagnoles de l'Amérique. Elles jouissent de l'indépendance ; elles sont séparées de l'Europe : c'est un fait accompli, un fait immense sans doute dans ses résultats, mais d'où ne dérive pas immédiatement et nécessairement la liberté.

CONCLUSION – RÉPUBLIQUES ESPAGNOLES

Lorsque l'Amérique anglaise se souleva contre la Grande-Bretagne, sa position était bien différente de la position où se trouve l'Amérique espagnole. Les colonies qui ont formé les Etats-Unis avaient été peuplées à différentes époques par des Anglais mécontents de leur pays natal, et qui s'en éloignaient afin de jouir de la liberté civile et religieuse. Ceux qui s'établirent principalement dans la Nouvelle-Angleterre appartenaient à cette secte républicaine fameuse sous le second des Stuarts.

La haine de la monarchie se conserva dans le climat rigoureux du Massachusetts, du New-Hampshire et du Maine. Quand la révolution éclata à Boston, on peut dire que ce n'était pas une révolution nouvelle, mais la révolution de 1649 qui reparaissait après un ajournement d'un peu plus d'un siècle et qu'allaient exécuter les descendants des puritains de Cromwell. Si Cromwell lui-même, qui s'était embarqué pour la Nouvelle-Angleterre, et qu'un ordre de Charles Ier contraignit de débarquer; si Cromwell avait passé en Amérique, il fût demeuré obscur, mais ses fils auraient joui de cette liberté républicaine qu'il chercha dans un crime et qui ne lui donna qu'un trône.

Des soldats royalistes faits prisonniers sur le champ de bataille, vendus comme esclaves par la faction parlementaire, et que ne rappela point Charles II, laissèrent aussi dans l'Amérique septentrionale des enfants indifférents à la cause des rois.

Comme Anglais, les colons des Etats-Unis étaient déjà accoutumés à une discussion publique des intérêts du peuple, aux droits du citoyen, au langage et à la forme du gouvernement constitutionnel. Ils étaient instruits dans les arts, les lettres et les sciences; ils partageaient toutes les lumières de leur mère-patrie. Ils jouissaient de l'institution du jury;

ils avaient de plus, dans chacun de leurs établissements, des chartes en vertu desquelles ils s'administraient et se gouvernaient. Ces chartes étaient fondées sur des principes si généreux, qu'elles servent encore aujourd'hui de constitutions particulières aux différents Etats-Unis. Il résulte de ces faits que les Etats-Unis ne changèrent pour ainsi dire pas d'existence au moment de leur révolution ; un congrès américain fut substitué à un parlement anglais, un président à un roi ; la chaîne du feudataire fut remplacée par le lien du fédéraliste, et il se trouva par hasard un grand homme pour serrer ce lien.

Les héritiers de Pizarre et de Fernand Cortez ressemblent-ils aux enfants des *frères* de Penn et aux fils des *indépendants* ? Ont-ils été dans les vieilles Espagnes élevés à l'école de la liberté ? Ont-ils trouvé dans leur ancien pays les institutions, les enseignements, les exemples, les lumières qui forment un peuple au gouvernement constitutionnel ? Avaient-ils des chartes dans ces colonies soumises à l'autorité militaire, où la misère en haillons était assise sur des mines d'or ? L'Espagne n'a-t-elle pas porté dans le Nouveau Monde sa religion, ses mœurs, ses coutumes, ses idées, ses principes et jusqu'à ses préjugés ? Une population catholique soumise à un clergé nombreux, riche et puissant ; une population mêlée de deux millions neuf cent trente-sept mille blancs, de cinq millions cinq cent dix-huit mille nègres et mulâtres libres ou esclaves, de sept millions cinq cent trente mille Indiens ; une population divisée en classes noble et roturière, une population disséminée dans d'immenses forêts, dans une variété infinie de climats, sur deux Amériques et le long des côtes de deux océans ; une population presque sans rapports nationaux, et sans intérêts communs, est-elle aussi propre aux institutions démocratiques que la population homogène, sans distinction de rangs et aux trois quarts et demi protestante, des dix millions de citoyens des Etats-Unis ? Aux Etats-Unis l'instruction est générale ; dans les républiques espagnoles la presque totalité de la population ne sait pas même lire ; le curé est le savant des villages ; ces villages sont rares, et pour aller de telle ville à telle autre, on ne met pas moins de trois ou quatre mois. Villes et villages ont été dévastés par la guerre ; point de chemins, point de canaux ; les fleuves immenses qui porteront un jour la civilisation dans les parties les plus secrètes de ces contrées n'arrosent encore que des déserts.

De ces Nègres, de ces Indiens, de ces Européens, est sortie une population mixte, engourdie dans cet esclavage fort doux que les mœurs espagnoles établissent partout où elles règnent. Dans la Colombie il existe une race née de l'Africain et de l'Indien, qui n'a d'autre instinct que de vivre et de servir. On a proclamé le principe de la liberté des esclaves, et tous les esclaves ont voulu rester chez leurs maîtres. Dans quelques-unes de ces colonies, oubliées même de l'Espagne, et qu'opprimaient de petits despotes appelés gouverneurs, une grande corruption de mœurs s'était introduite ; rien n'était plus commun que de rencontrer des ecclésiastiques entourés d'une famille dont ils ne cachaient pas l'origine. On a connu un habitant qui faisait une spéculation de son commerce avec des négresses, et qui s'enrichissait en vendant les enfants qu'il avait de ces esclaves.

Les formes démocratiques étaient si ignorées, le nom même d'une république était si étranger dans ces pays, que sans un volume de l'Histoire de Rollin on n'aurait pas su au Paraguay, ce que c'était qu'un dictateur, des consuls et un sénat. A Guatimala, ce sont deux ou trois jeunes étrangers qui ont fait la constitution. Des nations chez lesquelles l'éducation politique est si peu avancée laissent toujours des craintes pour la liberté.

Les classes supérieures au Mexique sont instruites et distinguées ; mais comme le Mexique manque de ports, la population générale n'a pas été en contact avec les lumières de l'Europe.

La Colombie au contraire a, par l'excellente disposition de ses rivages, plus de communications avec l'étranger, et un homme remarquable s'est élevé dans son sein. Mais est-il certain qu'un soldat généreux puisse parvenir à imposer la liberté aussi facilement qu'il pourrait établir l'esclavage ? La force ne remplace point le temps : quand la première éducation politique manque à un peuple, cette éducation ne peut être que l'ouvrage des années. Ainsi la liberté s'élèverait mal à l'abri de la dictature, et il serait toujours à craindre qu'une dictature prolongée ne donnât à celui qui en serait revêtu le goût de l'arbitraire perpétuel. On tourne ici dans un cercle vicieux. Une guerre civile existe dans la république de l'Amérique centrale.

La république Bolivienne et celle du Chili ont été tourmentées de révolutions : placées sur l'océan Pacifique, elles semblent exclues de la partie du monde la plus civilisée [Au moment où j'écris, les papiers publics de toutes les opinions annoncent les troubles, les divisions, les banqueroutes de ces diverses républiques. (N.d.A.)].

Buenos Aires a les inconvénients de sa latitude : il est trop vrai que la température de telle ou telle région peut être un obstacle au jeu et à la marche du gouvernement populaire. Un pays où les forces physiques de l'homme sont abattues par l'ardeur du soleil, où il faut se cacher pendant le jour et rester étendu presque sans mouvement sur une natte, un pays de cette nature ne favorise pas les délibérations du forum. Il ne faut sans doute exagérer en rien l'influence des climats ; on a vu tour à tour au même lieu, dans les zones tempérées, des peuples libres et des peuples esclaves ; mais sous le cercle polaire et sous la ligne il y a des exigences de climat incontestables et qui doivent produire des effets permanents. Les nègres par cette nécessité seule seront toujours puissants, s'ils ne deviennent pas maîtres dans l'Amérique méridionale.

Les Etats-Unis se soulevèrent d'eux-mêmes par lassitude du joug et amour de l'indépendance ; quand ils eurent brisé leurs entraves, ils trouvèrent en eux les lumières suffisantes pour se conduire. Une civilisation très avancée, une éducation politique de vieille date, une industrie développée, les portèrent à ce degré de prospérité où nous les voyons aujourd'hui, sans qu'ils fussent obligés de recourir à l'argent et à l'intelligence de l'étranger.

Dans les républiques espagnoles les faits sont d'une tout autre nature.

Quoique misérablement administrées par la mère-patrie, le premier mouvement de ces colonies fut plutôt l'effet d'une impulsion étrangère que l'instinct de la liberté. La guerre de la révolution française le produisit. Les Anglais, qui depuis le règne de la reine Elisabeth n'avaient cessé de tourner leurs regards vers les Amériques espagnoles, dirigèrent en 1804 une expédition sur Buenos Aires ; expédition que fit échouer la bravoure d'un seul Français, le capitaine Liniers.

La question pour les colonies espagnoles était alors de savoir si elles suivraient la politique du cabinet espagnol, alors allié à Bonaparte, ou si, regardant cette alliance comme forcée et contre nature, elles se détacheraient du *gouvernement espagnol* pour se conserver *au roi d'Espagne*.

Dès l'année 1790 Miranda avait commencé à négocier avec l'Angleterre l'affaire de l'émancipation. Cette négociation fut reprise en 1797, 1801, 1804 et 1807, époque à laquelle une grande expédition se préparait à Corck pour la Terre-Ferme. Enfin, Miranda fut jeté, en 1809, dans les colonies espagnoles ; l'expédition ne fut pas heureuse pour lui mais l'insurrection de Venezuela prit de la consistance, Bolivar l'étendit.

La question avait changé pour les colonies et pour l'Angleterre ; l'Espagne s'était soulevée contre Bonaparte ; le régime constitutionnel avait commencé à Cadix, sous la direction des cortès ; ces idées de la liberté étaient nécessairement reportées en Amérique par l'autorité des cortès mêmes.

L'Angleterre, de son côté, ne pouvait plus attaquer ostensiblement les colonies espagnoles, puisque le roi d'Espagne, prisonnier en France, était devenu son allié : aussi publia-t-elle des bills afin de défendre aux sujets de S. M. B. de porter des secours aux Américains ; mais en même temps six ou sept mille hommes, enrôlés malgré ces bills diplomatiques, allaient soutenir l'insurrection de la Colombie.

Revenue à l'ancien gouvernement, après la restauration de Ferdinand, l'Espagne fit de grandes fautes : le gouvernement constitutionnel, rétabli par l'insurrection des troupes de l'île de Léon, ne se montra pas plus habile ; les cortès furent encore moins favorables à l'émancipation des colonies espagnoles que ne l'avait été le gouvernement absolu. Bolivar, par son activité et ses victoires, acheva de briser des liens qu'on n'avait pas cherché d'abord à rompre. Les Anglais, qui étaient partout, au Mexique, à la Colombie, au Pérou, au Chili avec lord Cochrane, finirent par reconnaître publiquement ce qui était en grande partie leur ouvrage secret.

On voit donc que les colonies espagnoles n'ont point été, comme les Etats-Unis, poussées à l'émancipation par un principe puissant de liberté ; que ce principe n'a pas eu à l'origine des troubles cette vitalité, cette force qui annonce la ferme volonté des nations. Une impulsion venue du dehors, des intérêts politiques et des événements extrêmement compliqués, voilà ce qu'on aperçoit au premier coup d'œil. Les colonies se détachaient de l'Espagne, parce que l'Espagne était envahie ; ensuite elles se donnaient des constitutions, comme les cortès en donnaient à la mère-patrie ; enfin, on ne leur proposait rien de raisonnable, et elles ne voulurent pas reprendre le joug. Ce n'est pas tout : l'argent et les spéculations de l'étranger tendaient encore à leur enlever ce qui pouvait rester de natif et de national à leur liberté.

De 1822 à 1826 dix emprunts ont été faits en Angleterre pour les colonies espagnoles, montant à la somme de 20 978 000 liv. sterl. Ces emprunts, l'un portant l'autre, ont été contractés à 75 c. Puis on a défalqué sur ces emprunts deux années d'intérêt à 6 pour 100 ; ensuite on a retenu pour 7 000 000 de liv. sterl. de fournitures. De compte fait, l'Angleterre a déboursé une somme réelle de 7 000 000 de liv. sterl., ou 175 000 000 de francs ; mais les républiques espagnoles n'en restent pas moins grevées d'une dette de 20 978 000 liv. sterl.

A ces emprunts, déjà excessifs, vinrent se joindre cette multitude d'associations ou de compagnies destinées à exploiter les mines, pêcher des perles, creuser les canaux, ouvrir les chemins, défricher les terres de ce nouveau monde qui semblait découvert pour la première fois. Ces compagnies s'élevèrent au nombre de vingt-neuf, et le capital nominal des sommes employées par elles fut de 14 767 500 liv. sterl. Les souscripteurs ne fournirent qu'environ un quart de cette somme ; c'est donc 3 000 000 sterl. (ou 75 000 000 de francs) qu'il faut ajouter aux 7 000 000 sterl. (ou 175 000 000 de francs) des emprunts : en tout 250 000 000 de francs avancés par l'Angleterre aux colonies espagnoles et pour lesquelles elle répète une somme nominale de 35 745 500 liv. sterl., tant sur les gouvernements que sur les particuliers

L'Angleterre a des vice-consuls dans les plus petites baies, des consuls dans les ports de quelque importance, des consuls généraux, des ministres plénipotentiaires à la Colombie et au Mexique. Tout le pays est couvert de maisons de commerce anglaises, de commis-voyageurs anglais, agents de compagnies anglaises pour l'exploitation des mines, de minéralogistes anglais, de militaires anglais, de fournisseurs anglais, de colons anglais à qui l'on a vendu 3 schellings l'acre de terre qui revenait à 12 sous et demi à l'actionnaire. Le pavillon anglais flotte sur toutes les côtes de l'Atlantique et de la mer du Sud ; des barques remontent et descendent toutes les rivières navigables, chargées des produits des manufactures anglaises ou de l'échange de ces produits ; des paquebots fournis par l'amirauté partent régulièrement chaque mois de la Grande-Bretagne pour les différents points des colonies espagnoles.

De nombreuses faillites ont été la suite de ces entreprises immodérées ; le peuple en plusieurs endroits a brisé les machines pour l'exploitation des mines ; les mines vendues ne se sont point trouvées ; des procès ont commencé entre les négociants américains-espagnols et les négociants anglais, et des discussions se sont élevées entre les gouvernements relativement aux emprunts.

Il résulte de ces faits que les anciennes colonies de l'Espagne, au moment de leur émancipation, sont devenues des espèces de colonies anglaises. Les nouveaux maîtres ne sont point aimés, car on n'aime point les maîtres ; en général l'orgueil britannique humilie ceux même qu'il protège ; mais il n'en est pas moins vrai que cette espèce de suprématie étrangère comprime dans les républiques espagnoles l'élan du génie national.

L'indépendance des Etats-Unis ne se combina point avec tant d'intérêts divers : l'Angleterre n'avait point éprouvé, comme l'Espagne, une invasion et une révolution politique tandis que ses colonies se détachaient d'elle. Les Etats-Unis furent secourus militairement par la France, qui les traita en alliés ; ils ne devinrent pas, par une foule d'emprunts, de spéculations et d'intrigues, les débiteurs et le marché de l'étranger.

Enfin, l'indépendance des colonies espagnoles n'est pas encore reconnue par la mère-patrie. Cette résistance passive du cabinet de Madrid a beaucoup plus de force et d'inconvénient qu'on ne se l'imagine ; le droit est une puissance qui balance longtemps le fait, alors même que les événements ne sont pas en faveur du droit : notre restauration l'a prouvé. Si l'Angleterre, sans faire la guerre aux Etats-Unis, s'était contentée de ne pas reconnaître leur indépendance, les Etats-Unis seraient-ils ce qu'ils sont aujourd'hui ?

Plus les républiques espagnoles ont rencontré et rencontreront encore d'obstacles dans la nouvelle carrière où elles s'avancent, plus elles auront de mérite à les surmonter. Elles renferment dans leurs vastes limites tous les éléments de prospérité : variété de climat et de sol, forêts pour la marine, ports pour les vaisseaux, double océan qui leur ouvre le commerce du monde. La nature a tout prodigué à ces républiques ; tout est riche en dehors et en dedans de la terre qui les porte ; les fleuves fécondent la surface de cette terre, et l'or en fertilise le sein. L'Amérique espagnole a donc devant elle un propice avenir ; mais lui dire qu'elle peut y atteindre sans efforts, ce serait la décevoir, l'endormir dans une sécurité trompeuse : les flatteurs des peuples sont aussi dangereux que les flatteurs des rois. Quand on se crée une utopie, on ne tient compte ni du passé, ni de l'histoire, ni des faits, ni des mœurs, ni du caractère, ni des préjugés, ni des passions : enchanté de ses propres rêves, on ne se prémunit point contre les événements, et l'on gâte les plus belles destinées.

J'ai exposé avec franchise les difficultés qui peuvent entraver la liberté des républiques espagnoles, je dois indiquer également les garanties de leur indépendance.

D'abord l'influence du climat, le défaut de chemins et de culture rendraient infructueux les efforts que l'on tenterait pour conquérir ces républiques. On pourrait occuper un moment le littoral, mais il serait impossible de s'avancer dans l'intérieur.

La Colombie n'a plus sur son territoire d'Espagnols proprement dits ; on les appelait les *Goths* : ils ont péri ou ils ont été expulsés. Au Mexique, on vient de prendre des mesures contre les natifs de l'ancienne mère-patrie.

Tout le clergé dans la Colombie est américain ; beaucoup de prêtres, par une infraction coupable à la discipline de l'Eglise, sont pères de famille comme les autres citoyens ; ils ne portent même pas l'habit de leur ordre. Les mœurs souffrent sans doute de cet état de choses ; mais il en résulte aussi que le clergé, tout catholique qu'il est, craignant des relations plus intimes avec la cour de Rome, est favorable à l'émancipation. Les moines ont été dans les troubles plutôt des soldats que des religieux. Vingt années de révolution ont créé des droits, des propriétés, des places qu'on ne détruirait pas facilement ; et la génération nouvelle, née dans le cours de la révolution des colonies, est pleine d'ardeur pour l'indépendance. L'Espagne se vantait jadis que le soleil ne se couchait pas sur ses Etats : espérons que la liberté ne cessera plus d'éclairer les hommes.

Mais pouvait-on établir cette liberté dans l'Amérique espagnole par un moyen plus facile et plus sûr que celui dont on s'est servi : moyen qui, appliqué en temps utile lorsque les événements n'avaient encore rien décidé, aurait fait disparaître une foule d'obstacles ? Je le pense.

Selon moi, les colonies espagnoles auraient beaucoup gagné à se former en monarchies constitutionnelles. La monarchie représentative est à mon avis un gouvernement fort supérieur au gouvernement républicain, parce qu'il détruit les prétentions individuelles au pouvoir exécutif, et qu'il réunit l'ordre et la liberté.

Il me semble encore que la monarchie représentative eût été mieux appropriée au génie espagnol, à l'état des personnes et des choses, dans un pays où la grande propriété territoriale domine, où le nombre des Européens est petit, celui des nègres et des Indiens considérable. Où l'esclavage est d'usage public, où la religion de l'Etat est la religion catholique, où l'instruction surtout manque totalement dans les classes populaires.

Les colonies espagnoles indépendantes de la mère-patrie formées en grandes monarchies représentatives auraient achevé leur éducation politique à l'abri des orages qui peuvent encore bouleverser les républiques naissantes. Un peuple qui sort tout à coup de l'esclavage en se précipitant dans la liberté peut tomber dans l'anarchie, et l'anarchie enfante presque toujours le despotisme.

Mais s'il existait un système propre à prévenir ces divisions, on me dira sans doute : « Vous avez passé au pouvoir : vous êtes-vous contenté de désirer la paix, le bonheur, la liberté de l'Amérique espagnole ? Vous êtes-vous borné à de stériles vœux ? »

Ici j'anticiperai sur mes *Mémoires*, et je ferai une confession.

Lorsque Ferdinand fut délivré à Cadix, et que Louis XVIII eut écrit au monarque espagnol pour l'engager à donner un gouvernement libre à ses peuples, ma mission me sembla finie. J'eus l'idée de remettre au roi le portefeuille des affaires étrangères, en suppliant Sa Majesté de le rendre au vertueux duc de Montmorency. Que de soucis je me serais épargnés ! que de divisions j'aurais peut-être épargnées à l'opinion publique ! L'amitié et le pouvoir n'auraient pas donné un triste exemple. Couronné de succès, je serais sorti de la manière la plus brillante du ministère, pour livrer au repos le reste de ma vie.

Ce sont les intérêts de ces colonies espagnoles, desquelles mon sujet m'a conduit à parler, qui ont produit le dernier bond de ma quinteuse fortune. Je puis dire que je me suis sacrifié à l'espoir d'assurer le repos et l'indépendance d'un grand peuple.

Quand je songeai à la retraite, des négociations importantes avaient été poussées très loin ; j'en avais établi et j'en tenais les fils ; je m'étais formé un plan que je croyais utile aux deux Mondes ; je me flattais d'avoir posé une base où trouveraient place à la fois et les droits des nations, l'intérêt de ma patrie et celui des autres pays. Je ne puis expliquer les détails de ce plan, on sent assez pourquoi.

En diplomatie, un projet conçu n'est pas un projet exécuté : les gouvernements ont leur routine et leur allure ; il faut de la patience : on n'emporte pas d'assaut des cabinets étrangers comme M. le Dauphin prenait des villes ; la politique ne marche pas aussi vite que la gloire à la tête de nos soldats. Résistant par malheur à ma première inspiration, je restai afin d'accomplir mon ouvrage. Je me figurai que l'ayant préparé je le connaîtrais mieux que mon successeur ; je craignis aussi que le portefeuille ne fût pas rendu à M. de Montmorency et qu'un autre ministre n'adoptât quelque système suranné pour les possessions espagnoles. Je me laissai séduire à l'idée d'attacher mon nom à la liberté de la seconde Amérique, sans compromettre cette liberté dans les colonies émancipées et sans exposer le principe monarchique des Etats européens.

Assuré de la bienveillance des divers cabinets du continent, un seul excepté, je ne désespérais pas de vaincre la résistance que m'opposait en Angleterre l'homme d'Etat qui vient de mourir ; résistance qui tenait moins à lui qu'à la mercantile fort mal entendue de sa nation. L'avenir connaîtra peut-être la correspondance particulière qui eut lieu sur ce grand sujet entre moi et mon illustre ami. Comme tout s'enchaîne dans les destinées d'un homme, il est possible que M. Canning en s'associant à des projets d'ailleurs peu différents des siens eut trouvé plus de repos, et qu'il eut évité les inquiétudes politiques qui ont fatigué ses derniers jours. Les talents se hâtent de disparaître ; il s'arrange une toute petite Europe à la guise de la médiocrité ; pour arriver aux générations nouvelles, il faudra traverser un désert.

Quoi qu'il en soit, je pensais que l'administration dont j'étais membre me laisserait achever un édifice qui ne pouvait que lui faire honneur ; j'avais la naïveté de croire que les affaires de mon ministère, en me portant au dehors, ne me jetaient sur le chemin de personne ; comme l'astrologue, je regardais le ciel, et je tombai dans un puits. L'Angleterre applaudit à ma chute : il est vrai que nous avions garnison dans Cadix sous le drapeau blanc, et que l'émancipation monarchique des colonies espagnoles, par la généreuse influence du fils aîné des Bourbons, aurait élevé là France au plus haut degré de prospérité et de gloire.

Tel a été le dernier songe de mon âge mûr : je me croyais en Amérique, et je me réveillai en Europe. Il me reste à dire comment je revins autrefois de cette même Amérique, après avoir vu s'évanouir également le premier songe de ma jeunesse.

CONCLUSION – FIN DU VOYAGE

En errant de forêts en forêts, je m'étais rapproché des défrichements américains. Un soir j'avisai au bord d'un ruisseau une ferme bâtie de troncs d'arbres. Je demandai l'hospitalité ; elle me fut accordée.

La nuit vint : l'habitation n'était éclairée que par la flamme du foyer : je m'assis dans un coin de la cheminée. Tandis que mon hôtesse préparait le souper, je m'amusai à lire à la lueur du feu, en baissant la tête, un journal anglais tombé à terre. J'aperçus, écrits en grosses lettres, ces mots : *Flight of the king, fuite du roi.* C'était le récit de l'évasion de Louis XVI et de l'arrestation de l'infortuné monarque à Varennes. Le journal racontait aussi les progrès de l'émigration, et la réunion de presque tous les officiers de l'armée sous le drapeau des princes français. Je crus entendre la voix de l'honneur, et j'abandonnai mes projets.

Revenu à Philadelphie, je m'y embarquai. Une tempête me poussa en dix-huit jours sur la côte de France, où je fis un demi-naufrage entre les îles de Guernesey et d'Origny. Je pris terre au Havre. Au mois de juillet 1792, j'émigrai avec mon frère. L'armée des princes était déjà en campagne, et sans l'intercession de mon malheureux cousin, Armand de Chateaubriand, je n'aurais pas été reçu. J'avais beau dire que j'arrivais tout exprès de la cataracte de Niagara, on ne voulait rien entendre, et je fus au moment de me battre pour obtenir l'honneur de porter un havresac. Mes camarades, les officiers du régiment de Navarre, formaient une compagnie au camp des princes, mais j'entrai dans une des compagnies bretonnes. On peut voir ce que je devins, dans la nouvelle préface de mon *Essai historique*.

Ainsi ce qui me sembla un devoir renversa les premiers desseins que j'avais conçus, et amena la première de ces péripéties qui ont marqué ma carrière. Les Bourbons n'avaient pas besoin sans doute qu'un cadet de Bretagne revint d'outremer pour leur offrir son obscur dévouement, pas plus qu'ils n'ont eu besoin de ses services lorsqu'il est sorti de son obscurité : si, continuant mon voyage, j'eusse allumé la lampe de mon hôtesse avec le journal qui a changé ma vie, personne ne se fût aperçu de mon absence, car personne ne savait que j'existais. Un simple démêlé entre moi et ma conscience me ramena sur le théâtre du monde : j'aurais pu faire ce que j'aurais voulu, puisque j'étais le seul témoin du débat ; mais de tous les témoins c'est celui aux yeux duquel je craindrais le plus de rougir.

Pourquoi les solitudes de l'Erié et de l'Ontario se présentent-elles aujourd'hui avec plus de charme à ma pensée que le brillant spectacle du Bosphore ?

C'est qu'à l'époque de mon voyage aux Etats-Unis j'étais plein d'illusions ; les troubles de la France commençaient en même temps que commençait ma vie ; rien n'était achevé en moi ni dans mon pays. Ces jours me sont doux à rappeler, parce qu'ils ne reproduisent dans ma mémoire que l'innocence des sentiments inspirés par la famille et par les plaisirs de la jeunesse.

Quinze ou seize ans plus tard, après mon second voyage[28], la révolution s'était déjà écoulée : je ne me berçais plus de chimères ; mes souvenirs, qui prenaient alors leur source dans la société, avaient perdu leur candeur. Trompé dans mes deux pèlerinages, je n'avais point découvert le passage du nord-ouest ; je n'avais point enlevé la gloire du milieu des bois où j'étais allé la chercher, et je l'avais laissée assise sur les ruines d'Athènes.

Parti pour être voyageur en Amérique, revenu pour être soldat en Europe, je ne fournis jusqu'au bout ni l'une ni l'autre de ces carrières : un mauvais génie m'arracha le bâton et l'épée, et me mit la plume à la main. A Sparte, en contemplant le ciel pendant la nuit je me souvenais des pays qui avaient déjà vu mon sommeil paisible ou troublé : j'avais salué sur les chemins de l'Allemagne, dans les bruyères de l'Angleterre, dans les champs de l'Italie, au milieu des mers, dans les forêts canadiennes, les mêmes étoiles que je voyais briller sur la patrie d'Hélène et de Ménélas. Mais que me servait de me plaindre aux astres, immobiles témoins de mes destinées vagabondes ? Un jour leur regard ne se fatiguera plus à me poursuivre ; il se fixera sur mon tombeau. Maintenant, indifférent moi-même à mon sort, je ne demanderai pas à ces astres malins de l'incliner par une plus douce influence, ni de me rendre ce que le voyageur laisse de sa vie dans les lieux où il passe.

28. *Second voyage* : voyage en Orient réalisé par Chateaubriand de juillet 1806 à mars 1807, et relaté dans l'*Itinéraire de Paris à Jérusalem* publié en 1811.

NOTE

Depuis l'époque où j'écrivis cette Dissertation, des hommes savants et des Sociétés archéologiques américaines ont publié des *Mémoires sur les ruines de l'Ohio*. Ils sont curieux sous deux rapports :

1° Ils rappellent les traditions des tribus indiennes ; ces tribus indiennes disent toutes qu'elles sont venues de l'ouest aux rivages de l'Atlantique, un siècle ou deux (autant qu'on en peut juger) avant la découverte de l'Amérique par les Européens ; qu'elles eurent dans leurs longues marches beaucoup de peuples à combattre, particulièrement sur les rives de l'Ohio, etc.

2° Les Mémoires des savants américains mentionnent la découverte de quelques idoles trouvées dans des tombeaux, lesquelles idoles ont un caractère purement asiatique. Il est très certain qu'un peuple beaucoup plus civilisé que les sauvages actuels de l'Amérique a fleuri dans la vallée de l'Ohio et du Mississippi. Quand et comment a-t-il péri ? C'est ce qu'on ne saura peut-être jamais. Ces *Mémoires* dont je parle sont peu connus, et méritent de l'être. On les trouve dans le journal intitulé *Nouvelles Annales des Voyages*. (N.d.A.)

VIE DE RANCÉ

Livre premier

Don Pierre Le Nain, religieux et prieur de l'abbaye de La Trappe, frère du grand Tillemont et presque aussi savant que lui, est reconnu comme le plus complet historien de Rancé. Il commence ainsi la vie de l'abbé réformateur.

« L'illustre et pieux abbé du monastère de Notre-Dame de La Trappe, l'un des plus beaux monuments de l'ordre de Cîteaux, le parfait miroir de la pénitence, le modèle accompli de toutes les vertus chrétiennes et religieuses, le digne fils et le fidèle imitateur du grand saint Bernard, le révérend père *dom Armand-Jean Le Bouthillier de Rancé*, de qui, avec le secours du ciel, nous entreprenons d'écrire l'histoire, naquit à Paris, le 9 janvier 1626, d'une des plus anciennes et illustres familles du royaume. Il n'y a personne qui ne sache qu'elle a donné à l'Eglise monseigneur Victor Le Bouthillier, évêque de Boulogne, depuis archevêque de Tours, premier aumônier de M. le duc d'Orléans ; monseigneur Sébastien Le Bouthillier, évêque d'Aire, prélat d'une piété singulière ; et à l'Etat Claude Le Bouthillier[1], sieur de Pons et de Foligny, qui fut d'abord conseiller au parlement de Paris, ensuite secrétaire d'Etat, et quelques années après surintendant des finances et grand-trésorier des ordres du roi. Cette famille, qui tirait son origine de Bretagne et touchait de parenté aux ducs de cette province, a été encore plus ennoblie par la sainteté de celui dont nous écrivons la vie.

1. Victor Le Bouthillier, Sébastien Le Bouthillier et Claude Le Bouthillier sont les oncles de Rancé.

« Son père se nommait Denis Le Bouthillier, seigneur de Rancé, maître des requêtes, président en la chambre des comptes et secrétaire de la reine Marie de Médicis. Il épousa Charlotte Joly, de laquelle il eut huit enfants : cinq filles, qui se firent religieuses presque toutes, et trois garçons. Le premier, Denis-François Le Bouthillier, fut chanoine de Notre-Dame de Paris ; le second fut notre digne abbé, le troisième est le chevalier de Rancé, qui servit Sa Majesté en qualité de capitaine du port du Marseille et de chef d'escadre.

« Comme notre abbé avait été baptisé en la maison de son père sans les cérémonies ordinaires de l'Eglise, elles furent suppléées le 30 mai 1627 en la paroisse de Saint-Côme-et-Saint-Damien. L'éminentissime cardinal de Richelieu fut son parrain, et lui donna le nom d'Armand-Jean ; il eut pour marraine Marie de Fourcy, femme du marquis d'Effiat, surintendant des finances.

Tel est le début du Père Le Nain. Le désert se réjouit, le réformateur de La Trappe se montre au monde entre Richelieu, son protecteur et Bossuet, son ami. Il fallait que le prêtre fût grand pour ne pas disparaître entre ses acolytes.

Le frère aîné de Rancé, Denis-François, le chanoine de Notre-Dame était dès le berceau abbé commendataire de La Trappe ; la mort de Denis rendit Armand le chef de sa famille : il hérita de l'abbaye de son frère par cet abus des bénéfices convertis en espèce de biens patrimoniaux. Admis dans l'ordre de Malte, quoiqu'il fût devenu l'aîné, ses parents le laissèrent dans la carrière de l'Eglise.

Le père de Rancé, frappé des dispositions de son fils, lui donna trois précepteurs : le premier lui montrait le grec, le second le latin, le troisième veillait sur ses mœurs ; traditions d'éducation qui remontaient à Montaigne. Les parlementaires étaient alors très érudits témoin Pasquier et le président Cousin. A peine sorti des langes Armand expliquait les poètes de la Grèce et de Rome. Un bénéfice étant venu à vaquer, on mit sur la liste des recommandés le filleul du cardinal de Richelieu ; le clergé murmura. Le père Caussin, jésuite et confesseur du roi, fit appeler l'abbé en jaquette[2]. Caussin avait un *Homère* sur sa table, il le présenta à Rancé : le petit savant expliqua un passage à livre ouvert. Le jésuite pensa que l'enfant s'aidait du latin placé en regard du texte, il prit les gants de l'écolier, et en couvrit la glose. L'écolier continua de traduire le grec. Le père Caussin s'écria *Habes lynceos oculos !* embrassa l'enfant, et ne s'opposa plus aux faveurs de la cour.

A l'âge de douze ans (1638), Rancé donna son *Anacréon.* Cette précocité de science est suffisamment démontrée possible parce que l'on sait de Saumaise et des enfants célèbres. Rancé à soixante-huit ans, dans une lettre à l'abbé Nicaise, s'avoue l'auteur du commentaire.

L'*Anacréon* grec parut sous la protection du cardinal de Richelieu ; Chardon de La Rochette a fourni la traduction de l'épître dédicatoire. On la pourrait faire plus précise, non plus exacte. Il est curieux d'entendre celui qui devait dédaigner le monde parler à celui qui n'aspirait qu'à en devenir le maître : l'ambition est de toutes les âmes ; elle mène les petites, les grandes la mènent.

L'épître ouvre par ces mots :

« Au grand Armand-Jean, cardinal de Richelieu Armand-Jean Le Bouthillier, abbé,

Salut et longue prospérité. Ayant appris de bonne heure à me pénétrer des sentiments de reconnaissance, etc.

La langue grecque est aussi la langue des saintes Ecritures, etc.

J'ai donné à l'étude de cette langue les mêmes soins qu'à celle des Romains, etc.

Me dévouant tout entier au service de votre Eminence... »

2. *Abbé en jaquette* : la périphrase désigne le jeune Rancé ; la jaquette est une robe portée par les petits garçons avant qu'ils ne portent la culotte.

C'est une des immortalités contradictoires de Richelieu d'avoir eu pour panégyristes Rancé, scoliaste d'*Anacréon*, et Corneille, qui devint à son tour pénitent: *Les Horaces* sont dédiés au persécuteur du *Cid*.

Les scolies dans l'*Anacréon* de Rancé suivent une à une les odes : les pièces à la louange du jeune traducteur, imprimées à la tête de l'ouvrage, ne donnent guère une idée de l'avenir du saint. Dans les collèges il y avait une sorte d'enfance mythologique, qui passait d'une génération à l'autre. « Quels vœux formes-tu, chantre de Téos ? dit un des rapsodes de ces pièces ; brûles-tu pour Bathille, pour Bacchus, pour Cythérée ? Aimes-tu les danses des jeunes vierges ? Voici Armand (de Rancé) qui l'emporte sur Bathille et sur les jeunes vierges ; si tu possèdes Armand, vis heureux. »

Singulière annonciation du saint. Je me souviens qu'un de nos régents nous expliquait en classe l'églogue d'Alexis : Alexis était un écolier indocile, qui refusait d'écouter les paroles de son affectueux maître. Candide pudeur chrétienne !

Rancé subséquemment jeta au feu ce qu'il lui restait du tirage de l'*Anacréon*, dont on trouve néanmoins des exemplaires à la Bibliothèque du Roi. Un voyageur anonyme, qu'on sait être aujourd'hui l'abbé Nicaise, dans un voyage fait à La Trappe du vivant de Rancé, raconte une conversation qu'il eut avec l'abbé. Celui-ci lui dit « qu'il n'avait gardé dans sa bibliothèque qu'un exemplaire de l'*Anacréon*, qu'il avait donné cet exemplaire à M. Pellisson, non pas comme un bon livre, mais comme un livre fort propre et fort bien relié, que dans les deux premières années de sa retraite, avant que d'être religieux, il avait voulu lire les poètes, mais que cela ne faisait que rappeler ses anciennes idées, et qu'il y a dans cette lecture un poison subtil, caché sous des fleurs, qui est très dangereux, et qu'enfin il avait quitté tout cela [*Correspondances de l'abbé Nicaise*, 5 vol. in 4° (Bibl. royale) – (N.d.A.)]. »

Il écrivait à l'abbé Nicaise, le 6 avril 1692 : « Ce que j'ai fait sur *Anacréon* n'est rien de considérable : qu'est-ce que l'on peut penser à l'âge de douze ans qui mérite qu'on l'approuve ! j'aimais les lettres et je m'y plaisais, voilà tout. »

Protégé de Richelieu et chéri de la reine mère, Rancé entrait dans la vie sous les auspices les plus heureux. Marie de Médicis avait pour lui une tendresse d'aïeule ; elle le tenait sur ses genoux, le portait, le baisait ; elle dit un jour au père de Rancé : « Pourquoi ne m'avez-vous pas encore amené mon fils ? Je ne prétends pas être si longtemps sans le voir ! » On aurait pris ces caresses pour le comble de la fortune ; mais elles venaient de la veuve de Henri IV et de la mère de la femme de Charles Ier. Il ne manquait rien à l'opulence de l'écolier : pourvu d'un canonicat de Notre-Dame de Paris, et abbé de La Trappe, il jouissait du prieuré de Boulogne, près de Chambord, de l'abbaye de Notre-Dame du Val, de Saint-Symphorien de Beauvais, il était prieur de Saint-Clémentin en Poitou, archidiacre d'Outre-Mayenne dans l'église d'Angers et chanoine de Tours, faveurs obtenues de Richelieu par le crédit d'*Anacréon*.

Vers cette époque le jeune Bouthillier aurait eu à subir une épreuve : Richelieu s'était brouillé avec Marie de Médicis. La reine italienne aurait mieux fait de continuer d'élever le Luxembourg et l'aqueduc d'Arcueil, de perfectionner son propre portrait gravé en bois par elle-même. Bouthillier le père, qui demeurait attaché à la fortune de Marie, voulut contraindre Rancé à cesser d'aller chez son parrain ; Rancé resta fidèle au cardinal, et le vit secrètement jusqu'à sa mort. Telles sont les traditions conservées dans les biographies ; mais la chronologie les renverse : lorsque Marie de Médicis se réfugiait dans les Pays-Bas, Rancé n'avait que trois à quatre ans.

Richelieu mourut le 4 décembre 1642, dans la dix-huitième année de son ministère : le génie est une royauté, par l'ère de laquelle il faut compter. Le *Père Joseph, Marion de Lorme*, la *Grande Pastorale*, sont des infirmités ensevelies avant celui auquel elles furent attachées.

Sous la régence d'Anne d'Autriche et le ministère de Mazarin, Rancé poursuivit son éducation. Dans ses cours de philosophie et de théologie, il obtint des succès que la société d'alors voyait avec un vif intérêt. Il dédia sa thèse à la mère de Louis XIV. Un jour, poussé par un professeur qui appuyait son opinion sur un passage concluant d'Aristote, il répondit qu'il n'avait jamais lu Aristote qu'en grec, et que si l'on voulait lui produire le texte, il tâcherait de l'expliquer. Le professeur ne savait pas le grec : ce que Rancé avait soupçonné. Alors l'abbé cita de mémoire l'original, et fit voir la différence qui existait entre le texte et la version latine.

Rancé eut le bonheur de rencontrer aux études un de ces hommes auprès desquels il suffit de s'asseoir pour devenir illustre, Bossuet. Rancé commença par la cour et finit par la retraite, Bossuet commença par la retraite et finit par la cour ; l'un grand par la pénitence, l'autre par le génie. Dans sa licence, Bossuet n'atteignit qu'à la seconde place ; Rancé obtint la première. On attribua ce succès à sa naissance : Rancé n'en triompha pas ; Bossuet n'en fut point humilié.

Rancé prêcha avec succès dans diverses églises. Sa parole avait du torrent, comme plus tard celle de Bourdaloue ; mais il touchait davantage, et parlait moins vite.

Dans l'année 1648, s'ouvrit la Fronde, tranchée dans laquelle sauta la France pour escalader la liberté. Cette bacchanale entachée de sang brouille les rôles : les femmes devinrent des capitaines ; le duc d'Orléans écrivait des lettres adressées à *mesdames les comtesses maréchales de camp dans l'armée de ma fille contre le Mazarin*.

Broussel, le conseiller, était le grand homme ; Condé, un petit personnage tenu en cage à Vincennes par un prêtre ; le coadjuteur attendait à Saint-Denis le sac de Paris. On égorgeait le voisin, et l'on se consolait par des vers :

En voyant ces œillets qu'un illustre guerrier...

Mazarin et Turenne étaient des amoureux, l'un de la reine, l'autre de Mme de Longueville, tandis que Charles Ier tombait sous la hache de Cromwell et que la fille de Henri IV [3] mourait de froid au Louvre. Chaque jour voyait naître des gazettes : *Le Courrier français* et *Le Courrier extravagant* étaient écrits en vers burlesques ; à peine rencontre-t-on parmi des choses insipides quelques lignes comme celle-ci :

« Le jeune Tancrède de Rohan fut le premier qui porta des nouvelles aux Champs Elysées de la cruelle guerre que le cardinal Mazarin avait allumée en France. Le nautonier Caron, ayant passé ce jeune guerrier dans sa barque, lui montra les champs délicieux où se divertissent les princes et les héros ; il lui donna une des plus jeunes et plus fières Destinées pour l'accompagner jusqu'à la porte de cet admirable pourpris, où il fut reçu avec regret, à cause de sa jeunesse. »

Plus avant, vous rencontrez le duc *de Jeûne* avec l'*infante Abstinence, sa femme*, se saisissant du *fort de Carême* par l'entremise du *jour des Cendres*.

C'était là la lecture dont se nourrissait le réformateur de La Trappe. Il pouvait errer au milieu des sociétés qui commencèrent avant la Fronde et qui finirent avec elle : en effet, ce fut là qu'il connut Mme de Montbazon. Ces sociétés étaient de diverses sortes ; la première et la plus illustre de toutes était celle de l'hôtel de Rambouillet. Arrêtons-nous pour y jeter un regard. On comprendra mieux d'où Rancé était parti quand on saura de quelle extrémité de la terre il était revenu.

Mme de Rambouillet, fille du marquis de Pisani et de Mme Savelli, dame romaine, avait, ainsi que plusieurs familles de l'époque de nos Médicis, du sang italien dans les

3. Il s'agit d'Henriette de France, reine d'Angleterre.

veines. Elle enseigna à Paris la disposition des grands hôtels, dont la Renaissance avait déjà indiqué les principes. Quand la reine mère bâtit le Luxembourg, elle envoya ses architectes étudier l'hôtel de Pisani, devenu l'hôtel de Rambouillet et situé dans l'espace qu'occupe aujourd'hui la rue De Chartres, ayant vue sur le petit palais de Philibert Delorme : la seconde galerie du Louvre n'a été bâtie que de notre temps. Cet hôtel était le rendez-vous de tout ce qu'il y avait de plus élégant à la cour et de plus connu parmi les gens de lettres. Là, sous la protection des femmes, commença le mélange de la société et se forma, par la fusion des rangs, cette égalité intellectuelle, ces mœurs inimitables de notre ancienne patrie. La politesse de l'esprit se joignit à la politesse des manières ; on sut également bien vivre et bien parler.

Mais le goût et les mœurs ne se jettent pas d'une seule fonte : le passé traîne ses restes dans le présent ; il faut avoir la bonne foi de reconnaître les défauts que l'on aperçoit dans les époques sociales. En essayant de curieuses divisions de temps, on s'est efforcé d'accuser Molière d'exagérations dans ses critiques : pourtant il n'a dit que ce que racontent les mémoires, de même que les lettres de Guy Patin montrent que dans la peinture des médecins le grand comique n'a pas passé la mesure.

Marini, le Napolitain, reçu avec transport à l'hôtel de Rambouillet, acheva de gâter le goût en nous apportant l'amour des *concetti*. Marie de Médicis faisait à Marini une pension de deux mille écus, Corneille lui-même fut entraîné par ce goût d'outre-monts, mais son grand génie résista : dépouillé de sa calotte italienne, il ne lui resta que cette tête chauve qui plane au-dessus de tout.

Il régnait à l'hôtel de Rambouillet, à l'époque de sa plus ancienne célébrité, un attrait de mauvaise plaisanterie qu'on retrouvait encore dans ma jeunesse au fond des provinces.

Ainsi des vêtements rétrécis, afin de persuader à celui qui les reprenait qu'il avait enflé pendant la nuit ; ainsi Godeau accoutré en nain de Julie et rompant une lance de paille contre d'Andilly, qui lui donna un soufflet ; voilà où en était l'hôtel de Rambouillet. Lorsque Corneille y lut *Polyeucte*, on lui déclara que *Polyeucte* n'était pas fait pour la scène. Voiture fut chargé d'aller signifier à Pierre de remettre son chef-d'œuvre dans sa poche. C'est pourtant cette puissante race normande qui a donné Shakespeare à l'Angleterre et Corneille à la France.

On n'aimait pas à l'hôtel de Rambouillet les bonnets de coton : Montausier n'eut la permission d'en user qu'en considération de ses vertus. Les femmes portaient le jour une canne, comme les châtelaines du XIVe siècle ; les mouchoirs de poche étaient garnis de dentelle, et l'on appelait lionnes les jeunes femmes blondes. Rien de nouveau sous le soleil.

Dans une fête que donnait Mme de Rambouillet, elle conduisit une nombreuse compagnie vers des rochers plantés de grands arbres. Mlle de Rambouillet et les demoiselles de sa maison, vêtues en nymphes, faisaient le plus agréable spectacle. Julie d'Angennes apparut avec l'arc et le visage de Diane ; elle était si charmante qu'elle vainquit au chant un rossignol et que la tour de Montlhéry haussait le cou dans les nues pour apercevoir ses beaux yeux [*Recueil de chansons manuscrites* (Bibl. royale) – (N.d.A.)].

Il y avait un cabinet appelé la chambre bleue, à cause de son ameublement de velours bleu rehaussé d'or et d'argent. On y respirait des parfums, on y composait des stances à Zyrphée, reine d'Argennes à la cour d'Arthénice, anagramme du nom de Catherine, faite par Racan pour Catherine de Rambouillet, dont il était amoureux. Celle-ci écrit à l'évêque de Vence : « Je vous souhaite à tout moment dans la loge de Zyrphée ; elle est soutenue par des colonnes de marbre transparent, et a été bâtie au-dessus de la moyenne région de l'air par la reine Zyrphée. Le ciel y est toujours serein ; les nuages n'y offusquent ni la vue ni l'entendement, et de là tout à mon aise j'ai considéré le trébuchement de l'ange terrestre. » L'*Astrée* de d'Urfé, publié entre 1610 et 1620, florissait à l'hôtel de Rambouillet. C'est par l'*Astrée* que s'intraduisirent les longs verbiages d'amour, peut-être nécessaires pour corriger les amours du XVIe siècle. D'Urfé, épris de Diane de Châteaumorand, femme de son frère, dont le mariage fut cassé, épousa Diane.

Tout ce système d'amour, quintessencié par Mlle de Scudéri, et géographie sur la carte du royaume de Tendre, se vint perdre dans la Fronde, gourme du siècle de Louis XIV, encore au pâturage. Voiture fut presque le premier bourgeois qui s'introduisit dans la haute société ; on a des lettres de lui à Julie d'Angennes. Naturellement fat, il voulut baiser le bras de Julie, de laquelle il fut vivement repoussé ; le grand Condé le trouvait insupportable : il n'a pas, quoi qu'on en dise, décrit Grenade et l'Alhambra. Puis venaient Vaugelas, Ménage, Gombault, Malherbe, Racan, Balzac, Chapelain, Cottin, Benserade, Saint-Evremond, Corneille, La Fontaine, Fléchier, Bossuet. Les cardinaux de La Valette et de Richelieu passèrent à l'hôtel de Rambouillet, qui toutefois résista à la puissance du maître de Louis XIII. En femmes, on vit successivement venir la marquise de Sablé, Charlotte de Montmorency et Mlle de Scudéri, moins jeune et moins simple que Mme de Scudéri ; enfin, au bout du rôle paraît Mme de Sévigné.

Mlle de Scudéri était la grande romancière du temps, et jouissait d'une réputation fabuleuse. Elle avait gâté et soutenu à la fois le grand style, accoutumant les esprits à passer de *Clélie* à *Andromaque*. Nous n'avons rien à regretter de cette époque. Mme Sand l'emporte sur les femmes qui commencèrent la gloire de la France : l'art vivra sous la plume de l'auteur de *Lélia*. L'insulte à la rectitude de la vie ne saurait aller plus loin, il est vrai, mais Mme Sand fait descendre sur l'abîme son talent, comme j'ai vu la rosée tomber sur la mer Morte. Laissons-la faire provision de gloire pour le temps où il y aura disette de plaisirs. Les femmes sont séduites et enlevées par leurs jeunes années ; plus tard elles ajoutent à leur lyre la corde grave et plaintive sur laquelle s'expriment la religion et le malheur. La vieillesse est une voyageuse de nuit : la terre lui est cachée ; elle ne découvre plus que le ciel.

Montausier, que la différence de religion avait d'abord empêché d'épouser Julie d'Angennes, rompit par son mariage la première société de l'hôtel de Rambouillet. La *Guirlande de Julie*, un peu fanée, est arrivée jusqu'à nous ; la Violette y fait entendre encore sa langue parfumée.

Lorsqu'on a à raconter une série d'événements, et qu'on pousse son récit jusqu'à la mort des personnages, on parvient à cette gravité des enseignements, qui résulte des variations de la vie. La marquise de Rambouillet mourut à l'âge de quatre-vingt-deux ans, en 1665. Il y avait déjà longtemps qu'elle n'existait plus, à moins de compter des jours qui ennuient. Elle avait fait son épitaphe :

Et si tu veux, passant, compter tous ses malheurs,
Tu n'auras qu'à compter les moments de sa vie.
Tel est le secret de ces moments qui passent pour heureux.

Mme de Montausier expira le 13 avril 1671, à l'âge de soixante-quatre ans. Nommée gouvernante des enfants de France lors de la grossesse de Marie-Thérèse d'Autriche, ensuite dame d'honneur de la reine lorsque la duchesse de Navailles donna sa démission, elle fut effrayée de l'apparition de M. de Montespan, ce mari de l'Alcmène de Molière, qu'elle crut voir dans un passage obscur et qui la menaçait. Julie d'Angennes se reprochait la flatterie de son silence. Responsable des devoirs que lui imposait le nom de son mari, elle semblait avoir ouï l'apostrophe de l'orateur aux cendres de Montausier : « Ce tombeau s'ouvrirait, ses cendres se ranimeraient pour me dire : Pourquoi viens-tu mentir pour moi, qui ne mentis jamais pour personne ? » Mme de Montausier se retira, languit et disparut : on entendit à peine se refermer sa tombe.

Hélas ! une des plus belles renommées commencées à l'hôtel de Rambouillet s'ensevelit à Grignan, à la source de son immortalité. Mme de Sévigné ne s'était pas fait illusion sur sa jeunesse, comme Mme de Montausier. Elle écrivait à sa fille : « Je vois le temps accourir et m'apporter en passant l'affreuse vieillesse. » Elle écrivait encore à ses enfants : « Vous voilà donc à nos pauvres Rochers. » Et c'était là qu'avait habité longtemps Mme de Sévigné elle-même. La lettre datée de Grignan, du 29 mars 1696, quatre ans avant la mort de Rancé, regarde le jeune Blanchefort, « arraché comme une fleur que le vent emporte ». Cette lettre est une des dernières de l'Epistolaire ; plainte du vent qui passe sur un tombeau. « Je mérite, dit-elle, d'être mise dans la hotte où vous mettez ceux qui vous aiment, mais je crains que vous n'ayez point de hottes pour ces derniers. » Ces hottes ne pèsent guère ; elles ne portent que des songes. On se plaît mélancoliquement à voir dans quel cercle roulaient les idées dernières de Mme de Sévigné : on ne dit pas quelle fut sa parole fatidique. On aimerait à avoir un recueil des derniers mots prononcés par les personnes célèbres ; ils feraient le vocabulaire[4] de cette région énigmatique des sphinx par qui en Egypte l'on communique du monde au désert.

A Rome qu'avait habitée Mme des Ursins, alliée de Mme de Rambouillet, Mme des Ursins ne se pouvait résoudre à retourner proscrite et vieille : « Occupée du monde, dit Saint-Simon, de ce qu'elle avait été et de ce qu'elle n'était plus, elle eut le plaisir de voir Mme de Maintenon, oubliée, s'anéantir dans Saint-Cyr. »

4. Selon les éditions, on trouve ici *vocabulaire* ou *voculaire*, qui serait un néologisme signifiant « paroles chuchotées » (de *vocula*, « voix faible »).

Et pourtant M. le duc de Noailles vient de faire de Saint-Cyr une restauration admirable. En nous parlant du plaisir que devait trouver Mme des Ursins à prolonger ses jours parmi des ruines, Saint-Simon regardait apparemment comme plaisir la plus dure des afflictions, le survivre. Heureux l'homme expiré en ouvrant les yeux ! il meurt aux bras de ces femmes du berceau, qui ne sont dans le monde qu'un sourire.

Des débris de cette société se forma une multitude d'autres sociétés qui conservèrent les défauts de l'hôtel de Rambouillet sans en avoir les qualités. Rancé rencontra ces sociétés ; il n'y put gâter son esprit, mais il y gâta ses mœurs ; il eut plusieurs duels, à l'exemple du cardinal de Retz, s'il faut en croire quelques écrits dont on doit néanmoins se défier.

L'hôtel d'Albret et l'hôtel de Richelieu furent les deux grandes dérivations de cette première source d'où sortirent l'hôtel de Longueville et l'hôtel de Mme de La Fayette, en attendant les jardins de La Rochefoucauld que j'ai vus encore entiers dans la petite rue des Marais. On tenait ruelle[5] ; Paris était distribué en quartiers qui portaient des noms merveilleux ; on les peut voir dans le *Dictionnaire des Précieuses*. Le faubourg Saint-Germain s'appelait la Petite Athènes ; la place Royale, la Place Dorique ; le Marais, le quartier des Scholies ; l'île Notre-Dame, la place de Délos. Tous les personnages du commencement du XVIe siècle avaient changé d'appellation ; témoin le discours de Boileau sur les *héros de roman* : Mme d'Aragonnais était la princesse *Philoxène* ; Mme d'Aligre, *Thelamyre* ; Sarrasin, *Polyandre* ; Conrard, *Theodamas* ; Saint-Aignan, *Artaban* ; Godeau, le *mage de Sidon*.

Loin de là se trouvait une autre société, qui prenait le nom du Marais et dont les personnages se mêlaient parfois à ceux

5. *Tenir ruelle* : avoir un salon où l'on reçoit.

de l'hôtel de Rambouillet. Là régnait le grand Condé et passait Molière ; on y rencontrait La Rochefoucauld, Longueville, d'Estrées, La Châtre. Condé avait quitté les *petits maîtres*, ses premiers compagnons, et n'apprenait plus à monter à cheval avec Arnauld d'Andilly. Molière puisa dans une conversation avec Ninon, qui se trouvait là, la peinture de l'hypocrite, dont il fit ensuite le Tartufe.

Ninon, puisque l'histoire, qui malheureusement ne sait point rougir, force à prononcer son nom, paraîtrait cependant n'avoir pas été connue de Rancé. Elle était impie de là la faveur dont elle a joui dans le XVIIIe siècle ; philosophe et courtisane, c'était la perfection. On a fait trop de bruit de la fidélité que Mlle de Lenclos mit à rendre un dépôt : cela prouve qu'elle ne volait pas. Son incrédulité passait sous la protection de son esprit : il fallait qu'elle en eût beaucoup pour que Mmes de La Suze, de Castelnau, de La Ferté, de Sully, de Fiesque, de La Fayette, ne fissent aucune difficulté de la voir, Mme de Maintenon, n'étant encore que Mme Scarron, était liée avec elle ; elle voulut l'appeler à Saint-Cyr. La comtesse Sandwich la recherchait ; la reine Christine, s'efforçant de l'emmener à Rome, l'appelait l'*illustre* Ninon ; Port-Royal prétendit la convertir. Elle avait exclu Chapelle de sa société pour son ivrognerie, Chapelle jura que pendant un mois il ne se coucherait pas sans être ivre et sans avoir fait une chanson contre Ninon.

Les œuvres de Saint-Evremond renferment huit lettres de Mlle de Lenclos, écrites pour l'exilé qui, n'ayant pu obtenir un tombeau dans sa patrie, a un mausolée à Westminster, Saint-Evremond apercevait Paris à l'envers, du fond de Londres ; il est vrai qu'il avait auprès de lui le chevalier de Grammont, et, comme François, l'*Ecossais* Hamilton, sans compter les Italiennes Mazarini. Les lettres de Ninon sont fines de style et de goût :

« Je crois comme vous, dit-elle à Saint-Evremond, que les rides sont les marques de la sagesse. Je suis ravie que vos vertus extérieures ne vous attristent point. »

Mme de Sévigné aurait-elle parlé plus agréablement de ses *vertus extérieures*?

Le siècle de Louis XIV achève de défiler derrière ce transparent tendu par la main d'une nouvelle habitante de Céa[6].

On n'a jamais bien su la cause de la disgrâce du correspondant de Ninon et de l'implacabilité de Louis XIV. La lettre politique citée par Saint-Simon, malgré la susceptibilité du roi (fort naturelle après les troubles de sa minorité), ne saurait être la vraie cause de sa disgrâce ; il faut qu'il y ait eu quelque blessure secrète : Saint-Evremond avait été lié avec Fouquet, et Fouquet touchait aux lettres de Mme de La Vallière.

Les lettres de Saint-Evremond en réponse à Mlle de Lenclos sont agréables sans être naturelles, On reconnaissait parmi les étrangers ces éclats détachés de la planète de la France, et qui formaient de petites sphères indépendantes de la région dans laquelle elles tournaient. Il est à peu près certain que Saint-Evremond est l'auteur de la conversation du père Canaye avec le maréchal d'Hocquincourt.

L'*Anacréon du Temple*, ainsi appelait-on Chaulieu, parlant de la vieille Mlle de Lenclos, assurait que l'amour s'était retiré jusque dans ses rides ; toute cette jeune société avait plus de quatre-vingts ans. Voltaire, au sortir du collège, fut présenté à Ninon. Elle lui laissa deux mille francs pour acquérir des livres, et apparemment le cercueil que l'Egypte faisait tourner autour de la table du festin. Ninon, dévorée du temps, n'avait plus que quelques os entrelacés, comme on en voit dans les cryptes de Rome. Les temps de Louis XIV ne rendent pas innocent ce qui sera éternellement coupable,

6. *Céa* : île de la mer Égée.

mais ils agrandissent tout ; placez-la hors de ces temps, que serait-ce aujourd'hui que Ninon ?

Au moment que paraît Ninon se lève un nouvel astre, Mme Scarron. Elle demeurait avec son mari vers la rue du Mouton. Scarron, étant au Mans, s'était enduit de miel, et roulé dans un tas de plumes ; il avait jouté dans les rues en façon de coq. Tout cul-de-jatte qu'il était, il épousa Mlle d'Aubigné, belle et pauvre, née dans les prisons de la conciergerie de Niort, élevée au Château Trompette, où Agrippa d'Aubigné avait été transféré. Elle revenait d'Amérique ; son père Agrippa y avait passé. L'amiral Coligny avait voulu, dans les Florides, fonder une colonie.

Selon Segrais, Mlle d'Aubigné fut recherchée dans son enfance par un serpent : Alexandre est au fond de toute l'histoire. Retirée chez Mme de Villette, calviniste, et chez Mme de Neuillant, avare, Mme de Maintenon commandait dans la basse-cour. Ce fut par ce gouvernement que commença son règne. L'auteur du *Roman comique* produisit sa femme à l'aide du chevalier de Méré, qui appelait la femme de son joyeux ami sa jeune Indienne. Mme Scarron éleva d'abord les bâtards de Louis et de Mme de Montespan, dans une maison isolée, au milieu de la plaine de Vaugirard. Ce qui lui fournit l'occasion de voir Louis, dont elle parvint à devenir la femme. Scarron fut chargé de la sorte d'une grande destinée : les nègres nourrissent pour leur maître d'élégantes créatures du désert.

Au centre de la société commençaient les fêtes des Tuileries, bals, comédies, promenades en calèche. Les différents jardins de Fontainebleau paraissaient des jardins enchantés, et, comme on disait, les *déserts des Champs-Elysées*. Louis XIV suivait alors Madame, Henriette d'Angleterre, qui épousa Monsieur.

Mlle de Montpensier raconte que l'on fut une fois trois jours à accommoder sa parure ; sa robe était chamarrée de diamants avec des houppes incarnates, blanches et noires : la reine d'Angleterre avait prêté une partie de ses diamants. Mademoiselle, qui se vantait de sa belle taille, de sa blancheur et de l'éclat de ses cheveux blonds, était laide ; elle avait les dents noires, ce dont elle s'enorgueillissait comme d'une preuve de sa descendance. Sous le cardinal de Richelieu, Mademoiselle avait déjà paru dans le ballet du Triomphe de la beauté : elle représentait la Perfection ; Mlle de Bourbon, l'Admiration ; Mlle de Vendôme, la Victoire.

Les contrastes assaisonnaient ces joies. Mademoiselle pendant la Fronde, après avoir saisi Orléans pour Monsieur ; traversait le Petit-Pont à Paris ; son carrosse s'accroche à la charrette que l'on menait toutes les nuits pleines de morts ; elle ne fit que changer de portière, *de crainte que quelques pieds ou mains ne lui donnassent par le nez*. Durant cette révolution, on vivait dans la rue comme en 1792. Mademoiselle fit une visite à Port-Royal ; elle projetait d'avoir dans son désert un couvent de carmélites : confusion scandaleuse de sujets et d'idées que l'on retrouve à chaque pas dans ces temps où rien n'était encore classé.

Le cardinal de Retz était partout : il fréquentait l'hôtel de Chevreuse. Enfin, au Marais et dans l'île Saint-Louis, demeuraient Lamoignon et d'Aguesseau, graves magistrats ; on en égalisait le poids dans leur jeunesse avec un pain, lorsqu'une grosse cavale les portait l'un vis-à-vis de l'autre dans deux paniers. Jadis Henri III aimait à surprendre ces compagnies retirées, et s'asseyait au milieu d'elles sur un bahut.

Sociétés depuis longtemps évanouies, combien d'autres vous ont succédé ! les danses s'établissent sur la poussière des morts, et les tombeaux poussent sous les pas de la joie. Nous rions et nous chantons sur les lieux arrosés du sang de nos amis. Où sont aujourd'hui les maux d'hier ? Où seront demain les félicités d'aujourd'hui ? Quelle importance pourrions-nous attacher aux choses de ce monde ? L'amitié ? Elle disparaît quand celui qui est aimé tombe dans le malheur, ou quand celui qui aime devient puissant. L'amour ? Il est trompé, fugitif ou coupable. La renommée ? Vous la partagez avec la médiocrité ou le crime. La fortune ? Pourrait-on compter comme un bien cette frivolité ? Restent ces jours, dits heureux, qui coulent ignorés dans l'obscurité des soins domestiques, et qui ne laissent à l'homme ni l'envie de perdre ni de recommencer la vie.

Rancé avait l'entrée des salons que je viens de peindre par ses amis de la Fronde, personnages dont nous le verrons porter les lettres de recommandation à Rome. Le cardinal de Retz le logea chez lui près du Vatican. Champvallon, archevêque de Paris, était son familier. Champvallon avait l'habileté et l'audace des Sancy ; il agréait à Louis XIV : on croit que le prince le choisit pour la célébration de son mariage avec Mme de Maintenon. Celle-ci expia son ambition en osant écrire qu'elle s'ennuyait d'un roi qui n'était plus amusable. Champvallon contraria Bossuet dans l'assemblée du clergé en 1682. Il mourut à Conflans, qu'il avait acheté et qui est resté à l'archevêché de Paris.

Rancé était encore le compagnon de Châteauneuf et de Montrésor, petit-fils de Brantôme. Il chassait avec le duc de Beaufort. Enfin, il tenait à tous ces êtres futiles par les familiers de l'hôtel de Montbazon, où sa liaison avec la duchesse de Montbazon l'avait introduit.

Au sortir de la Fronde, l'abbé Le Bouthillier résidait tantôt à Paris, tantôt à Veretz[7], terre de son patrimoine et l'une des plus agréables des environs de Tours. Il embellissait chaque année sa châtellenie ; il y perdait ses jours à la manière de saint Jérôme et de saint Augustin, comme quand dans les oi-

7. *Veretz ou Véret* : château proche de Couzières, acheté en 1637 par Denis Le Bouthillier.

sivetés de ma jeunesse je les conduisis sur les flots du golfe de Naples. Rancé inventait des plaisirs : ses fêtes étaient brillantes, ses festins somptueux ; il rêvait de délices, et il ne pouvait arriver à ce qu'il cherchait. Un jour, avec trois gentilshommes de son âge, il résolut d'entreprendre un voyage à l'imitation des chevaliers de la Table ronde ; ils firent une bourse en commun, et se préparèrent à courir les aventures : le projet s'en alla en fumée. Il n'y avait pas loin de ces rêves de la jeunesse aux réalités de La Trappe.

Ainsi que Catherine de Médicis, dont on voit encore la tour des sortilèges accolée à la rotonde du marché au blé, Rancé donna dans l'astrologie. Le fonds de religion qu'il avait reçu de son éducation chrétienne combattait ses superstitions ; les avertissements qu'il croyait recevoir des astres tournaient au profit de sa conversion future. De même que les anciens observateurs des révolutions sidérales, il connaissait les montagnes de la lune avant que les montagnes de la terre lui fussent connues. Un jour, derrière Notre-Dame, à la pointe de l'île, il abattait des oiseaux : d'autres chasseurs tirèrent sur lui du bord opposé de la rivière ; il fut frappé ; il ne dut la vie qu'à la chaîne d'acier de sa gibecière : « Que serais-je devenu, dit-il, si Dieu m'avait appelé dans ce moment ? » Réveil surprenant de la conscience [*Jugement critique de dom Gervaise*. (N.d.A.)] !

Une autre fois, à Veretz, il entend des chasseurs dans les avenues de son château : il court, tombe au milieu d'une troupe d'officiers, à la tête desquels était un gentilhomme renommé par ses duels. Rancé s'élance sur le délinquant et le désarme. « Il faut, disait après le braconnier noble, que le ciel ait protégé Rancé, car je ne puis comprendre ce qui m'a empêché de le tuer. » On trouve une autre version de cette aventure : Rancé à cheval fut couché en joue par des chasseurs ; il n'était accompagné que d'un jockey, qu'on appelait alors un *petit laquais* : il se jette dans la bande, la fait reculer, et la force à lui demander des excuses.

Avant qu'il eût pris sa route en bas, son ambition le poussait à monter. Tonsuré le 21 décembre 1635, bachelier en théologie en 1647, licencié en 1649, il reçut en 1653 le bonnet de docteur de la faculté de Navarre ; dès 1650 l'archevêque de Tours, dans l'église de Saint-Jacques-du-Haut-Pas, lui avait conféré à la fois les quatre mineurs, le sous-diaconat et le diaconat ; quelques mois après, le 22 janvier 1651, il fut ordonné prêtre.

L'imposition des mains étant faite, il ne restait plus qu'à passer à une cérémonie redoutable. J'ai entendu, au pied des Alpes vénitiennes, carillonner la nuit en l'honneur d'un pauvre lévite qui devait dire sa première messe le lendemain. Pour Rancé, les ornements et les vêtements, préparés à la lumière du jour, étaient magnifiques ; mais soit qu'il fût saisi des terreurs du ciel, soit qu'il regardât comme des licences sacrilèges celles qu'il avait obtenues, soit qu'il ressentit cette épouvante qui saisissait un trop jeune coupable quand la Rome païenne lui délivrait des dispenses d'âge pour mourir, Rancé s'alla cacher aux Chartreux. Dieu seul le vit à l'autel. Le futur habitant du désert consacra sur la montagne, à l'orient de Jérusalem, les prémices de sa solitude.

« Ce que le monde appelle les belles passions, dit un des historiens de Rancé, occupait son cœur : les plaisirs le cherchaient, et il ne les fuyait pas. Jamais homme n'eut les mains plus nettes, n'aima mieux à donner et moins à prendre. »

L'abbé Marsollier, dont je rapporte les paroles, était chargé d'écrire la vie du réformateur par les ordres du roi et de la reine d'Angleterre. Les injonctions de ces majestés tombées impriment à l'expression du serviteur de Dieu ce quelque chose de tempérant et de grave qu'inspire l'infortune.

Mazarin n'aimait pas les hommes qui sortaient de la Fronde ; il aimait encore moins les protégés de son devancier, et s'opposait à l'avancement de Rancé. Rancé lui-même ne se prêtait pas à cet avancement quand il n'y trouvait pas sa convenance. Peu de temps après avoir reçu la prêtrise, il refusa l'évêché de Léon ; il n'en trouvait pas le revenu assez considérable, et la Bretagne était trop loin de la cour. Dom Gervaise raconte que la chasse était un de ses amusements favoris : « On l'a vu plus d'une fois, dit-il, après avoir chassé trois ou quatre heures le matin, venir le même jour en poste de douze ou quinze lieues, soutenir une thèse en Sorbonne ou prêcher à Paris avec autant de tranquillité d'esprit que s'il fût sorti de son cabinet. » Champvallon l'ayant rencontré dans les rues, lui dit : « Où vas-tu l'abbé ? que fais-tu aujourd'hui ? — Ce matin, répondit-il, prêcher comme un ange, et ce soir chasser comme un diable [Jugement critique, mais équitable, des Vies de feu M. l'abbé de Rancé. (Gervaise) — (N.d.A.)]. »

L'abbé de Marolles, dans ses Mémoires, cite Rancé : « Cet abbé, dit-il, de qui l'humeur est si douce et l'esprit si éclairé, s'il avait plu au roi de le nommer coadjuteur de M. l'archevêque de Tours, son oncle, son oncle en eût été ravi, autant pour les avantages de son diocèse que pour l'honneur de sa famille. » – « L'archevêque crut d'abord, continue Marolles, que ce n'était de ma part que pures civilités ; mais comme il connut que j'y prenais quelque sorte d'intérêt pour les grandes espérances que je concevais de la capacité de l'abbé de Rancé, il me remercia. » La mère de l'abbé de Marolles, dont il est ici question, allait à la messe dans un chariot mené par quatre chevaux blancs pris sur les Turcs, en Hongrie. Elle portait son fils à une fontaine qui coulait au travers d'une saulaie.

L'inclination militaire de Rancé le poussait dans les lieux d'escrime. Quand il parvenait à faire sauter le fleuret d'un prévôt d'armes, rien n'égalait sa joie.

L'habit de fantaisie de celui qui devait revêtir la bure était un justaucorps violet, d'une étoffe précieuse ; il portait une chevelure longue et frisée, deux émeraudes à ses manchettes, un diamant de prix à son doigt. A la campagne ou à la chasse, on ne voyait sur lui aucune marque des autels : « Il avait, continue Gervaise, l'épée au côté, deux pistolets à l'arçon de sa selle, un habit couleur de biche, une cravate de taffetas noir où pendait une broderie d'or, Si, dans les compagnies plus sérieuses qui le venaient voir, il prenait un justaucorps de velours noir avec des boutons d'or, il croyait beaucoup faire et se mettre régulièrement. Pour la messe, il la disait peu. »

Il reste quelques pages de Rancé, intitulées : *Mémoire des dangers que j'ai courus durant ma vie, et dont je n'ai été préservé que par la bonté de Dieu.* A l'âge de quatre ans, dit l'auteur du *Mémento*, je fus attaqué d'une hydropisie de laquelle je ne guéris que contre le sentiment de tout le monde. A l'âge de quatorze ans, j'eus la petite vérole. Une fois, en essayant un cheval dans une cour, l'ayant poussé plusieurs fois et arrêté devant la porte d'une écurie, le cheval m'emporta ; et comme l'écurie était retranchée, il passa deux portes : ce fut une espèce de miracle que cela se pût faire sans me tuer.

Suit cinq à six autres accidents de chevaux ; ils font honneur au courage et à la présence d'esprit de Rancé. J'ai vu des brouillons de la jeunesse de Bonaparte ; il jalonnait le chemin de la gloire comme Rancé le chemin du ciel.

Ces dangers auxquels le hasard exposait Rancé frappèrent un esprit sérieux chez qui les réflexions graves commençaient à naître. En s'attachant à une femme qui avait déjà franchi la première jeunesse, Rancé aurait du s'apercevoir que la voyageuse avait achevé avant lui une partie de la route.

Le duc de Montbazon présidait un jour un assaut scolastique dans lequel l'abbé de Rancé était rudement mené. Fatigué des criailleries, le vieux duc se lève, s'avance au milieu de la salle en faisant jouer sa canne comme pour séparer des chiens, et dit en latin à Rancé : *Contra verbosos verbis ne dimices ultra*. Montbazon, mort en 1644, à l'âge de quatre-vingt-six ans, était né en 1558, sous Henri II. Il avait vu passer la Ligue et la Fronde. Etait-il dans la voiture de Henri IV lorsque celui-ci fut assassiné ? Le duc de Montbazon, corrompu par ces temps dépravés qui s'étendirent de François Ier à Louis XIV, faisait confidence à sa femme de ses infidélités octogénaires. Devenu honteusement amoureux d'une joueuse de luth, il se prit de querelle avec la musicienne et la voulut jeter par la fenêtre. La force manqua à sa vengeance ; il retomba sur son lit près du volage fardeau que ne put soulever ni son bras ni sa conscience.

C'était à cette école de remords et de honte qu'il endoctrinait sa femme, âgée de seize ans, fille aînée de Claude de Bretagne, comte de Vertus, et de Catherine Fouquet de La Varennes. Le comte de Vertus avait fait tuer chez lui Saint-Germain-La-Troche, qu'il croyait corrupteur de sa femme. La duchesse de Montbazon était en religion lorsqu'elle épousa son mari. Tandis qu'avec Bassompierre, sorti de la Bastille, le duc de Montbazon s'entretenait du passé, la duchesse de Montbazon s'occupait du présent. Elle disait qu'à trente ans on n'était bonne à rien, et qu'elle voulait qu'on la jetât dans la rivière quand elle aurait atteint cet âge.

Hercule de Rohan, gouverneur de Paris, était veuf lorsqu'il épousa la fille du comte de Vertus. Il avait plusieurs enfants d'un autre lit, entre autres la duchesse de Chevreuse : de sorte que Mme la duchesse de Montbazon était belle-mère de la duchesse de Chevreuse, quoiqu'infiniment plus jeune que sa belle-fille.

Tallemant des Réaux assure que Mme de Montbazon était une des plus belles personnes qu'on pût voir. Le duc de Montbazon et Le Bouthillier le père étaient liés. Nous venons de voir comment le vieux duc vint au secours du fils dans un assaut scolastique. Rancé, caressé dans la maison du duc, fut élevé sous les yeux de la jeune duchesse ; il résulta de ce rapprochement une liaison. Le duc mourut en 1644 ; sa femme avait alors trente-deux ans, et ne paraissait pas en avoir plus de vingt. Les relations de Mme de Montbazon et de Rancé continuèrent ; elles ne furent troublées qu'en 1657, par un accident. La duchesse se pensa noyer en traversant un pont qui se rompit sous elle. Le bruit de sa mort se répandit ; on lui fit cette épitaphe :

Ci gît Olympe, à ce qu'on dit :
S'il n'est pas vrai, comme on souhaite,
Son épitaphe est toujours faite :
On ne sait qui meurt ni qui vit.

Marie de Montbazon devint célèbre. Le duc de Beaufort était son serviteur. On ne pouvait s'ouvrir à lui d'aucun secret important, à cause de la duchesse, qui n'avait point de discrétion. Elle eut une excuse à faire à Mme de Longueville au sujet de deux billets de Mme de Fouquerolles adressés au comte de Maulevrier, et qui étaient tombés de la poche de celui-ci. Mme de Montbazon les trouva, prétendit qu'ils étaient de Mme de Longueville et qu'ils regardaient Coligny. Mme de Montbazon les commenta avec toutes sortes de railleries. Cela fut rapporté à Mme de Longueville, qui devint furieuse. La cour se divisa Les *importants* prirent le parti de Mme de Montbazon, et la reine se rangea du parti de Mme de Longueville, sœur du duc d'Enghien, dernièrement vainqueur à Rocroi. Les *importants* étaient un parti composé de *quatre ou cinq mélancoliques, qui avaient l'air de penser creux* (Retz). C'était Mme de Cornuel qui les avait ainsi nommés, parce qu'ils terminaient leurs discours par ces mots : « Je m'en vais pour une affaire d'importance. » Le duc de Beaufort, le héros des halles, leur donnait une certaine renommée vaille que vaille. « Il avait tué le duc de

Nemours, pleuré des hommes en public et des femmes en secret, » dit Benserade.

Le cardinal Mazarin convertit des tracasseries de femmes en une affaire d'Etat. Mme de Longueville exigeait une réparation, et Condé appuyait sa sœur ; Mme de Montbazon refusait toute satisfaction, et le duc de Beaufort la soutenait.

« Durant que j'étais à Vincennes, dit Mlle de Scudéri, vint Mme de Montbazon avec M. de Beaufort ; il lui faisait voir toutes les incommodités de ce logement, triomphant lâchement du malheur d'un prince qu'il n'oserait regarder qu'en tremblant s'il était en liberté. »

Mlle de Scudéri se souvient trop qu'elle a fait un beau quatrain sur la prison du grand Condé. Le duc de Beaufort osait regarder tout le monde en face ; il avait même insulté Condé, et l'avantage de la branche bâtarde était resté aux illégitimes sur la branche cadette des légitimes.

Après maintes allées et venues pour concilier Mme de Longueville et Mme de Montbazon, on convint, d'après l'avis d'Anne d'Autriche et de Mazarin, des excuses que Mme de Montbazon aurait à faire à Mme de Longueville. Ces excuses furent écrites dans un billet attaché à l'éventail de Mme de Montbazon. Mme de Montbazon, fort parée, entra dans la chambre de là princesse ; elle lut le petit papier attaché à son éventail :

« Madame, je viens vous protester que je suis très innocente de la méchanceté dont on m'a voulu accuser ; il n'y a aucune personne d'honneur qui puisse dire une calomnie pareille. Si j'avais fait une faute de cette nature, j'aurais subi les peines que la reine m'aurait imposées ; je ne me serais jamais montrée dans le monde et vous en aurais demandé pardon. Je vous supplie de croire que je ne manquerai jamais au respect que je vous dois et à l'opinion que j'ai de la vertu et du mérite de Mme de Longueville. »

La princesse répondit : « Madame, je crois très volontiers à l'assurance que vous me donnez de n'avoir nulle part à la méchanceté que l'on a publiée ; je défère trop au commandement que la reine m'en a fait. »

« Mme de Monbazon prononça le billet, dit Mme de Motteville, de la manière du monde la plus fière et la plus haute, faisant une mine qui semblait dire : « Je me moque de ce que je dis. »

Les deux dames se retrouvèrent dans le jardin de Renard, au bout du jardin des Tuileries ; Mme de Longueville déclara qu'cllc n'acccptcrait point la collation si sa rivalc dcmcurait ; Mme de Montbazon refusa de s'en aller. Le lendemain Mme de Montbazon reçut un ordre du roi de se retirer dans une de ses maisons de campagne. Il y eut un duel entre M. de Guise et M. de Coligny, suite du démêlé.

La hardiesse de Mme de Montbazon égalait la facilité de sa vie. Le cardinal de Retz, qui lâchait indifféremment des apophthegmes de morale et des maximes de mauvais lieux, écrivait ses Mémoires lorsqu'on croyait qu'il pleurait ses péchés. Il disait de Mme de Montbazon « qu'il n'avait jamais vu personne qui eût montré dans le vice si peu de respect pour la vertu ». Quoique grande, les contemporains trouvaient qu'elle ressemblait à une statue antique, peut-être à celle de Phryné ; mais la Phryné française n'eût pas proposé, ainsi que la Phryné de Thespies, de faire rebâtir Thèbes à ses frais, pourvu qu'il lui fût permis de mettre son souvenir en opposition au souvenir d'Alexandre. Mme de Montbazon préférait l'argent à tout.

D'Hocquincourt, ayant fait révolter Péronne, écrivait à Mme de Montbazon : « Péronne est à la belle des belles. » S'étant caché dans la chambre de la duchesse, il ne fut pas aussi malheureux que Chastelard, fils naturel de Bayard, sans peur, non sans reproche : Chastelard fut décapité pour s'être caché en Ecosse sous le lit de Marie Stuart. Il avait fait une romance sur sa reine aimée :

Lieux solitaires
Et monts secrets
Qui seuls sont secrétaires
De mes piteux regrets.

Il y aurait de l'injustice à ne pas mettre en regard de ce tableau un pendant tracé d'une main plus amie : c'est un religieux qui tient le pinceau :

« Dès que la jeune duchesse de Montbazon parut à la cour, elle effaça par sa beauté toutes celles qui s'en piquaient. Tant que son mari vécut, sa sagesse et sa vertu ne furent jamais suspectes ; se voyant affranchie du joug du mariage, elle se donna un peu plus de liberté. L'abbé de Rancé, alors âgé de dix-neuf à vingt ans, était déjà de l'hôtel de Montbazon. Il eut le don de plaire à la duchesse, et elle en sut faire une grande différence avec tous ceux qui fréquentaient sa maison.

« M. de Rancé le père étant mort, son fils l'abbé, devenu le chef de sa maison à l'âge de vingt-six ans le prit d'un grand vol ; il parut dans le monde avec plus d'éclat qu'il n'avait jamais fait : un plus gros train, un plus bel équipage, huit chevaux de carrosse des plus beaux et des mieux entretenus, une livrée des plus lestes ; sa table à proportion. Ses assiduités auprès de Mme de Montbazon augmentèrent ; il passait souvent les nuits au jeu ou avec elle ; elle s'en servait pour ses affaires : une jeune veuve a besoin de ce secours. Cette familiarité fit bien des jaloux ; on en pensa et l'on en dit tout ce qu'on voulut, peut-être trop.

« Il est vrai que, de tous ceux qui firent leur cour à Mme de Montbazon, l'abbé de Rancé fut celui qui eut le plus de part à son amitié. Aussi c'était un ami véritable et effectif. Il sut en plusieurs occasions lui rendre des services très considérables ; la reconnaissance exigeait de cette dame toutes ces distinctions. Au reste, ils gardaient toujours de grands dehors ; ils évitaient même de monter ensemble dans le même carrosse, et pendant plus de dix ans qu'a duré leur commerce, on ne les y a jamais vus qu'une fois, encore étaient-ils si bien accompagnés qu'on ne pouvait s'en formaliser. Ainsi il y a quelque apparence que l'esprit avait plus de part à cette amitié que la chair.

« La reine Christine de Suède avait envoyé en France, en qualité d'ambassadeur, le comte de Tot. Il s'était adressé à M. Ménage pour voir ce qu'il y avait de plus considérable à la cour, et lui demanda enfin si par son moyen il ne pourrait pas voir Mme de Montbazon, dont il avait entendu dire tant de bien. M. Ménage, qui, en qualité de bel esprit avait accès auprès de cette dame, fut la trouver, et lui dit que l'ambassadeur de Suède, ayant vu tout ce qu'il y avait de plus beau à Paris, croyait n'avoir rien vu s'il n'avait l'honneur de voir la plus belle personne du monde, qu'il lui demandait la permission de l'amener chez elle : « Qu'il vienne après-demain, répondit la duchesse, et qu'il se tienne ferme : je serai sous les armes. »

Tel est le récit de dom Gervaise. Mme de Montbazon ne vint point au rendez-vous. Déjà atteinte de la maladie qui l'emporta, elle ne parut sous les armes que devant la mort.

Malgré la dissimulation du peintre, on aperçoit le défaut principal de Mme de Montbazon et le parti qu'elle savait tirer de son ami *véritable* et *effectif*.

Heureusement des femmes moins titrées rachetaient par leur désintéressement la rapacité des privilégiées.

— Renée de Rieux, autrement la *belle Chateauneuf*, aimée de Henri III, fut mariée deux fois : elle épousa d'abord *Antinotti*, qu'elle poignarda pour cause d'infidélité ; ensuite *Altovitti* de Castellane, qui fut tué par le grand prieur de France ; *Altovitti* eut le temps, avant d'expirer, d'enfoncer un stylet dans le ventre du grand prieur. Ces assassinats de l'aristocratie ne furent point punis ; ils étaient alors du droit commun : on ne les châtiait que dans les vilains.

La belle Châteauneuf accoucha en Provence d'une fille, qui fut tenue sur les fonts de baptême par la ville de Marseille. Puis Renée de Rieux disparaît. Sa fille, Marcelle de Castellane[8], fut laissée sur la grève de Notre-Dame de la Garde comme une alouette de mer. Ce fut là que le duc de Guise, fils du Balafré, la rencontra. Il n'était pas beau, ainsi que son grand-père tué à Orléans, ou son père assassiné à Blois, mais il était hardi ; il s'était emparé de Marseille pour Henri IV, et il portait le nom de Guise.

Marcelle de Castellane lui plut ; elle-même se laissa prendre d'amour : sa pâleur, étendue comme une première couche sous la blancheur de son teint, lui donnait un caractère de passion. A travers ce double lis transpiraient à peine les roses de la jeune fille. Elle avait de longs yeux bleus, héritage de sa mère. Desportes[9], le Tibulle[10] du temps, avait célébré les cheveux de Renée dans *Les Amours de Diane*. Desportes chantait pour Henri III, qui n'avait pas le talent de Charles IX.

Beaux nœuds crêpés et blonds nonchalamment épars,

Mon cœur plus que mon bras est par vous enchaîné.

Marcelle dansait avec grâce et chantait à ravir, mais, élevée avec les flots, elle était indépendante. Elle s'aperçut que le duc de Guise commençait à se lasser d'elle ; au lieu de se plaindre, elle se retira. L'effort était grand ; elle tomba malade, et comme elle était pauvre, elle fut obligée de vendre ses bijoux. Elle renvoya avec dédain l'argent que lui faisait offrir le prince de Lorraine : « Je n'ai que quelques jours à

8. Allusion à la liaison amoureuse entre Chateaubriand et Cordelia de Castellane.
9. *Philippe Desportes* : poète baroque français (1546-1606), surnommé le « Tibulle français » pour la douceur et la facilité de ses vers.
10. *Tibulle* : poète latin, auteur d'*Élégies*.

vivre, dit-elle : le peu que j'ai me suffit. Je ne reçois rien de personne, encore moins de M. de Guise que d'un autre. » Les jeunes filles de la Bretagne se laissent noyer sur les grèves après s'être attachées aux algues d'un rocher.

Les calculs de Marcelle étaient justes ; on ne lui trouva rien ; elle avait compté exactement ses heures sur ses oboles ; elles s'épuisèrent ensemble. La ville, sa marraine, la fit enterrer.

Trente ans après, en fouillant le pavé d'une chapelle, on s'aperçut que Marcelle n'avait point été atteinte du cercueil : la noblesse de ses sentiments semblait avoir empêché la corruption d'approcher d'elle.

Lorsque le duc de Guise partit pour la cour, Marcelle, qui possédait deux lyres, composa l'air et les rimes de quelques couplets ; ils furent entendus au bord de cette mer de la Grèce d'où nous viennent tant de parfums.

Il s'en va, ce cruel vainqueur,
Il s'en va plein de gloire ;
Il s'en va, méprisant mon cœur,
Sa plus noble victoire.
Et malgré toute sa rigueur
J'en garde la mémoire.
Je m'imagine qu'il prendra
Une nouvelle amante.

Paroles de poésie et de langueur, voix d'un rêve oublié, chagrin d'un songe.

On pouvait facilement s'imaginer que Mme de Montbazon prendrait le nouvel amant dont le trésor tenterait ses belles et infidèles mains. Mme de Montbazon fut l'objet de la passion de Rancé jusqu'au jour où il vit flotter un cilice parmi les nuages de la jeunesse. « Tandis que je m'entretiens de ces choses criminelles, dit un anachorète, les abeilles volent le long des ruisseaux pour ramasser le miel si doux à ma langue qui prononce tant de paroles injustes. »

D'après l'idée qu'on s'est formée généralement de Rancé, on ne verra pas sans étonnement ce tableau de sa première vie ; on ne peut douter de ces faits, puisqu'ils sont racontés par Le Nain lui-même, prieur de La Trappe, ami de Rancé ; il a resserré ces faits en peu de mots :

« Une jeunesse passée dans les amusements de la cour, dans les vaines recherches des sciences, même damnables, après s'être engagé dans l'état ecclésiastique sans autre vocation que son ambition, qui le portait avec une espèce de fureur et d'aveuglement aux premières dignités de l'Eglise, cet homme, tout plongé dans l'amour du monde, est ordonné prêtre, et celui qui avait oublié le chemin du ciel est reçu docteur de Sorbonne. Voilà quelle fut la vie de M. Le Bouthillier jusqu'à l'âge de trente ans, toujours dans les festins, toujours dans les compagnies, dans le jeu, les divertissements de la promenade ou de la chasse. »

C'est ce qu'en a dit, deux cents ans après, le cardinal de Bausset.

L'archevêque de Tours, l'ambitieux principal de sa famille, n'ayant pu obtenir son neveu Rancé pour coadjuteur, le fit nommer, en qualité d'archidiacre de Tours, député à l'assemblée du clergé en 1645 ; en même temps l'archevêque donna sa démission de premier aumônier du duc d'Orléans, après avoir obtenu de Gaston que l'abbé Le Bouthillier serait pourvu de cette charge. L'assemblée du clergé dura deux ans. Rancé ne s'y montra que la première année ; il y resserra les liens qui l'unissaient au cardinal de Retz, capable à lui seul d'empoisonner les plus heureuses natures ; il parla en faveur de son ami. Mazarin disait : « Si l'on voulait croire l'abbé de Rancé, il faudrait aller avec la croix et la bannière au-devant du cardinal de Retz. » Rancé augmenta sa réputation dans cette assemblée en venant au secours de François de Harlay, archevêque de Rouen, depuis archevêque de Paris. Le clergé chargea l'abbé Le Bouthillier de surveiller, avec les évêques de Vence et de Montpellier, une édition grecque d'Eusèbe, ou, selon d'autres, de Sozomène et de Socrate. Il fut complimenté sur sa nomination de premier aumônier du duc d'Orléans ; il signa le formulaire, car il ne cessait de suivre les doctrines de Bossuet en différant de sa conduite. Comme parlementaire, il était fidèle à la cour. Des disputes s'élevèrent. Rancé s'opposa à diverses propositions ; il montrait une grande entente des affaires. Il déplut. On l'avertit de se retirer, ses jours ne paraissant pas en sûreté à ses amis. L'avis était faux, Mazarin ne faisait assassiner personne. L'abbé Le Bouthillier, après être allé remercier Gaston à Blois, se retira à Veretz ; peu après arriva l'accident qui changea sa vie.

Il y a un silence qui plaît dans toutes ces affaires aujourd'hui si complètement ignorées : elles vous reportent dans le passé. Quand vous remueriez ces souvenirs qui s'en vont en poussière, qu'en retireriez-vous, sinon une nouvelle preuve du néant de l'homme ? Ce sont des jeux finis que des fantômes retracent dans les cimetières avant la première heure du jour.

Livre deuxième

Il existe un traité de 230 pages in-12, imprimé à Cologne, chez Pierre Marteau, 1685 ; il porte deux titres : *Les véritables Motifs de la Conversion de l'abbé de La Trappe, avec quelques réflexions sur sa vie et sur ses écrits, ou les Entretiens de Timocrate et de Philandre sur un livre qui a pour titre : Les Saints Devoirs de la Vie monastique*. Je parlerai dans un autre endroit de cette seconde partie. Ce que j'en vais citer actuellement n'est introduit que par incidence. On lit :

« Je vous ai déjà dit que l'abbé de La Trappe était un homme galant et qui avait eu plusieurs commerces tendres. Le dernier qui ait éclaté fut avec une duchesse fameuse par sa beauté, et qui, après avoir heureusement évité la mort au passage d'une rivière, la rencontra peu de mois après. L'abbé, qui allait de temps en temps à la campagne, y était lorsque cette mort imprévue arriva. Ses domestiques, qui n'ignoraient pas sa passion, prirent soin de lui cacher ce triste événement, qu'il apprit à son retour. » – « En montant tout droit à l'appartement de la duchesse, où il lui était permis d'entrer à toute heure, au lieu des douceurs dont il croyait aller jouir, il y vit pour premier objet un cercueil qu'il jugea être celui de sa maîtresse en remarquant sa tête toute sanglante, qui était par hasard tombée de dessous le drap dont on l'avait couverte avec beaucoup de négligence, et qu'on avait détachée du reste du corps afin de gagner la longueur du col, et éviter ainsi de faire un nouveau cercueil qui fût plus long que celui dont on se servait [Entretiens de Timocrate et de Philandre. (N.d.A.)]. »

« Il n'y a rien de vrai, dit Saint-Simon, rappelant cette version, dans ce qu'on rapporte de Mme de Montbazon, mais *seulement les choses qui ont donné cours à une fiction.* Je l'ai demandé franchement à M. de La Trappe, non pas grossièrement l'amour, et beaucoup moins le bonheur, mais le fait, et voici ce que j'ai appris. »

Et qu'a-t-il appris ? L'autorité serait décisive si la réponse était péremptoire. Au lieu de s'expliquer, Saint-Simon s'occupe du récit des liaisons de Rancé avec les personnages de la Fronde. Il affirme du reste, comme dom Gervaise, que Marie de Bretagne fut emportée par la rougeole, que Rancé était auprès d'elle, qu'il ne la quitta point, et lui vit recevoir les sacrements. « L'abbé Le Bouthillier, ajoute-t-il, s'en alla après à sa maison de Veretz, ce qui fut le commencement de sa séparation du monde. » Cette fin de narration prouve à quel point Saint-Simon se trompait. Les contemporains admirateurs de Rancé semblent s'être donné le mot pour se taire sur sa jeunesse : ils ne s'aperçoivent pas qu'ils diminuent la gloire de leur héros en rendant ses sacrifices moins méritoires. D'autant plus qu'ils en disent assez pour être entendus sur ce qu'ils omettent ; tantôt annonçant qu'un religieux s'était enseveli à La Trappe, *pour avoir fait ce qui avait troublé Rancé*, tantôt que Rancé lui-même ne cessait de pleurer ses fragilités. « L'abbé de Rancé, livré à toutes les séductions du monde, dit le cardinal de Bausset, se précipita dans un genre de vie peu conforme à la sainteté de son état, et qui dégradait en quelque sorte le triomphe qu'il avait obtenu sur son illustre émule... L'abbé de Rancé expiait sous la haire et le cilice les erreurs de sa jeunesse. » Maupeou, l'un des trois historiens contemporains de l'abbé de La Trappe, avait lu le récit de Larroque ; il combat ce récit sans le détruire. La seule chose nouvelle qu'ils nous apprennent est l'exhortation faite par Rancé à la mourante : Mme de Montbazon envoya un gentilhomme complimenter M. de Brienne, avec lequel elle était brouillée.

Maupeou avait fait un ouvrage exprès contre Larroque. Rancé, informé de l'intention du curé de Nonancourt, se hâta de lui écrire : « Votre ouvrage, monsieur, relèvera la critique, donnera sujet à des répliques, m'attirera un nombre infini d'ennemis sur les bras : Dieu sait combien j'ai d'estime et de considération pour vous ; cependant je suis pressé de vous conjurer de supprimer la chose, s'il est possible. J'ai été si persuadé que rien n'était meilleur que de garder le silence en cette occasion, que je n'ai point voulu que l'on imprimât ce que j'avais eu envie de mettre dans la préface de la seconde édition des *Eclaircissements*, quoiqu'il n'y eût rien de plus modéré. Je n'ai rien à ajouter à ce billet, mon cher monsieur, sinon que je ne puis vous avoir une obligation plus sensible que celle d'entrer dans ma pensée [Maupeou, t. I, p. 581. (N.d.A.)]. » (17 mars 1686.)

La vivacité avec laquelle Rancé écrit à Maupeou décèle des souvenirs alarmés. Le P. Bouhours, que l'abbé de La Chambre appelait l'*empeseur des muses*, réfute aussi les *Véritables Motifs de la Conversion de l'Abbé de La Trappe* dans son quatrième dialogue, pages 528 et 529 : c'est toujours de l'humeur sans preuves. Mme de Sévigné disait en parlant du révérend critique : « *L'esprit lui sort de tous les côtés.* »

Marsollier, deuxième écrivain de la vie de Rancé, garde le silence ; mais Le Nain, le troisième, le plus complet, le plus sûr écrivain de cette vie, a entendu parler de Larroque. Dom Le Nain mourut à l'âge de soixante-treize ans, sous-prieur de La Trappe. Ami et confident de Rancé, au livre III, chap. IX, de la *Vie du Réformateur de la Trappe*, il écrit :

« Outre tous ces libelles, il en parut un autre, composé par un huguenot, sous ce titre : *Les Motifs de la Conversion de l'Abbé de la Trappe*. Mais l'auteur des *Homélies familières sur les Commandements de Dieu*[11], tome III, page 378, le réfute admirablement par ces paroles : Je sais qu'un ministre

11. Cette référence est restée mystérieuse jusqu'en 1986. Le révérend père Brunet a retrouvé les *Homélies, ou Instructions familières sur les commandements de Dieu et de l'Église*, du sieur de Saint-Lazare, publiées en 1688.

hérétique a fait ce qu'il a pu pour décrier un saint abbé ; mais je sais bien aussi que toute la France et les pays circonvoisins ont regardé ce misérable livre comme un libelle diffamatoire et son auteur comme un imposteur, qui fonde toutes ses calomnies sur des jugements les plus téméraires qui se puissent imaginer : comme si pour détruire les vertus les plus éclatantes et les plus solides il n'y avait qu'à dire témérairement qu'elles n'ont point d'autres sources que l'orgueil de celui qui les pratique. » Le Nain se débarrasse ainsi de la réponse. Les amplifications de l'auteur des *Homélies familières* sont naturelles, mais elles ne détruisent aucune assertion.

Sur le fait isolé lâché par une plume protestante, il est tombé une avalanche de malédictions. Colère à part, on peut nier les erreurs avancées sur la jeunesse de Rancé, mais on ne peut nier des relations qu'atteste toute l'histoire. On a craint sans doute en montrant Rancé pécheur d'ébranler l'autorité des exemples de sa vertu. Cependant saint Jérôme et saint Augustin n'ont-ils pas puisé leurs dernières forces dans leurs premières faiblesses ? Un aveu franc aurait délivré Rancé pour toujours des calomnies. On ne l'accusait pas directement de la faute, il est vrai, car il eût fallu accuser toute la terre ; mais on s'en prenait à la vie entière d'un homme pour se soulager de ce qu'il taisait. Il faut le dire néanmoins, le silence de Rancé est effrayant, et il jette un doute dans les esprits. Un silence si long, si profond, si entier, est devant vous comme une barrière insurmontable. Quoi ! un homme n'a pu se démentir un seul instant ! Quoi ! le silence pourrait passer pour une vérité ! Cet empire d'un esprit sur lui-même fait peur : Rancé ne dira rien, il emportera toute sa vie dans son tombeau.

Ainsi, ni ceux qui rejettent l'anecdote de Larroque, ni ceux qui l'accueillent, n'apportent aucune preuve de leur négation ou de leur affirmation. Les incrédules n'ont pour eux que l'invraisemblance du cercueil trop court : il était si facile en effet de l'allonger pour donner l'espace nécessaire à cette belle tête qui s'était si souvent inclinée sur le sein de la vie ! Mais supposez avec Saint-Simon, comme il l'insinue, que la décollation ne fut que l'œuvre d'une étude anatomique, tout s'expliquera.

Tous les poètes ont adopté la version de Larroque, tous les religieux l'ont repoussée ; ils ont eu raison, puisqu'elle blessait la susceptibilité de leurs vertus, puisqu'ils ne pouvaient pas détruire le récit de Larroque par un démenti appuyé d'un document irrécusable. Mais au lecteur indifférent il est permis, à défaut de preuves positives, d'examiner des preuves négatives. J'ai déjà fait remarquer que Marsollier se tait sur Mme de Montbazon, silence favorable à l'opinion de Larroque. Ce même chanoine, Marsollier, ajoute cette réflexion à son silence : « La mort et la disgrâce de plusieurs personnes avec lesquelles Rancé avait de forts attachements le touchèrent. Un vide affreux, dit-il, occupait mon cœur toujours inquiet et toujours agité, jamais content. Je fus touché de *la mort de quelques personnes* et de l'insensibilité où je les vis dans ce moment terrible qui devait décider de leur éternité. Je me résolus de me retirer dans un lieu où je pusse être inconnu au reste des hommes. »

Dans les corridors de La Trappe, entre diverses inscriptions, on lisait celle-ci, empruntée de saint Augustin : *Retinebant nugae nugarum et vanitates vanitatum antiqae amicae meae* [12]. Dans une de ses pensées, Rancé remarque que « ceux qui meurent, bien ou mal, meurent souvent plus pour ceux qu'ils laissent dans le monde que pour eux-mêmes. »

Bossuet, transmettant à Rancé les Oraisons funèbres de la reine d'Angleterre et de Mme Henriette, lui mande : « J'ai laissé l'ordre de vous faire passer deux Oraisons funèbres, qui parce qu'elles font voir le néant du monde peuvent avoir

12. *Retinebant nugae nugarum et vanitates vanitatum antiqae amicae meae* : « Frivolités des frivolités, vanités des vanités, mes vieilles amies retenaient et secouaient ma vêture charnelle. »

place parmi les livres d'un solitaire, et qu'en tout cas il peut regarder comme deux têtes de mort assez touchantes. » Bossuet connaissait-il ce que l'on racontait de Mme de Montbazon ? faisait-il allusion à la tête de cette femme, en envoyant deux autres têtes s'entretenir avec elle ?

La sorte de plaisanterie formidable qu'il se permet ne semble-t-elle pas avoir des rapports avec la légèreté de la première vie de Rancé et la sévérité de sa seconde vie ?

On prétend qu'on montrait à La Trappe la tête de Mme de Montbazon dans la chambre des successeurs de Rancé, ce que les solitaires de La Trappe ressuscitée rejettent : les souvenirs conservés autrefois ne voyaient peut-être pas le front de la victime aussi dépouillé que la mort l'avait fait. On trouve ce passage dans le récit des courses du chevalier de Bertin : « Nous voici maintenant à Anet. La petite statue de Diane de Poitiers en pied n'est point sans doute aussi intéressante que la tête même de Mme de Montbazon apportée à La Trappe par l'abbé de Rancé et conservée dans la chambre de ses successeurs. »

Enfin, les indications des poètes ne sont pas à négliger. La muse n'a pas manqué aux traditions de La Trappe : Mme de Tencin, née en 1681 (et qui par conséquent avait vécu dix-neuf ans contemporaine de Rancé), écrivit les *Mémoires du comte de Comminges*, à travers lesquels passent des souvenirs : Mme de Montbazon est changée en cette Adélaïde, solitaire mystérieux qui se fait reconnaître à l'ardeur avec laquelle il creuse son tombeau. Qui avait donné naissance à ce genre d'idées ? Ce sont là d'autres ressorts que les inventions forcenées et les idées difformes qui font maintenant des contorsions dans les ténèbres. Le nom de Comminges est emprunté de celui de l'évêque avec lequel Rancé se promenait sur les Pyrénées. Il arrive souvent qu'on rappelle les personnages étrangers pour cacher des rapports directs ; un nom qui tourmente la mémoire s'y glisse sous mille déguisements. On a une aventure contée par Maupeou, de deux frères épris de la même femme, et qui après s'être battus vécurent plusieurs années à La Trappe sans se reconnaître ; on a une romance de Florian sur Lainval et Arsène ; on a une héroïde de Colardeau qui trace la mort de Mme la duchesse de Montbazon :

Je fuis vers ma demeure, éperdu, tourmenté :

La tête et le cercueil étaient à mon côté.

Rancé avait fait peindre à La Trappe saint Jean Climaque poussant des gémissements, et sainte Marie égyptienne assistée par saint Sozyme. Il composa pour ces deux tableaux des inscriptions. Dans l'épigramme de douze vers latins adressée à la pénitente, on lisait :

Ecce, columba gemens, sponsi jam sanguine lota [13].

Il faut ajouter à ces semi-indications le désespoir de Rancé, et ce sera au lecteur à se former une opinion. Les annales humaines se composent de beaucoup de fables mêlées à quelques vérités : quiconque est voué à l'avenir a au fond de sa vie un roman, pour donner naissance à la légende, mirage de l'histoire.

Dès le jour de la mort de Mme de Montbazon, Rancé prit la poste et se retira à Veretz : il croyait trouver dans la solitude des consolations qu'il ne trouvait dans aucune créature. La retraite ne fit qu'augmenter sa douleur : une noire mélancolie prit la place de sa gaieté, les nuits lui étaient insupportables ; il passait les jours à courir dans les bois, le long des rivières, sur les bords des étangs, appelant par son nom celle qui ne lui pouvait répondre.

Lorsqu'il venait à considérer que cette créature qui brilla à la cour avec plus d'éclat qu'aucune femme de son siècle n'était plus, que ses enchantements avaient disparu, que

13. *Ecce, columba gemens, sponsi jam sanguine lota* : « Voici, gémissante, la colombe teinte du sang de mon époux. »

c'en était fait pour jamais de cette personne qui l'avait choisi entre tant d'autres, il s'étonnait que son âme ne se séparât de son corps

Comme il avait étudié les sciences occultes, il essaya les moyens en usage pour faire revenir les morts. L'amour reproduisait à sa mémoire ornée le sacrifice de Simet[14], cherchant à rappeler un infidèle par un des noms d'un passereau consacré à Vénus ; il invoquait la nuit et la lune. Il eut toutes les angoisses et toutes les palpitations de l'attente : Mme de Montbazon était allée à l'infidélité éternelle ; rien ne se montra dans ces lieux sombres et solitaires que les esprits se plaisent à fréquenter [Dom Gervaise : *Jugement critique, mais équitable, des Vies de feu M. l'abbé de Rancé*, p. 160 et suiv. (N.d.A.)].

Toutefois, si Rancé n'eut pas les visions des poètes de la Grèce, il eut une vision chrétienne : il se promenait un jour dans l'avenue de Veretz ; il lui sembla voir un grand feu qui avait pris aux bâtiments de la basse-cour : il y vole ; le feu diminue à mesure qu'il en approche ; à une certaine distance, l'embrasement disparaît et se change en un lac de feu au milieu duquel s'élève à demi-corps une femme dévorée par les flammes. La frayeur le saisit ; il reprend en courant le chemin de la maison ; en arrivant, les forces lui manquent, il se jette sur un lit : il était tellement hors de lui qu'on ne put dans le premier moment lui arracher une parole [Maupeou. (N.d.A.)].

Ces convulsions de l'âme se calmèrent : il n'en resta à Rancé que l'énergie d'où sortent les vigoureuses résolutions.

Dom Jean-Baptiste de Latour, prieur de La Trappe, avait écrit une vie de Rancé : il était resté de ce travail quelques copies manuscrites, dont on a cité des passages, entre autres celui-ci : « Pendant que je suivais l'égarement de mon cœur

14. *Simet ou Simaitha* : personnage de la deuxième *Idylle* de Théocrite. Abandonnée par son amant, elle s'efforce de le faire revenir en utilisant la magie.

(c'est Rancé qui parle), j'avalais non seulement l'iniquit comme de l'eau, mais tout ce que je lisais et entendais du pé ché ne servait qu'à me rendre plus coupable. Enfin le temp bienheureux arriva où il plut au Père des miséricordes de s tourner vers moi. Je vis à la naissance du jour le monstr infernal avec lequel j'avais vécu ; la frayeur dont je fus sais à cette terrible vue fut si prodigieuse que je ne puis croire que j'en revienne de ma vie. »

Rancé eut recours à la pénitence : la mère Louise, religieuse de la Visitation de Tours, lui indiqua pour directeur le Père *Séguenot.*

Cette mère Louise était Louise Roger de la Mardelière, appelée la *belle Louison.* « Louison, dit Mlle de Montpensier parlant de son enfance, était brune, bien faite, agréable de visage et de beaucoup d'esprit. Je dis à Mme de Saint-Georges : « Si Louison n'est pas sage, je ne la veux point voir, quoique mon papa l'aime. » Mme de Saint-Georges me répondit qu'elle l'était tout à fait. »

C'était à cette mère Louise que Rancé s'adressa d'abord. Partout, dans le changement de mœurs qui s'opérait, des pénitentes échappées du monde avaient dressé des embûches pour s'emparer des repentirs, comme il y avait des pécheresses qui cherchaient à retenir les déserteurs. A la Visitation se trouvaient les écueils d'une première existence : la mère Louise possédait plus de deux cents lettres de Rancé, lettres qui étaient sans doute la partie de la vie de Rancé sur laquelle il serait si curieux d'avoir des renseignements. De la direction du P. Séguenot, Rancé passa sous la conduite du P. de Mouchy, homme instruit et bien né.

Des avertissements sous différentes formes arrivaient de toutes parts à Rancé. Dans les *Obligations des chrétiens*, il raconte cette agréable histoire :

« Un jour je joignis un berger qui conduisait un troupeau dans une grande campagne, par un temps qui l'avait obligé à se retirer à l'abri d'un grand arbre pour se mettre à couvert de la pluie et de l'orage. Il me dit que ce lui était une consolation de conduire ses bêtes simples et innocentes, et qu'il ne voudrait pas quitter la terre pour aller dans le ciel, s'il ne croyait y trouver des campagnes et des troupeaux à conduire. »

A Veretz, au lieu de se plaire dans l'ancienne maison de ses délices, Rancé fut choqué de sa magnificence. Les meubles éclataient d'argent et d'or, les lits étaient superbes. La Mollesse même s'y serait trouvée trop à l'aise, dit un classique du temps. Les salons étaient ornés de tableaux de prix, les jardins délicieusement dessinés. C'était trop pour un homme qui ne voyait plus rien qu'à travers ses larmes. Il mit la réforme partout. La frugalité remplaça le luxe de sa table ; il congédia la plupart de ses domestiques, renonça à la chasse, et s'abstint du dessin, art qu'il aimait. On avait des paysages de sa façon et des cartes de géographie [Dom Gervaise. (N.d.A.)].

Quelques amis, revenus de même que Rancé à des pensées chrétiennes, s'associèrent à lui pour commencer ces mortifications dont il devait donner de si grands exemples ; il semblait jouer à la pénitence pour l'apprendre avant de la pratiquer : on assiste avec intérêt à cette conquête de l'homme sur l'homme : « Ou l'Evangile me trompe, répétait-il, ou cette maison est celle d'un réprouvé. »

Rappelé un moment à Paris pour une affaire, il se logea à l'Oratoire. C'était un travail continuel pour lui d'échapper à ces pensées qu'il avait nourries si longtemps : un grand solitaire en fut atteint dans des sépulcres ; saint-Jérôme portait, pour noyer ses pensées dans ses sueurs, des fardeaux de sable le long des steppes de la mer Morte. Je les ai parcourues moi-même, ces steppes, sous le poids de mon esprit. Deux tentatrices cherchèrent Rancé. Elles lui dirent qu'elles n'étaient point à comparer à la belle personne qu'il pleurait, mais qu'elles avaient pour lui des sentiments qui ne le cédaient en vivacité à aucun de ceux qu'il avait inspirés. Rancé se munit d'un crucifix, et s'enfuit.

On conseilla à Rancé de se consacrer aux missions, aller aux Indes, errer dans les rochers de l'Himalaya, et il y avait là des analogies avec la grandeur et la tristesse du génie de Rancé ; mais il était appelé ailleurs.

Poussé par ses malheurs, retenu par ses habitudes, Rancé n'avait point encore renoncé à ses emplois. Le temps de son quartier de service, comme aumônier du duc d'Orléans, était revenu ; il se rendit à Blois. Il avait déjà hasardé auprès du prince des idées de retraite : l'entrée en religion de la mère Louise avait mûri dans Gaston ces idées. La maîtresse convertie priait à la Visitation, à Tours, pour faire une violence à la miséricorde de Dieu. Il fut convenu que Gaston se retirerait au château de Chambord avec douze de ses plus fidèles serviteurs. Rancé fut choisi pour accompagner le prince.

Le Bouthillier possédait, près du parc de Chambord, un prieuré de l'ordre de Grammont [15]. Ce prieuré était desservi par sept ou huit religieux. On n'apercevait pas de cet endroit le faîte de l'édifice qui devait éclater du rire immortel de Molière. « Le roi, dit le chevalier d'Arvieux, ayant voulu faire un voyage à Chambord pour y prendre le divertissement de la chasse, voulut donner à sa cour celui d'un ballet ; et comme l'idée des Turcs qu'on venait de voir à Paris était encore toute récente, il crut qu'il serait bon de les faire paraître sur la scène. Sa Majesté m'ordonna de me joindre à MM. de Molière et de Lulli pour composer une pièce de théâtre où l'on pût faire entrer quelque chose des habillements et des manières des Turcs. Je me rendis pour cet effet

15. *Grammont ou Grandmont* : ordre fondé au IXe siècle par saint Étienne de Muret. Le premier monastère s'établit sur la montagne de Muret. Après la mort de son fondateur, le monastère est déplacé à Grandmont – Saint-Sylvestre en Haute-Vienne.

au village d'Auteuil, où M. de Molière avait une maison fort jolie. Ce fut là que nous travaillâmes à cette pièce de théâtre que l'on voit dans les œuvres de Molière, sous le titre du *Bourgeois gentilhomme.* »

Cette pièce fut en effet jouée à Chambord devant Louis XIV, pour la première fois, le 14 octobre 1670.

Quand on arrive à Chambord, on pénètre dans le parc par une de ses portes abandonnées ; elle s'ouvre sur une enceinte décrépite et plantée de violiers jaunes ; elle a sept lieues de tour. Dès l'entrée on aperçoit le château au fond d'une allée descendante. En avançant sur l'édifice, il sort de terre dans l'ordre inverse une bâtisse placée sur une hauteur, laquelle s'abaisse à mesure qu'on en approche. François Ier, arrière-petit-fils de Valentine de Milan, s'était enseveli dans les bois de la France, à son retour de Madrid ; il disait comme son aïeule : *Tout ne m'est rien, rien ne m'est plus.* Chambord rappelle les idées qui occupaient le roi-soldat dans sa prison : femmes, solitudes, remparts.

Quand le roi sortit de France,
En malheur il en sortit :
Il en sortit le dimanche,
Et le lundi il fut pris.

Chambord n'a qu'un escalier double, afin de descendre et monter sans se voir : tout y est fait pour les mystères de la guerre et de l'amour. L'édifice s'épanouit à chaque étage ; les degrés s'élèvent accompagnés de petites cannelures comme des marches dans les tourelles d'une cathédrale. La fusée, en éclatant, forme des dessins fantastiques, qui semblent avoir retombé sur l'édifice : cheminées carrées ou rondes enjolivées de fétiches de marbre, semblables aux poupées que j'ai vu retirer des fouilles à Athènes. De loin l'édifice est une arabesque ; il se présente comme une femme dont le vent aurait soufflé en l'air la chevelure ; de près cette femme s'incorpore dans la maçonnerie et se change en tours ; c'est alors Clorinde appuyée sur des ruines. Le caprice d'un ciseau volage n'a pas disparu ; la légèreté et la finesse des traits se retrouvent dans le simulacre d'une guerrière expirante. Quand vous pénétrez en dedans, la fleur de lis et la salamandre se dessinent dans les plafonds. Si jamais Chambord était détruit, on ne trouverait nulle part le style premier de la Renaissance, car à Venise il s'est mélangé.

Ce qui rendait à Chambord sa beauté, c'était son abandon : par les fenêtres j'apercevais un parterre sec, des herbes jaunes, des champs de blé noir : retracements de la pauvreté et de la fidélité de mon indigente patrie. Lorsque j'y passai, il y avait un oiseau brun de quelque grosseur qui volait le long du Cosson, petite rivière inconnue.

L'abbé Le Bouthillier se logea parmi les moines de son prieuré : de quelque côté qu'on ouvrit une fenêtre, on ne voyait que des bois. Le château, près duquel n'a pas même pu se former un village, est frappé de malédiction. Touché par le vainqueur de Marignan prisonnier à Madrid, par nos soldats dispersés après Waterloo, par les marques de notre attachement à nos rois avant les journées de Juillet, on aperçoit partout des traces de gloire et de malheur. Les chiffres de la duchesse d'Etampes, devancière de la comtesse de Chateaubriand, attirent les yeux, traces périssables de beautés évanouies. François Ier, qui sentait l'inanité de ses plaisirs, avait gravé avec la pointe d'un diamant ces deux vers sur un carreau de vitre :

Souvent femme varie.
Mal habil qui s'y fie.

Jeux d'un prince qui avait fait déterrer Laure pour la regarder. Où est le carreau de vitre ? Des Français s'associèrent dans le dessein d'acquérir pour Henri, non encore banni, un parc abandonné dans un royaume conquis par ses pères. Courier éleva la voix contre l'acquisition, et le jeune homme innocent auquel il avait voulu arracher Chambord a survécu.

Cet orphelin vient de m'appeler à Londres ; j'ai obéi à la lettre close du malheur. Henri m'a donné l'hospitalité dans une terre qui fuit sous ses pas. J'ai revu cette ville témoin de mes rapides grandeurs et de mes misères interminables, ces places remplies de brouillards et de silence, d'où émergèrent les fantômes de ma jeunesse. Que de temps déjà écoulé depuis le jour où je rêvais René dans Kinsington jusqu'à ces dernières heures ! Le vieux banni s'est trouvé chargé de montrer à l'orphelin une ville que mes yeux peuvent à peine reconnaître.

Réfugié en Angleterre pendant huit années, ensuite ambassadeur à Londres, lié avec lord Liverpool, avec M. Canning et avec M. Croker, que de changements n'ai-je pas vus dans ces lieux, depuis Georges IV qui m'honorait de sa familiarité jusqu'à cette Charlotte que vous verrez dans mes *Mémoires* ! Que sont devenus mes frères en bannissement ? Les uns sont morts, les autres ont subi diverses destinées : ils ont vu comme moi disparaître leurs proches et leurs amis. Sur cette terre où l'on ne nous apercevait pas, nous avions cependant nos fêtes et surtout notre jeunesse. Des adolescentes, qui commençaient la vie par l'adversité, apportaient le fruit semainier de leur labeur afin de s'éjouir à quelques danses de la patrie. Des attachements se formaient ; nous priions dans des chapelles que je viens de revoir et qui n'ont point changé. Nous faisions entendre nos pleurs le 21 janvier, tout émus que nous étions d'une oraison funèbre prononcée par le curé émigré de notre village. Nous allions aussi, le long de la Tamise, voir entrer au port des vaisseaux chargés des richesses du monde, admirer les maisons de campagne de Richmond, nous si pauvres, nous privés du toit paternel ! Toutes ces choses étaient de véritables félicités. Reviendrez-vous, félicités de ma misère ? Ah ! ressuscitez, compagnons de mon exil, camarades de la couche de paille, me voici revenu ! Rendons-nous encore dans les petits jardins d'une taverne dédaignée pour boire une tasse de mauvais thé en parlant de notre pays : mais je n'aperçois personne ; je suis resté seul.

Rancé va quitter Chambord, il faut donc que je quitte aussi cet asile où je crains de m'être trop oublié. Je vais retrouver la Loire non loin du parc abandonné ; elle ne voit point la désolation de ses bords : les fleuves ne s'embarrassent point de leurs rives. Ne demandez pas à la Loire le nom des Guise, dont elle a pourtant roulé les cendres. A cent cinquante lieues d'ici, je rencontrai, il y a huit mois, en terre étrangère, près du jeune orphelin, M. le duc de Lévis, qui remonte au compagnon de Simon de Montfort. Mirepoix était *maréchal de la Foi*, titre qui semble avoir passé à son dernier neveu. J'ai retrouvé aussi Mme la duchesse de Lévis, du grand nom d'Aubusson ; elle aurait pu écrire l'histoire de Philippine-Hélène, si elle n'avait des malheurs moins romanesques à pleurer. Je n'étais pas, dans mon dernier voyage à Londres, reçu dans un grenier de Holborn par un de mes cousins émigrés, mais par l'héritier des siècles. Cet héritier se plaisait à me donner l'hospitalité dans les lieux où je l'avais longtemps attendu. Il se cachait derrière moi comme le soleil derrière des ruines. Le paravent déchiré qui me servait d'abri me semblait plus magnifique que les lambris de Versailles. Henri était mon dernier garde-malade : voilà les revenants-bons [Compensations. (N.d.A.)] du malheur. Quand l'orphelin entrait, j'essayais de me lever ; je ne pouvais lui prouver autrement ma reconnaissance. A mon âge on n'a plus que les impuissances de la vie. Henri a rendu sacrées mes misères ; tout dépouillé qu'il est, il n'est pas sans autorité : chaque matin, je voyais une Anglaise passer le long de ma fenêtre ; elle s'arrêtait, elle fondait en larmes aussitôt qu'elle avait aperçu le jeune Bourbon : quel roi sur le trône aurait eu la puissance de faire couler de pareilles larmes ? Tels sont les sujets inconnus que donne l'adversité.

A peine retourné de Chambord, un courrier dépêché de Blois vint apprendre à Rancé la maladie du duc d'Orléans. L'abbé se remit en route : Gaston était en danger, ce prince si peu digne à Castelnaudary de la valeur du Béarnais, le parleur de la Fronde ne trouva pas un mot sur ses lèvres à dire à la mort : un spectre se tenait debout au pied de son lit ; Montmorency sans tête lui demandait le talion.

Rancé écrivit à Arnauld d'Andilly la lettre qu'on va lire, et que je dois encore à la politesse de M. de Montmerqué.

« Blois, 8 février 1660.

Je n'aurais pas été tant de temps sans avoir l'honneur de vous écrire si la maladie et la mort de Monsieur ne m'en avaient empêché. Je vous avoue que, l'ayant assisté autant que je l'ai pu dans les derniers moments de sa vie, je suis tellement touché d'un spectacle si déplorable que je ne puis m'en remettre. On a cette consolation qu'il est mort avec tous les sentiments et toute la résignation qu'un véritable chrétien doit avoir en la volonté de son Dieu. Il reçut notre Seigneur dès le commencement de son mal, et eut le soin lui-même de le demander une seconde fois pour viatique avec de grandes démonstrations d'une foi vive et d'un parfait mépris des choses du monde. Quelle leçon, monsieur, pour ceux qui sont persuadés de son néant et qui travaillent pour s'en déprendre ! Ce pauvre prince dit le matin du jour de sa mort ces mêmes mots : *Domus mea domus desolationis* [16] ; et comme on lui voulut dire qu'il n'était pas si mal qu'il pensait, il répliqua : *Solum mihi superest sepulchrum* [17] ; ensuite il demanda l'extrême-onction, et dit qu'il était résolu à la volonté de Dieu ; enfin je suis persuadé

16. *Domus mea domus desolationis* : « Ma maison est une maison de désolation. »
17. *Solum mihi superest sepulchrum* : « Seul me reste le sépulcre. »

qu'il lui a fait miséricorde. Je ne puis vous mander les circonstances de sa mort ; j'écris de Blois, malade d'un rhume qui me cause une oppression qui m'empêche d'écrire. Je vous supplie de demander à Dieu et de lui faire demander pour moy qu'il me fasse la grâce de retirer tout le bien et l'avantage que je dois d'une rencontre aussi touchante que celle-là l'est. Je reviens à la mort de ce pauvre prince : la désolation qui parut dans sa maison, qui retentissait de plaintes et de gémissements au moment de sa mort, l'esprit humain ne se saurait rien figurer de si pitoyable, je confesse que j'en suis accablé de douleur. »

Rancé se montra dans cette occasion si touchant, que chacun faisait des vœux pour l'avoir auprès de soi au moment suprême. On croyait ne pouvoir bien mourir qu'entre ses mains, comme d'autres y avaient voulu vivre. Gaston avait à peine rendu le dernier soupir que ses familiers l'abandonnèrent, Rancé fut laissé presque seul auprès du cadavre. Il ne suivit pas le corps du prince à Saint-Denis ; mais il présenta le faible cœur de Gaston aux jésuites de Blois : le cœur intrépide de Henri IV avait été porté aux jésuites de La Flèche. Le Bouthillier courut ensuite s'ensevelir au Mans, y demeura caché deux mois ; il changea même de nom, comme s'il eût craint d'être reconnu et arrêté aux portes du ciel.

Le projet qu'il méditait depuis longtemps de soumettre sa conduite future au conseil des évêques d'Aleth et de Comminges lui revenait dans l'esprit. Il se résolut de l'accomplir. Le 21 juin 1660, il écrivit à la mère Louise : « Je pars demain à l'insu de tous mes amis. » Il arriva à Comminges le 27 du même mois, après un tremblement de terre : ce fut de même que j'arrivai à Grenade en rêvant de chimères, après le bouleversement de la Vega.

L'évêque de Comminges était absent ; Rancé l'attendit. Quand il revint, l'évêque commença une tournée diocésaine. Rancé l'accompagna.

Ils trouvèrent dans les cavernes environnantes des chrétiens qui avaient à peine figure humaine. L'évêque soulageait leur misère, les rassemblait, s'essayait au milieu d'eux parmi les buis des rochers. L'abbé de Rancé était touché, lorsqu'il songeait que le bon pasteur avait ainsi cherché les brebis égarées.

Un jour il se promenait seul avec l'évêque, dans un endroit fort solitaire, d'où l'on découvrait les plus hautes Pyrénées : « L'évêque remarqua (j'emprunte le récit de Marsollier) que l'abbé parcourait des yeux les montagnes avec une attention qui le rendait distrait ; il y soupçonna du mystère, ce fut ce qui l'obligea de lui dire qu'il avait la mine de chercher un endroit où il pût bâtir un ermitage. L'abbé rougit ; mais comme il était sincère, il avoua que c'était en effet sa pensée, et qu'il croyait qu'il ne pouvait rien faire de mieux. — Si cela est, repartit l'évêque, vous ne pouvez mieux vous adresser qu'à moi : je connais ces montagnes, j'y ai passé souvent en faisant mes visites ; je sais des endroits si affreux et si éloignés de tout commerce que, quelque difficile que vous puissiez être, vous aurez lieu d'en être content. — L'abbé, qui croyait que l'évêque parlait sérieusement, le pressa avec cette vivacité qui lui était naturelle de lui faire voir ces endroits. — Je m'en garderai bien, reprit l'évêque ; ces endroits sont si tentants que si vous y étiez une fois il n'y aurait plus moyen de vous en arracher. » Après avoir visité l'évêque de Comminges Rancé retourna chez l'évêque d'Aleth. « Sa demeure est affreuse, écrivait Rancé, et entourée de hautes montagnes au pied desquelles est un torrent qui court avec beaucoup de bruit et de rapidité. »

Ces *endroits* de nos anciennes mœurs reposent. On aime à assister aux conversations de l'abbé de Rancé sur la légitimité des biens qu'on peut ou qu'on ne peut pas retenir, sur ce qu'il est permis de garder, sur ce qu'on est obligé de rendre, sur le compte de ses richesses que l'on doit à Dieu. Ces scrupules de conscience étaient alors les affaires principales ; nous n'allons pas à la cheville du pied de ces gens-là ; l'homme était estimé, quelle que fût sa condition : le pauvre était pesé avec le riche au poids du sanctuaire. Cette égalité morale lui servait à supporter les inégalités politiques. Bruno sur les Alpes, Paul dans la Thébaïde, ne voulurent pas plus sortir de leur retraite que Rancé n'aurait voulu quitter les Pyrénées ; mais ces dernières montagnes avaient un danger : le soleil en était trop éclatant, et de leur sommet on découvrait les séjours d'Inès et de Chimène.

Longtemps après le voyage de Rancé, une chevrière âgée de douze ans, conduisant ses biques dans la paroisse d'Alan, diocèse de Comminges, tomba en s'écriant : « Jésus ! » Une dame vêtue de blanc lui apparut, et lui dit : « Ne craignez rien. » Et elle la tira du précipice. La petite fille dit à la sainte Vierge (c'était elle) qu'elle avait perdu son chapelet. La sainte Vierge lui en donna un en lui recommandant d'ordonner à un prêtre de faire bâtir une chapelle au lieu où elle était tombée. L'évêque de Comminges, ancien hôte de Rancé, en écrivit à La Trappe. Rancé, du fond de son abbaye, conseilla l'érection d'une chapelle dédiée à Notre-Dame-de-Saint-Bernard, dont les ruines marquent aujourd'hui le premier pas de Rancé dans la solitude.

L'évêque de Comminges et l'évêque d'Aleth avaient combattu au commencement les desseins extrêmes de Rancé ; ils lui conseillaient cette médiocrité, caractère de la vertu : « Vous, disaient-ils, vous ne pensez qu'à vivre pour vous. » L'évêque d'Aleth approuvait que Rancé se défît de sa fortune ; mais il s'opposait à son penchant pour la solitude : « Ce penchant, répétait-il, ne vient pas toujours de Dieu ; il est souvent inspiré par un dégoût du monde, dégoût dont le motif n'est pas toujours pur »

Convaincu en ce qui regardait le danger des biens, l'abbé ne se rendait pas également sur le point du désert ; il cédait à l'égard de abandon de ses bénéfices : il convenait qu'un abbé commendataire n'était pas dans l'esprit de l'Eglise; mais il n'entendait parler qu'avec terreur d'une abbaye régulière. Il s'était souvent écrié : « *Moi, me faire frocard !* » Il témoignait de ses perplexités en écrivant à ses amis : « Mes embarras extérieurs sont les moindres embarras de ma vie : je ne puis me défendre de moi-même. »

Tout est fragile : après avoir vécu quelque peu, on ne sait si l'on a bien ou mal vécu. L'évêque d'Aleth se maintint d'abord dans les opinions qui lui avaient mérité l'attachement de Rancé ; il se souvenait d'avoir causé avec le futur solitaire à trois cents pas de la maison de l'évêque, au bord d'un gave, de même que les vieillards de Platon s'entretenaient des lois sur la montagne de Crète. Baissez le ton de la lyre, changez les interlocuteurs, et le souffle du même torrent vous apportera des paroles qui seront remplies d'autres chimères. L'évêque d'Aleth persévéra plusieurs années dans les saines doctrines, puis il dévia un peu du droit chemin avec deux autres évêques. Mme de Saint-Loup en écrivit à Rancé. Quant au théologal d'Aleth, l'abbé de Vaucelles, il fut totalement subjugué ; il céda au docteur Arnauld, et se retira dans les Pays-Bas. Il fut envoyé obscurément à Rome pour ses coreligionnaires sous le nom de Valoni. L'infidélité avait perdu sa grandeur : Arius ne tombait plus du milieu du concile de Nicée, entraînant avec lui une partie de la chrétienté.

En 1660, Pomponne fut disgracié. Rancé lui écrivit des compliments de condoléance. Les considérations qu'il lui fournit sont prises de haut. Arnauld d'Andilly, frère de Pomponne, avait traduit une foule de vies qui formèrent l'histoire des Pères du désert. Louis XIV visita depuis le bonhomme dans sa retraite, où j'ai moi-même passé lorsque j'allai voir Mme la duchesse de Duras : elle avait l'intention de me laisser un petit réduit qu'elle avait acheté sur les collines de la forêt de Montmorency. Ces liaisons de La Trappe et de Port-Royal, qui s'altérèrent dans la suite, causent de l'attendrissement. Louis XIV aimait son ancien ministre ; mais il trouvait que M. de Pomponne n'avait pas assez de grandeur pour lui.

A Veretz, où il revenait toujours, Rancé vit conjurer contre lui une famille nombreuse, des amis mécontents, des domestiques désolés. En voulant se réduire à la pauvreté, il éprouvait les difficultés qu'on rencontre à s'enrichir. On ne pouvait savoir ce qui le poussait ; car, depuis la mort de Mme de Montbazon, jamais le nom de cette femme, excepté dans son premier désespoir, n'était sorti de sa bouche. On sentait en lui une passion étouffée, qui jetait sur ses moindres actions l'intérêt d'un combat inconnu.

Ces souvenirs de la terre étaient une haine de la vie, devenue chez lui une véritable obsession. Sa désespérance de l'humanité ressemblait au stoïcisme des anciens, à cela près qu'il passait par le christianisme. Les platoniciens de l'école d'Alexandrie se tuaient pour parvenir au ciel ; mais que de souffrances pour une pauvre âme, lorsqu'elle se débat dans cet état ! Elle éprouve les divers mouvements du suicide, incertitude et terreur, avant qu'elle ait pris sa résolution.

« Je vous avoue, dit l'abbé de La Trappe dans ses lettres, que je ne vois plus un seul homme du monde avec le moindre plaisir. Il y a tantôt six ans que je ne parle que de dégagement et de retraite, et le premier pas est encore à faire ; cependant le cours de la vie s'achève, et l'on se réveille à la fin du sommeil, et l'on se trouve sans œuvres. Je désire tellement d'être oublié qu'on ne pense pas seulement que j'ai été. »

Il vendit sa vaisselle d'argent ; il en distribua le montant en aumônes se reprochant les retards qu'il avait mis à secourir les nécessiteux. Il avait deux hôtels à Paris, dont l'un s'appelait l'hôtel de Tours : il les donna à l'hôtel-Dieu et à l'Hôpital général par acte passé devant les notaires Lemoine et Thomas. Pour dernier sacrifice il se défit de la terre de Veretz ; mais, par un reste de faiblesse il accorda la préférence aux offres d'un de ses parents : ce parent ne put réaliser la somme, et le marché fut rétrocédé à l'abbé d'Effiat. Les cent mille écus que Rancé reçut de la vente furent à l'instant portés aux administrations des hôpitaux.

On lit des lettres modernes datées de Veretz : qui a osé écrire de ce lieu après le gigantesque pénitent ? Dans les bois de Larçay, jadis propriété de Rancé, dans les parcs de Montbazon, parmi des noms qui rappelaient une ancienne vie, le 11 avril 1825 on trouva un cadavre. Le 10 d'avril, le jour finissant, une voix fut entendue : « *Je suis un homme mort !* » Une jeune fille, cachée avec son amant dans de hautes bruyères, avait été témoin d'un meurtre. D'un autre côté, à demi vêtue, la veuve de Courier (c'était lui dont on avait retrouvé le cadavre), âgée de vingt-deux ans, descend la nuit parmi des personnages rustiques comme une ombre délivrée. Les opinions de Courier à Veretz avaient réduit son intimité à des rivalités inférieures : chagrins qui n'intéressent personne, gémissements qui vont se perdre dans l'Océan muet qui s'avance sur nous. Peut-être quelque grive redit-elle l'acte tragique dans les bois où Rancé avait promené ses misères. Courier avait écrit dans sa *Gazette du Village : « Les rossignols chantent et l'hirondelle arrive »*. Enfant d'Athènes, il transmettait à ses camarades le chant du retour de l'hirondelle.

Courier, savant helléniste, esprit tumultueux, pamphlétaire à cheval, avait eu le malheur à Florence de tacher d'encre un feuillet de Longus : ensuite l'éditeur d'un passage perdu de *Daphnis et Chloé* était venu s'ensevelir dans les lieux qu'avait habités l'éditeur d'Anacréon.

Si les arbres sous lesquels fut tué Courier existent encore, qu'est-il resté dans ces ombrages, que reste-t-il de nous partout où nous passons ? Paul-Louis Courier aurait-il cru que l'immortalité pouvait porter la haire et se rencontrer dans les larmes ? Le réformateur de La Trappe a grandi à Veretz ; l'auteur du pamphlet des pamphlets a diminué. La vie dans sa pesanteur descendit sur un esprit qui s'était dressé pour morguer le ciel. Chose remarquable ! Courier, le philosophe, a fait ses adieux au monde par les mêmes paroles que Rancé, le chrétien, avait perdues dans les bois : « Détournez de moi le calice ; la ciguë est amère. »

Veretz, au milieu du dix-huitième siècle, était la possession du duc d'Aiguillon, ministre de Louis XV. Ce ministre de perdition, comme tous les hommes d'alors, y fit imprimer à cinq ou sept exemplaires le *Recueil des pièces choisies*, pages obscènes et impies de madame la princesse de Conti. Le château de Veretz fut démoli pendant la révolution, piscine de sang où se lavèrent les immoralités qui avaient souillé la France. A Veretz et à La Trappe Rancé a laissé ses deux parts : à Veretz, la légèreté, l'irréligion, les mauvaises mœurs, suivies d'une destruction complète ; à La Trappe la gravité, la sainteté, la pénitence, qui ont survécu à tout.

Après la vente de Veretz, Rancé se défit de ses bénéfices ; il ne se réserva qu'une retraite malsaine, pour y mourir, La Trappe. Lorsque Louis XIV prit les rênes de l'Etat, la France se divisa ; les uns allèrent combattre l'étranger, les autres se retirèrent au désert. Trois solitudes demeurèrent en présence : la Chartreuse, La Trappe et Port-Royal. A l'abri derrière ses guerriers et ses anachorètes, la France respira. Le dix-huitième siècle a voulu effacer Louis XIV, mais sa main s'est usée à gratter le portrait. Napoléon est venu se placer sous le dôme des Invalides comme pour assurer la gloire de Louis. On a eu beau faire des tableaux, les victoires de l'empire à Versailles n'ont pu effacer les souvenirs des victoires du dix-septième siècle. Napoléon a seulement ramené enchaînés à Louis XIV les rois que Louis XIV avait vaincus. Bonaparte a fait son siècle ; Louis a été fait par le sien : qui vivra plus longtemps, de l'ouvrage du temps ou de celui d'un homme ? C'est la voix du génie de toutes les sortes qui parle au tombeau de Louis ; on n'entend au tombeau de Napoléon que la voix de Napoléon.

Avant de nous parler des personnages qu'elle met en scène, la Grèce nous introduit sur le théâtre de leurs actions : Prométhée enchaîné s'entretient avec l'Océan ; les sept chefs devant Thèbes jurent sur un bouclier noir ; les Perses pleurent à l'apparition de l'ombre de Darius. Œdipe roi paraît à la porte de son palais ; Œdipe à Colone s'arrête près du bois des Euménides ; prêt à quitter son exil, Philoctète s'écrie : « Adieu, doux asile de ma misère ! »

Les écrivains de la Vie des Pères du désert, Grecs de naissance, ont été fidèles à cet ancien usage : ils nous montrent Paul, premier ermite, caché sous un palmier ; Antoine, premier solitaire, s'enfermant dans un sépulcre ; Pacôme, premier instituteur des Cénobites, assis sur une pierre à Thébennes. Nous n'irons pas si loin avec Rancé ; nous resterons près de Versailles : à trente lieues des escaliers de marbre de l'Orangerie, qui n'étaient pas encore souillés de sang, nous trouverons les austérités de la Thébaïde ; et cependant le bruit de la cour nous parviendra comme les murmures des flots du siècle.

Qu'était-ce que la Maison-Dieu lorsque Rancé s'y retira ?

La Maison-Dieu s'appelle aujourd'hui La Trappe : trappe, dans le patois du Perche, signifie degré, vraisemblablement de *trapan*. Notre-Dame de La Trappe veut donc dire : Notre-Dame des Degrés.

L'abbaye de La Trappe fut fondée en 1122, par Rotrou, second de ce nom, comte du Perche. Rotrou avait fait voeu, en revenant d'Angleterre, que s'il échappait au naufrage dont il était menacé, il bâtirait une chapelle en l'honneur de la sainte Vierge. Le comte, miraculeusement délivré, pour conserver la mémoire de son aventure fit donner au toit de son église votive la forme d'un vaisseau renversé. Rotrou

III, fils du fondateur, acheva les bâtiments de la chapelle qui s'était changée en monastère. Rotrou III partit pour la première croisade ; il rapporta de la Palestine des reliques qui furent déposées par son fils dans la basilique nouvelle, à laquelle il ne manqua rien de l'histoire de ces temps : voeu, naufrage, pèlerinage.

Louis VII était roi de France, et saint Bernard premier abbé de Clairvaux, lorsque l'abbaye de La Trappe fut fondée. Serlon IV, abbé de Savigny, la réunit à l'ordre de Cîteaux en 1144 ; Saint-Germain-des-Prés se rebâtissait alors dans Paris ; l'abbaye eut pour bienfaiteur Richard Hurel et ses fils, qui lui donnèrent la terre de Vastine. La Trappe fut protégée des papes Alexandre III, Clément III, Innocent III, Nicolas III, Boniface VIII, Jean XXI, Benoît XII. Saint Louis avait pris sous sa protection Notre-Dame de la Maison-Dieu de La Trappe, afin, dit la charte royale, que les religieux soient libres, paisibles, exempts de tous subsides, *sint liberi, quieti, exempti ab omnibus subsidiis*. Ce grand nom de Saint Louis se mêle à toutes les origines de la monarchie. Saint Louis est le fondateur des monuments de l'Europe gothique, à compter de Notre-Dame de Paris jusqu'à la Sainte-Chapelle.

Par un ancien ménologe[18] et par un relevé des tombes, on suppose dix-sept abbés depuis le premier abbé de La Trappe, dom Albode, jusqu'au cardinal Du Bellay[19], premier abbé commendataire, sous François Ier, en 1526.

Dom Herbert, abbé, s'étant croisé en 1212 avec Renaud de Dampierre et Simon de Montfort, fut pris par le kalife d'Alep ; il demeura trente ans esclave. Délivré enfin, il fonda l'abbaye des *Clairets* dans la dépendance de La Trappe. On s'arrête à l'épitaphe du seizième abbé à cause de son nom : dom Robert *Rancé*. La *Gallia Christiana* ne fait pas mention de quelques-uns de ces derniers détails.

18. *Ménologe* : recueil de vies de saints – en particulier de l'Église grecque –, selon l'ordre du calendrier ecclésiastique.

19. *Jean du Bellay* : cousin du poète Joachim du Bellay.

L'abbaye de La Trappe n'était point fortifiée à l'instar d'autres monastères, de qui les abbés, comme Abbon de Paris, menaient vaillamment les mains : aussi pendant les deux siècles que les Anglais ravagèrent la France, La Trappe fut pillée plusieurs fois, notamment dans l'année 1410.

D'après les Pouillés[20], l'abbaye possédait les *Terres-Rouges*, les *bois de Grimonard*, le *chemin au Chêne-de-Bérouth*, les *Bruyères*, les *Neuf-Etangs* et les ruisseaux qui en sortent. Par où passait le chemin au Chêne-de-Bérouth ? D'où venait l'immortalité de ce chêne, immortalité qui ne dépassait pas son ombre ? Les bruyères s'étendant vers cet horizon sont-elles les mêmes que celles mentionnées aux Pouillés ? Je viens de les traverser ; enfant de la Bretagne, les landes me plaisent, leur fleur d'indigence est la seule qui ne se soit pas fanée à ma boutonnière. Là s'élevait peut-être le manoir de la châtelaine ; elle consuma ses jours dans les larmes, attendant son mari, qui ne revint point de la Terre Sainte avec l'abbé Herbert : Qui naissait, qui mourait, qui pleurait ici ? Silence ! Des oiseaux au haut du ciel volent vers d'autres climats. L'oeil cherche dans les débris de la forêt du Perche les campaniles abattus, il ne reste plus que quelques clochetons de chaume : bien que des *sings* annoncent encore la prière du soir, on n'entend plus à travers le brouillard retentir cette cloche nommée à Aubrac la cloche des *Perdus*, qui rappelle les errants, *errantes revoca*. Mœurs d'autrefois, vous ne renaîtrez pas ; et si vous renaissiez, retrouveriez-vous le charme dont vous a parées votre poussière ?

Il existe des procès-verbaux connus dans l'ordre des Bénédictins sous le nom de *cartes de visite*, c'est-à-dire cartes d'inspection : la carte de visite pour l'année 1685 est signée de dom Dominique, abbé du Val-Richer. Elle décrit l'état de La Trappe avant la réforme de Rancé : les portes demeu-

20. *Pouillé* : relevé de tous les biens et bénéfices d'une abbaye, d'un diocèse, d'une province ; registre ou liste de ces biens.

raient ouvertes le jour et la nuit, et les hommes comme les femmes entraient librement dans le cloître. Le vestibule de l'entrée était si noir qu'il ressemblait beaucoup plus à une prison qu'à une Maison-Dieu. Ici il y avait une échelle attachée contre la muraille ; elle servait à monter aux étages dont les planchers étaient rompus et pourris ; on n'y marchait pas sans péril. En entrant dans le cloître, on voyait un toit devenu concave qui à la moindre pluie se remplissait d'eau ; les colonnes qui lui servaient d'appui étaient courbées : les parloirs servaient d'écuries.

Le réfectoire n'en avait plus que le nom. Les moines et les séculiers s'y assemblaient pour jouer à la boule lorsque la chaleur et le mauvais temps ne leur permettaient pas de jouer au dehors.

Le dortoir était abandonné ; il ne servait de retraite qu'aux oiseaux de nuit : il était exposé à la grêle, à la pluie, à la neige et au vent ; chacun des frères se logeait comme il voulait et où il pouvait.

L'église n'était pas en meilleur état : pavés rompus, pierres dispersées ; les murailles menaçaient ruine. Le clocher était près de tomber : on ne pouvait sonner les cloches qu'on ne l'ébranlât tout entier.

Il n'y avait d'autres ruisseaux à La Trappe que ceux que forment les étangs successifs qui s'élèvent avec le terrain, ni d'autres prairies que les queues des étangs ; l'air n'était supportable qu'à ceux qui cherchaient à mourir. Des vapeurs s'élevaient de cette vallée et la couvraient. « Il est malaisé, écrit Rancé à Mme de Guise, que je me tire de mes incommodités à l'âge que j'ai et à l'air que nous habitons ; c'est à la situation toute seule du pays qu'il s'en faut prendre. Il a plu à Dieu de nous y mettre ; il savait bien les maux qui nous en devaient paître : qu'importe où l'on vive, puisqu'il faut mourir ! »

Dom Le Nain raconte que « les esprits impurs faisaient leur séjour dans le monastère et se nourrissaient des excès qui y régnaient. Ils y habitaient par troupes, n'y ayant là personne qui les chassât. »

Dom Félibien ajoute la vie à ces descriptions, en y faisant voir la renaissance du culte chrétien.

« On voit d'abord en entrant ces paroles de Jérémie, écrites sur la porte du cloître : *Sedebit solitarius et tacebit.*

L'église n'a rien de considérable que la sainteté du lieu : elle est bâtie d'une manière gothique et fort particulière ; elle ne laisse pas d'avoir quelque chose d'auguste et de divin ; le bout du côté du chœur semble représenter la poupe d'un vaisseau.

Ce qui est digne de considération est la manière dont ces religieux font l'office ; car vous les voyez d'une voix ferme et d'un ton grave chanter les louanges de Dieu. Il n'y a rien qui touche le cœur et qui élève davantage l'esprit que de les entendre à matines. Leur église n'étant éclairée que d'une seule lampe, qui est devant le grand autel, l'obscurité, jointe au silence de la nuit, fait que l'âme se remplit de cette onction sacrée répandue dans tous les Psaumes. Soit qu'ils soient assis, soit qu'ils soient debout, soit qu'ils s'agenouillent, soit qu'ils se prosternent, c'est avec une humilité si profonde, qu'on voit bien qu'ils sont encore plus soumis d'esprit que de corps. »

Sur une inscription de saint Bernard, placée dans les cloîtres de La Trappe, Ducis composa ces beaux vers :

Heureuse solitude,
Seule béatitude,
Que votre charme est doux !
De tous les biens du monde,
Dans ma grotte profonde,
Je ne veux plus que vous.
Qu'un vaste empire tombe,
Qu'est-ce au loin pour ma tombe,
Qu'un vain bruit qui se perd ?
Et les rois qui s'assemblent,
Et leurs sceptres qui tremblent,
Que les joncs du désert ?

Quand l'abbé de Rancé introduisait la réforme dans son abbaye, les moines eux-mêmes n'étaient plus que des ruines de religieux. Réduits au nombre de sept, ce reste de cénobites était dénaturé par l'abondance ou par le malheur. Les moines depuis longtemps avaient mérité des reproches : dès le XIe siècle, Adalbéron déclare « qu'un moine est transformé en soldat ». En Normandie, un supérieur ayant prétendu admonester ses moines fut flagellé par eux après sa mort, Abailard, qui tenta en Bretagne d'user de sévérité, se vit exposé au poison : « J'habite un pays barbare, disait-il, dont la langue m'est inconnue ; mes promenades sont les bords d'une mer agitée, et mes moines ne sont connus que par leur débauche. » Tout a changé en Bretagne, hors les vagues qui changent toujours.

Rancé courut de semblables dangers : aussitôt qu'il eut parlé de réforme, on parla de le poignarder, de l'empoisonner, ou de le jeter dans les étangs. Un gentilhomme du voisinage, M. de Saint-Louis, accourut à son secours : M. de Saint-Louis avait passé sa vie à la guerre ; le roi l'estimait, M. de Turenne l'aimait. Selon Saint-Simon, « c'était un vrai guerrier, sans lettres aucunes, avec peu d'esprit, mais un sens le plus droit et le plus juste que j'aie vu à personne, un excellent cœur et une droiture, une franchise et une fidélité admirable [Saint-Simon, t. V, p. 131. (N.d.A.)].

Rancé refusa la généreuse assistance, disant que les apôtres avaient établi l'Evangile malgré les puissances de la terre, et qu'après tout le plus grand bonheur était de mourir pour la justice.

L'abbé menaça ses religieux d'informer le roi de leur dérèglement : ce nom du roi avait pénétré au fond des plus obscures retraites.

Jusqu'alors nous n'avions senti que le despotisme irrégulier des rois qui marchaient à regret avec des libertés publiques, ouvrages des états généraux et exécutées par les parlements ; mais la France n'avait point encore obéi à ce grand despotisme qui imposait l'ordre sans permettre d'en discuter les principes. Sous Louis XIV, la liberté ne fut plus que le despotisme des lois, au-dessus desquelles s'élevait, comme régulateur, l'inviolable arbitraire. Cette liberté esclave avait quelques avantages : ce qu'on perdait en franchises dans l'intérieur, on le gagnait au dehors en domination : le Français était enchaîné, la France libre.

Les moines donnèrent à regret leur consentement à la réforme. Un contrat fut passé ; 400 livres de pension furent accordées à chacun des sept demeurants, avec permission de rester dans l'enceinte de l'abbaye ou de se retirer ailleurs ; le contrat mutuel fut homologué au parlement de Paris, le 6 février 1663.

Rancé était toujours perplexe sur lui-même. Deux frères de l'Etroite Observance, appelés de Perseigne, arrivèrent et prirent possesssion de La Trappe.

Un accident survenu le 1er novembre 1662 contribua à fixer la résolution de Rancé. Sa chambre, dans le monastère qu'il avait achevé de réparer, s'écroula et pensa l'écraser : « Voilà, s'écria-t-il, ce que c'est que la vie ! » Il se retira aussitôt dans un coin de l'église. Il entendit chanter le psaume : *Qui confidunt in Domino*[21]. Frappé d'une lumière soudaine, il se dit : « Pourquoi craindrais-je de m'engager dans la profession monastique ! » Les difficultés de son esprit s'évanouirent.

Il partit pour Paris, afin de demander au roi la permission de tenir en règle l'abbaye de La Trappe. Quelques hommes saints essayèrent de le détourner de sa résolution ; mais il dit à l'abbé de Prières, vicaire général de l'Etroite Observance : « Je ne vois point d'autre porte à laquelle je puisse frapper pour retourner à Dieu que celle du cloître ; je n'ai d'autre ressource, après tant de désordre, que de me revêtir d'un sac et d'un cilice en repassant mes jours dans l'amertume de mon cœur. »

L'abbé lui répondit : « Je ne sais, monsieur, si vous comprenez bien ce que vous demandez : *nescis quid petis*. Vous êtes prêtre, docteur de Sorbonne, d'ailleurs homme de condition ; nourri dans la délicatesse et dans le luxe ; vous êtes accoutumé à avoir grand train et à faire bonne chère ; vous êtes en passe d'être évêque au premier jour ; votre tempérament est extrêmement faible, et vous demandez d'être moine, qui est l'état le plus abject de l'Eglise, le plus pénitent, le plus caché et même le plus méprisé. Il vous faudra dorénavant vivre dans les larmes, dans les travaux, dans la retraite, et n'étudier que Jésus crucifié. Pensez-y sérieusement. » Alors l'abbé de Rancé répondit : « Il est vrai, je suis prêtre, mais j'ai vécu jusqu'ici d'une manière indigne de mon caractère ; je suis docteur, mais je ne sais pas l'alphabet du christianisme ; je fais quelque figure dans le monde, mais j'ai été semblable à ces bornes qui montrent les chemins aux voyageurs et qui ne se remuent jamais. »

L'abbé de Prières fut vaincu.

---

21. *Qui confidunt in Domino* : « Ceux qui mettent leur confiance dans le Seigneur. »

Dans quelques lettres qu'a bien voulu me communiquer M. Cousin, Rancé fait l'histoire des combats qu'il eut à soutenir à cette époque. Les quatre premières s'étendent de l'an 1661 à l'an 1664 ; elles sont écrites à l'évêque d'Aleth.

« Je ne puis comprendre, dit-il, que j'aie la hardiesse d'entreprendre une profession qui ne veut que des âmes détachées, et que, mes passions étant aussi vivantes en moi qu'elles sont, j'ose entrer dans un état d'une véritable mort. Je vous conjure, monseigneur, de demander à Dieu ma conversion dans une conjoncture qui doit être la décision de mon éternité, et qu'après avoir violé tant de fois les vœux de mon baptême, il me donne la grâce de garder ceux que je lui vais faire, qui en sont comme un renouvellement, avec tant de fidélité que je répare en quelques manières les égarements de ma vie passée. »

Rancé écrivait à ses amis, le 13 avril 1663 : « Je suis persuadé que vous serez surpris quand vous saurez la résolution que j'ai formée de donner le reste de ma vie à la pénitence. Si je n'étais retenu par le poids de mes péchés, plusieurs siècles de la vie que je veux embrasser ne pourraient satisfaire pour un moment de celle que j'ai passée dans le monde. »

L'abbé de Prières s'employa principalement auprès de la reine mère afin d'obtenir du roi pour que Rancé pût tenir son abbaye en règle. Louis XIV agréa la requête, mais à la condition qu'à la mort de cet abbé régulier La Trappe retournerait en commende. Le roi tenait aux traités de sa race. Le brevet fut expédié le 10 mai 1663, et envoyé à Rome pour être confirmé par Sa Sainteté. L'évêque de Comminges ayant su que Rancé était à l'institution à Perseigne pour commencer son noviciat, l'alla trouver, et lui dit qu'il craignait que, dans son ardeur, il n'allât si loin que personne ne le pourrait suivre. L'abbé répliqua qu'il se modérerait, et il trompa l'évêque : conversation entre deux soldats ; l'un a appris à mesurer le péril, l'autre ne l'a jamais calculé.

En 1662 Rancé était allé visiter La Trappe et jeter un coup d'œil sur la solitude éternelle qu'il devait habiter. Il avait vu les étangs qui se retirent et s'élèvent en montant dans l'ancienne forêt du Perche et dont plusieurs sont aujourd'hui supprimés. Il avait vu partout ces grandes feuilles solitaires qui flottaient sur les eaux comme un plancher, et à travers lesquelles les oiseaux aquatiques faisaient entendre quelques cris. Il hésita entre cette profonde retraite et son prieuré de Boulogne-Chambor, qui lui plaisait, parce qu'il était dans des bois ; mais enfin il se décida pour La Trappe, à cause de certaine affinité secrète entre les solitudes de la religion et les solitudes du passé. Il appela auprès de lui l'abbé Barbery.

Rancé dans ces jours-là écrivait à M. l'évêque d'Aleth : « Comme les choses que je quitte et ma séparation des embarras extérieurs sont les moindres attachements de ma vie, que je ne puis me défaire de moi-même, puisque je me trouve partout aussi misérable que je l'ai toujours été, je vous supplie de demander à Dieu ma conversion. »

L'évêque d'Aleth, Nicolas Pavillon, n'était pas un guide sûr. Dans la confusion des doctrines du temps, l'ami sur le bras duquel vous vous souteniez prenait au premier détour une autre route, et vous laissait là.

Rancé, sentant qu'il était environné de chancelants compagnons, se décida : il sortit des rangs, rompit la ligne ; déserteur d'une armée qui ne le suivait pas, il alla droit de Paris à Perseigne apprendre la nouvelle profession qu'il s'était promis d'embrasser. L'abbé de Perseigne le reçut avec joie, mais avec tremblement. Au bout de cinq mois de noviciat, il se déclara chez Rancé une maladie dont il parle dans ses lettres, maladie d'autant plus dangereuse qu'elle avait été longtemps dissimulée. Les médecins le condamnèrent s'il ne quittait la vie monastique ; l'abbé s'obstina, se fit transporter à La Trappe, et guérit. Retourné à Perseigne, il écrivit à l'évêque d'Aleth : « Le temps de mes épreuves est près de finir : mon cœur n'en est pas moins rempli de misères. Je ne puis comprendre que j'aie la hardiesse de prendre une profession qui ne veut que des âmes détachées, et que mes passions étant aussi vivantes en moi qu'elles le sont, j'ose entrer dans un état d'une véritable mort. »

Il fit un adieu général au monde. D'une course nouvelle, il s'élança après le fils de Dieu, et ne s'arrêta qu'à la croix.

On l'employa utilement pour son ordre pendant son noviciat. La réforme avait été établie au monastère de Champagne. Les moines résistaient ; la noblesse appuyait les moines : l'esprit frondeur n'était pas encore éteint : restait à rendre l'arrière-faix de la discorde. Ce moment de péril interrompit le noviciat de Rancé : on le fit courir au secours de l'Etroite Observance. Vingt-cinq gentilshommes, conduits par le marquis de Vassé, sous prétexte d'une partie de chasse, se présentèrent à une abbaye dans le dessein d'en expulser le parti des réformes. Rancé arrivait ; il leur demanda ce qu'ils voulaient : il fut reconnu par Vassé, auquel il avait rendu jadis un important service. Vassé courut à lui, l'embrassa, et consentit à laisser en paix les religieux.

Revenu à Perseigne, le prieur parla d'envoyer en Touraine l'abbé, dont le noviciat n'était pas encore achevé. Le postulant s'y refusa, disant que cette tournée l'exposerait à des périls. L'historien se sert deux fois de ce mot sans le comprendre : l'explication est que Veretz, tout vendu qu'il était, barrait le chemin ; les périls qui menaçaient Rancé étaient des souvenirs. Etonné de la résistance, le prieur manda à l'abbé de Prières que le nouveau moine lui paraissait un homme attaché à son sens. L'abbé de Prières voulut parler à Rancé ; celui-ci alla le trouver à quatre lieues de Paris : le grand conspirateur de solitude le charma, car l'abbé Le Bouthillier avait des bienséances difficiles à distinguer de la véritable humilité : un éclair de la vie passée de l'homme du monde plongeait dans les rudesses de la foi.

Avant de prononcer ses vœux à Perseigne, Rancé retourna à La Trappe : il y lut son testament ; il donne ce qui lui reste à son monastère. Il s'accuse d'avoir été, par son insouciance, la cause et un grand nombre de malversations ; il déclare parler sans exagération et sans excès ; il proteste que sa confession est aussi sincère que s'il était devant le tribunal de Jésus-Christ ; il abandonne à ses frères tous ses meubles ; il leur remet particulièrement ses livres. « Si, par des événements qu'on ne peut prévoir, dit-il, la réforme cessait d'être à La Trappe, je donne ma bibliothèque à l'hôtel-Dieu de Paris pour être vendue au profit des pauvres et des malades. »

Rancé a l'air d'avoir un pressentiment des malheurs qui fondirent un siècle et demi plus tard sur son abbaye. Il laissa sa bibliothèque à ses religieux, lui qui ne voulait pas qu'un moine s'occupât d'études.

Ici on aperçoit Mme de Montbazon pour la dernière fois. Astre du soir, charmant et funeste, qui va pour toujours descendre sous l'horizon. Aux dires de dom Gervaise, Rancé avait nombre de lettres de cette femme et deux portraits d'elle : l'un la représentait telle qu'elle était à son mariage, l'autre telle qu'elle était au moment où elle devint veuve. Ces secrets d'amour étaient à la garde de la religion. La mère Louise avait pour surveiller ses dépôts la faiblesse et la force nécessaires, l'indulgence d'une femme qui a failli et le courage d'une femme qui se repent. Le matin même de ses vœux, Rancé écrivit à Tours pour donner l'ordre de jeter les lettres au feu et pour faire renvoyer les portraits à M. de Soubise, fils de Mme de Montbazon [Dom Gervaise, etc. (N.d.A.)]. Rompre avec les choses réelles, ce n'est rien ; mais avec les souvenirs ! Le cœur se brise à la séparation des songes, tant il y a peu de réalités dans l'homme.

Une autre lettre écrite à la mère Louise, le 14 juin 1664, porte : « J'attends avec une humble patience l'heureux mo ment qui doit m'immoler pour toujours à la justice de Dieu. Tous mes moments sont employés à me préparer à cette grande action. Je n'appréhende rien davantage, sinon que l'odeur de mon sacrifice ne soit pas agréable à Dieu ; car il ne suffit pas de se donner, et vous savez que le feu du ciel ne descendait point sur le sacrifice de ce malheureux qui offrait à Dieu des victimes qui ne lui étaient point agréables. »

On n'a jamais fait attention à cette plainte, qui sort du cœur de Rancé comme de ces boîtes harmonieuses faites dans les montagnes, qui répètent le même son ; cette plainte n'indique point son objet elle se confond avec les accusations dont le souffrant charge la vie. Résolu de s'ensevelir à La Trappe, Rancé fit d'abord un voyage à son prieuré de Boulogne, puis il partit pour La Trappe, résolu de s'ensevelir au milieu de ces jardins solitaires, comme jadis les souverains à Babylone.

Les expéditions de la cour de Rome pour tenir en règle l'abbaye de La Trappe arrivèrent. Rancé aurait voulu se régénérer avec dom Bernier, ancien religieux de La Trappe mal vivant jusqu'alors, et enfin touché de la grâce ; mais dom Bernier ne fut prêt que quatre mois plus tard. Le 26 juin 1664, Rancé fit profession entre les mains de dom Michel de Guiton, commissaire de l'abbé de Prières, avec deux autres novices, dont l'un, appelé Antoine, avait été domestique de Rancé. De serviteur qu'il était, il devint l'égal de son maître dans les aplanissements du ciel. Quatre jours après, Pierre Félibien prit, au nom de l'abbé de Rancé, possession de l'abbaye de La Trappe en qualité d'abbé régulier. Rancé reçut la bénédiction abbatiale des mains de l'évêque irlandais d'Arda, assisté de l'abbé de Saint-Martin de Séez. L'abbé de La Trappe se rendit dès le lendemain à son monastère. Et pourtant il écrivait à un de ses amis : « Ma disposition n'est qu'une pure résignation à la Providence. Priez pour moi. »

Ce premier séjour de Rancé à La Trappe ne fut pas long. Il faisait réparer de tous les côtés l'abbaye ; mais tandis qu'il donnait des règlements nouveaux, il fut appelé à Paris à l'assemblée générale des communautés régularisées. Ce jeune homme, naguère si dépendant de l'opinion du monde, se rendit au lieu de la réunion dans une charrette comme un mendiant ; affectation dont il ne put débarrasser sa vie. L'assemblée le nomma pour aller en cour de Rome plaider la cause de la réforme. Avant son départ, il s'aboucha avec le cardinal de Retz, qui s'était avancé jusqu'à Commercy. Ensuite Rancé retourna quelques jours à La Trappe. Il s'occupait comme un humble frère. Il disait : « Sommes-nous moins pécheurs que les premiers religieux de Cîteaux ? Avons-nous moins besoin de pénitence ? » On lui représentait que, plus faibles, on ne pouvait plus pratiquer les mêmes austérités : « Dites, répondait-il, que nous avons moins de zèle. » D'un consentement unanime, les religieux se privèrent de l'usage du vin et de celui du poisson ; ils s'interdirent la viande et les œufs. Il s'introduisit une manière honnête de parler et d'agir les uns avec les autres ; ils respectaient en eux l'homme racheté, s'ils méprisaient l'homme tombé.

Dans la distribution du travail, une portion d'un terrain inculte était échue à Rancé : au premier coup de bêche, il rencontra quelque chose de dur : c'était d'anciennes pièces d'or d'Angleterre. Il y en avait soixante, chacune valant sept francs : ce présent de la Providence aide Rancé à faire son voyage. Ayant convoqué ses moines, il leur fit ses adieux : « J'ai à peine le temps, leur dit-il, de vous remettre devant les yeux cette parole de saint Bernard : *Mon fils, si vous saviez quelles sont les obligations d'un moine, vous ne mangeriez pas une bouchée de pain sans l'arroser de vos larmes.* » Puis il ajouta : « Je prie Dieu d'avoir pitié de vous comme de moi. S'il nous sépare dans le temps, qu'il nous réunisse dans l'éternité. »

Les religieux se prosternèrent pour demander à Dieu la conservation de leur abbé.

Le nouveau Tobie partit pour Ninive : il n'allait pas épouser la fille de Raguel ; la fille de Raguel n'était plus. Le voyageur qui accompagnait Rancé n'était pas Raphaël, mais l'Esprit de la pénitence ; cet Esprit ne se mettait pas en route pour réclamer de l'argent, mais la misère. Lorsqu'on erre à travers les saintes et impérissables Ecritures, où manquent la mesure et le temps, on n'est frappé que du bruit de la chute de quelque chose qui tombe de l'éternité.

Le grand expiateur avait retrouvé à Châlons-sur-Saône l'abbé du Val-Richer, son compagnon désigné de voyage. A Lyon, il baisa la boîte qui renfermait le cœur de saint François de Sales. Il traversa les Alpes, et arriva à Turin : il n'y vit point le saint suaire. A Milan, le tombeau de saint Charles Borromée l'appela : heureux les morts quand ils sont saints ! ils retrouvent leur matin dans le ciel. Sainte Catherine à Bologne attira la vénération de Rancé : c'étaient là les antiquités qu'il cherchait : il faisait consister sa repentance à ne rien voir ; ses yeux étaient fermés à ces ruines dont l'abbé de La Mennais nous fait une peinture admirable :

« De superbes palais, dit-il, se dégradent d'année en année, montrant encore, à travers leurs élégantes fenêtres ouvertes à la pluie et à tous les vents, les vestiges d'un faste que rien ne rappelle dans nos chétives constructions modernes, d'un luxe grandiose et délicat dont les arts divers avaient à l'envi réalisé les merveilles. La nature, qui ne vieillit jamais, s'empare peu à peu de ces somptueuses villas, œuvres altières de l'homme et fragiles comme lui. Nous avons vu des colombes nicher sur des corniches d'une salle peinte par Raphaël, le câprier sauvage enfoncer ses racines entre les marbres déjoints, et le lichen les recouvrir de ses larges plaques vertes et blanches. »

De Bologne à Florence, Rancé, sur une route triste dans les Apennins, fut renversé à terre de son cheval par le vent. A Florence, le pèlerin ne s'enquit point de Dante et de Michel-Ange : quand, à mon tour, j'ai cheminé parmı ces débris, j'étais interdit. Rancé reçut les honneurs de la duchesse de Toscane. On regrette qu'il ne se soit pas arrêté plus loin au vallon d'égérie : il aurait pu mener des Lémures[22] saluer Néère[23] et Hostia[24] là où tant de femmes avaient passé. Enfin il entra dans la ville des saints apôtres. O Rome, te voilà donc encore ! Est-ce ta dernière apparition ? Malheur à l'âge pour qui la nature à perdu ses félicités ! Des pays enchantés où rien ne vous attend sont arides : quelles aimables ombres verrais-je dans les temps à venir ? Fi ! des nuages qui volent sur une tête blanchie !

Rancé était arrivé le 16 novembre 1664, six semaines après l'abbé de Cîteaux accouru pour combattre l'Etroite Observance. Il fut appelé à l'audience du pape le 2 de décembre 1664, à Monte-Cavallo. Il lui dit : *Beatissime pater, ad Sanctitatis Vestrae pedes humiliter* accedimus [Maupeou, t. I, p. 58. (N.d.A.)]. Alexandre VII l'accueillit par ces paroles : *Adventus vester non solum gratus est nobis, sed expectavimus eum.* « Votre venue ne nous est pas seulement agréable, mais nous l'attendions. » Sa Sainteté reçut avec respect des lettres de la reine mère, de Mademoiselle, du prince de Conti et de Mme de Longueville, dont les signatures étaient en contraste avec les vertus de Rancé. Malheureusement alors les rangs comptaient plus que les mœurs. Rancé fit entendre ces paroles soumises : « Très-saint père, sorti des monastères où nos péchés nous ont obligé de nous retirer,

22. *Lemure* : dans l'antiquité romaine, spectre d'un mort qui revenait tourmenter les vivants.
23. *Néère* : référence à un personnage d'une *Élégie* (III) de Tibulle.
24. *Hostia* : femme dont s'éprend le poète latin Properce (Sextus Propertius, né entre 54 et 43 av. J.-C.). Elle est nommée Cynthia dans ses *Élégies*.

nous venons écouter Votre Sainteté comme l'oracle par lequel le Seigneur veut nous faire connaître ses volontés. »

Cette soumission ne rassura pas tellement le pape que Rancé ne se crut obligé de s'expliquer : « Les Pères de La Trappe, dit-il, n'avaient pas prétendu se soustraire à la juridiction ecclésiastique, pour aller devant les tribunaux séculiers. » Point délicat par lequel Rancé sut déterminer ensuite en sa faveur les décisions de Louis XIV. Il fut résolu que Sa Sainteté commettrait l'examen de l'Etroite Observance au jugement d'une congrégation de cardinaux. Rancé se retira satisfait, il écrivit : « Je fus auprès de Sa Sainteté une heure et demie ; on ne pouvait attendre plus de marques de bénignité et de bonté que Sa Sainteté n'en fit paraître. »

Rancé alla voir le Père Bona, qui devenu cardinal lui conserva de l'amitié. Des commissaires furent nommés par le pape pour étudier l'affaire. On instruisit Rancé qu'il n'obtiendrait pas ce qu'il désirait. Au commencement de l'année 1665, Rancé apprit que les décisions des cardinaux ne lui seraient pas favorables et que des lettres venues de France lui faisaient tort : il se présenta au Vatican, où l'on bénit la ville et le monde.

L'affaire pour laquelle Rancé était venu ne plaisait point. D'un autre côté, les ordres monastiques de la Commune Observance traitaient les réformateurs d'hommes singuliers, voisins du schisme ; la règle étroite ne trouva parmi les grandes congrégations de Rome que la voix de quelques moines inconnus d'une vallée du Perche. En vain Rancé fut protégé par Anne d'Autriche, la perspicacité italienne voyait que la mère de Louis XIV se mourait : or, la tombe, toute souveraine qu'elle est, a peu de crédit. Alors Rancé, voyant sa cause perdue, se remit en route pour La Trappe. A peine fut-il sorti de Rome que son entreprise fut surnommée *une furie française, una furia francese*, comme on appelle notre courage. En arrivant à Lyon il se hâta d'écrire :

« Tous mes proches commencent à être d'un même sentiment sur mon sujet, et j'ai reçu hier une lettre qui vous surprendrait si vous l'aviez vue. Mon départ fit pourtant quitter Rome à M. de Cîteaux, qui nous était un très grand obstacle, lequel, croyant me devoir suivre en France, sursit dans l'esprit de nos juges les desseins qu'ils avaient sur notre affaire. »

L'abbé de Prières, ayant appris l'arrivée de Rancé, lui manda, le 24 février 1665, de retourner en Italie. Prières était une abbaye de Bernardins fondée en 1250, à trois lieues de La Roche-Bernard, à l'embouchure de la Villaine, dans ma pauvre patrie. Bien que Rancé fût persuadé de l'inutilité de ce second voyage, il obéit. Une personne inconnue voulut faire accepter à Rancé une bourse où il y avait quarante louis : Rancé n'en prit que quatorze.

L'Apennin revit sur ses sommets ce voyageur qui n'écrivait ni ne faisait de journal. A Monte-Luco, parmi des bois d'yeuses, Rancé put apercevoir des ermitages blancs déjà habités de son temps, et où le comte Potoski s'est depuis caché. Rancé portait avec lui une chère remembrance, mais c'était la première fois qu'il voyageait : il n'avait pas été dix-sept ans, comme Camoëns, exilé au bout de la terre, ainsi que le raconte si bien M. Magnin ; il ne pouvait pas dire sur un vaisseau, en présence des rochers de Bab-el-Mandeb : « Madame, je demande de vos nouvelles aux vents qui viennent de la contrée que vous habitez, aux oiseaux qui vous ont vue. » Le souffle de la religion et la voix des anges ne laissaient arriver jusqu'à Rancé que des souvenirs expiatoires. Le soldat de la nouvelle légion chrétienne rentra le 2 d'avril 1665 à ce camp vide des prétoriens, où l'on ne voit plus que des martres et la fumeterre des chèvres, qui tremble sur les murs. « Rome, dit Montaigne, seule ville commune et universelle ! Pour être des princes de cet Etat, il ne faut qu'être de chrétienté. Il n'est lieu ici-bas que le ciel ait embrassé avec telle influence de faveur et telle constance: sa ruine même est glorieuse et enflée. »

Rancé monta au Vatican; il parcourut inutilement le grand escalier désert foulé par tant de pas effacés, d'où descendirent tant de fois les destinées du monde. Il adressa une supplique aux cardinaux. Un d'entre eux s'emporta: les réclamations de l'indigence le mettaient en colère. L'abbé de Rancé répondit: « Ce n'est point la passion, monseigneur, qui me fait parler; c'est la justice. »

« Ce grand homme, dit Pierre Le Nain, traitait les affaires à la façon des anges, avec la paix de son cœur et une parfaite soumission aux ordres du ciel. »

Lorsque Rancé parut à Rome en 1664, et qu'il y revint au mois d'avril 1665, Alexandre VII, Fabio Chigi, occupait la tiare. On recherchait les traces de l'ambition de dona Olympia sous Innocent X comme on visite les dégâts d'un siège levé. Il n'est resté des Pamphili que la villa de ce nom. « Quant à Alexandre VII, dit le cardinal de Retz, il se communiquait peu; mais ce peu qu'il se communiquait était me suré et sage, *savio col silentio.* »

Dans d'autres courses à Rome, le cardinal de Retz trouva qu'il s'était trompé, et que Chigi n'était pas grand-chose. Après l'élection de Chigi, Barillon avait dit au coadjuteur: « Je suis résolu de compter les carrosses pour en rendre ce soir un compte exact à M. de Lionne: il ne faut pas lui épargner cette joie. » Tels étaient le langage, la politique et les mœurs que Rancé rencontra au tombeau des saints apôtres. Innocent X avait condamné les cinq propositions; Alexandre VII changea quelques mots au Formulaire. Ces changements furent agréés par Louis XIV; mais en même temps, pour réparation d'une insulte faite au duc de Créqui, il exigea qu'une pyramide fût élevée devant l'ancien corps de garde des Corses, pyramide qui ne fut abattue que sous Clément IX. Alexandre VII canonisa saint François de

Sales, créa une nouvelle bibliothèque, et s'occupa lui-même de lettres. On a de lui un volume de poésie intitulé : *Philomati Musae juveniles*, seul rapport qu'il eut avec l'éditeur des œuvres d'Anacréon, si ce n'est le cercueil qu'il fit mettre sous son lit le jour de son exaltation au pontificat.

Pendant le voyage de Rancé à Lyon, le cardinal de Retz était revenu à Rome. Il reçut bien son ami le converti, et le força d'accepter chez lui un logement. Rancé ne tira aucun fruit du passage du coadjuteur à Rome, si ce n'est quelques audiences inutiles qu'il lui fit obtenir du pape. Le rôle actif du chef de la Fronde était fini : il y a un terme à tout ce qui n'est pas de la grande nature humaine.

Le cardinal de Retz était petit, noir, laid, maladroit de ses mains ; il ne savait pas se *boutonner*. La duchesse de Nemours confirme ce portrait de Tallemant des Réaux : « Le coadjuteur vint, dit-elle, en habit déguisé, voir le cardinal Mazarin. M. le Prince, qui sut cette visite, en parla au cardinal, lequel lui tourna fort ridiculement et le coadjuteur, et son habit de cavalier, et ses plumes blanches et ses jambes tortues ; et il ajouta encore à tout le ridicule qu'il lui donna que s'il revenait une seconde fois déguisé, il l'en avertirait, afin qu'il se cachât pour le voir, et que cela le ferait rire. »

Les portraits du cardinal de Retz n'offrent pas ces difformités : dans l'air du visage il a quelque chose de froid et d'arrogant de M. de Talleyrand, mais de plus intelligent et de plus décidé que l'évêque d'Autun.

Né à Montmirail, au mois d'octobre 1614 d'une famille florentine qui conseilla la Saint-Barthélemy, le cardinal ne montra pas les vertus que tâcha de lui inspirer saint Vincent de Paul, son précepteur : l'homme du bien, en ces temps-là, touchait à l'homme du mal, et il restait dans celui-ci quelque impression de la main qui l'avait modelé. Retz écrivit la Conjuration de Fiesque, ce qui fit dire au cardinal de Richelieu : « Voilà un dangereux esprit. » La pourpre romaine avait cela d'avantageux qu'elle créait un homme indépendant au milieu des cours. Retz professait du respect pour quiconque avait été chef de parti, parce qu'il avait honoré ce nom dans les Vies de Plutarque : l'antiquité a longtemps gâté la France. Il disait qu'à son âge César avait six fois plus de dettes que lui : après cela il fallait conquérir le monde, et Retz conquit Broussel, une douzaine de bourgeois, et fut au moment d'être étranglé entre deux portes par le duc de La Rochefoucauld.

Retz, à son début, aima sa cousine, Mme de Retz : elle montrait, dit-il, tout ce que la *morbidezza* a de plus tendre, de plus animé et de plus touchant.

Suspect à Richelieu, ayant eu l'audace de mugueter ses femmes, le lovelace tortu et batailleur fut obligé de s'enfuir. Il alla à Venise, où il pensa se faire assassiner pour la signora Vendradina ; il erra dans la Lombardie, se rendit à Rome, discuta à la Sapience, eut une querelle avec le prince de Schomberg, et revint en France. Ses mésintelligences avec le cardinal de Richelieu continuèrent à propos de Mme de la Meilleraie. Il lui passa par la tête de hasarder un assassinat sur le cardinal ; mais il sentit *ce qui pouvait être une peur*. Bassompière, prisonnier à la Bastille, l'engagea avec des intrigants. La bataille de la Marfée eut lieu ; le comte de Soissons la gagna, et fut tué. Cette mort contribua à fixer le cardinal de Retz dans la profession ecclésiastique. Une dispute commencée avec un ministre protestant lui acquit quelque renom. Il se lia avec Mme de Vendôme par l'aventure où il rivalisa de courage avec M. de Turenne contre des capucins qui se baignaient à Neuilly : les conditions peu morales de cette liaison sont rapportées dans les *Mémoires*. Enfin, en vertu des protections de ces temps, il fut nommé coadjuteur de Paris, dont son oncle, M. de Gondy, occupait le siège.

Vint la Fronde. Mazarin finit par enfermer le coadjuteur au château de Vincennes ; de là transféré au château de Nantes, il s'en évada : quatre gentilshommes l'attendaient au bas de la tour, dont il se laissa dévaler. Caché dans une meule de foin, mené à Beaupréau par M. et Mme de Brissac, il fut transporté à Saint-Sébastien en Espagne, sur une balandre de la Loire. Il vit à Saragosse un prêtre qui se promenait seul, parce qu'il avait enterré son paroissien pestiféré. A Valence, les orangers formaient les palissades des grands chemins, Retz respirait l'air qu'avait respiré Vannozia. Embarqué pour l'Italie, à Mayorque le vice-roi le reçut : il entendit des filles pieuses à la grille d'un couvent : elles chantaient. Après trois jours il traversa le canal de la Corse, alors inconnu, aujourd'hui fameux. Il arriva à Porto-Longone ; il se rendit à Porto-Ferrajo, qui plus tard reçut Bonaparte, homme d'un autre monde, changé d'empire, jamais détrôné. Enfin il prit terre à Piombino, et poursuivit sa route vers Rome.

Un conclave s'ouvrit en 1655 par la mort d'Innocent X. Le cardinal de Retz s'attacha à l'escadron volant : Chigi fut élu sous le nom d'Alexandre VII. Retz fit courir le bruit qu'il avait contribué à l'élection : Joly, son secrétaire, assure qu'il n'en fut rien.

Retz se retira à Besançon, séjourna à Constance, puis à Ulm, et il alla voir en Angleterre Charles II, dont il avait secouru la mère pendant la Fronde.

Mazarin mourut le 9 mars 1661. Rentré en France, Retz entreprit deux ouvrages : l'un, sa généalogie (insipidité du temps : on compte ses aïeux lorsqu'on ne compte plus) ; l'autre, une histoire latine des troubles de la Fronde. de même que Sylla écrivit en grec ses proscriptions. Le cardinal vint saluer le roi à Fontainebleau. Reçu avec froideur, les jeunes gens se demandaient comment cet avorton avait jamais pu être quelque chose : ils n'avaient pas vu Couthon.

Alors commença ou plutôt se renoua la liaison du cardinal et de Mme de Sévigné. Celle-ci, dont on a publié peut-être trop de lettres, ne pouvait se garantir de la raillerie, même envers les gens qu'elle croyait aimer : elle appelait le cardinal de Retz le *héros du bréviaire*. Le cardinal était à Saint-Denis en 1649. Mme de Sévigné annonce, nombre d'années après, au vieil acrobate mitré, que Molière lui lira, à lui, *Trissotin*, et que Despréaux lui fera connaître son *Lutrin*. Elle parle du bon cardinal ; elle nous apprend qu'il se fait peindre par un religieux de Saint-Victor, qu'il donnera son image à Mme de Grignan, laquelle ne s'en souciait pas du tout. Mme de Sévigné se promène comme une bonne avec le malade ; elle insiste pour que sa fille accepte une cassolette de lui, et sa fille la refuse avec dédain. On peut lire là-dessus une excellente leçon de M. Ampère. Mais à mesure que l'on approche de la fin du cardinal, l'admiration de Mme de Sévigné baisse, parce que ses espérances diminuent. Légère d'esprit, inimitable de talent, positive de conduite, calculée dans ses affaires, elle ne perdait de vue aucun intérêt, et elle avait été dupe des intentions testamentaires qu'elle supposait au coadjuteur.

Joly, la duchesse de Nemours, La Rochefoucauld, Mme de Sévigné, le président Hénault et cent autres, ont écrit du cardinal Retz : c'est l'idole des mauvais sujets. Il représentait son temps, dont il était à la fois l'objet et le réflecteur. De l'esprit comme homme, du talent comme écrivain (et c'était là sa vraie supériorité), l'ont fait prendre pour un personnage de génie. Encore faut-il remarquer qu'en qualité d'écrivain il était court comme dans tout le reste : au bout des trois quarts du premier volume de ses Mémoires, il expire en entrant dans la raison. Quant à ses actions politiques, il avait derrière lui la puissance du parlement, une partie de la cour et la faction populaire, et il ne vainquit rien. Devant lui il n'avait qu'un prêtre étranger, méprisé, haï, et il ne le renversa pas : le moindre de nos révolutionnaires eût brisé dans une heure ce qui arrêta Retz toute sa vie. Le prétendu homme d'Etat ne fut qu'un homme de trouble. Celui qui joua le grand rôle était Mazarin ; il brava les orages enveloppé dans la pourpre romaine : obligé de se retirer en face de la haine publique, il revint par la passion fidèle d'une femme, et nous amenant Louis XIV par la main.

Le coadjuteur finit ses jours en silence, vieux réveille-matin détraqué. Réduit à lui-même et privé des événements, il se montra inoffensif : non qu'il subît une de ces métamorphoses avant-coureurs du dernier départ, mais parce qu'il avait la faculté de changer de forme comme certains scarabées vénéneux. Privé du sens moral, cette privation était sa force. Sous le rapport de l'argent il fut noble ; il paya les dettes de sa royauté de la rue, par la seule raison qu'il s'appelait *M. de Retz*. Peu lui importait du reste sa personne : ne s'est-il pas exposé lui-même au coin de la borne ? On le pressait de dicter ses aventures, et le romancier transformé en politique les adresse à une femme sans nom, chimère de ses corruptions idéalisées : « Madame, quelque répugnance que je puisse avoir à vous donner l'histoire de ma vie, néanmoins, comme vous me l'avez demandée, je vous obéis. »

N'ayant plus où se prendre, il s'était fait le familier de Dieu, comme en sa jeunesse il avait serré la main des quarteniers de Paris. Il passait ses jours aux églises ; on prêtait l'oreille pour ouïr son cri du fond de l'abîme, pour pleurer aux Psaumes de la pénitence ou aux versets du *Miserere*, et l'on écoutait en vain. Les sépulcres, les images du Christ ne l'enseignaient pas : uniquement épris de sa personne, il ne se rappelait que le rôle qu'il avait joué, sans s'embarrasser de sa vie morale. Il inspectait les lambeaux de ce qu'il fut pour se reconnaître ; il éventait ses iniquités, afin de se former une idée semblable de lui-même ; puis il venait écrire les scandales de ses souvenirs. En l'exhumant de ses *Mémoires* on a trouvé un mort enterré vivant qui s'était dé voré dans son cercueil.

Joueur jusqu'à la fin, ne lui vint-il pas dans l'esprit de se retirer à La Trappe et d'écrire ses Mémoires sur la table où Rancé écrivait ses Maximes ? Rancé fut obligé d'aller à Commercy pour détourner le cardinal de son pieux dessein. Bossuet s'était malheureusement écrié : « Le coadjuteur menace Mazarin de ses tristes et intrépides regards. » Les grands génies doivent peser leurs paroles ; elles restent, et c'est une beauté irréparable.

Homme de beaucoup d'esprit, mais prélat sans jugement et évêque sacrilège, Retz contraria l'avenir de Dieu : il ne se douta jamais qu'il y eût plus de gloire dans un chapelet récité avec foi que dans tous les hauts et les bas de la destinée. Esprit aux maximes propres à des brouilleries plutôt qu'à des révolutions, il essaya la Fronde à Saint-Jean-de-Latran, se croyant toujours dans la *Cour des Miracles*. Indifférent et mélancolique, cet Italien francisé se trouva sur le pavé lorsque Louis XIV eut jeté les baladins à la porte, même en respectant beaucoup trop en eux leur vie passée et l'habit qu'ils avaient sali. Place entre la Fronde, qui permettait tout, et le maître de Versailles, qui ne souffrait rien, le coadjuteur s'écriait : « Est-il quelqu'un pire que moi ? » avec le même orgueil que Rousseau s'écrie : « Est-il quelqu'un meilleur que moi ? » Retz continua ses passepieds jusqu'à sa mort : mais il faut être Richelieu pour ne pas s'amoindrir en dansant une sarabande, castagnettes aux doigts, et en pantalon de velours vert.

Ce n'est donc pas à l'hôtel du cardinal de Retz que Rancé aurait pu apprendre à se plaire dans la capitale du monde chrétien. La société de Rome ne pouvait lui offrir aucune ressource.

Néanmoins, à l'époque de Rancé Rome n'était pas dépourvue de Français dignes de lui : en 1664 Poussin avait acheté, de la dot de sa femme, une maison sur le mont Pincio, auprès d'un casino de Claude Lorrain, en face de l'ancienne retraite de Raphaël, au bas des jardins de la villa Borghèse ; noms qui suffisent pour jeter l'immortalité sur cette scène. Le Poussin mourut au mois de novembre 1665, et fut enterré dans *Saint-Laurent in Lucinia*. Si Rancé eût attendu seulement cinq ou six mois, il aurait pu assister à des funérailles avec l'abbé Nicaise, auteur d'un voyage à La Trappe, là où je n'ai eu que l'honneur de placer un buste. Le réformateur aimait les tableaux, témoin ceux qu'il avait lui-même esquissés : en voyant le cercueil du Poussin, il aurait été touché, tandis que se serait augmenté son mépris pour la gloire humaine. « J'ai rencontré, Poussin, dit Bonaventure d'Argonne ? dans les débris de Rome, ou dessinant sur les bords du Tibre. » L'abbé Antoine Arnauld, de la génération de Port-Royal, affilié depuis à La Trappe, avait aussi fréquenté l'auteur du tableau du Déluge. Ce tableau rappelle quelque chose de l'âge délaissé et de la main du vieillard : admirable tremblement du temps ! souvent les hommes de génie ont annoncé leur fin par des chefs-d'œuvre : c'est leur âme qui s'envole.

Enfin la *Léonora* de Milton pouvait, à la rigueur, exister : Mazarin l'avait fait venir à ses concerts ; peut-être était-elle là, ne rendant plus aucun bruit ; lyre sans cordes. Rancé ne fut pas touché de la grandeur des campagnes romaines, ces sortes d'idées n'étaient pas encore nées : toutefois saint François avait chanté la beauté de la création éclose de la bonté de Dieu. Il y avait bien des images dignes de la mélancolie dans cette terre de tous les regrets ; Rancé eût pu marcher avec les derniers pas du jour sur le sommet du Soracte ; du haut du mont Marius, il eût aperçu les plages de Civita-Vecchia ; à Ostie il eût rejoint le sable facile à se creuser. Lord Byron avait marqué sa fosse aux grèves de l'Adriatique. Mais rien ne plaisait à Rancé, dont le cœur était plus triste que la pensée.

Et cependant, s'il ne s'était trop enseveli dans la préoccupation de ses fautes, il eût rencontré dans Rome même de quoi contenter sa ferveur. Partout se présentaient à lui des oratoires dans des parcours abandonnés semés de fleurs, dans ces asiles dont le Père Lacordaire a fait cette peinture :

« Au son d'une cloche toutes les portes du cloître s'ouvraient avec une sorte de douceur et de respect. Des vieillards blanchis et sereins, des hommes d'une maturité précoce, des adolescents en qui la pénitence et la jeunesse laissaient une nuance de beauté inconnue du monde, tous les temps de la vie apparaissaient ensemble sous un même vêtement. La cellule des cénobites était pauvre, assez grande pour contenir une couche de paille ou de crin, une table et deux chaises ; un crucifix et quelques images pieuses en étaient tout l'ornement. De ce tombeau qu'il habitait pendant ses années mortelles, le religieux passait au tombeau qui précède l'immortalité. Là même il n'était point séparé de ses frères vivants et morts. On le couchait, enveloppé de ses habits, sous le pavé du chœur ; sa poussière se mêlait à la poussière de ses aïeux, pendant que les louanges du Seigneur chantées par ses contemporains et ses descendants du cloître remuaient encore ce qui restait de sensible dans ses reliques. O maisons aimables et saintes ! on a bâti sur la terre d'augustes palais, on a élevé de sublimes sépultures, on a fait à Dieu des demeures presque divines ; mais l'art et le cœur de l'homme ne sont jamais allés plus loin que dans la création du monastère. »

Déjoué dans ses négociations comme dans ses sentiments, Rancé s'enferma dans sa vie. Il soigna un serviteur qui pensa mourir : inflexible pour lui, il pliait sa vie pour les autres. Il ne buvait que de l'eau, ne mangeait que du pain ; sa dépense par jour ne passait pas six oboles, prix d'une couple de colombes ; mais il s'abstenait de ces doux oiseaux qui coûtent si peu cher. Ne pouvant faire auprès des hommes les affaires de Dieu, il tâchait de faire auprès de Dieu les affaires des hommes.

« Il ne voulait voir, dit Maupeou, ni les anciens monastères ni les anciens monuments de la magnificence romaine, cirques, théâtres, arcs de triomphe, trophées, portiques, colonnes, pyramides, statues et palais, imitant en cela le célèbre Ammonius, qui accompagnant Athanase à Rome n'y voulut voir que le fameux temple dédié aux apôtres saint Pierre et saint Paul. » Rancé fréquentait les églises, passant les heures à prier dans ces habitacles oubliés sur tant de collines célèbres.

La pénitence sortie de Rome errait à l'entour ; pauvre *pifferario* des Abruzzes, elle faisait entendre le son de sa musette devant une madone. Rancé s'avançait quelquefois seul devant le labyrinthe des cercueils, soubassement de la cité vivante. Il n'y a peut-être rien de plus considérable dans l'histoire des chrétiens que Rancé inconnu priant à la lumière des étoiles, appuyé contre les aqueducs des césars à la porte des catacombes ; l'eau se jetait avec bruit par-dessus les murailles de la ville éternelle, tandis que la mort entrait silencieusement au-dessous par la tombe.

Rancé avait désiré accomplir les fêtes de Noël dans un couvent de son ordre ; il y renonça lorsqu'il eut appris d'un vieux moine qu'on ne faisait point à table de lecture pieuse et qu'on jouait aux cartes après souper. Confiné dans sa maison, il écrivait : « Je passe ici ma vie dans une langueur et dans une misère que je ne puis vous exprimer. Rome m'est aussi peu supportable que la cour me l'était autrefois. Je ne vous dirai rien des curiosités de Rome : je ne les vois point et je ne me sens touché d'aucun désir de les voir. Mon unique consolation est celle que je trouve au tombeau des princes des apôtres et des saints martyrs, où je me retire le plus souvent qu'il est possible. »

Enfin, ayant tout épuisé, Rancé songea à son retour : il emportait quelques reliques que lui avait données l'évêque de Porphyre, sacriste d'Alexandre VII. Saint Bernard retourna, jeune encore, à son couvent avec une dent de saint Césaire : ne vieillissons point en quelque lieu que ce soit, de peur de voir mourir autour de nous jusqu'à notre renommée. Avant de quitter Rome, Rancé obtint du pape la licence de se retirer à la Grande Chartreuse : ce permis existe ; il est resté comme le bref d'un songe. Rancé n'exécuta pas tout le bien qu'il avait rêvé : en compensation des bonnes intentions perdues on aperçoit dans les *Olim* des intentions de fautes qui n'ont jamais été commises. L'esprit du réformateur errait partout où il n'y avait point d'hommes ; il ne s'arrêtait qu'à l'orée d'un champ, au feu de chaume du pâtre. Descendu de l'Italie, Rancé visita dans la *Vallée d'Absinthe* la poussière du grand abbé de Clairvaux, si toutefois elle renferme cette poussière : il y voulut demeurer ; on le refusa. L'abbé de Prières avait mis Rancé sous la conduite de l'abbé du Val-Richer, qu'on appelait dans le siècle Dominique-Georges : les héros d'Homère avaient des noms vulgaires pour les peuples.

On ne vit donc point Rancé suspendu dans les abîmes de saint Bruno ou attaché à la tombe de saint Bernard : c'eût été plus éclatant pour le poète, moins grand pour le saint. Dieu, qui avait ses conseils, rappela Rancé à La Trappe, afin d'y établir la Sparte chrétienne.

Rancé obtint une audience de congé du saint-père. Il partit au mois d'avril, accompagné du jugement du pontife qui condamnait l'étroite observance. De nos jours, l'auteur de *l'Indifférence en matière de religion*, repoussé dans ses réformes, a continué de croire qu'elles s'accompliraient : une voix, est-il persuadé, partira on ne sait d'où ; l'Esprit de sainteté, d'amour, de vérité remplira de nouveau la terre régénérée.

Voilà ce que pense l'immortel compatriote dont je pleurerais en larmes amères tout ce qui pourrait nous séparer sur le dernier rivage. Rancé, qui s'accotait contre Dieu, acheva son œuvre ; l'abbé de La Mennais s'est incliné sur l'homme : réussira-t-il ? L'homme est fragile et le génie pèse. Le roseau en se brisant peut percer la main qui l'avait pris pour appui.

Livre troisième

Ici commence la nouvelle vie de Rancé : nous entrons dans la région du profond silence. Rancé rompt avec sa jeunesse, il la chasse et ne la revoit plus. Nous l'avons rencontré dans ses égarements, nous allons le retrouver dans ses austérités. La pénitence était son arrière-garde ; il se mettait à sa tête, se retournait, et donnait avec elle sur le monde. Il paraissait dans son extérieur, disent les historiens, une majesté qui ne prévoit venir que du Dieu de majesté. Ceux à qui leur conscience remâcha quelque chose ne l'osaient venir rechercher, persuadés qu'il connaissait divinement ce qu'ils avaient de plus caché. « Qui me donnera, s'écriait-il, les ailes de la colombe pour fuir la société des hommes ! » Dans mes temps de poésie, j'ai mis moi-même ces paroles de l'Ecriture dans un chant de femme [Cymodocée. (N.d.A.)]. L'hymne de Rancé se termine par ces mots : « Les créatures me suivent partout ; elles m'importunent ; par mes yeux elles entrent dans mon esprit, et portent avec elles l'inquiétude. Fermons les yeux, ô mon âme ! tenons-nous si éloignés de toutes ces choses que nous ne puissions les voir et en être vus. »

Après ces éjaculations on surprenait le moine les yeux levés vers le ciel. Il devenait immense ; il s'agrandissait de toute la gloire éternelle. Il y a des tableaux qui représentent saint François aux bords de la mer, en face de petits anges réunis dans des branchages dépouillés.

Le 20 mai 1666 revit Rancé dans les obscurs chemins du Perche. Ce n'étaient là ni les restes de la voie Appia, ni de la voie Claudia : Rancé ne rapportait aucun souvenir de Rome, où tant de passions se sont formées, d'où tant d'hommes n'ont point voulu revenir. Les Troyens restèrent à Albe avec leurs dieux. Rancé n'avait même pas cueilli, pour la joindre aux fleurs du printemps, qui commençaient à renaître à La Trappe, ces tubéreuses murales qui croissent sur l'enceinte ébréchée de Rome, où les vents transportent çà et là leurs échafauds mobiles.

Des divisions s'étaient élevées entre le prieur et le sous-prieur : le prieur avait rempli les cellules de meubles inutiles ; le travail des mains avait été diminué, les pratiques pieuses altérées ; le vin et le poisson reparaissaient sur les tables. Rancé, instruit à Rome de ces infractions, s'était hâté de mander à La Trappe : « Vous savez que les actions mortes ne sauraient plaire au Dieu de la vie. Gardez le silence autant avec vous-mêmes qu'avec les autres ; que votre solitude soit autant dans l'esprit et dans le cœur que dans la retraite extérieure de vos personnes ; que vos corps sortent de vos lits comme de vos tombeaux : au moment où je vous écris nos jours s'écoulent. » Les souvenirs d'Horace ne cessaient de vivre dans l'opulente mémoire de Rancé : *Dum loquimur, fugerit invida aetas.*

Rancé remit la paix dans son monastère par la séparation de quelques chefs. Il se rendit ensuite au chapitre général de son ordre, qui se tint en l'année 1667. Un bref du pape de 1666 devait être reçu.

Rancé avait connu ce bref à Rome. Plusieurs abbés, l'abbé de Cîteaux à leur tête, l'acceptèrent. Rancé prit la parole, tout jeune qu'il était, et dit qu'il avait droit d'opiner comme ancien docteur par la date de son doctorat. Il soutint que le pape Alexandre VII n'avait ni vu ni connu ce bref. Il demanda acte de sa protestation, qu'appuyèrent les abbés de Prières, de Faukaumont, de Cadouin et de La Vieuville. L'abbé de Cîteaux s'émut ; Rancé tint ferme, vérifia le procès-verbal, et obligea le secrétaire à le corriger. L'abbé de Cîteaux, voulant la paix, nomma Rancé visiteur des provinces de Normandie, de Bretagne et d'Anjou. Rancé n'accepta pas la charge, mais le bref de Rome passa. Il supprimait le vicaire général de la réforme de France, et défendait les assemblées qu'avaient autorisées les arrêts du parlement et du conseil. Rancé à demi repoussé regagna son monastère.

Si les travaux spirituels avaient été interrompus, les constructions matérielles n'avaient pas été suspendues à La Trappe. Les moines étaient eux-mêmes les architectes et les maçons. Des frères convers appendus au haut du clocher étaient ballottés par les vents et rassurés par leur foi. Celui qui plaça le coq sur l'édifice vint avant son entreprise se prosterner aux pieds de Rancé. La religion prit le frère par le bras, et il monta ferme. Les travailleurs se mettaient à genoux sur leurs cordes lorsque l'heure des prières venait à tinter. Rancé augmenta le couvent d'un nombre de cellules ; il éleva une mense pour la réception des étrangers. On aperçoit dans l'avant-cour du couvent les écussons insultés des armes de France. Rancé fit bâtir deux chapelles, l'une en l'honneur de saint Jean Climaque, l'autre en l'honneur de sainte Marie d'Egypte : j'en ai déjà parlé. Il déposa sur l'autel de l'église les reliques qu'il avait apportées de Rome, et qui s'enrichirent ensuite de quelques autres. Dans l'église il remplaça, et il eut tort, par un beau groupe, cette vierge de peu de prix qui, sur la cime des Alpes, rassérène les lieux battus des tempêtes. Rancé retira le couvent de la désolation humaine, et l'épura par la désolation chrétienne. Ces lieux, que les Anglais avaient fait retentir de leurs pas armés, ne répétèrent que le susurrement de la sandale.

L'abbaye n'avait pas changé de lieu : elle était encore, comme au temps de la fondation, dans une vallée. Les collines assemblées autour d'elle la cachaient au reste de la terre. J'ai cru en la voyant revoir mes bois et mes étangs de Combourg le soir aux clartés allenties du soleil. Le silence régnait : si l'on entendait du bruit, ce n'était que le son des arbres ou les murmures de quelques ruisseaux ; murmures faibles ou renflés selon la lenteur ou la rapidité du vent ; on n'était pas bien certain de n'avoir pas ouï la mer. Je n'ai rencontré qu'à l'Escurial une pareille absence de vie : les chefs-d'œuvre de Raphaël se regardaient muets dans les obscures sacristies : à peine entendait-on la voix d'une femme étrangère qui passait.

Rentré dans son royaume des expiations, Rancé dressa des constitutions pour ce monde, convenables à ceux qui pleuraient. Dans le discours qui précède ces constitutions, il dit [Constitutions de l'abbaye de La Trappe, Paris, 1671. (N.d.A.)] : « L'abbaye est sise dans un vallon fort solitaire ; quiconque voudra y demeurer n'y doit apporter que son âme : la chair n'a que faire là-dedans. »

On croit lire quelque fragment des *Douze Tables*, ou la consigne d'un camp des quarante-deux stations israélites. On remarque ces prescriptions :

« On se lèvera à deux heures pour matines ; on fera l'espace d'entre les coups de la cloche fort petits, pour ôter lieu à la paresse. On gardera une grande modestie dans l'église, on fera tous ensemble les inclinations du corps et les génuflexions. On sera découvert depuis le commencement de matines jusqu'au premier psaume. »

On ne tournera jamais la tête dans le dortoir et l'on marchera avec gravité. On n'entrera jamais dans les cellules les uns des autres. On couchera sur une paillasse piquée, qui ait tout au plus un demi-pied d'épaisseur. Le traversin sera de paille longue ; le bois de lit sera fait d'ais sur des tréteaux. « C'est dans l'obscurité de leurs cellules, dit M. Charles Nodier dans ses *Méditations du Cloître*, que Rancé cacha ses regrets et que cet esprit ingénieux, qui avait deviné à neuf ans les beautés d'Anacréon, embrassa à l'âge du plaisir des austérités dont notre faiblesse s'étonne. »

Au réfectoire on sera extrêmement propre ; on y aura toujours la vue baissée, sans néanmoins se pencher trop sur ce que l'on mange. Puis viennent sur l'usage du couteau et de la fourchette des recommandations qui semblent faites pour des enfants : le vieillard devant Dieu est revenu à l'innocence des jours puérils.

Aussitôt que la cloche sonne pour le travail tous les religieux et novices se trouveront au parloir. On ira au travail assigné avec grande retenue et récollection intérieure, le regardant comme la première peine du péché.

Aux heures des récréations on bannira les nouvelles du temps. Dans les grandes sorties on pourra aller en silence avec un livre dans un endroit du bois hors de la hantise des séculiers. On tiendra le chapitre des coulpes deux fois la semaine : avant de s'accuser on se prosternera tous ensemble, et, le supérieur disant : *Quid dicite ?* chacun répondra d'un ton assez bas : *Culpas meas.*

A l'infirmerie le malade ne se plaindra jamais : un malade ne doit avoir devant les yeux que l'image de la mort ; il ne doit rien tant appréhender que de vivre.

A ces constitutions Rancé ajouta des règlements ; ils commencent par ce prolégomène : « Je ne m'acquitterais pas de ce que je dois à Dieu, de ce que je vous dois, mes frères, ni de ce que je me dois à moi-même si je négligeais dans ma conduite quelque chose de ce qui peut vous rendre dignes de l'éternité. »

Puis arrivent les instructions générales.

« On ne demeurera jamais seul dans aucun lieu dans l'obscurité, » dit Rancé. Et cependant, sans s'en apercevoir, il mettait l'homme seul devant ses passions.

Les observances en ce qui concerne les étrangers sont touchantes : on voyait des avertissements écrits en chaque chambre du quartier des hôtes. S'il est mort quelque parent proche, comme le père, la mère d'un religieux, l'abbé le recommande au chapitre sans le nommer, de manière que chacun s'y intéresse comme pour son propre père, et que la douleur ne cause ni douleur, ni inquiétude, ni distraction à celui des frères qu'elle regarde. La famille naturelle était tuée, et l'on y substituait une famille de Dieu. On pleurait son père autant de fois que l'on pleurait le père inconnu d'un compagnon de pénitence. Il y a des usages pour sonner la cloche selon les heures du jour et les différentes prières. Il y a des règles pour le chant : dans les psaumes, allez rondement jusqu'à la *flexe* ; le *Magnificat* doit s'entonner avec plus de gravité que les psaumes ; quoiqu'aucune pause ne soit commandée dans le cours d'un répons, on en doit faire dans le *Salve*, *Regina* : il faut qu'il y ait un moment de silence dans tout le chœur.

En 1672, on rétablit à La Trappe l'ancienne manière de jeûner le carême, de ne faire qu'un seul repas et de ne manger qu'à quatre heures du soir.

Par ces règlements Rancé avait mis à exécution ses deux grands projets : prière et silence. La prière n'était suspendue que par le travail. On se levait la nuit pour implorer celui qui ne dort point : Rancé voulait que l'âme et le corps eussent une égale occupation.

Quand l'abbé s'apercevait que ses religieux souffraient de douleurs qui ne se décelaient par aucune marque apparente, à ceux-là il s'attachait. Il n'opérait point à l'aide de miracles ; il ne faisait point entendre les sourds et les aveugles voir ; mais il soulageait les maladies de l'âme et jetait les esprits dans l'étonnement en apaisant les tempêtes invisibles. Variant ses instructions suivant le caractère de chaque cénobite, Rancé s'étudiait à suivre en eux l'attrait du ciel. Un mot de sa bouche leur rendait la paix. Des solitaires qui ne l'avaient jamais connu trouvèrent dans la suite, à sa sépulture, la guérison de leurs peines ; la bénédiction du ciel continuait sur sa tombe : Dieu garde les os de ses serviteurs.

L'hospitalité changea de nature ; elle devint purement évangélique : on ne demanda plus aux étrangers qui ils étaient ni d'où ils venaient ; ils entraient inconnus à l'hospice et en sortaient inconnus, il leur suffisait d'être hommes ; l'égalité primitive était remise en honneur. Le moine jeûnait tandis que l'hôte était pourvu ; il n'y avait de commun entre eux que le silence. Rancé nourrissait par semaine jusqu'à quatre mille cinq cents nécessiteux. Il était persuadé que ses moines n'avaient droit aux revenus du couvent qu'en qualité de pauvres. Il assistait des malades honteux et des curés indigents. Il avait établi des maisons de travail et des écoles à Mortagne. Les maux auxquels il exposait ses moines ne lui paraissaient que des souffrances naturelles. Il appelait ces souffrances la *pénitence de tous les hommes*. La réforme fut si profonde que le vallon consacré au repentir devint une terre d'oubli.

Il résulta de cette éducation des effets que l'on ne remarque plus que dans l'histoire des Pères du désert. Un homme s'étant égaré entendit une cloche sur les huit heures du soir : il marche de ce côté et arrive à La Trappe. Il était nuit ; on lui accorda l'hospitalité avec la charité ordinaire, mais on ne lui dit pas un mot : c'était l'heure du grand silence. Cet étranger, comme dans un château enchanté, était servi par des esprits muets, dont on croyait seulement entendre les évolutions mystérieuses.

Des religieux en se rendant au réfectoire suivaient ceux qui allaient devant eux sans s'embarrasser où ils allaient ; même chose pour le travail : ils ne voyaient que la trace de ceux qui marchaient les premiers. Un d'entre eux pendant l'année de son noviciat ne leva pas une seule fois les regards : il ignorait comment était fait le haut de sa cellule. Un autre reclus fut trois ou quatre mois sans apercevoir son frère, quoiqu'il lui tombât cent fois sous les yeux. La duchesse de Guise étant venue au couvent, un solitaire s'accusa d'avoir été tenté de regarder l'*évêque* qui était sous lampe. Rancé savait seul qu'il y eût une terre [Le Nain, t. I, liv. VII, p. 600 et suiv. (N.d.A.)].

Ces grands effets ne se bornèrent pas à l'intérieur du couvent ; ils s'étendirent partout. Dans la suite, quand La Trappe fut détruite, on en vit mille autres renaître, comme des plantes dont la semence a été soudée au haut des ruines. J'ai cité dans les notes du *Génie du Christianisme* les lettres de M. Clausel, qui, de soldat de l'armée de Condé était venu s'enfermer en Espagne à La Trappe de Sainte-Suzanne. Il écrivait à son frère : « J'arrivai un jour dans une campagne déserte à une porte, seul reste d'une grande ville. Il y avait eu sûrement dans cette ville des partis, et voilà que depuis des siècles leurs cendres s'élèvent confondues dans un même tourbillon. J'ai vu aussi Murviedo, où était bâtie Sagonte, et je n'ai plus songé qu'à l'éternité. Qu'est-ce que cela me fera dans vingt ou trente ans qu'on m'ait dépouillé de ma fortune ? Ah, mon frère ! puissions-nous avoir le bonheur d'entrer au ciel ! S'il me reste quelque chose, je désire qu'on fasse bâtir une chapelle dédiée à Notre-Dame des Sept Douleurs dans l'arrondissement de la maison paternelle, selon le projet que nous en fîmes sur la route de Munich. Hâtez-vous de faire élever des croix pour la consolation des voyageurs avec des sièges et une inscription comme en Bavière : *Vous qui êtes fatigués, reposez-vous*. J'aurai demain le bonheur de faire mes vœux : j'y ajouterai une croix comme on en met sur la tombe des morts. »

La chapelle vient d'être bâtie par mon vieil ami, M. de Clausel, dans les montagnes du Rouergue. Après plus de quarante années, l'amitié a rempli un voeu. Avant de quitter ce monde ne verrai-je point cette pieuse sincérité de l'affection fraternelle, moi qui viens d'apprendre la mort de mon jeune neveu, petit-fils de M. de Malesherbes[25], et mort jésuite au pied des Alpes de Savoie, après avoir été brave officier ? Je

25. Il s'agit de Christian de Chateaubriand, ancien officier. Chateaubriand avait fait sa connaissance lorsqu'il était ambassadeur à Rome.

tarde tant à m'en aller que j'ai envoyé devant moi tous ceux que je devais précéder.

Quand La Trappe fut détruite, un porteur de la haire de Rancé demanda asile au canton de Fribourg. Les moines quittèrent leur monastère ; chaque religieux avait dans son sac sa robe et un peu de pain. La colonie s'arrêta à Saint-Cyr ; elle fut accueillie par l'hospitalité expirante des Lazaristes, et fut bientôt obligée de s'éloigner. Le vœu de silence et de pauvreté paraissait une conspiration à ceux qui faisaient de si horribles bruits. A Paris, les chartreux, prêts à se séparer, reçurent les trappistes : les cloîtres de Saint-Bruno exercèrent leur dernier acte de charité. La solitude ambulante continua sa route. La vue d'une église lointaine sur le passage des frères les ranimait ; ils bénissaient la maison du Seigneur par la récitation des psaumes, comme on entend parmi les nuages des cygnes sauvages saluer en passant les savanes des Florides. A la frontière, la charrette qui traînait les bannis au ciel fut regardée avec compassion par nos soldats. On ne fouilla point ces mendiants. En entrant sur le sol étranger, les exilés se donnèrent le baiser de charité dans une forêt, à une lieue de l'ancienne abbaye de la Valsainte ils coupèrent une branche d'arbre, en firent une croix, et reçurent le curé de Cerniat qui venait à leur rencontre.

A la Valsainte, ruine d'un monastère abandonné, ils trouvèrent à peine de quoi se mettre à l'abri. Dans un temps où les armes, les malheurs et les crimes faisaient tant de fracas, la renommée des solitaires se répandit au dehors ; les rois fuyaient et n'attiraient personne sur leurs traces : on accourait de toutes parts pour se ranger au nombre des moines réfugiés. La Valsainte, grossie de néophytes, fut obligée d'envoyer des colonies au dehors comme une ruche répand autour d'elle ses essaims. Mais la révolution, qui marchait plus vite que la religion fugitive, atteignit les trappistes dans leur nouvelle retraite : obligés de quitter Valsainte, chassés de royaume en royaume, par le torrent qui les poursuivait, ils arrivèrent jusqu'à Butschirad, où j'ai rencontré un autre exilé. Enfin, le sol leur manquant, ils passèrent en Amérique. C'était un grand spectacle que le monde et la solitude fuyant à la fois devant Bonaparte. Le conquérant, rassuré par ses victoires, sentit la nécessité des maisons religieuses : « Là, disait-il, se pourront réfugier ceux à qui le monde ne convient pas ou qui ne conviennent pas au monde. »

Dom Gustin, trappiste fugitif, racheta les ruines de La Trappe avec des aumônes. Il ne restait plus du monastère que la pharmacie, le moulin et quelques bâtiments d'exploitation. Dans les environs de Bayeux, les trappistines, chassées d'abord de la forêt de Senart, s'établirent sous la conduite de ma cousine, Mme de Chateaubriand[26]. Les enfants de Rancé ne trouvèrent en rentrant dans la solitude de leur père que des murailles recouvertes de lierre, et des débris à travers lesquels serpentaient les ronces. Telle fut dès son début la vigueur de l'arbre que Rancé avait planté qu'il continue de vivre ; il donnera de l'ombre aux pauvres quand il n'y aura plus d'ombre de trônes ici-bas. J'ai vu à La Trappe un ormeau du temps de Rancé : les religieux ont grand soin de ce vieux lare qui indique les cendres paternelles mieux que la statue de Charles II n'indique l'immolation de Charles Ier.

Les moines dont je viens de tracer l'histoire avaient été les enfants de Rancé. Lorsqu'il arriva à La Trappe, un de ses premiers soins fut de faire abattre une fuie, cellules de colombes, qui se trouvait placée au milieu de la cour, soit qu'il voulût abolir jusqu'au souvenir des temps d'une abstinence moins rigoureuse, soit qu'il craignît ces oiseaux que la Fable plaçait parmi ses plus beaux ornements et dont les ailes portaient des messages le long des rivages de l'Orient. Un trappiste se confessait d'avoir regardé un nid : se reprochait-il d'avoir pensé à un nid ou à des ailes ? M. de Rancé fit dé-

26. Il s'agit de Marie-Anne de Chateaubriand, sœur Séraphine chez les bénédictines de Saint-Malo.

tourner un grand chemin qui passait contre les murs de l'abbaye, le bruit de ce chemin renouvelé descend encore aujourd'hui au fond de la vallée. Tout chef qu'il était, Rancé ne s'accorda aucune des préférences de ses devanciers, il se contentait de la pitance commune ; privé comme ses moines de l'usage du linge, il prêchait et confessait ses frères ; ses seules distractions étaient les paroles qu'il recueillait sur le lit de cendres. Il fortifiait ses pénitents plutôt qu'il ne les attendrissait. Il n'était question dans ses discours que de l'échelle de saint Jean Climaque, des ascétiques de saint Basile et des conférences de Cassien.

Les cinq ou six premières années de la retraite de Rancé se passèrent obscurément : les ouvriers travaillaient sous terre aux fondements de l'édifice. Rancé recevait sans distinction tous les religieux qui se présentaient. Le premier qui parut fut, en 1667, dom Rigobert, moine de Clairvaux ; ensuite dom Jacques et le père Le Nain. Ces réceptions commencèrent à faire des ennemis à Rancé. Cela nous paraît bien peu grave, à nous qui n'attachons de prix qu'aux guenilles de notre vie, mais alors c'étaient des affaires : Rome survenait, le grand conseil du roi s'en mêlait. Obligé d'entrer dans ces transactions générales, Rancé était forcé de survenir dans les accidents domestiques : il administrait ses premiers solitaires, qui mouraient d'abord presque tous. Dom Placide était étendu sur sa dernière couche, Rancé lui demanda où il voulait aller. – « Au-devant des bienheureux », répondit-il. Dom Bernard fut administré. A peine eut-il reçu le corps de Notre-Seigneur qu'il eut un pressant besoin de cracher : il se retint, et mourut étouffé par le pain des anges.

Claude Cordon, docteur de Sorbonne, reçut en arrivant le nom d'Arsène, nom devenu fameux dans les nouvelles légendes. Arsène, après sa mort, apparut dans une gloire à dom Paul Ferrand, et lui dit : « si vous saviez ce que c'est que de converser avec les saints ! » Puis il disparut.

L'abbaye de Dorval se voulut réformer. L'abbé de Dorval convint d'une entrevue avec Rancé : Rancé partit ; il rencontra l'abbé de Dorval à Châtillon[27], lieu triste, où les espérances ne se réalisent pas. De là il se rendit à Commercy, où il revit le cardinal de Retz ; il le détourna de la pensée apparente qu'il avait de se renfermer à La Trappe :

« Le saint homme, dit Le Nain, eut de bonnes raisons pour ne pas le lui conseiller. » M. Dumont, auteur de l'histoire de la ville de Commercy. a bien voulu m'envoyer une lettre de Rancé au cardinal de Retz. « Si Votre Eminence, dit l'abbé de La Trappe, croyait qu'il n'y eût personne dans le monde dont mon cœur fût plus occupé que d'elle, elle ne me ferait pas justice. » Voilà où la déférence pour les rangs peut conduire la piété même. Après sa sortie, Rancé se hâta de se replier et de rappeler du monde sa patrouille. Revenu à La Trappe, il admit à profession frère Pacôme : celui-ci n'ouvrit jamais un livre, mais il excellait dans l'humilité. Chargé du soin des pauvres, il n'entrait dans le lieu où il mettait le pain qu'après s'être déchaussé, comme Moïse pour entrer dans la terre promise. Pacôme attira à lui un de ses frères ; ils vécurent sous le même toit sans se donner la moindre marque qu'ils se fussent jamais connus.

Rancé avait envoyé un religieux à Septfonts : ce religieux se gâta.

« Je me suis mécompté, écrivait Rancé au visiteur, j'en ferai pénitence toute ma vie. »

La plupart des repentants du XVIe siècle et du commencement du XVIIe avaient été des bandits ; ils ne se transformèrent pas, comme les massacreurs de septembre, en marchands de pommes cuites, et ne vendaient point de leurs mains souillées de meurtre des fruits aux petits enfants. Ces

27. Allusion au congrès de Châtillon-sur-Seine, en 1814, pendant lequel Caulaincourt, au nom de Napoléon Ier, échoua à obtenir la paix avec les puissance alliées contre lui.

meurtriers étaient des déserteurs des armées du temps, des *routiers*, des *condottieri*, des *ruffiens*. Somme toute, des capitaines, tels que Montluc et le baron des Adrets, qui faisaient sauter des prisonniers du haut des remparts, instruisaient leurs fils à se laver les bras dans le sang, accrochaient leurs prisonniers aux arbres. Valaient-ils mieux que leurs soldats ? Les illustres égorgeurs qui se retirèrent à Port-Royal et à La Trappe n'étaient-ils pas les dignes appelés à la retraite vengeresse qui les devait dévorer ! Un monde si plein de crimes se remplit de pénitents comme au temps de la Thébaïde.

Depuis la réforme jusqu'à la mort de Rancé on compte cent quatre-vingt-dix-sept religieux et quarante-neuf frères, parmi lesquels sont plusieurs de qui Rancé a écrit la vie et qui peuvent figurer dans les romans du ciel. On voit leurs noms dans l'*Histoire de l'Abbaye de La Trappe*, excellent recueil, où tout se trouve rapporté avec une minutieuse exactitude. Je le recommande d'autant plus que j'y ai remarqué quelques paroles d'humeur contre moi ; cependant, je croyais ne les avoir pas méritées.

A Port-Royal, même affluence d'hommes du monde ; mais à Port-Royal il y avait des femmes et des savants ; Pallue *coulant le temps* médecin qui devint celui des solitaires, fit bâtir, nous dit Fontaine « un petit logis, appelé le Petit-Pallue, à cause de la petitesse *bien juste et bien ramassée* de ses appartements ». Vint ensuite Gentien-Thomas, suivi de ses enfants. On vit accourir M. de La Rivière, officier, qui apprit la langue grecque et la langue hébraïque, et se fit gardien des bois.

A La Trappe arrive Pierre ou François Fore : sous-lieutenant dans un corps de grenadiers, blessé dans plusieurs rencontres, plongé dans toutes sortes de vices, poursuivi par dix ou douze décrets de prise de corps, il était incertain s'il fuirait en Angleterre, en Allemagne, en Hongrie, ou s'il ne prendrait pas le turban ; il entendit parler de La Trappe. En quelques jours, il franchit deux cents lieues ; il arrive à la fin de l'hiver par des routes défoncées et d'affreuses pluies ; il frappe à la porte : son oeil était hagard, son expression hautaine et dure, son sourcil fier, sa contenance militaire et farouche. Rancé le reçut. Des ulcères se formèrent dans la poitrine de Fore ; il vomit le sang sur la cendre, et il expira.

A Port-Royal on voit un M. de La Pétissière, brave parmi les braves ; le cardinal de Richelieu se reposait sur lui de sa sûreté : c'était un lion plutôt qu'un homme. *Le feu lui sortait par les yeux, et son seul regard effrayait ceux qui le regardaient.* Dieu se servit d'un malheur pour toucher d'une crainte salutaire son âme féroce et incapable de toute autre peur. Comme il avait eu une querelle avec un parent du cardinal, il eut plus de huit jours un cheval toujours sellé et prêt à monter pour aller se battre contre celui dont il croyait avoir été offensé. La fureur qui le transportait était telle, qu'encore qu'il fût le plus habile et le plus adroit du royaume, il reçut, après avoir blessé à mort son ennemi, un coup d'épée dans le bras, entre les deux os ; la pointe demeura enfoncée sans qu'il pût jamais la retirer. Il se sauva en cet état à travers champs, portant dans son bras le bout de l'épée rompue. Il alla trouver un maréchal, qui eut besoin pour la retirer de se servir des grosses tenailles de sa forge.

A La Trappe passe Forbin de Janson, obligé de quitter la France pour avoir tué son adversaire en duel : il obtint ensuite sa grâce. Il se trouva à Marsaille, sous Catinat, reçut une blessure, fit voeu de se faire religieux et reçut l'habit des frères de La Trappe. Il fut envoyé au monastère de *Buon-Solazzo* (Bonne-Consolation), et fonda une maison de trappistes sur les charmantes collines de la Toscane. Joseph Bernier, moine qui restait de l'ancienne Trappe, passa, à l'arrivée de Rancé, dans l'étroite observance ; il demanda en expirant que son corps fût jeté à la voirie : cynisme de la religion, où se montre le cas que les chrétiens faisaient de la matière. Ces rigueurs se rattachent à un ordre de philosophie que notre esprit n'est pas plus capable de comprendre que nos mœurs de supporter. Timée, dans Diogène Laerce, raconte que les pythagoriciens mettaient leurs biens en commun, appelaient l'amitié égalité, ne mangeaient point de viande, étaient cinq ans sans parler, et rejetaient par humilité les cercueils de cyprès, parce que le sceptre de Jupiter était fait de ce bois.

Ces pécheurs de La Trappe et de Port-Royal se trouvèrent confondus avec des non-savants de toutes natures. A Port-Royal était le jeune Lindo, d'une bonté et d'une ouverture de cœur à l'égard de tout le monde qui ne se peut concevoir. « Je sentais pour lui, décrit l'ingénu Fontaine, une tendresse particulière ; il était fort simple, et je l'étais aussi. »

De même parut à La Trappe frère Benoît, gentilhomme plein d'esprit, qui avait passé ses premiers jours à ne point penser. Rancé, qui tirait parti de l'innocence comme du repentir, a écrit sa vie, de même qu'un jardinier fait une petite croix sur des paquets de graines pour étiqueter un parfum.

M. Sainte-Beuve a extrait avec la patience du goût les passages de Port Royal, que je viens de citer ; il ajoute : « C'est le côté par lequel Port-Royal touche à La Trappe et à M. de Rancé, quand, sous les autres aspects, il paraît toucher plus près aux bénédictins de Saint-Maur et à Mabillon ; quand, par M. d'Andilly, il reste un peu à portée de la cour et presque figurant de loin ces riantes et romanesques retraites, imaginées en idée par Mlle de Montpensier, par Mme de Motteville ou même par Mlle de Scudéri. »

La Trappe n'était pas riante ; ses sites étaient désolés, et l'âpreté de ses mœurs se répétait dans l'âpreté du paysage. Mais La Trappe resta orthodoxe, et Port-Royal fut envahi par la liberté de l'esprit humain. Le terrible Pascal, hanté par son esprit géométrique, doutait sans cesse : il ne se tira de son malheur qu'en se précipitant dans la foi. Malgré le silence que La Trappe gardait, il fut question de la détruire, tant le monde était effrayé d'elle ; elle n'échappa à sa ruine que par l'habileté de Rancé : Port-Royal fut moins heureux.

Parti de Paris dans la nuit du 27 octobre 1709, d'Argenson investit Port-Royal-des-Champs avec trois cents hommes ; c'était trop pour enlever vingt-deux religieuses âgées et infirmes. Elles furent dispersées en différents lieux ; et l'on refusa quelquefois la sépulture à ces brebis esseulées du troupeau de la mère Angélique.

Enfin l'ordre de la démolition du couvent arriva le 25 janvier 1710, dix ans après la mort de Rancé. Cet ordre *fut exécuté avec fureur* selon Duclos. Les cadavres étaient déterrés au bruit de ricaneries obscènes, tandis que dans l'église les chiens se repaissaient de chair décomposée. Les pierres tumulaires furent enlevées ; on a trouvé à Magny celle d'Arnauld d'Andilly. La maison de M. de Sainte-Marthe devint une grange ; les bestiaux paissent sur l'emplacement de l'église de Port-Royal-des-Champs : « La clématite, le lierre et la ronce, dit un voyageur, croissent sur cette masure, et un marsaule élève sa tige au milieu de l'endroit où était le chœur. Le silence est à peine interrompu par le gémissement du ramier solitaire. Ici Sacy venait répéter à Dieu la prière qu'il avait empruntée de Fulgence ; là Nicole invita Arnauld à déposer la plume ; dans cette allée écartée j'aperçois Pascal qui développe une nouvelle preuve de la divinité du christianisme ; plus loin, avec Tillemont et Lancelot se promènent Racine, La Bruyère, Despréaux, qui sont venus visiter leurs amis. Echos de ces déserts, arbres antiques, que n'avez-vous pu conserver les entretiens de ces hommes célèbres ! »

Et quel est le chrétien persuadé, le génie poétique qui s'adresse à ces illustres disparus, comme jadis à Sparte j'appelai en vain Léonidas ? C'est l'ancien évêque de Blois, approbateur de la mort et quasi-juge dans le procès de Louis XVI.

Louis le Grand, vous avez enseigné à votre peuple les exhumations ; accoutumé à vous obéir, il a suivi vos exemples au moment même où la tête de Marie-Antoinette tombait sur la place révolutionnaire, on brisait à Saint-Denis les cercueils : au bord d'un caveau ouvert, Louis XIV tout noir, que l'on reconnaissait à ses grands traits, attendait sa dernière destruction ; représailles de la justice éternelle ! « Eh bien, peuple royal de fantômes », je me cite (je ne suis plus que le temps), « voudriez-vous revivre au prix d'une couronne ? Le trône vous tente-t-il encore ? Vous secouez vos têtes, et vous vous recouchez lentement dans vos cercueils. »

Rancé avait transporté avec lui au désert le passé, et y attira le présent et l'avenir. Le siècle de Louis XIV ne négligeait aucune grandeur ; il s'associait aux victoires d'un reclus comme aux victoires d'un capitaine : Rocroi pour ce siècle était partout. Les querelles du jansénisme, les mysticités du quiétisme occupaient la ville et la cour depuis Bossuet et Fénelon jusqu'à Mmes de Maintenon et de Longueville, depuis le cardinal de Noailles jusqu'aux maréchaux amis et ennemis de Port-Royal, depuis les adversaires du protestantisme jusqu'aux esprits entêtés de l'hérésie. Par Rancé le siècle de Louis XIV entra dans la solitude, et la solitude s'établit au sein du monde.

Dans ces premières années de la retraite de Rancé, on entendit peu parler du monastère, mais petit à petit sa renommée se répandit. On s'aperçut qu'il venait des parfums d'une terre inconnue ; on se tournait, pour les respirer, vers les régions de cette Arabie heureuse. Attiré par les effluences célestes, on en remonta le cours : l'île de Cuba se décèle par l'odeur des vanilliers sur la côte des Florides.

« Nous étions, dit Leguat, en présence de l'île d'Eden : l'air était rempli d'une odeur charmante qui venait de l'île et s'exhalait des citronniers et des orangers [*Voyage et Aventures de François Leguat*, p. 48, t. I. (N.d.A.)]. »

Livre quatrième

Les calomnies publiées contre le monastère de La Trappe par les libertins, qui se moquaient des austérités, et par les jaloux, qui sentaient naître une autre immortalité pour Rancé, commençaient à s'accroître ; on avait sans cesse devant les yeux les premières erreurs du solitaire, on s'obstinait à ne voir dans sa conversion que des motifs de vanité. Ses plus grands amis, l'abbé de Prières, visiteur de l'ordre était lui-même épouvanté des réformes de La Trappe ; il écrivait à l'abbé : « Vous aurez beaucoup d'admirateurs, mais peu d'imitateurs. »

Maubuisson, abbaye près de Pontoise, avait été bâtie par la reine Blanche, et l'on y voyait son tombeau : Rancé écrivit à la supérieure, découragée, de cette abbaye. Il écrivait à une autre femme, car tous les souffrants consultaient ce savant médecin qui avait essayé les remèdes sur lui-même : « Si l'ennui vous attaque, pensez que Jésus-Christ vous attend ; toute votre course et sa durée ne vous paraîtront qu'une vapeur dans ce point auquel il faudra qu'elle finisse. »

Le 7 septembre 1672 Rancé présenta une requête au roi en faveur de la réforme ; il commence par dire que les anciens solitaires, dont il ne mérite de porter ni le nom ni l'habit, n'ont point fait difficulté de sortir du fond de leurs déserts pour le service de Dieu ; qu'à leur exemple il croirait manquer au plus saint de ses devoirs s'il se taisait ; que malheureusement il ne va parler que pour se plaindre, et que celui qui lui ouvre la bouche n'a mis sur ses lèvres que des paroles de douleur. De là passant à son sujet, il parle de l'ordre de Cîteaux, prêt à retomber dans les périls dont il est échappé, par le défaut de protection refusée à l'étroite observance établie par Louis XIII. Pendant que les solitaires ont vécu dans la perfection ils ont été considérés comme les anges tutélaires des monarchies ; ils ont soutenu, par le pouvoir qu'ils avaient auprès de Dieu, la fortune de l'empire : une sainte recluse avait connu en esprit ce qui se passait à la journée de Lépante. « Votre Majesté, ajoute Rancé, ne sera point surprise qu'étant obligé par le devoir de ma profession de me présenter à tous les instants au pied des autels du Roi du ciel, j'aborde une fois dans ma vie le trône du roi de la terre. »

La cour de Rome, qu'avaient en vue les réformes trop austères de La Trappe, s'opposait aux exagérations de ses serviteurs ; Rancé annonçait son habileté en réveillant la passion du pouvoir dans le cœur de Louis XIV.

Dans tous les bruits répandus, les uns dénonçaient Rancé pour sa doctrine, prétendant qu'elle n'était pas pure ; les autres le taxaient d'hypocrisie, les autres lui reprochaient d'introduire dans l'ordre des voies nouvelles. Le roi, vers la fin d'octobre 1673, lui accorda pour juger la question les commissaires qu'il avait demandés, l'archevêque de Paris, le doyen de Notre-Dame, MM. de Caumartin, de Fieubet, de Voisin et de La Marquerie.

Ses adversaires faisaient en même temps des démarches à Rome contre lui. « Pour un moine, disait Rancé, il n'y a pas de réputation qui lui soit due Il n'est que pour être homme d'opprobre et d'abjection. »

On popularisait ces sentiments hostiles en les répandant dans des vers qui ne valaient pas ceux de notre grand chansonnier, mais qui marquaient déjà la trace par où la France devait arriver à une immortalité qui n'appartient qu'à elle. On trouve cette allure qui nous a amenés des chanteurs de François Ier à Béranger :

Je suis revenu de La Trappe,
Cette maudite trappe à fou ;
Et si jamais le diable m'y attrape,
Je veux qu'on me casse le cou.
Ce maudit trou n'est qu'une trappe,
Ce maudit trou
N'est qu'une trappe à fou.

Les commissaires nommés par le cabinet s'étant assemblés, Rancé fut mandé à Paris, en 1675. Ils avaient tout réglé selon les intentions du serviteur de Dieu ; mais un abbé de la commune observance déclara que si l'on suivait les avis des commissaires, les abbés étrangers ne viendraient pas au chapitre général de Cîteaux. Le roi s'arrêta : tout se tenait alors, un mouvement dans le clergé pouvait entraîner un dérangement dans les affaires. Louis XIV le savait, et rien n'était si prudent que ce roi absolu élevé aux incartades de la Fronde.

Rancé purgea sa bibliothèque ; il répondit à l'évêque de Pamiers et à M. Deslions, qui, dans le dessein de le décourager, lui disaient qu'il était encore loin des austérités des premiers chrétiens : « Il est vrai que le pain de tourbe dont vous me parlez était fort en usage parmi les moines. »

En 1676, il contracta une maladie habituelle, avec laquelle il mourut, mais qui ne l'empêcha pas de travailler. Après avoir passé trois mois à l'infirmerie, il revint à la communauté. Ainsi s'écoula sa vie jusqu'en 1689, qu'il fut saisi d'une grosse fièvre. Aussitôt que le mal lui laissait quelque relâche, il reprenait ses occupations, suivies de rechutes : « La vie d'un pécheur comme moi dure toujours trop » disait-il.

Mademoiselle, grand hurluberlu, qui se trouvait partout avec son imagination, écrivit à Rancé, et lui demanda quelques religieux. Il lui répondit : « Je suis fort persuadé, mademoiselle, que votre altesse royale ne doute point que je n'eusse une extrême joie de pouvoir lui nommer un religieux tel qu'elle le désire, mais j'en ai perdu huit depuis un an, qui sont allés à Dieu. Il y en a d'autres qui sont près de les suivre ; et quoique nous soyons encore un nombre considérable, nous ne vivons plus ni les uns ni les autres que dans la vue et le désir de la mort. »

A cette époque mourut un religieux qui n'avait pas plus de vingt-trois ans, et qui, dans son attirail de décédé, dit à Rancé : « J'ai bien de la joie de me voir dans l'habit de mon départ. » Il souriait lorsqu'il allait mourir, comme les anciens barbares. On croyait entendre cet oiseau sans nom qui console le voyageur dans le vallon de Cachemir.

C'est sur ce fond de La Trappe que venaient se jouer les scènes extérieures. Les silhouettes du monde se dessinaient autour des ombres, le long des étangs et dans les futaies. Le contraste était plus frappant qu'à Port-Royal, car on n'apercevait pas M. d'Andilly marchant une serpe à la main, le long des espaliers, mais quelque vieux moine courbé allant, une bêche sur l'épaule, creuser une fosse dans le cimetière. C'étaient ces scènes de bergeries que l'on voit dans les tableaux des grands peintres.

Une des premières personnes du monde avec laquelle Rancé eut des rapports fut Mlle d'Alençon, autrement Mme de Guise, fille de Gaston et cousine germaine de Louis XIV. Mlle d'Alençon, bossue, épousa le dernier duc de Guise, dont elle eut un fils, qui mourut vite. « Le mérite, dit Mademoiselle dans ses Mémoires, qu'avaient autrefois en France les Lorrains du temps du Balafré et de tous ces illustres MM. de Guise, n'avait pas continué dans tout ce qui était resté du même nom. » Le duc de Guise, mari de Mlle d'Alençon, n'avait qu'un pliant devant sa femme : il ne mangeait qu'au bout de la table, encore fallait-il qu'on lui eût permis de s'asseoir.

M. Boistard, capitaine employé à Saint-Cyr, a bien voulu me communiquer un recueil manuscrit contenant vingt-sept lettres de l'abbé de Rancé à Mme de Guise. La lettre écrite du 3 mars 1692 parle de la mort d'un solitaire de La Trappe. Ces lettres parlent aussi de Jacques II : « On est inexorable, dit Rancé, pour ceux qui n'ont pas la fortune de leur côté. » Rancé affirme, dans la lettre du 7 septembre 1693, « que le propre d'un chrétien est d'être sans souvenir, sans mémoire et sans ressentiment. » Quand on a, un siècle plus tard, vu passer 1793, il est difficile d'être sans souvenir.

Louis XIV avait de l'affection pour Mme de Guise, bien qu'il s'emportât contre elle lorsqu'elle s'enfuit à La Trappe sur le bruit que le prince d'Orange allait descendre en France. Quand elle allait à l'abbaye, elle y passait plusieurs jours. Mme de Guise mourut à Versailles, le 17 mars 1696 ; elle avait vendu à Louis XIV le palais d'Orléans, aujourd'hui le palais du Luxembourg. Elle fut enterrée non à Saint-Denis, mais aux Carmelites. L'oraison funèbre de Mme de Guise fut prononcée à Alençon par le Père Dorothée, capucin : c'est toute la pompe que la religion livrée à elle seule accordait aux grands.

Immédiatement avec Mme de Guise parut à La Trappe le duc de Saint-Simon. Il faudrait presque révoquer en doute ce qu'il raconte de la manière dont il parvint à faire croquer par Rigaut[28] le portrait de Rancé, si Maupeou n'avait rapporté les mêmes détails. Le père de Saint-Simon tenait son titre de Louis XIII ; il avait acheté une terre voisine de La Trappe ; il menait souvent son fils à l'abbaye. Saint-Simon serait très croyable dans ce qu'il rapporte s'il pouvait s'occuper d'autre chose que de lui. A force de vanter son nom, de déprécier celui des autres, on serait tenté de croire qu'il avait des doutes sur sa race. Il semble n'abaisser ses voisins

28. *Rigaud* : peintre français (1659-1743), originaire de Perpignan et spécialisé dans le portrait. Celui qu'il fit de Rancé en 1697 est visible au musée Comtadin Duplessis de Carpentras.

que pour se mettre en sûreté. Louis XIV l'accusait de ne songer qu'à démolir les rangs, qu'à se constituer le grand-maître des généalogies. Il attaquait le parlement, et le parlement rappela à Saint-Simon qu'il avait vu commencer sa noblesse. C'est un caquetage éternel de tabourets dans les Mémoires de Saint-Simon. Dans ce caquetage viendraient se perdre les qualités incorrectes du style de l'auteur, mais heureusement il avait un tour à lui ; il écrivait à la diable pour l'immortalité.

Le duc de Penthièvre parut plus tard à La Trappe : Saint-Simon ne se put guérir de l'âcreté de son humeur dans une solitude où le petit-fils du comte de Toulouse perfectionna sa vertu : le fiel et le miel se composent quelquefois sous les mêmes arbres. Pieux et mélancolique, le duc de Penthièvre fit augmenter, s'il ne bâtit pas entièrement, l'abbatiale, où il aimait se retirer, en prévision du martyre de sa fille. La princesse de Lamballe, enfant, venait s'amuser à la maison-Dieu ; elle fut massacrée après la dévastation du monastère. Sa vie s'envola comme ce passereau d'une barque du Rhône, qui, blessé à mort, fait pencher en se débattant l'esquif trop chargé.

Pellisson fréquentait La Trappe. Il s'était flatté de faire consentir le roi à certain arrangement. Rancé insistait pour que sa communauté eût le droit de choisir un prieur. « Je ne doute pas, mandait-il à Pellisson, que vous ne voyiez mieux que moi tout ce que je ne vous dis pas sur cette matière, parce que vos connaissances sont plus étendues et vont beaucoup plus loin que les miennes. »

Pellisson abjura le protestantisme en 1670, à Chartres, entre les mains de l'évêque de Comminges, et s'attacha ensuite à Bossuet. Pellisson est célèbre pour avoir élevé une araignée : il demeura ferme dans le procès de Fouquet, si bien débrouillé par M. Monmerqué. Il écrivit, en défense de son ancien patron, trois mémoires sur lesquels on pourrait encore jeter les yeux avec fruit. Louis XIV le ménagea ; il s'aperçut que la conquête lui ferait honneur et ne serait pas difficile ; mais comme l'ancien commis des finances mourut sans confession, on le soupçonna toujours. Rancé le défendit toujours : la célébrité adoucissait sa foi. Rancé avait peut-être vu Pellisson chez le cardinal de Richelieu lors de la création de l'Académie. Pellisson avait aimé Mlle de Scudéry ; il n'était pas beau, elle ne perdit point sa bonne réputation.

Bossuet, camarade de collège de Rancé, visita son condisciple ; il se leva sur La Trappe comme le soleil sur une forêt sauvage. L'aigle de Meaux se transporta huit fois à cette aire. Ces différents vols vont toucher à des faits dont la mémoire est restée. En 1682 Louis XIV s'établit à Versailles. En 1685 Bossuet composa à La Trappe l'avertissement du *Catéchisme de Meaux*. En 1686 l'orateur mit fin à ses *Oraisons funèbres* par le chef-d'œuvre qu'il prononça devant le cercueil du grand Condé. En 1696 s'en alla à Dieu Sobieski, ancien mousquetaire de Louis le Grand. Sobieski entra dans Vienne par la brèche qu'avait ouverte le canon des Turcs. Les Polonais sauvèrent l'Europe, qui laisse exterminer aujourd'hui la Pologne. L'histoire n'est pas plus reconnaissante que les hommes.

La Trappe était le lieu où Bossuet se plaisait le mieux : les hommes éclatants ont un penchant pour les lieux obscurs. Devenu familier avec le chemin du Perche, Bossuet écrivait à une religieuse malade : « J'espère bien vous rendre, à mon retour de La Trappe, une plus longue visite », paroles qui n'ont d'autre mérite que d'être jetées à la poste en passant et d'être signées : Bossuet.

Bossuet trouvait un charme dans la manière dont les compagnons de Rancé célébraient l'Office divin : « Le chant des Psaumes, dit l'abbé Ledieu, qui venait seul troubler le silence de cette vaste solitude, les longues pauses de Complies, le son doux, tendre et perçant du *Salve Regina*, inspiraient au prélat une sorte de mélancolie religieuse. » A La Trappe il me semblait en effet pendant ces silences ouïr passer le monde avec le souffle du vent. Je me rappelais ces garnisons perdues aux extrémités du monde et qui font entendre aux échos des airs inconnus, comme pour attirer la patrie : ces garnisons meurent, et le bruit finit.

Bossuet assistait aux offices du jour et de la nuit. Avant Vêpres, l'évêque et le réformateur prenaient l'air. On m'a montré près de la *grotte de Saint-Bernard* une chaussée embarrassée de broussailles qui séparait autrefois deux étangs. J'ai osé profaner, avec les pas qui me servirent à rêver René, la digue où Bossuet et Rancé s'entretenaient des choses divines. Sur la levée dépouillée je croyais voir se dessiner les ombres jumelles du plus grand des orateurs et du premier des nouveaux solitaires.

Bossuet reçut le viatique le lundi saint de l'année 1704 : il y avait quatre ans que Rancé n'existait plus. Bossuet se plaignait d'être importuné de sa mémoire, sa garde lui soutenait la tête : « Cela serait bon, disait-il, si ma tête pouvait se tenir. » Dans un de ces moment, l'abbé Ledieu lui prononça le mot de gloire ; Bossuet reprit : « Cessez ces discours ; demandez pour moi pardon à Dieu. »

Le 12 avril 1704, les pieds et les mains du moribond s'engourdirent. Un peu avant quatre heures et demie du matin il expira : c'était l'heure où son ami Rancé priait aux approches du jour. L'aigle qui s'était en passant reposé un moment dans ce monde reprit son vol vers l'aire sublime dont il ne devait plus descendre : il n'est resté de ce sublime génie qu'une pierre.

Rancé eut d'abord la pensée de se démettre de son abbaye ; il consulta Bossuet au mois de décembre 1682. Bossuet lui répondit d'attendre. Dans cette année le père d'un jeune mousquetaire réfugié à La Trappe se plaignit de la captation dont on avait usé envers son fils, il ne reçut de l'abbé que ces mots : « Vous le quitterez bientôt. »

En ce temps-là mourut l'abbé de Prières. J'en ai souvent parlé. Il fit écrire à Rancé par un prêtre : « L'abbé de Prières m'ordonna dans les derniers moments de sa vie de vous donner avis de sa mort en vous témoignant l'estime qu'il a conservée pour vous jusqu'au dernier soupir. »

Ces honnêtes gens se léguaient leur estime.

De toutes les accusations portées contre Rancé aucune ne s'appuyait sur une apparence de vérité, exceptée celle de jansénisme. On a une lettre de lui, adressée en 1676 à M. de Brancas ; elle s'exprime ainsi :

« Je vous dis, en parlant de M. Arnauld et de ces messieurs, que le pape était content d'eux, et qu'il avait reçu leur signature en la manière qu'ils l'avaient donnée ; vous me répondîtes, ce que déjà des personnes de piété m'avaient donné comme une chose constante, qu'ils l'avaient surpris, et que le pape avait fait comme ceux qui mettent la main devant leurs yeux, et font semblant de ne pas voir. Cependant monsieur, il m'est tombé entre les mains, depuis quelques jours, l'arrêt qui a été donné contre M. l'évêque d'Angers, qui porte expressément que le pape, avec beaucoup de prudence, a voulu recevoir la signature de quelques particuliers avec une explication plus étendue pour les mettre à couvert de leurs scrupules et des peines portées par les constitutions. Tellement, monsieur, que non seulement il n'a pas fait semblant de ne pas voir qu'ils aient signé avec explication mais même il l'a prouvé et s'en est contenté. Je suis bien heureux monsieur, de n'avoir jugé personne. Où en serais-je réduit si j'avais condamné des gens que le pape reçoit dans le fait même pour lequel je les aurais condamnés ? Et à quelle réparation ne serais-je point tenu si j'avais porté un jugement contre eux, et que j'eusse donné à d'autres de faire la même chose sur mon témoignage ! car dans le fond j'aurais, contre le respect que je dois au pape et contre ses intentions, condamné ceux qu'il justifie, et considéré comme personnes qui sont dans l'erreur et dans la désobéissance celles dont il est satisfait et qu'il reçoit dans son sein et dans sa communion et par une conduite pleine de charité et de sagesse. Je vous assure, monsieur, qu'il ne m'arrivera pas de juger, et que je serai plus religieux que jamais dans les résolutions que j'ai prises sur ce sujet-là. Je vous parle sans passion et dans un désintéressement entier de tous les partis (car je n'en ai aucun et je suis incapable d'en avoir que celui de l'Eglise), mais dans la créance que c'est Jésus-Christ qui me met au cœur ce que je vous vas dire.

Il est impossible que Dieu demande compte ni à vous ni à moi de ce que nous nous serons abstenus de juger, n'ayant pour cela ni caractère ni obligation ; mais il se peut très bien faire qu'une conduite opposée chargerait nos consciences, quelles que bonnes que soient nos intentions, si ceux qui ont autorité ou qui ont obligation de juger se mécomptent pour y avoir apporté toute l'application, les soins et la diligence nécessaires. Ils peuvent espérer que Dieu, qui connaît le fond de leurs cœurs, leur fera miséricorde ; mais pour ceux qui s'avancent et qui n'ont point de mission, si ce malheur leur arrive, ils ne peuvent attendre qu'une punition rigoureuse ; car dès le moment qu'ils se sont ingérés et ont usurpé un droit qui ne leur appartenait point ils ont mérité que Dieu les abandonne à leurs propres ténèbres. Je vous assure, monsieur, soit que je pense que Jésus-Christ nous a déclaré qu'il châtierait d'un supplice éternel celui qui dirait à son frère une légère injure, ou que je me regarde comme étant sur le point d'être jugé moi-même, il n'y a rien dont je sois plus éloigné que de juger les autres.

Voilà quelle doit être la disposition de tout homme qui ne sera point prévenu, qui regardera les choses dans leur vérité, sans intérêt et sans passion ; mais le mal est que nous croyons n'en pas avoir, parce que nous n'en avons point de propre et de particulière. Cependant nous sommes souvent engagés dans celles des autres sans nous en apercevoir. Pour moi, je suis persuadé qu'en de telles manières la voie la plus sure est de demeurer dans la soumission et dans le silence. C'est le moyen de m'attirer tous les partis et de ne plaire à personne ? mais, pourvu que je plaise à Dieu et que je me tienne dans son ordre, je ne me mets point en peine de quelle manière les hommes expliqueront ma conduite. Véritablement je ne sais plus de ce monde, et je ne suis pas assez malheureux pour y rentrer après l'avoir quitté par le dessein que j'aurais de le contenter contre mon devoir et les mouvements de ma conscience. Vous connaîtrez sans doute, monsieur, qu'il est si difficile, lorsqu'on parle dans les causes, même les plus justes, de se tenir dans les règles de la modération et de la charité, que ceux-là sont heureux que Dieu a mis dans des états où rien ne les oblige ni de parler ni de se produire ; et je vous confesse que je ne me lasse point d'admirer et de plaindre en même temps l'aveuglement de la plupart des hommes qui ne font non plus de difficulté de dire : Cet homme est schismatique, que s'ils disaient : Il a le teint pâle et le visage mauvais. Quand je vous dis, monsieur, que je ne vous parle que pour vous seul, ce n'est pas que je ne veuille bien que l'on sache quels sont mes sentiments et mes pensées sur ce point-là ; mais je serais encore plus aise, comme c'est la vérité, que l'on ne s'imagine pas que je m'occupe des affaires qui ne me regardent point.

Je ne saurais m'empêcher de vous dire encore qu'il n'y a rien de moins vrai que ce que l'on dit que je faisais pénitence d'avoir signé le *formulaire*, puisque je le signerai toutes les fois que mes supérieurs le désireront, et que je suis persuadé qu'en cela mon sentiment est le véritable. Mais je ne nie point que dans le nombre presque infini de crimes et de maux dont je me sens redevable à la justice divine, celui d'avoir imputé aux personnes qu'on appelle jansénistes des opinions et des erreurs dont j'ai reconnu dans la suite qu'ils n'étaient pas coupables n'y puisse être compris. Etant dans le monde, avant que je pensasse sérieusement à mon salut, je me suis expliqué contre eux en toute rencontre, et me suis donné sur cela une entière liberté, croyant que je le pouvais faire sur la relation des gens qui avaient de la piété et de la doctrine. Cependant je me suis mécompté, et ce ne sera point une excuse pour moi au jugement de Dieu, d'avoir cru et d'avoir parlé sur le rapport et sur la foi des autres. Cela m'a fait prendre deux résolutions que j'espère de garder inviolablement avec la grâce de Dieu : une, de ne croire jamais le mal de personne, quelle que soit la piété de ceux qui le diront, à moins qu'ils ne me fassent voir une évidence ; l'autre est de ne rien dire jamais, à moins qu'avec l'évidence je n'y sois engagé par une nécessité indispensable ; celui qui craint les jugements de Dieu et qui sait qu'il a mérité d'en être jugé avec rigueur est bien malheureux quand il juge ses frères, puisque le plus grand de tous les moyens pour engager Jésus-Christ à nous juger dans sa miséricorde est de nous abstenir de juger.

Je croirais faire un mal si je soupçonnais leur foi (des jansénistes) ; ils sont dans la communion et dans le sein de l'Eglise, elle les regardait comme ses enfants ; et par conséquent je ne puis et ne dois les regarder autrement que comme mes frères.

Vous dites, monsieur, qu'ils sont suspects ; mais Dieu me préserve de me conduire par mes soupçons. Je sais par ma propre expérience, et je l'éprouve tous les jours, jusqu'où va l'injustice et la violence de ceux qu'on appelle molinistes. Il n'y a point de calomnies dont ils n'essayent de ruiner ma réputation, point de bruits injurieux qu'ils ne répandent contre ma personne ; comme ils ne sauraient attaquer mes mœurs, ils attaquent ma foi et ma croyance, et trouvent dans les règles de leur morale et dans la fausseté de leurs maximes qu'il leur est permis de dire contre moi tous les maux que l'envie et la passion leur peut suggérer. *Cir-*

cumveniamus justum, quonian inutilis est nobis et contrarius est operibus nostris[29]. Ma conduite n'est pas conforme à la leur ; mes maximes sont exactes, les leurs sont relâchées ; les voies dans lesquelles j'essaye de marcher sont étroites, celles qu'ils suivent sont larges et spacieuses : voilà mon crime ; cela suffit, il faut m'opprimer et me détruire. *Opprimamus pauperem justum : gravis est nobis etiam ad vivendum, quoniam dissimilis est aliis vita illius*[30].

Comment voulez-vous, monsieur, que je leur donnasse quelque créance ; et peuvent-ils passer pour autre chose dans mon esprit que pour des emportés et des injustes ? En quel endroit de l'Ecriture et des livres des saints Pères ces gens, si zélés pour la défense de la vérité, ont-ils lu qu'ils puissent en conscience imputer le plus grand de tous les crimes sous des imaginations toutes pures, et décrier par toutes sortes de voies publiques et secrètes des personnes qui servent Dieu dans la retraite et dans le silence, qui ne se mêlent ni des contestations ni des affaires, qui donnent de l'édification à l'Eglise, et dont la vie, de l'aveu même de ceux qui ne les aiment pas, est irrépréhensible ? Jugez vous-même, monsieur, qu'est-ce qui se peut présenter plus naturellement lorsqu'il me revient quelque chose des soupçons que l'on forme contre les jansénistes, sinon que, puisque les molinistes ne font nul scrupule de m'imputer des excès dont je ne suis pas moins exempt que vous-même, quoique je n'aie jamais rien dit à leur désavantage et qu'ils n'aient aucun sujet de se plaindre de moi, il est très possible qu'ils attribuent des erreurs imaginaires à des personnes qui n'ont pas eu pour eux les mêmes égards ni les mêmes ménage-

29. *Circumveniamus justum, quonian inutilis est nobis et contrarius est operibus nostris* : « Assaillons le juste, puisqu'il nous est inutile, et qu'il est contre ce que nous faisons. »

30. *Opprimamus pauperem justum : gravis est nobis etiam ad vivendum, quoniam dissimilis est aliis vita illius* : « Opprimons le pauvre qui vit selon la justice ; sa seule présence nous est pesante, sa vie ne ressemblant pas à celle des autres. »

ments, et contre lesquels ils ont depuis si longtemps une guerre toute déclarée ?

Pour vous parler franchement, monsieur, je ne suis rien moins que moliniste, quoique je sois parfaitement soumis à toutes les puissances ecclésiastiques. Je ne pense point comme eux pour ce qui regarde la grâce de Jésus-Christ, la prédestination de ses saints et la morale de son Evangile, et je suis persuadé que les jansénistes n'ont point de mauvaise doctrine. Ce serait une grande faiblesse de régler sa conduite sur les caprices et les imaginations du monde ; et les gens de bien qui ne regardent que Dieu dans toutes les circonstances de leur vie ne se mettent guère en peine que l'on se scandalise de leur procédé lorsqu'il n'y a rien qui ne soit dans l'ordre et dans les règles. Le scandale ne retombe point sur eux, mais sur ceux qui veulent trouver des sujets d'en prendre des occasions qui ne sont point blâmables.

Enfin, monsieur, j'ai vu, depuis que j'ai quitté le monde, les différents partis qui ont agité l'Eglise. J'ai vu de tous les côtés les intérêts et les passions qui les ont continués, et par la grâce de Dieu je n'y ai pris aucune part que celle de m'en affliger, d'en gémir devant Dieu et de le prier d'inspirer des sentiments de paix et de charité à ceux qui paraissent en avoir de tout contraires. J'ai vécu entre les uns et les autres dans un état de suspension, je me suis soumis à l'Eglise sans avoir de liaison avec personne, parce que j'ai cru qu'il n'y en avait point qui ne fût dangereuse et que le meilleur des partis était de n'en point avoir, mais de s'attacher simplement à Jésus-Christ et à ceux auxquels il a donné sa puissance et son autorité dans son Eglise.

J'ai demeuré dans le repos et dans le silence ; et comme je pense souvent à cette grande vérité, que Dieu jugera sans miséricorde ceux qui auront jugé leurs frères sans compassion, je me suis abstenu de m'expliquer et de condamner la conduite et les sentiments de personne sachant que je ne le devais pas, à moins que d'avoir des évidences et des certitudes que je n'ai jamais eues et d'y être engagé par de véritables nécessités. Je n'ai nul dessein de plaire aux hommes, je ne recherche ni leur approbation ni leur estime, et je sais trop que Dieu ne marque jamais plus clairement dans ceux qui sont à lui et qu'il ne rejette point les services qu'ils lui rendent, que quand il permet qu'on les persécute ; et la seule peine que j'aie est de voir que ces gens-là engagent leurs consciences comme s'ils ne savaient pas que Dieu jugera les calomniateurs avec autant de rigueur et de sévérité que les homicides et les adultères.

Il me reste, monsieur, une autre affaire, qui est d'empêcher qu'on ne croie que je favorise le parti des molinistes ; car je vous avoue que la morale de la plupart de ceux qui en sont est si corrompue, les maximes si opposées à la sainteté de l'Evangile et à toutes les règles et instructions que Jésus-Christ nous a données, ou par sa parole où par le ministère de ses saints, qu'il n'y a guère de choses que je puisse moins souffrir que de voir qu'on se servît de mon nom pour autoriser des sentiments que je condamne de toute la plénitude de mon cœur. Ce qui me surprend dans ma douleur, c'est que sur ce chapitre tout le monde est muet, et que ceux même qui font profession d'avoir du zèle et de la piété gardent un profond silence, comme s'il y avait quelque chose de plus important dans l'Eglise que de conserver la pureté de la foi dans la conduite des âmes et dans la direction des mœurs. Pour moi qui n'ai jamais pris de chaleur contre personne parce que je me suis toujours préservé de toutes sortes de liaisons quand je regarde les choses dans le désintéressement d'un homme qui ne veut avoir que Dieu et sa vérité devant les yeux, et que j'essaye de discerner ce qui fait qu'on est si échauffé de certaines matières et que sur les autres on n'a que de l'indifférence et de la froideur, rien ne se présente plus naturellement sinon que ce qui donne le mouvement à la plupart des hommes, c'est l'intérêt que d'un côté il y a à plaire et à gagner, et que de l'autre il n'y a rien qu'à perdre (j'entends de ceux qui sont théologiens et qui ne peuvent ignorer le fond et les conséquences des choses) ; et comme je n'ai rien à perdre ni à gagner en ce monde, et que j'ai réduit à l'éternité toute seule mes prétentions et mes espérances, ce sont des tempéraments et des retenues que je ne puis goûter ni comprendre. En vérité, si Dieu n'a pitié du monde et s'il n'empêche l'effet de l'application avec laquelle on travaille à détruire les maximes véritables pour en substituer d'autres en leur place, qui ne le sont pas, les maux se multiplieront, et l'on verra dans peu une désolation presque générale. »

Je n'ai point abrégé cette lettre, trop longue pour nous ; elle décide une question si vivante alors, maintenant si morte. Le jansénisme par son âpreté devait plaire à un solitaire. Tout cela nous paraîtra accablant aujourd'hui, car l'esprit humain n'a plus la force de se tenir debout. Rancé, influencé par Bossuet, changea d'opinion ; il cessa de tolérer ce qu'il avait respecté. La permanence n'appartient qu'à Dieu. *Manet in aeternum.*

Dans l'année 1678, Rancé fit au maréchal de Bellefonds une déclaration de ses principes : Bellefonds était ce même maréchal puni à la guerre pour deux désobéissances heureuses, et auquel Bossuet écrivit une lettre sur la conversion de Mme de La Vallière. La lettre de Rancé est devenue rare : il s'agissait de repousser les accusations qui s'élevaient contre les rigueurs de La Trappe :

« S'il n'est pas impossible, dit l'abbé au maréchal, de chanter les cantiques du Seigneur dans une terre étrangère, il faut croire cependant qu'il est difficile de garder fidèlement ses voies lorsqu'on est environné d'affaires et de plaisirs.

Dieu n'a pas commandé à tous les hommes de quitter le monde ; mais il n'y en a point à qui il n'ait défendu d'aimer le monde.

Ma profession veut que je me regarde comme un vase brisé qui n'est plus bon qu'à être foulé aux pieds : et, dans la vérité, si les hommes me prennent par des endroits par où je ne suis pas tel qu'ils me croient, il y a en moi des iniquités qui ne sont *connues de personne* et sur lesquelles on ne me dit mot ; de sorte que je ne puis ne pas croire que les injustices qui me viennent du monde ne soient des justices secrètes et véritables de la part de Dieu, et ne pas considérer en cela les hommes comme des exécuteurs de ses vengeances.

C'est la disposition dans laquelle je suis, et que je dois conserver, d'autant plus que les extrémités de ma vie sont proches : aux portes de l'éternité, il n'y a rien de plus puissant pour faire que Dieu me juge dans sa clémence que d'être jugé des hommes sans pitié. »

Dans l'année 1679, Bellefonds appela Rancé à Paris. Ces Bellefonds de Normandie étaient sortis des Bellefonds de Touraine. La marquise du Châtelet, fille du maréchal, vécut très pauvre avec son mari à Vincennes, dont Bellefonds était gouverneur ; il mourut dans le château où l'attendait le duc d'Enghien, qui n'avait point encore paru sur la terre. Rancé était mandé par le maréchal pour voir Mme de La Vallière ; il se connaissait dans le mal dont elle était attaquée. Cinquante lettres de Mme de La Vallière à Bellefonds sont imprimées à la suite de l'abrégé de la vie de la maîtresse de Louis XIV. L'auteur de cet abrégé est l'abbé Lequeux, éditeur de plusieurs opuscules de Bossuet. L'abbé devint convulsionnaire de Saint-Médard.

« Vivez cachée, dit Bossuet à Mme de La Vallière dans son discours sur sa profession ; prenez un si noble essor que vous ne trouviez le repos que dans l'essence éternelle. » « Enfin je quitte le monde, écrit Mme de La Vallière elle-même ; c'est sans regret, mais non sans peine. Je crois, j'espère et j'aime. » Ce devait être une belle société que celle à qui ce beau langage était naturel. Dans sa lettre du 7 novembre 1675 au maréchal de Bellefonds, Mme de La Vallière dit : « Je ne puis m'empêcher de vous faire part de la joie que j'ai eue de voir M. l'abbé de La Trappe : je suis toujours dans la confiance de la paix, et notre saint abbé m'a fort exhortée à y demeurer. Que vous êtes heureux, monsieur le maréchal, d'être dans l'état où il veut que vous soyez ! » Bellefonds, aidé de Rancé et de la lassitude de Louis, appuyait la résolution de la fugitive. Le monde voyait une de ses victimes sous le froc, Rancé, encourager au cilice une autre victime.

Telle était l'aventure placée sur le chemin de la Maison-Dieu. Tous les souvenirs venaient du dedans et du dehors s'enfoncer dans ces solitudes ; chaque pénitent menait avec lui ses fautes, Les repentis se promenaient dans des routes écartées, se rencontraient pour ne se retrouver jamais. Les âmes qui portaient des souvenirs disparaissaient comme ces vapeurs que j'ai vues dans mon enfance sur les côtes de la Bretagne ; brouillards, assurait-on, produits par les volcans lointains de la Sicile. On rencontrait sur toutes les routes de La Trappe des fuyards du monde ; Rancé à ses risques et périls les allait recueillir ; il rapportait dans un pan de sa robe des cendres brûlantes, qu'il semait sur des friches. Aujourd'hui, on ne voit plus glisser dans les ombres ces chasses blanches, dont Charles Quint et Catherine de Médicis croyaient entendre les cors parmi les ruines du château de Lusignan, tandis qu'une fée envolée faisait son cri.

En descendant des hauteurs boisées où je cherchais les lares de Rancé, s'offraient des clochers de paille tordus par la fumée ; des nuages abaissés filaient comme une vapeur blanche au plus bas des vallons. En approchant, ces nuées se métamorphosaient en personnes vêtues de laine écrue ; je distinguais des faucheurs : Mme de La Vallière ne se trouvait point parmi les herbes coupées.

Rancé s'était résolu à ne composer aucun ouvrage qui rappelât son existence. A soixante ans, accablé d'infirmités, il n'était pas tenté de retourner aux illusions de sa jeunesse, malgré les encouragements qu'il trouvait dans les cheveux blancs de son ami Bossuet. Comme il faisait souvent des conférences à ses frères, il lui restait une quantité de discours. Il se laissa entraîner à la prière d'un religieux malade qui le conjurait de rassembler ces discours. Ainsi se trouva formé peu à peu le traité qu'il intitula *De la sainteté et des devoirs de la vie monastique*. On fit dans le couvent plusieurs copies de ce traité ; une de ces copies tomba entre les mains de Bossuet : Bossuet, émerveillé, se hâta d'écrire à Rancé qu'il exigeait que son ouvrage fût rendu public et qu'il se chargeait de le faire imprimer. Dom Rigobert et l'abbé de Châtillon mêlèrent leurs sollicitations à celles du grand évêque. Rancé avait jeté l'ouvrage au feu, et on en avait retiré des cahiers à demi brûlés. Par une de ces lâchetés communes aux auteurs, Rancé avait repris les débris de l'incendie, et les avait retouchés ; une des copies post-flammes était parvenue à Bossuet. « Comment, monseigneur, lui écrivait l'abbé de La Trappe, vous voulez que je me mette tous les ordres religieux à dos ? — Vous avez beau, répondit Bossuet, vous fâcher, vous ne serez point le maître de votre manuscrit, et vous y penserez devant votre Dieu. » Rancé insista : Bossuet lui répondit : « Je répondrai pour vous, je prendrai votre défense, demeurez en repos. »

En effet, on voit à la tête des *Eclaircissements* sur le livre *Des devoirs de la vie monastique* cette approbation de Bossuet : « Après avoir lu et examiné les *Eclaircissements*, nous les avons approuvés d'autant plus volontiers que nous espérons que tous ceux qui les liront demeureront convaincus de la sainte et salutaire doctrine du livre *De la sainteté et des devoirs de la vie monastique*. A Meaux, le 10e jour de mai 1685. »

Quel est cet ouvrage que l'aigle de Meaux avait couvert de ses ailes ? En vain Rancé ne voulait pas convenir que sa jeunesse lui était demeurée : il se disait et se croyait vieux, et la vie débordait en lui. Cependant ce qu'il avait prévu arriva. Une longue querelle survint après deux ou trois années de la publication du livre. La gravité de ces controverses n'a rien de semblable aux contestations littéraires d'aujourd'hui ; cette partie des temps passés est curieuse à connaître. Bossuet ne s'était trompé ni sur le fond ni sur le style de l'ouvrage. Voici l'analyse *De la sainteté des devoirs de la vie domestique*, je laisse parler Rancé :

« Les règles des observances religieuses ne doivent pas être considérées comme des inventions humaines. Saint Luc a dit : Vendez ce que vous avez, et le donnez aux pauvres ; après cela venez, et me suivez. Si quelqu'un vient à moi et ne hait point son père et sa mère, et sa femme et ses enfants, et ses frères et ses sœurs, et même sa propre vie, il ne peut être mon disciple.

Jean-Baptiste a mené dans le désert une vie de détachement, de pauvreté, de pénitence et de perfection, dont la sainteté a été transmise aux solitaires ses successeurs et ses disciples.

Saint Paul l'anachorète et Saint Antoine cherchèrent les premiers Jésus-Christ dans les déserts de la basse Thébaïde ; saint Pacôme parut dans la haute Thébaïde, reçut de Dieu la règle par laquelle il devait conduire ses nombreux disciples. Saint Macaire se retira dans le désert de Sethé, saint Antoine dans celui de Nitry, saint Sérapion dans les solitudes d'Arsinoé et de Memphis, saint Hilarion dans la Palestine ; sources abondantes d'une multitude innombrable d'anachorètes et de cénobites qui remplirent l'Afrique, l'Asie et toutes les parties de l'Occident.

L'Eglise, comme une mère trop féconde, commença de s'affaiblir par le grand nombre de ses enfants. Les persécutions étant cessées, la ferveur et la foi diminuèrent dans le repos.

Cependant Dieu, qui voulait maintenir son Eglise, conserva quelques personnes qui se séparèrent de leurs biens et de leurs familles par une mort volontaire, qui n'était ni moins réelle, ni moins sainte, ni moins miraculeuse que celle des premiers martyrs. De là les différents ordres monastiques sous la direction de saint Bernard et de saint Benoît. Les religieux étaient des anges, qui protégeaient les Etats et les Empires par leurs prières ; des voûtes, qui soutenaient la voûte de l'Eglise, des pénitents, qui apaisaient par des torrents de larmes la colère de Dieu ; des étoiles brillantes, qui remplissent le monde de lumière. Les couvents et les rochers sont leur demeure ; ils se renferment dans les montagnes comme entre des murs inaccessibles ; ils se font des églises de tous les lieux où ils se rencontrent ; ils se reposent sur les collines comme des colombes, ils se tiennent comme des aigles sur la cime des rochers ; leur mort n'est ni moins heureuse ni moins admirable que leur vie, raconte saint Ephrem. Ils n'ont aucun soin de se construire des tombeaux ; ils sont crucifiés au monde ; plusieurs, étant attachés comme à la pointe des rochers escarpés, ont remis volontairement leur âme entre les mains de Dieu. Il y en a qui, se promenant avec leur simplicité ordinaire, sont morts dans les montagnes qui leur servaient de sépulcre. Quelques-uns, sachant que le moment de leur délivrance était arrivé, se mettaient de leurs propres mains dans le tombeau. Il s'en est trouvé qui en chantant les louanges de Dieu ont expiré dans l'effort de leur voix, la mort seule ayant terminé leur prière et fermé leur bouche. Ils attendent que la voix de l'archange les réveille de leur sommeil ; alors ils refleuriront comme des lis d'une blancheur, d'un éclat et d'une beauté infinis. »

Après cette description admirable pour leur faire aimer la mort, Rancé ajoute : « Je ne doute pas, mes frères, que vos pensées ne vous portent du côté du désert ; mais il faut modérer votre zèle. Les temps sont passés ; les portes des solitudes sont fermées, la Thébaïde n'est plus ouverte. »

C'était vrai ; mais les ordres religieux avaient rebâti dans leurs couvents la Thébaïde, ils avaient représenté dans leurs cloîtres les palmiers des sables. Les monastères étaient des pépinières où l'on élevait les plantes divines, où elles prenaient leur accroissement avant d'être transplantées. Ainsi, lorsqu'on descendait de la montagne et que l'on était près d'entrer dans Clairvaux, on reconnaissait Dieu de toutes parts. On trouvait au milieu du jour un silence pareil à celui du milieu de la nuit : le seul bruit qu'on y entendait était le son des différents ouvrages des mains ou celui de la voix des frères lorsqu'ils chantaient les louanges du Seigneur. La renommée seule de cette grande aphonie imprimait une telle révérence que les séculiers craignaient de dire une parole. Une forêt resserrait le monastère. Les viandes dont on se nourrissait n'avaient d'autre goût que celui que la faim leur donnait.

Rancé passe à l'explication des trois vœux de la vie monastique : chasteté, pauvreté et obéissance. Il dit que dans la pensée de saint Augustin une vierge chaste consacrée à Dieu a tout ce qui peut lui servir d'ornement, sans quoi la virginité lui aurait été honteuse, car que lui servirait d'avoir l'intégrité du corps si elle n'avait pas celle de l'âme ? Le réformateur insiste sans s'embarrasser dans ses souvenirs. Quel avantage tirerait un religieux d'avoir abandonné les biens de la fortune s'il conservait d'autres affections et d'autres attaches ? Notre cœur se trouve où est notre trésor, et nous sommes liés par les objets que nous aimons ; et pourtant, mes frères, dit Rancé, si le religieux ne se prive des faux plaisirs, il se réserve les véritables ennuis qui les accompagnent ; toute sa course ne sera qu'une continuité de chutes et de rechutes. Dans un voyage pour aller plus légèrement vers le ciel, il faut se décharger de tout ce qui peut empêcher de s'avancer dans le chemin. La pauvreté religieuse sépare le cœur, aussi bien que la chasteté, de tout ce qu'il y a de visible et d'invisible, s'il n'est point éternel. Rancé recommande la charité comme la première des vertus. Un chrétien, dit saint Paul, n'est fait que pour aimer. Ce qui fait que l'amour de Dieu est si rare dans les hommes, c'est qu'ils sont emportés par d'autres amours. « Pour vous, dit le réformateur dans un langage admirable, pour vous, mes frères, Dieu vous a levé tous ces obstacles, et vous a préservés de ces sortes de tentations en vous retirant dans la solitude. Vous êtes à l'égard du monde comme s'il n'était plus ; il est effacé dans votre mémoire comme vous l'êtes dans la sienne ; vous ignorez tout ce qui s'y passe ; ses événements et ses révolutions les plus importantes ne viennent point jusqu'à vous ; vous n'y pensez jamais que lorsque vous gémissez devant Dieu de ses misères ; et les noms mêmes de ceux qui le gouvernent vous seraient inconnus si vous ne les appreniez par les prières que vous adressez à Dieu pour la conservation de leurs personnes. Enfin, vous avez renoncé, en le quittant, à ses plaisirs, à ses affaires, à ses fortunes, à ses vanités, et vous avez mis tout d'un coup dessous vos pieds ce que ceux qui l'aiment et qui le servent ont placé dans le fond de leur cœur. »

Tel est ce traité *De la sainteté et des devoirs de la vie monastique* ; on y entend les accents pleins et majestueux de l'orgue. On se promène à travers une basilique dont les rosaces éclatent des rayons du soleil.

Quel trésor d'imagination dans un traité qui paraissait si peu s'y prêter ! Ici on ne se traîne pas sur ces adorations de femme reproduites aujourd'hui à tout propos sans les plus aimer. La lumière et l'ombre avaient bâti les édifices religieux plus que la main des hommes. Le travail de Rancé apprendra à ceux qui ne le connaissaient pas qu'il y a dans notre langue un bel ouvrage de plus.

Il se fit d'abord un profond silence, autant d'admiration que d'étonnement. Il ne fallut pas moins de deux années pour que les amours-propres et les passions se remissent du choc. Mais enfin on recouvra ses esprits, et le conflit s'engagea : il commença d'abord en Hollande, où la littérature française avait son écho ; écho protestant, qui répétait mal le son, et ne le répétait qu'aigre et sec.

Le véritable Motif de la conversion de l'abbé de La Trappe, par Laroque, que j'ai déjà cité, est une réponse aux *Devoirs de la vie monastique* ; il est en forme de dialogue, selon le goût du temps : Timocrate et Philandre s'entretiennent du livre de Rancé. Timocrate est un bonhomme, qui par-ci par-là a grande envie d'admirer le livre des Devoirs, mais Philandre le morigène ; il prétend, lui, que l'ouvrage du solitaire de La Trappe ne vaut pas le diable. Sur chaque observation de Timocrate, Philandre s'écrie : « Ah ! je ne savais pas cela. Je serai fort aise que vous examiniez un peu ce qu'il dit là-dessus, et vous m'obligerez de me montrer l'endroit. » Les deux interlocuteurs vont dîner, se donnent rendez-vous pour le lendemain au jardin des Tuileries, et la conversation continue. Timocrate accuse Rancé de dédaigner l'Ecriture, de vouloir se montrer savant à propos de tout, de citer de l'Aristophane grec. « Je voudrais savoir, reprend Timocrate, quand il l'a lu, si c'était dans sa jeunesse et avant d'avoir quitté le monde ou après. J'ai peine à croire qu'il se ressouvienne si exactement d'une lecture faite il y a plus de trente ans : ainsi il y a plus d'apparence que c'est dans la retraite qu'il s'est diverti avec ce comique. » Petite chicane de mauvaise foi, néanmoins piquante. Le P. Mège combattit sérieusement le premier l'ouvrage de Rancé dans son *Commentaire sur la règle de saint Benoît*. Le livre *De la sainteté et des devoirs de la vie monastique* était déjà à sa troisième édition, lorsqu'enfin, dans l'ombre des cloîtres, on entendit un bruit de papier et de poussière : c'était Mabillon qui s'élevait. Il n'avait pas blanchi sous ses in-folio, il ne regardait pas autour de lui les parchemins moisis des premiers jours de la monarchie, pour s'entendre dire qu'il avait perdu son âme et son temps à l'étude des choses passées. Le compilateur des *Vetera analecta* se crut obligé de soutenir la cause des érudits, dont il était la gloire. Les deux savants champions, descendus dans la lice, étaient cuirassés de grec et de latin. Quand nous prétendons lutter contre ces savants, nous montrons ce qui nous manque « dans cette monarchie *docte et conquérante*, » dit Bossuet. Le Père Mabillon procède méthodiquement ; il ne laisse rien derrière lui ; rechercheur expérimenté, il fouille partout : il ne fait pas un pas qu'il ne force un siècle à se lever. Intime confident des chroniques, il dit comme l'abbé Lacordaire : « Le temps tiendra la plume après moi. »

Il s'adresse aux jeunes religieux bénédictins de la congrégation de Saint-Maur :

« C'est à vous, mes très chers frères, leur dit-il, que je me sens obligé d'offrir cet ouvrage, puisque c'est particulièrement pour vous qu'il a été entrepris et composé. Je vous prie de bien considérer que je ne prétends pas faire ici de nos monastères de pures académies de science : si le grand apôtre faisait gloire de n'en avoir point d'autre que celle de Jésus Christ crucifié, nous ne devons point aussi avoir d'autre but dans nos études : il est vrai, et saint Paul l'a dit, que la science sans la charité enfle, mais il est certain aussi qu'avec le secours de la grâce rien n'est plus propre à nous conduire à l'humilité, parce que rien ne nous fait mieux connaître notre néant, notre corruption et nos misères. » L'illustre savant s'était mis à l'abri des reproches de Rancé par cette ingénieuse interprétation de l'étude. Jusque dans la manière dont il imprime son traité, il semble avoir contracté dans des lettres majuscules quelque chose du caractère monumental des inscriptions. Il écarte pour les théologiens scolastiques les questions de la puissance *obediencielle* et de la façon dont le feu matériel agit sur les damnés, puis il entre en matière : « Ce qui m'avait fait balancer d'abord, dit-il dans son avant-propos, sur la composition de mon ouvrage, c'est que le grand serviteur de Dieu qui fait aujourd'hui tant d'honneur à l'état monastique s'est expliqué d'une manière si noble et si relevée sur ce sujet, qu'il est malaisé de réussir après lui. L'on pourra cependant demeurer d'accord avec lui que si tous les solitaires étaient comme les siens, et si l'on était assuré d'avoir toujours des supérieurs aussi éclairés que lui, il ne serait pas beaucoup nécessaire que les solitaires s'appliquassent aux études, puisqu'en ce cas leur supérieur leur tiendrait lieu de livres. Mais il est difficile, pour ne pas dire impossible, que toutes les communautés aient cet avantage. »

Après cette sainte courtoisie, Mabillon continue : la raison et le savoir l'appelaient à triompher. Il affirme que les moines sont obligés de vaquer à l'étude, que les grands hommes qui ont fleuri parmi les moines sont une preuve que l'on cultivait les lettres chez eux, que les bibliothèques des monastères sont une autre preuve des études qui s'y faisaient. Il parle de l'institution de l'abbaye du Bec et des Chartreux. Il montre que les monastères de l'Orient s'occupaient aussi de lettres : témoin saint Basile, saint Chrysostome, saint Jérôme, Ruffin, Cassien et son compagnon Germain, Marc le solitaire, et saint Nil. Il rappelle le monastère de Lérins dans l'Occident, l'abbaye du mont Cassin, le monastère de Saint-Colomban, les écoles attachées aux cathédrales et aux monastères, les savants qui sortirent de ces écoles, le fameux Gerbert, Loup de Ferrières, Lanfranc, Anselme ; il fait voir que les moines, occupés à transcrire les ouvrages des anciens, nous les ont conservés, que les religieux mêmes s'occupaient de les transcrire ; que les conciles et les papes, loin de défendre les études aux moines, les ont, au contraire, obligés à ces études ; il ne faut pour la conviction de la France que l'autorité de Charlemagne et de saint Louis.

L'érudition toujours sûre déborde dans le *Traité des études monastiques*. L'auteur descend aux plus petits préceptes : il apprend à reposer sa voix à propos dans les lectures ; il insiste surtout sur la brièveté, quoique lui-même soit un peu long : un court *Hic jacet Sugerius abbas* vaut mieux, dit-il, qu'une verbeuse inscription. Prononcez en français *incontinent après* au lieu d'*incontinen après : saintes âmes*, au lieu de *saint âmes*.

« Ceux qui confèrent les manuscrits avec un imprimé, ajoute l'érudit, doivent, pour la facilité de ceux qui s'en serviront, marquer la page et le nombre de la ligne de l'imprimé où tombe la correction ou la diverse leçon ; et afin qu'ils ne soient pas obligés de compter à chaque fois les lignes, ils pourront faire une échelle de carton ou de papier sur laquelle ils marqueront le nombre des lignes dans la même distance qu'elles sont dans l'imprimé. »

Merveilleux siècle où Mabillon, oubliant son sujet, se change en un pauvre pédagogue, où Bossuet, devenant un prêtre habitué de paroisse, fait le catéchisme aux petits enfants de son diocèse !

Il n'y a aucune éloquence dans le *Traité des études monastiques* opposé aux sentiments de Rancé, mais une raison supérieure, une mansuétude touchante, je ne sais quoi qui gagne le cœur : « Écrivons donc, dit-il en finissant, et composons tant que nous voudrons, et travaillons pour les autres. Si nous ne sommes pénétrés de ces sentiments, nous travaillons en vain, et nous ne rapporterons de notre travail qu'une funeste condamnation. Tout passe, excepté la charité : *Quotidie morimur, quotidie commutamur, et tamen aeternos nos esse credimus*[31]. »

31. *Quotidie morimur, quotidie commutamur, et tamen aeternos nos esse credimus* : « Nous mourons chaque jour, nous changeons chaque jour et pourtant nous nous croyons éternels. »

Rancé prit feu en se sentant attaqué par Mabillon: sa réponse est aussi érudite que celle du bénédictin, mais elle est sophistique. Si le supérieur de La Trappe n'a pas raison, il se soutient par une éloquence qu'il tire de sa passion pour les souffrances. Il adresse sa réponse à ses frères trappistes, comme Mabillon avait dédié son ouvrage à ses jeunes confrères.

« Comme Dieu m'a chargé, mes frères, leur dit-il, de veiller incessamment à la garde de vos âmes, je me sens obligé de vous dire que depuis peu il paraît un livre qui attaque une vérité que nous vous avons enseignée comme une des plus importantes et des plus nécessaires pour maintenir la régularité dans les cloîtres. Le dessein de l'auteur est de prouver que l'étude des sciences est nécessaire à l'état monastique; je vous avoue que ce qui me fait le plus de peine dans l'obligation où je suis de vous expliquer mes pensées sur ce sujet, afin de vous préserver d'une opinion qui m'a paru si dangereuse, c'est que j'estime et que je considère celui qui a composé cet ouvrage, et qu'il s'attire une recommandation particulière par sa vertu comme par sa doctrine. »

Quelle différence de ce public compétent et choisi à celui auquel nous nous adressons maintenant !

Rancé reprend une à une les propositions de Mabillon et les réfute à son tour par des exemples. Comme il y a nécessairement des parties faibles dans un grand ouvrage, l'abbé les saisit avec habileté: « On loue, mes frères, dit-il, on loue Marc, disciple, à ce que l'on dit, de saint-Benoît, de ce qu'il faisait bien des vers ! Quelle louange pour un moine ! Je suis assuré que saint Benoît ne lui avait pas légué cette science par son testament, ni qu'il ne la lui avait pas enseignée par son exemple. Quelle qualité pour un solitaire d'être poète !

« Loup, abbé de Ferrières, a tort de prier le pape Benoît III de lui envoyer le livre *De l'Orateur* de Cicéron, les douze livres de Quintilien, le Commentaire de Donat sur Térence :

n'aurait-il pas mieux fait de gémir dans le fond de son cloître de ses propres péchés comme de ceux du monde, et de soutenir ses frères qui dans ce siècle de fer avaient besoin d'être secourus et d'être consolés ! »

Rancé se jette parmi les moines savants pour en rompre l'ordonnance ; il ne s'aperçoit pas qu'il les fait aimer : il rit de Hubald, auteur de cent trente vers à la louange des chauves. Rancé avait raison ; mais qu'est-ce que cela prouve, sinon chez Rancé un reste de la raillerie du monde ?

Mabillon ne se tint pas pour vaincu ; il répliqua dans ses *Réflexions*. Il amoncela de nouvelles preuves en faveur des études monastiques. Ces ouvrages de Mabillon ne sont point écrits avec emportement ; une attention sage, pleine de modération et de retenue, une piété tendre, une science humble et modeste, une sainte politesse règnent partout. Il finit par ces paroles touchantes :

« J'ai tâché de garder toutes les règles de la modération ; mais je n'oserais me flatter qu'il ne me soit rien échappé de contraire et que je n'aie trahi en cela mes intentions les plus pures et les plus droites. Que ne pouvez-vous voir mon cœur, mon révérend père (l'abbé de La Trappe !), car permettez-moi de vous adresser ces paroles à la fin de cet ouvrage, pour y connaître les dispositions où je suis et pour votre personne et pour votre maison. Je suis bien éloigné de désapprouver la conduite que vous y gardez envers vos religieux touchant les études ; mais si vous les croyez assez forts pour s'en passer, n'ôtez pas aux autres un soutien dont ils ont besoin.

Que si vous jugiez à propos de répliquer à ces réflexions, je vous prie de prendre bien ma pensée comme je me suis efforcé de prendre la vôtre ; mais, au nom de Dieu, demeurons-en là dans les termes de notre contestation. J'espère que Dieu me fera la grâce de n'entrer jamais dans ces sortes de détails. Quelque chose qu'on puisse me dire et que je puisse apprendre, je n'en ferai jamais aucun autre usage que de les sacrifier à la paix et à la charité chrétienne. Ecrivez donc, si vous voulez, contre l'abus que l'on peut faire de l'étude et de la science, mais épargnez en même temps l'une et l'autre, parce qu'elles sont bonnes en elles-mêmes et que l'on en peut faire un très bon usage dans les communautés religieuses. C'est la charité qui, unissant les travaux des uns avec l'étude des autres par l'union de leurs cœurs, fait que ceux qui étudient participent au mérite du travail de leurs frères, et que ceux qui travaillent profitent des lumières de ceux qui étudient. Je souhaite de tout mon cœur que ce soit là notre partage aux uns et aux autres ; heureux si ce pouvait être là le fruit de nos disputes, et si, nos sentiments étant partagés au sujet de la science, ils demeuraient réunis au moins dans l'esprit de charité. Pardonnez-moi, mon révérend père, car il faut finir par les paroles du saint docteur ; pardonnez-moi si j'ai parlé avec quelque sorte de liberté, et soyez persuadé que je ne l'ai fait par aucun dessein de vous blesser : *non ad contumeliam tuam, sed ad defensionem meam.* Néanmoins, si je me suis trompé en cela même, je vous prie encore de me le pardonner. »

Ce ne sont pas là de ces modesties ostentatrices qui se glorifient. Mabillon parle à pleine ouverture de cœur ; aucun arrière amour-propre ne corrompt la sincérité de ses aveux : tels sont les fruits de la religion. Il y a loin de cette douceur à cette amertume du savoir, telle qu'on la sent dans les contentions de Milton et de Saumaise et dans les jugements de Scaliger.

Les actions confirmèrent les paroles ; et l'on trouve Mabillon à La Trappe suivi et accompagné avec respect par Rancé. Le 4 juin 1693, Rancé écrit à l'abbé Nicaise : « Le P. Mabillon est venu ici depuis sept à huit jours seulement. L'entrevue s'est passée comme elle le devait ; il est malaisé de trouver tout ensemble plus d'humilité et plus d'érudition que dans ce bon père. »

Bossuet, avec son bon sens, avait éclairé le point de la difficulté, en distinguant l'état de solitaire et l'état de cénobite.

La dispute ne s'éteignit pas là : les moines savants avaient pris les armes. D. Claude de Vert, sous le nom de frère Colombart, se jeta dans la mêlée. L'infatigable Rancé répondit toujours. Quatre lettres du P. Sainte-Marthe parurent, auxquelles Rancé répliqua par une courte lettre adressée à Santeul, juge placé avec ses belles poésies latines sur la frontière des deux Parnasses.

Au surplus, l'éloignement pour les lettres qu'éprouvait Rancé s'est retrouvé chez plusieurs hommes et même des hommes de son temps ; ils avaient appris à mépriser ce qu'ils avaient d'abord recherché. Boileau écrivait à Brienne : « C'est très philosophiquement et non chrétiennement que les vers me paraissent une folie. C'est vainement que votre berger en soutane, je veux dire M. de Maucroix, déplore la perte du *Lutrin*. Si quelque raison me le fait jamais déchirer, ce ne sera pas la dévotion, mais le peu d'estime que j'en fais, aussi bien que de tous mes ouvrages. Vous me direz peut-être que je suis aujourd'hui dans un grand accès d'humilité ; point du tout : jamais je ne fus plus orgueilleux ; car, si je fais peu de cas de mes ouvrages, j'en fais encore bien moins de ceux de nos poètes d'aujourd'hui, dont je ne puis plus lire ni entendre pas un, fût-il à ma louange. »

Que dirait donc le critique, maintenant qu'il n'y a pas un de nous long ou écourté qu'il soit, qui ne se pense assuré d'aller aux astres ? Pour moi, tout épris que je puisse être de ma chétive personne, je sais bien que je ne dépasserai pas ma vie. On déterre dans des îles de Norvège quelques urnes gravées de caractères indéchiffrables. A qui appartiennent ces cendres ? Les vents n'en savent rien.

Mabillon, né le 23 novembre 1632, à Saint-Pierre-Mont, village du diocèse de Reims, mourut sept ans après Rancé, le

27 décembre 1707. En apprenant cette mort, Clément XI dit « que Mabillon devait être inhumé dans le lieu le plus distingué, parce qu'on ne manquerait pas de demander où il avait été déposé : *Ubi posuistis eum ?*[32] »

Les restes du savant, après avoir été conservés au Musée des *monuments français*, ont été reportés, au mois de février 1819, à l'abbaye de Saint-Germain-des-Prés. Notre maître à tous, M. Augustin Thierry a écrit ces paroles sur le premier monument de notre monarchie : découvrons-nous avec respect pour entrer dans le caveau funèbre : « Cette église fut le tombeau des princes mérovingiens ; son pavé subsiste ; et dans l'enceinte de l'édifice, rebâti plusieurs fois, il garde encore la poussière des fils du conquérant de la Gaule. Si ces récits valent quelque chose, ils augmenteront le respect de notre âge pour l'antique abbaye royale, maintenant simple paroisse de Paris ; et peut-être joindront-ils une émotion de plus aux pensées qu'inspire ce lieu de prières, consacré il y a treize cents ans. »

L'édit de Nantes fut révoqué en 1685 au mois d'août ; les cent cinquante-huit articles avaient été successivement cancellés par des lois. A ce propos, l'abbé de Rancé écrivait : « C'est un prodige que le roi à fait contre l'extirpation de l'hérésie. Il fallait pour cela une puissance et un zèle qui ne fût pas moins grand que le sien. Le temple de Charenton détruit, et nul exercice de religion dans le royaume, c'est une espèce de miracle que nous n'eussions pas cru voir de nos jours. »

La renommée de l'abbaye de La Trappe avait franchi les mers ; un missionnaire était arrivé de la Chine tout exprès pour voir le saint solitaire. Prêt à retourner aux Indes, Rancé lui écrivit ; et M. de Chaumont, ainsi se nommait-il, emporta cette lettre comme une relique protectrice : « Je ne saurais penser qu'avec étonnement, dit Rancé, qu'étant près

32. *Ubi posuistis eum ?* : « Où l'avez-vous mis ? »

de faire naufrage, La Trappe vous ait été présente, et que contre toute votre attente vous ayez espéré vous y voir. Le moyen, après cela, de ne pas vous suivre jusqu'aux extrémités de la terre ? Allez donc, monsieur, où Dieu vous a destiné ; ne doutez pas qu'en lui gagnant des âmes vous ne sauviez la vôtre, et que vous ne soyez du nombre de ceux qu'il a promis de couvrir de sa protection par l'entremise de ses anges. »

Le P. Chaumont lui répondit : « Je conserverai votre chère lettre comme le gage précieux de la part que vous voulez bien me donner et à tous mes chers confrères dans vos travaux et dans vos prières ; elle me sera comme un pilote assuré et comme ma garde fidèle dans le cours de mon voyage, et un puissant asile dans toutes les adversités qui me pourront survenir. J'en laisserai une copie dans le monastère de Siam ; quant à l'original, je ne le quitterai jamais qu'à la mort. »

M. de Chaumont écrivit en 1691 à un religieux de La Trappe : « Passant de la côte de Coromandel à la Chine, et faisant route par le vieux détroit de Sineanpou, le 24 août notre navire se trouva à sec sur des rochers depuis la proue jusqu'au grand mât, quoiqu'il y eût plusieurs brasses d'eau sous la poupe ; il fut tellement renversé que le grand mât touchait presque à l'eau. Alors tous se crurent perdus, nonobstant leurs efforts. Pendant ce temps-là, les sages et obligeantes promesses que notre saint abbé m'avait fait de faire des prières particulières pour moi me revinrent si vivement dans la pensée, qu'elles me causèrent une confiance extraordinaire ; et dans mes prières j'avais une idée si forte de ce saint homme qu'il me semblait le voir et sentir qu'il fortifiait l'espérance que j'avais d'aborder à la Chine : ce qui me faisait dire à mon confrère qu'il eût bon courage, et qu'avec le secours de Notre-Seigneur et les prières du saint abbé de La Trappe nous arriverions. Tout à coup le navire retourna dans son assiette, à la faveur de la marée, sans avoir fait aucune perte. »

Le P. Chaumont appartenait à ces grandes missions des jésuites de la Chine qui pensèrent nous ouvrir la route de Nankin.

Ainsi les mers et les naufrages entrent à La Trappe, comme le siècle de Louis XIV y était entré, par des bois où l'on entend à peine un son. La manière dont les hommes de ce temps voyaient le monde ne ressemblait pas à celle dont nous l'apercevons aujourd'hui. Il ne s'agissait jamais pour ces hommes d'eux-mêmes : c'était toujours de Dieu dont ils parlaient. Ces souvenirs que Rancé envoyait aux océans par un missionnaire se rattachaient à son arrière vie, lorsqu'il avait songé à cacher ses blessures parmi les pasteurs de l'Himalaya. Tous les rivages sont bons pour pleurer. Il aurait vu, s'il avait suivi ses premiers desseins, ces rizières abandonnées quand l'homme qui les sema est passé depuis longtemps ; il aurait suivi des yeux ces Aras blancs qui se reposent sur les manguiers du tombeau de Tadjmabal, il aurait retrouvé tout ce qu'il eût aimé dans son jeune âge, la gloire des palmiers, leur feuillage et leurs fruits : il se serait associé à cet Indien qui appelle ses parents morts aux bouches du Gange, et dont on entend la nuit les chants tributaires qu'accompagnent les vagues de la mer Pacifique.

On ne sait si Rancé avait entretenu un commerce de lettres avec l'abbesse des Clairets, comme il en avait entretenu un avec Louise Roger de La Mardellière, mère du comte de Charnz par Gaston. Peut-être qu'en cherchant bien on pourrait retrouver quelques-unes des lettres que Rancé écrivait dans sa jeunesse à Mme de Montbazon, mais je n'ai plus le temps de m'occuper de ces erreurs. Pour m'enquérir des printemps, il faudrait en avoir. Viendront les jeunes gens qui auront le loisir de chercher ce que j'indique. Le temps a pris ses mains dans les miennes ; il n'y a plus rien à cueillir dans des jours défleuris.

On trouve dans le *Menagiana* ce que Ménage pensait de Rancé : « Je ne lis, dit-il, jamais les ouvrages de M. de La Trappe qu'avec admiration : c'est l'homme du royaume qui écrit le mieux ; son style est noble, sublime, inimitable ; son érudition profonde en matière de régularité, ses recherches curieuses, son esprit supérieur, sa vie irréprochable, sa réforme un ouvrage de la main du Très-Haut. »

Une lettre de Mme de Maintenon, 29 juin 1698, nous apprend un voyage de son frère à La Trappe ; elle ajoute : « J'envie le bonheur de mon frère d'avoir vu ce qu'il y a de plus édifiant dans l'Eglise et d'avoir entendu celui dont Dieu s'est servi pour établir ce nombre de saints qui ne paraissent plus tenir à la terre. »

Ainsi tout s'occupait de Rancé depuis le génie jusqu'à la grandeur, depuis Leibnitz jusqu'à Mme de Maintenon.

Le style de Rancé n'est jamais jeune, il a laissé la jeunesse à Mme de Montbazon. Dans les œuvres de Rancé, le souffle du printemps manque aux fleurs ; mais en revanche quelles soirées d'automne ! qu'ils sont beaux ces bruits des derniers jours de l'année !

Rancé a beaucoup écrit ; ce qui domine chez lui est une haine passionnée de la vie ; ce qu'il y a d'inexplicable, ce qui serait horrible si ce n'était admirable, c'est la barrière infranchissable qu'il a placée entre lui et ses lecteurs. Jamais un aveu, jamais il ne parle de ce qu'il a fait, de ses erreurs, de son repentir. Il arrive devant le public sans daigner lui apprendre ce qu'il est ; la créature ne vaut pas la peine qu'on s'explique devant elle : il renferme en lui-même son histoire, qui lui retombe sur le cœur. Il enseigne aux hommes une brutalité de conduite à garder envers les hommes ; nulle pitié de leurs maux. Ne vous plaignez pas, vous êtes faits pour les croix, vous y êtes attachés, vous n'en descendrez pas ; allez à la mort, tâchez seulement que votre patience vous fasse trouver quelque grâce aux yeux de l'Eternel. Rien de plus désespérant que cette doctrine, mélange de stoïcisme et de fatalité, qui n'est attendrie que par quelques accents de miséricorde qui s'échappent de la religion chrétienne. On sent comment Rancé vit mourir tant de ses frères sans être ému, comment il regardait le moindre soulagement offert aux souffrances comme une insigne faiblesse et presque comme un crime. Un évêque avait écrit à Rancé sur une abbesse qui avait besoin d'aller aux eaux, l'abbé lui répond :

« Le mieux que nous puissions faire quand nous voyons mourir les autres est de nous persuader qu'ils ont fait un pas qu'il nous faut faire dans peu, qu'ils ont ouvert une porte qu'ils n'ont point refermée. Les hommes partent de la main de Dieu, il les confie au monde pour peu de moments ; lorsque ces moments sont expirés, le monde n'a plus droit de les retenir, il faut qu'il les rende. La mort s'avance, et l'on touche à l'éternité dans tous les instants de la vie. On vit pour mourir ; le dessein de Dieu, lorsqu'il nous donne la jouissance de la lumière, est de nous en priver. On ne meurt qu'une fois, on ne répare point par une seconde vie les égarements de la première : ce que l'on est à l'instant de la mort, on l'est pour toujours. »

Cette langue du XVIIe siècle mettait à la disposition de l'écrivain, sans effort et sans recherche, la force, la précision et la clarté, en laissant à l'écrivain la liberté du tour et le caractère de son génie. On trouve cette description du silence imprimée dans la vingt-neuvième instruction de Rancé :

« La solitude est peu utile sans le silence, car on ne se sépare des hommes que pour parler à Dieu, en interrompant tout entretien avec les créatures.

« Le silence est l'entretien de la Divinité, le langage des anges, l'éloquence du ciel, l'art de persuader Dieu, l'ornement des solitudes sacrées, le sommeil des sages qui veillent, la plus solide nourriture de la Providence, le lit des vertus ; en un mot, la paix et la grâce se trouvent dans le séjour d'un silence bien réglé. »

Rancé serait un homme à chasser de l'espèce humaine s'il n'avait partagé et surpassé les rigueurs qu'il imposait aux autres : mais que dire à un homme qui répond par quarante ans de désert, qui vous montre ses membres ulcérés, qui, loin de se plaindre, augmente de résignation à mesure qu'il augmente de douleur ? C'était ainsi qu'il fermait la bouche à ses adversaires, que Port-Royal et tous ses saints reculaient devant lui, qu'il faisait fuir ses ennemis en leur montrant la tête de la pénitence. Il voulait que tous les pécheurs mourussent avec lui ; comme les fameux capitaines, il ne comptait pas les morts mais la victoire. Je vous ai parlé de son fameux traité *De la sainteté monastique* : dans toutes ses pensées, extraites de ses différentes œuvres et recueillies par Marsollier, on ne retrouve que des redites de la même idée ; c'est toujours dur, mais admirablement exprimé.

A la tête d'un manuscrit de deux cent six pages à vingt-six lignes la page, venu d'Alençon, où ce manuscrit avait été transporté après la destruction de La Trappe, est écrite, par un moine, la note suivante : « Ce livre est écrit de la propre main de notre révérend et très saint père dom Armand-Jean, notre réformateur de La Trappe, qui, pour notre malheur, mourut le mois passé, 31 octobre 1700, comme il avait vécu. » Moreri cite le 26 octobre, la *Gallia christiana* le 27, une lettre de Bossuet mentionne le 29, et la note ci-dessus le 31 octobre. Cette note me semblerait devoir faire autorité, et c'est ce que pense aussi le bibliothécaire d'Alençon sous la date du 3 août 1819 ; le Père Le Nain dit formellement que Rancé expira le 27 du mois d'octobre, à deux heures après midi, à l'âge de soixante-quinze ans, après en avoir passé trente-sept dans la solitude. Le manuscrit cité me semble être de la jeunesse de Rancé, et renferme ses études sur la Trinité, c'est-à-dire des recherches sur ce qu'en avaient dit Platon, Justin, Clément d'Alexandrie, sans oublier les hymnes d'Orphée ; grandes recherches que ne faisait point Rancé à La Trappe et qui sont visiblement de sa jeunesse. L'écriture de l'ouvrage inédit que je cote est d'un jeune homme ; le grec est facile à lire, presque toutes les lettres compliquées sont remplacées par des lettres simples. Rancé remarque que le Symbole de Nicée a ajouté au *Credo* le mot *fils*.

Rancé avait voulu l'obscurité, et c'est un moine, son compagnon, qui ne signe point, qui se trompe même d'année, ayant mis 1600 pour 1700, qui nous apprend sa mort, laquelle n'importe aujourd'hui à personne.

Rancé a écrit prodigieusement de lettres. Si on les imprimait jamais avec ses œuvres, on verrait qu'une seule idée a dominé sa vie ; malheureusement on n'aurait pas les lettres qu'il écrivait avant sa conversion et qu'au moment de sa vêture il ordonna de brûler. Ce serait seulement une étude remarquable par la différence des correspondants auxquels il s'adressa, mais toujours avec une idée fixe. Les réponses à ces lettres seraient plus variées encore et toucheraient à tous les points de la vie. Il s'est formé une solitude dans les épîtres de Rancé comme la solitude dans laquelle il enferma son cœur.

Les recueils épistolaires, quand ils sont longs, offrent les vicissitudes des âges : il n'y a peut-être rien de plus attachant que les longues correspondances de Voltaire, qui voit passer autour de lui un siècle presque entier.

Lisez la première lettre, adressée en 1715 à la marquise de Mimeure, et le dernier billet, écrit le 26 mai 1778, quatre jours avant la mort de l'auteur, au comte de Lally-Tolendal ; réfléchissez sur tout ce qui a passé dans cette période de soixante-trois années. Voyez défiler la procession des morts : Chaulieu, Cideville, Thiriot, Algarotti, Genonville, Helvétius ; parmi les femmes, la princesse de Bareith, la maréchale de Villars, la marquise de Pompadour, la comtesse de Fontaine, la marquise du Châtelet, Mme Denis, et ces créatures de plaisir qui traversent en riant la vie, les Lecouvreur, les Lubert, les Gaussin, les Sallé.

Quand vous suivez cette correspondance, vous tournez la page, et le nom écrit d'un côté ne l'est plus de l'autre ; un nouveau Genonville, une nouvelle du Châtelet paraissent, et vont, à vingt lettres de là, s'abîmer sans retour : les amitiés succèdent aux amitiés, les amours aux amours.

L'illustre vieillard, s'enfonçant dans ses années, cesse d'être en rapport, excepté par la gloire, avec les générations qui s'élèvent ; il leur parle encore désert de Ferney, mais il n'a plus que sa voix au milieu d'elles ; qu'il y a loin des vers au fils unique de Louis XIV :

Noble sang du plus grand des rois,
Son amour et notre espérance, etc.,

aux stances à Mme Lullin, et non pas Mme Du Deffant ·

Eh quoi ! vous êtes étonnée
Qu'au bout de quatre-vingts hivers
Ma muse, faible et surannée,
Puisse encore fredonner des vers !
Quelquefois un peu de verdure
Rit sous les glaçons de nos champs ;
Elle console la nature,
Mais elle sèche en peu de temps !

Le roi de Prusse, l'impératrice de Russie, toutes les grandeurs, toutes les célébrités de la terre reçoivent à genoux, comme un brevet d'immortalité, quelques mots de l'écrivain qui vit mourir Louis XIV, tomber Louis XV et régner Louis XVI, et qui, placé entre le grand roi et le roi martyr, est à lui seul toute l'histoire de France de son temps.

Mais peut-être qu'une correspondance particulière entre deux personnes qui se sont aimées offre encore quelque chose de plus triste ; car ce ne sont plus les hommes, c'est l'homme que l'on voit.

D'abord les lettres sont longues, vives, multipliées ; le jour n'y suffit pas : on écrit au coucher du soleil ; on trace quelques mots au clair de la lune, chargeant sa lumière chaste, silencieuse, discrète, de couvrir de sa pudeur mille désirs. On s'est quitté à l'aube ; à l'aube on épie la première clarté pour écrire ce que l'on croit avoir oublié de dire. Mille serments couvrent le papier, où se reflètent les roses de l'aurore ; mille baisers sont déposés sur les mots qui semblent naître du premier regard du soleil : pas une idée, une image, une rêverie, un accident, une inquiétude qui n'ait sa lettre.

Voici qu'un matin quelque chose de presque insensible se glisse sur la beauté de cette passion, comme une première ride sur le front d'une femme adorée. Le souffle et le parfum de l'amour expirent dans ces pages de la jeunesse, comme une brise le soir s'endort sur des fleurs : on s'en aperçoit, et l'on ne veut pas se l'avouer. Les lettres s'abrègent, diminuent en nombre, se remplissent de nouvelles, de descriptions, de choses étrangères ; quelques-unes ont retardé, mais on en est moins inquiet ; sûr d'aimer et d'être aimé, on est devenu raisonnable ; on ne gronde plus, on se soumet à l'absence. Les serments vont toujours leur train ; ce sont toujours les mêmes mots, mais ils sont morts ; l'âme y manque : je vous aime n'est plus là qu'une expression d'habitude, un protocole obligé, le *j'ai l'honneur d'être* de toute lettre d'amour. Peu à peu le style se glace, ou s'irrite, le jour de poste n'est plus impatiemment attendu ; il est redouté ; écrire devient une fatigue. On rougit en pensée des folies que l'on a confiées au papier ; on voudrait pouvoir retirer ses lettres et les jeter au feu. Qu'est-il survenu ? Est-ce un nouvel attachement qui commence ou un vieil attachement qui finit ? N'importe : c'est l'amour qui meurt avant l'objet aimé. On est obligé de reconnaître que les sentiments de l'homme sont exposés à l'effet d'un travail caché ; fièvre du temps qui produit la lassitude, dissipe l'illusion, mine nos passions et change nos cœurs, comme elle change nos cheveux et nos années. Cependant il est une exception à cette infirmité des choses humaines ; il arrive quelquefois que dans une âme forte un amour dure assez pour se transformer en amitié passionnée, pour devenir un devoir, pour prendre les qualités de la vertu ; alors il perd sa défaillance de nature, et vit de ses principes immortels.

Il ne faut pas séparer des ouvrages de Rancé les instructions de saint Dorothée traduites du grec pour les instructions des pères de La Trappe. Saint Dorothée se convertit à la vue d'un tableau, comme Enée retrouva les souvenirs de Troie dans les palais de Carthage. Ce tableau représentait les divers tourments des pécheurs aux enfers : une dame d'une majesté et d'une beauté extraordinaires se montra tout à coup auprès de Dorothée, lui expliqua le tableau, et disparut. On voit comme les souvenirs de Virgile s'étaient empreints jusque dans les imaginations de l'Orient, si toutefois l'Orient n'était pas à la source de ces souvenirs. Les instructions de saint Dorothée sur les jugements, sur les accusations de soi-même, sur le souvenir des injures, sur les habitudes, sont écrites dans la traduction de Rancé avec onction et intérêt. Un jour, selon une de ces histoires, un des frères vint trouver son abbé dans le désert, et lui dit : « Ayez pitié de moi, mon père, parce que je dérobe et que je mange ensuite ce que j'ai dérobé. — Et pourquoi ? dit saint Dorothée, est-ce que vous avez faim ? — Oui, mon père, répondit-il ; ce que l'on donne à la table commune ne me suffit pas. » On doubla pitance du solitaire, et il dérobait toujours. Ce pauvre frère savait que le larcin est un péché, il en pleurait, et toutefois il se laissait entraîner.

D'Andilly n'avait laissé à Rancé que l'histoire de Dorothée à traduire : c'était un mauvais grec d'Asie du troisième siècle, difficile à entendre, et dont il n'existait qu'une paraphrase infidèle. J'ai vu entre Jaffa et Gaza le désert qu'avait habité Dorothée : il n'y avait point les soixante-dix palmiers et les douze fontaines.

Une suite de souffrances renouvelées obligea enfin Rancé de se démettre de son abbaye. On était si abattu sous la majesté de Louis XIV, que des solitaires mêmes ne se pouvaient empêcher de faire entendre le langage de la flatterie usité à Versailles. Ce n'était pas chose si aisée qu'on se l'imagine que de faire agréer la démission d'un trappiste ; derrière cette démission se reproduisait la question de l'*abbé commendataire* ou de l'*abbé régulier*. La sainteté inspirait à Rancé une adresse particulière sitôt que se renouvelaient des contestations : le chef de l'ordre de Cîteaux en appelait-il au pape, Rancé en appelait au roi. Louis XIV évoquait l'affaire à son conseil, et, sans donner gain de cause à l'une des parties, rétablissait l'équilibre. La cour se partageait ; elle prenait un vif intérêt à ces démêlés du cloître ; un grand saint avait autant de crédit qu'un grand seigneur ; une gravité commune faisait que l'austérité de la religion communiquait de l'importance aux affaires du monde, et que les affaires du monde donnaient une vivacité utile aux intérêts de la religion.

Rancé avait consenti à se charger de la conduite spirituelle de l'abbaye des Clairets, monastère de femmes dépendant de La Trappe. Il était gouverné par Eugénie-Françoise d'Etampes de Valence, d'une plus illustre famille que celle de cette duchesse d'Etampes appelée la plus savante des belles et la plus belle des savantes. On voit dans des lettres du temps qu'on allait à cette abbaye par Nogent-le-Rotrou.

L'abbesse des Clairets était d'une morgue presque ridicule, même dans ces temps d'aristocratie. Elle disait de dom Zosime qu'il ne méritait pas seulement d'être son laquais, parce que ce n'était que le fils d'un bourgeois de Bellème.

La visite de Rancé aux Clairets est du 16 février 1690 ; on

possède encore, avec la carte de sa visite, les discours d'ouverture et de clôture. L'abbesse avait fait sonner la grosse cloche de l'abbaye aussitôt que Rancé parut dans le voisinage ; cloche dont le son se perdit comme mille autres dans les bois qui n'existent plus ; on trouve on ne sait quel charme dans ces accents qui annonçaient à des échos, muets depuis longtemps, le passage d'un homme sur la terre. L'abbesse s'était jetée à genoux devant le père à l'entrée de l'église. La carte de visite laissée dans le monastère faisait du bruit. Rancé avait dit que la lecture de l'Ancien Testament ne convenait pas à des religieuses : « Que voulez-vous, disait-il, que des filles obligées à une chasteté consommée lisent le Cantique des Cantiques, l'histoire de Suzanne, celle de Juda, de Thamar, de Judith, d'Ammon, de la violence faite à la femme du lévite dans Gabaon, le Lévitique, Ruth ? »

Lorsque Rancé s'énonçait, les religieux croyaient entendre très sensiblement les anges chanter leurs mélodies. Sa parole était aussi persuasive que son caractère était inflexible. Elle fut pourtant écoutée presque sans fruit aux Clairets ; car il détruisait par sa voix l'effet qu'il produisait par sa parole : c'est pourquoi l'on trouve une lettre rude qu'il écrivit à une religieuse de ce monastère. « Je vous avoue que j'ai été tout à la fois surpris de vous voir dans les dispositions et les pensées auxquelles je ne me serais point du tout attendu ; car enfin qu'est-ce que Dieu pourrait faire davantage pour vous assurer contre la crainte de la mort, que de vous appeler dans un état qui doit vous donner de l'éloignement et du mépris pour la vie ? »

Fait pour le monde, l'abbé s'en séparait par la pénitence ; mais au milieu de toutes ces douleurs de femme, il ne s'apercevait pas qu'en voulant faire retourner l'humanité aux rigueurs de l'Orient, il se trompait de siècle et de climat. Il n'avait pas de corbeaux pour nourrir ses anachorètes, de palmiers pour couronner leur tête, de lions pour creuser la fosse des Thaïs. Sa morale tombait dans ces méprises de notre poésie, qui ne parle que de la cruauté des tigres dans des forêts où nous n'apercevons que des chevreuils.

Rancé retourna à La Trappe par un orage; les tonnerres accompagnaient majestueusement les faibles pas d'un vieillard. Les beaux temps du christianisme étaient finis: on croit entendre se refermer les portes d'un temple abandonné.

L'abbesse d'une abbaye de Paris ayant lu l'ouvrage *De la Sainteté et des devoirs de la vie monastique*, ne voulut plus consentir qu'on introduisît la musique dans son couvent: elle en écrivit à Rancé; l'abbé répondit: « La musique ne convient point à une règle aussi sainte et aussi pure que la vôtre; est-il possible que vos sœurs soient si aveugles et aient les yeux tellement fermés qu'elles ne s'aperçoivent pas qu'elles introduiraient un abus dont elles doivent avoir un entier éloignement ! »

Rancé était de l'avis des magistrats de Sparte: ils mirent à l'amende Terpandre pour avoir ajouté deux cordes à sa lyre. Les nonnes persistèrent; le monde rit de ces discordes, qui pensèrent renverser une grande communauté. Le ciel mit fin aux divisions, comme Virgile nous apprend que l'on apaise le combat des abeilles: un peu de poussière jetée en l'air fit cesser la mêlée. Il survint aux religieuses qui voulaient chanter, des rhumes: elles reconnurent que la main de Dieu s'appesantissait sur elles. Rancé du reste avait raison: la musique tient le milieu entre la nature matérielle et la nature intellectuelle; elle peut dépouiller l'amour de son enveloppe terrestre ou donner un corps à l'ange: selon les dispositions de celui qui écoute, ses accords sont des pensées ou des caresses. A peine les poètes chrétiens de l'antiquité ont-ils permis qu'on fît entendre cette mélodie après eux, lorsqu'ils avaient réuni leur vie aux faisceaux des lyres brisées.

Des médailles et des portraits de l'abbé de Rancé s'étant répandus, donnèrent naissance à de nouvelles calomnies ; on le traita de superbe qui voulait éterniser sa mémoire. On fit courir des médailles portant d'un côté ces mots : *Restaurator monachorum* ; et de l'autre un moine mal fait avec cette devise : *Labor improbus*.

Le P. Lami, un des commensaux de La Trappe, était demi-philosophe ; il différait de Rancé sur beaucoup de sujets ; il passait pour être l'homme de son ordre qui écrivait le mieux en français : il avait développé avec clarté les idées de Descartes. Au sujet des *Etudes monastiques*, il eut une discussion avec Rancé devant Mme de Guise, et Mabillon raconte que Lami l'emporta sur Rancé [Premier volume des Oeuvres posthumes de Mabillon. (N.d.A.)]. Un ordre de Louis XIV imposa silence aux partis.

S'il y a des libelles imprimés contre Rancé, il y en a d'autres qui sont restés manuscrits, en particulier une dissertation sur *les humiliations*, par l'abbé Leroy ; elle se trouve à la bibliothèque de Sainte-Geneviève. L'abbé de Rancé répondait : « Vous savez combien de fois on m'a fait mort ; on a vu que je ne laissais pas de vivre ; on s'avise de dire que la vie de l'esprit est éteinte en moi ; que véritablement j'ai une âme, mais que je ne raisonne plus. » On le pressait de mitiger la discipline de La Trappe, il répondait par ces quatre mots des Macchabées : « *Moriamur in simplicitate nostra.* » On l'invitait à écrire les devoirs du chrétien, comme il avait écrit les devoirs de la vie monastique ; il en traça des pages, puis il s'arrêta, disant : « Il ne me reste que quelques instants à vivre ; le meilleur usage que j'en puisse faire, c'est de les passer dans le silence. »

Rancé habita trente-quatre ans le désert, ne fut rien, ne voulut rien être, ne se relâcha pas un moment du châtiment qu'il s'infligeait. Après cela put-il se débarrasser entièrement de sa nature ? Ne se retrouvait-il pas à chaque instant comme

Dieu l'avait fait ? Son parti pris contre ses faiblesses a fait sa grandeur ; il avait composé de toutes ses faiblesses punies un faisceau de vertus. Selon l'historien de Saint Luc, saint Bernard bâtit son édifice sur le fondement d'une grande innocence ; Rancé, sur les ruines de son innocence perdue, mais réparée.

Le rhumatisme, qui d'abord lui avait saisi la main gauche, se jeta sur la droite, dans laquelle le chirurgien de Mme de Guise travailla. Cette main devint inutile et contrefaite. Le malade avait une répugnance extrême de toute nourriture. Affligé d'une toux insupportable, d'une insomnie continuelle, de maux de dents cruels, d'enflures aux pieds, il se vit réduit pendant près de six années à passer ses jours à l'infirmerie dans une chaise, sans presque jamais changer de posture. Un frère convers le pressant de prendre un peu de nourriture, Rancé dit avec un sourire : « Voilà mon persécuteur. » Il n'employait ses frères, qui regardaient comme un bonheur de le servir, qu'avec une extrême discrétion. Il souffrait la soif, n'osant leur demander à boire, de peur de les fatiguer. Lorsqu'on lui avait donné quelque chose, il en témoignait aussitôt sa reconnaissance par une inclination de tête en se découvrant. Il souffrait des douleurs aiguës que l'on n'aurait pas remarquées si l'on n'eût aperçu quelque changement sur son visage.

Il avait fait mettre vis-à-vis de sa chaise dans l'infirmerie ces paroles du prophète : « Seigneur, oubliez mes ignorances et les péchés de ma jeunesse. » Ce fut pendant cette perpétuelle agonie qu'il composa son livre intitulé : *Réflexions sur les quatre Evangélistes*.

Rancé ne rencontra pas toujours des Mabillon, il eut des adversaires plus ignorants, par conséquent plus sûrs d'eux-mêmes. On lui apporta un matin une satire contre sa personne ; il la lut, loua ce qu'il y trouva de bien, et dit : « Voilà une excellente préparation pour la messe. » Il allait à l'autel.

Dans le remuement des choses diverses dont il avait été si longtemps le témoin, il avait toujours conservé sa paix. Pendant ses voyages, il se détournait le plus qu'il pouvait des grands chemins. Il suivait des sentiers au milieu des blés, tenant les yeux attachés sur le soleil prêt à se coucher parmi les moissons. Si par hasard il rencontrait quelque banne, il demandait la permission d'y monter. « Ce serait plutôt à moi, disait-il, de conduire cette charrette qu'à ce paysan, parce que, quoiqu'il soit pauvre, c'est un homme de bien. Moi, je suis toujours le plus malheureux de tous les pécheurs. » Il avertit ses frères des maux dont la maison était menacée. A l'anniversaire de sa profession d'abbé, des moines assemblés en chapitre firent à genoux cette protestation : « Nous protestons de garder notre sainte règle dans toute son étendue. » Rancé commença : il renonça de nouveau au monde pour ne s'occuper que des années éternelles.

Les solitaires écrivirent en même temps au pape :

« Il y a plusieurs années, très saint père, que nous jouissons d'un grand et précieux trésor dans la personne de notre père abbé ; mais il va nous être enlevé si Votre Sainteté ne se hâte de nous secourir. Il va à la mort avec joie ; il ne veut rien prendre de ce qui pourrait réparer ses forces ; il chante avec l'apôtre : Si la maison de terre que nous habitons vient à se dissoudre, Dieu nous donnera dans le ciel une demeure qui durera éternellement. Qu'il nous survive, qu'il nous ferme les yeux ! » Le cardinal Cibo répondit au nom du pape que Sa Sainteté ordonnait que l'abbé de La Trappe eût à suspendre des austérités qui compromettaient sa vie.

Le 2 de novembre de l'année 1694, Rancé mandait à l'abbé Nicaise : « Voilà M. Arnauld mort après avoir poussé sa carrière aussi loin qu'il l'a pu. Il a fallu qu'elle se soit terminée ; voilà bien des questions finies. L'érudition de M. Arnauld et son autorité étaient d'un grand poids pour le parti heureux qui n'en a point d'autre que celui de Jésus-Christ ; qui, mettant à part tout ce qui pourrait l'en séparer ou l'en distraire, même pour un moment, s'y attache avec tant de fermeté que rien ne soit capable de l'en déprendre. » Ce passage de la lettre de Rancé, si différent de ce qu'il avait écrit à M. de Brancas sur Arnauld, étant connu, ressuscita toutes les ardeurs. Rancé lui-même fut surpris du fracas que causaient ces quatre lignes. Au milieu de cette agitation, il écrivit de nouveau, le 27 janvier 1695, à l'abbé Nicaise: « J'ai reçu depuis deux jours une lettre de plus de vingt pages de votre bon ami le père Quesnel : elle est toute remplie d'une dureté et d'une vivacité incompréhensibles ; il prétend me prouver que j'ai flétri le nom de M. Arnauld, que je lui ai donné un coup de poignard après sa mort, que j'ai fait, autant qu'il était en mon pouvoir, une plaie mortelle à sa mémoire, et une infinité d'autres choses plus violentes les unes que les autres. Je n'ai jamais entendu parler d'une imagination aussi extraordinaire. Quand j'aurais écrit un volume contre la vie, la conduite et les sentiments de M. Arnauld, que je me fusse servi pour cela des expressions les plus injurieuses, il ne me traiterait pas d'une autre manière ; il me demande des rétractations et des déclarations publiques, comme si j'avais de mon plein pouvoir rejeté hors de l'Eglise M. Arnauld après sa mort ; il ajoute que toute la France attend une réparation de ma part, et si j'avais mis le feu à Port-Royal ou que je l'eusse renversé de fond en comble, il ne m'en dirait pas davantage. »

Rancé avait raison, il n'avait pas mis le feu à Port-Royal ; quant à la convenance de ses prévisions, c'était une convenance que se donnent facilement les hommes accoutumés à se servir de la plume. Pour ce qui est du grand Arnauld dont on ne lit plus les ouvrages ; les dernières années de sa vie avaient affaibli le sérieux qui lui servait de bouclier. Caché à l'hôtel de Longueville, déguisé sous un habit gris, l'épée au côté, affublé d'une grande perruque, le vieux janséniste était nourri dans une chambre haute par l'aventurière de la

Fronde. Il commettait mille imprudences. Mme de Longueville disait qu'elle aurait mieux aimé confier ses secrets à un libertin. Il ne voulait point de paix ; il avait, disait-il, pour se reposer l'éternité tout entière. Lorsqu'on jouit d'une imposante renommée, il faut éviter les travestissements peu dignes.

Au surplus les vertus de Rancé ôtaient la force à tous ses ennemis. Le P. Quesnel même, désavouant la lettre haute qu'il avait écrite à l'abbé de La Trappe, disait « Ce n'est pas seulement parce qu'il y a plus de trente ans que je fais profession de l'honorer, mais plus encore parce qu'on doit du respect à l'esprit de Dieu qui règne dans ses serviteurs, de ne les pas contrister, de ne pas nuire à ces hommes en diminuant la réputation des ouvriers qu'il a daigné employer ; je puis bien ne pas convenir de leur sentiment ni approuver toutes leurs démarches, mais je ne me dois jamais dispenser de les traiter avec respect. »

Les tracasseries continuaient contre Rancé auprès et au loin, et il disait : *Ego sum vermis, et non homo*[33]. On voit des couplets contre lui dans le *Recueil de* chansons [Recueil de chansons, vol. VII, p. 77, en 1692, vers sur Armand-Jean Le Bouthillier de Rancé, abbé régulier de Notre-Dame de la Maison-Dieu de La Trappe de l'Etroite Observance de Cîteaux. (N.d.A.)].

Un témoin, ami de Rancé, le P. Le Nain, nous décrit ainsi ses travaux et les inquiétudes de son monastère :

« Qui l'aurait pu croire, dit-il, si on ne l'avait vu de ses yeux ! cet homme, qui semblait ne vivre que de souffrances et de peines, comme s'il eût eu un corps de diamant et tout à fait insensible, ou plutôt s'il eût été un pur esprit, était toujours dans l'action du matin jusqu'au soir ; il écrit, il dicte des lettres, il compose ses ouvrages, il étudie ; il écoute ses

33. *Ego sum vermis, et non homo* : « Je ne suis qu'un ver de terre et non un homme. »

religieux, répond à toutes leurs difficultés ; il conduit quatre-vingts personnes qui composent sa communauté, tant novices que profès ; il ordonne tout ce qui les regarde, soit pour leur intérieur, soit pour leurs besoins extérieurs. Tantôt il va à l'infirmerie, de l'infirmerie aux hôtes, des hôtes au cloître, et du cloître vers ses frères ; tantôt il visite les cellules pour voir si chacun s'occupe, tantôt il descend au chœur pour examiner avec quelle piété on y célèbre les divins offices, et tantôt il retourne à sa chambre, où quelque frère l'attend ; mais souvent il y retourne tellement fatigué qu'il ne peut plus se soutenir sur ses pieds, et à peine y est-il un moment qu'une visite d'hôte l'oblige d'en sortir ; il ne discontinue pas même ses occupations dans le temps destiné au repos. On le voit, entre les Matines et Prime, faire un tour dans le monastère, ou aller à la cour des frères convers, ou parcourir le dortoir pour voir si chacun est couché ; car il disait que ce n'était pas une moindre faute contre la règle de ne se pas retirer pour se reposer sitôt que la retraite est sonnée, que de ne se pas lever aussitôt qu'on entend la cloche du réveil. »

A ces fatigues du corps Rancé joignait celles de l'esprit, ressentant dans son âme toutes les peines et toutes les tentations de ses enfants, leurs faiblesses et leurs misères ; et, comme un autre saint Paul, se faisant tout à tous, il les portait dans ses entrailles ; il était triste avec ceux qui l'étaient, malade avec les malades, se chargeant, par le pur effet de sa charité, de tous leurs maux corporels et spirituels.

Ses amis lui représentaient qu'il prenait trop de peine pour un monastère qui ne subsisterait pas ; il répondait : « La Trappe aura la durée qu'elle doit avoir selon les déterminations éternelles. Si l'on s'était conduit dans les âges supérieurs par cette considération qu'il n'y a rien qui ne change, on se serait tenu dans l'inaction, le champ de Jésus-Christ serait un désert stérile privé de tous ces grands ouvrages qui en font l'ornement et la beauté. Dieu se moque de la diligence des hommes qui prennent tant de peine pour conserver leur vie à la veille de leur mort. »

Le serviteur de Dieu fut exposé aux épreuves dont les histoires de ces temps nous parlent ; histoires qu'on retrouve dans tous les monastères et que Rancé avait souvent rappelées dans les Vies particulières de quelques-uns de ses religieux. Un jeune possédé avait déclaré que des légions de démons assiégeaient La Trappe. On croyait qu'il n'y avait point de solitude vide ; on habitait au milieu d'un monde d'esprits ; mais ces esprits avaient leur domicile dans les cloîtres : le merveilleux achevait d'agrandir la poésie. Rancé oyait des bruits aigres et perçants ; ses moines lui racontaient qu'ils éprouvaient, la nuit, les secousses d'une force étrangère. On entendait dans les dortoirs des tintamarres affreux, comme des personnes qui se battaient ; on frappait aux portes des cellules, ou bien il semblait qu'un homme marchât seul à grands pas ; une main de fer passait et repassait sur le chevet des lits.

Faut-il attribuer ces effets aux tempêtes de la nuit dans les désolations de La Trappe, ou aux illusions de l'astrologie que dom Le Nain reprochait à Rancé ? Etaient-ce des gestes de cette femme que le Père de La Trappe avait vue à Veretz au milieu des flammes, ou enfin était-ce le ressac des flots du temps contre le rivage de l'éternité ? Rancé se préparait à exorciser la maison ; mais vers la fin de l'année 1683 les bruits cessèrent.

Les soucis intérieurs de la communauté n'empêchaient nullement Rancé de s'occuper de ce qui se passait au dehors ; il prit une grande part à la mort de la princesse palatine, arrivée au mois de juillet 1684. Anne de Gonzague de Clèves avait plusieurs fois consulté Rancé sur des difficultés de conscience ; son nom rappelait un charmant ouvrage de Mme de La Fayette, et c'est sur Anne de Gonzague que Bossuet a composé une de ses plus belles Oraisons funèbres. Après s'être plongée dans les idées du siècle, idées qui s'éloignaient du temps où elle vivait, la princesse palatine avait commencé par les idées cartésiennes ; de là elle avait passé à ne plus rien croire, et ayant achevé le tour du cadran, elle avait remonté elle-même vers la religion comme plusieurs esprits forts ou libertins de cette époque. Dans son séjour en France elle avait vu la Fronde, qui, selon Bossuet, était un travail de la France prêt à enfanter le règne miraculeux de Louis.

« Et qu'avaient-ils vu, s'écrie le grand orateur, rappelant la philosophie de la princesse palatine, qu'avaient-ils vu, ces rares génies, plus que les autres ? Ils n'ont rien vu, ils n'entendent rien, ils n'ont pas même de quoi établir le néant auquel ils aspirent après cette vie. »

Bossuet conte ce que la princesse palatine raconta elle-même au saint abbé. « Une nuit, dit-elle, que je croyais marcher seule dans une forêt, je rencontrai un aveugle dans une petite loge ; je lui demandai s'il était aveugle de naissance, ou s'il l'était devenu par accident. Il me répondit qu'il était né aveugle. Vous ne savez donc pas, lui dis-je, ce que c'est que la lumière, qui est si belle et si agréable ? Non, me répondit-il, cependant je ne laisse pas de croire que c'est quelque chose de très beau. Alors il me semblait que cet aveugle changea tout à coup de voix, et me parlant avec autorité, me dit : Cela doit vous apprendre qu'il y a des choses excellentes, quoiqu'on ne les puisse comprendre. »

Bossuet, dans son Oraison funèbre, parle de son ami Rancé : « Un saint abbé, dont la doctrine et la vie sont un ornement de notre siècle, ravi d'une conversion aussi admirable et aussi parfaite que celle de notre princesse, lui ordonna de l'écrire pour l'édification de l'Eglise ; elle commence ce récit en confessant son erreur : Vous, Seigneur, dont la bonté infinie n'a rien donné aux hommes de plus efficace pour effacer leurs péchés que la grâce de les reconnaître, recevez l'humble confession de votre servante. »

Anne de Gonzague était une de ces mortelles dont la beauté avait rodé dans les bois de La Trappe. Elle se mêla, dit Mme de Motteville, à presque tout ce qui se fit alors, elle soutint le cardinal de Mazarin, qui n'en fut pas fort reconnaissant. On a une lettre d'elle, insérée parmi les lettres de Bussy-Rabutin. Malheureusement on n'a pas les autres lettres qu'elle écrivit à la maréchale de Guébriant, ni le traité sur l'*Art de juger la vérité des sentiments*. Les dames philosophes de ce temps, qui déclinèrent peu à peu vers le matérialisme, commencèrent par être cartésiennes et s'en allaient à Dieu, les pensées inclinées vers la raison, au lieu de les lui remettre comme des fleurs. Anne de Gonzague n'était pas insensible à l'argent ; elle avait reçu des sommes assez considérables pour faire réussir des mariages qui n'eurent pas lieu. Elle ne rendit point ces sommes, ou présenta des comptes qui les absorbaient.

Après sa mort, la princesse palatine fut enterrée au Val-de-Grâce, à côté de Bénédicte, sa sœur. Elle avait fait de ses propres mains un grand tableau de saint Bernard pour le fond d'un autel consacré à La Trappe. Quand on exhuma les morts, les déterreurs insultèrent ces dépouilles, comme on jette au vent des feuilles de roses séchées.

Rancé, au milieu de toutes ces tribulations, n'avait d'autre refuge que la patience chrétienne. On écrivit contre lui, on prêcha même contre lui : on attaqua sa doctrine et sa conduite ; on s'efforça de le faire passer pour un hérétique ou pour un fanatique ; on publia qu'il tenait dans son monastère des assemblées contre la religion et contre l'Etat. La Trappe fut au moment d'être détruite comme Port-Royal : Rancé, au milieu de toutes ses afflictions d'esprit, fut livré à des infirmités qui ne lui permettaient aucun repos ; il fut maltraité de ceux-là même auxquels il avait fait le plus de bien. Quand on le pressait de manger, il disait aux frères convers : « Vous serez cause que je mourrai dans l'Impénitence finale. » Apercevant un de ses religieux qui souvent lui avait fait la même prière, il dit en souriant : « Voilà mon persécuteur. » Arrivé à ce comble de douleur qu'il avait tant désiré pour ressembler à Jésus-Christ son maître, on lui proposait de le guérir par le secours des médecins : « Je suis, répondit-il, entre les mains de Dieu ; c'est lui qui donne la vie, c'est lui qui l'ôte : il saura bien me guérir si sa volonté est que je vive. Mais pourquoi bon me guérir ? A quoi suis-je bon ? Que faisais-je en ce monde, qu'offenser Dieu ? » Quand il y avait quelque relâche à ses souffrances et qu'on le félicitait, il disait : « De quoi me félicitez-vous ? De ce que je suis retenu en prison de ce que, mes liens étant près de se rompre, on m'a chargé de nouveaux fers ? »

Rancé brûla une quantité de lettres remplies de témoignages d'admiration ; il en conserva d'autres en marge desquelles étaient écrits de sa main ces deux mots : *Lettres à garder.* C'étaient des lettres diffamatoires contre lui. Etait-ce humilité ou orgueil ? Le Père de Monty était venu le voir, et le força d'appeler un médecin. « Il faut s'écrier comme Job, disait-il : Que celui qui a commencé achève de me réduire en poussière. » On le conjurait de quitter pour quelque temps l'air de sa retraite. « J'ai dit en entrant ici, répondait-il : *Haec requies mea.* »

A ceux qui lui objectaient le peu de certitude de la durée de La Trappe, il répondait : « Elle durera ce qu'elle doit durer. Si, dans les âges supérieurs, on s'était conduit par cette considération qu'il n'y a rien qui ne soit sujet à la décadence, où en serait aujourd'hui le champ de Jésus-Christ ? »

Au mois d'octobre 1695, Rancé envoya sa démission au roi : on remarqua ces mots touchants dans sa lettre : « Sire, comme je me sens pressé d'exécuter le dessein que Dieu m'inspire depuis longtemps de passer ma vie dans une retraite austère, et de me préparer à la mort ; que ma santé, qui diminue tous les jours, me met dans l'impuissance de donner toute l'application que je dois à la conduite de mes frères, m'avertit que mes derniers moments ne peuvent être éloignés, j'ai cru que le premier pas que je devais faire était de quitter la charge de cette abbaye, que je tiens de votre bonté royale, en vous envoyant, comme je fais, la démission pure et simple. »

Louis XIV reçut cette démission des mains de M. de Paris ; il dit à l'archevêque : « Renvoyez à La Trappe le frère porteur de la lettre ; que M. l'abbé examine la chose devant Dieu, et qu'il me dise sincèrement ce qu'il croit être le mieux. » L'archevêque de Paris manda à Rancé : « Je vous félicite de tout mon cœur de tous les engagements qui ont accompagné la grâce que le roi vous a faite dans cette dernière rencontre ; j'y ai pris toute la part imaginable comme le plus passionné et le plus fidèle de vos serviteurs. » Le roi nomma pour remplacer Rancé dom Zosime, prieur de ladite abbaye et ami de Rancé. Les bulles étant arrivées de Rome, le 19 septembre de l'année 1696, le nouvel abbé fut installé le 28 du même mois. L'ancien abbé, pouvant à peine se soutenir, se prosterna aux pieds du nouvel abbé, et lui dit : « Mon Père, je viens vous promettre l'obéissance que je vous dois en qualité de mon supérieur, et vous prier de me traiter comme le dernier de vos religieux. » L'abbé Zosime tomba à genoux et lui répondit : « Et moi, mon Père, je vous renouvelle l'obéissance que je vous ai vouée dès mon entrée dans cette sainte maison. » Majestueuse abnégation, et qui donnait une proportion inconnue à la nature humaine, Ce n'était point deux hommes à genoux l'un devant l'autre, c'étaient deux saints appartenant à ces visions que l'on entrevoit dans les enfoncements du ciel.

Rancé, devenu simple religieux, continua d'édifier par ses exemples le monastère qu'il avait rendu saint par ses ordres. A Rancé abattu et par conséquent plus puissant, Bossuet continua de s'adresser pour le soulagement spirituel de ses amis : « Je vous recommande, lui écrivait-il, trois de mes principaux amis, et qui m'étaient le plus étroitement unis depuis plusieurs années, que Dieu m'a ôtés dans quinze jours par des accidents divers. Le plus surprenant est celui qui a emporté l'abbé de Saint-Luc, qu'un cheval a jeté par terre si rudement qu'il en est mort une heure après, à trente-quatre ans. »

Dom Zosime disparut vite. « Un carme déchaussé s'était jeté à La Trappe depuis plusieurs années ; il s'appelait dom Gervaise : ses talents, sa piété séduisirent M. de La Trappe, et le témoignage de M. de Meaux acheva de le déterminer. Le nouvel abbé, continue Saint-Simon, ne tarda pas à se faire mieux connaître après qu'il eut eu ses bulles ; il se crut un personnage, chercha à se faire un nom, à paraître et à n'être pas inférieur au grand homme auquel il devait sa place et à qui il succédait. Au lieu de le consulter, il en devint jaloux, chercha à lui ôter la confiance des religieux, et, n'en pouvant venir à bout, à l'en tenir séparé. Il arriva que dom Gervaise tomba dans une faute : l'abbé de La Trappe, épouvanté, le fit chercher partout, et craignit qu'il ne fût allé se jeter dans les étangs. On le trouva caché sous les voûtes de l'église et baigné de larmes : il offrit sa démission. M. de La Trappe, qui jusqu'alors ne l'avait point voulu accepter, l'accepta. Bientôt dom Gervaise voulut retirer sa démission ; il alla parler à Fontainebleau au Père Lachaise, se prévalant d'un certificat que lui avait donné l'ancien abbé et disant que l'esprit de M. de La Trappe était tout à fait affaibli, qu'il avait auprès de lui un secrétaire extrêmement janséniste. Le Père Lachaise eut peur, il changea d'opinion sur l'ancien solitaire. »

Saint-Simon vit M. de Chartres ; M. de Chartres en écrivit à Mme de Maintenon. Frère Chauvier, envoyé à La Trappe, assura qu'il avait trouvé tout entier l'esprit de l'ancien abbé. La démission de dom Gervaise fut maintenue ; pendant ce temps-là dom Gervaise écrivait en chiffres à une religieuse qu'il avait aimée. « C'était un tissu de tout ce qui peut s'imaginer d'ordures, et les plus grossières », dit Saint-Simon.

Voilà de ces passages qui détruisent l'autorité de la vérité dans les Mémoires de Saint-Simon. Imaginer qu'un religieux de La Trappe ose écrire de pareilles choses à une religieuse, même en chiffres, est une telle absurdité qu'on ne saurait le croire. S'il y a quelque chose de vrai dans toutes ces ribauderies, il serait plus simple d'imaginer que le déchiffreur a voulu s'amuser et amuser ses maîtres. Tous les autres écrivains du temps parlent de dom Gervaise comme d'un homme d'imagination, qui mérita peut-être la sévérité de Louis XIV, mais aucun ne raconte de lui ce qu'en dit Saint-Simon. L'amitié a ses excès et dans ce temps la parole ne ménageait ni ses pensées ni ses expressions.

Le roi, avançant à travers ces démêlés, nomma à l'abbaye de La Trappe dom Jacques de Lacour, après avoir envoyé le Père de Lachaise prendre des informations auprès de Rancé. Louis XIV descendait à ces détails de la société d'alors, comme Bonaparte entra dans les menues choses de la société d'aujourd'hui ; mais il y avait cela de grand dans la société passée, qu'elle s'appuyait à l'autel.

Le quiétisme était né dans l'année 1694, et il continua dans sa force jusqu'à l'année 1697. « Ce monde, dit Bossuet, semblait vouloir enfanter quelque étrange nouveauté : il faut aimer, disait ce monde, comme s'il était sans rédemption et sans Christ. »

Le nom de Mme Guyon se trouvait mêlé à la controverse. Née à Montargis, elle avait pu voir en naissant le tombeau de Jean l'aveugle, tué à la bataille de Crécy. Restée veuve à l'âge de vingt-deux ans, elle parut à Paris en 1680. Ce fut pendant ces voyages en province qu'elle se tourna vers les idées mystiques, et qu'elle composa *Le Moyen court*. Arrivée à Paris, l'archevêque l'enferma dans le couvent de la Visitation au faubourg Saint-Antoine. Mme de Maintenon, qui se mêlait alors de questions religieuses, avait vu Mme Guyon, et la fit rendre à la liberté : celle-ci rencontra à Saint-Cyr Fénelon, et il dériva au quiétisme, renouvellement de l'hérésie des gnostiques. Mme Guyon a laissé des cantiques spirituels et un écrit intitulé *Des Torrents* : ils l'emportèrent. Bientôt s'ouvrirent à Issy sur le quiétisme des conférences entre Bossuet et Fénelon ; l'abbé de Rancé fut nommé juge, mais il n'y vint point. Placée à Vaugirard dans une maison sous la direction de M. de Lachétardie, curé de Saint-Sulpice, Mme Guyon donna une déclaration signée par Fénelon et par M. Tronson, à la fin de janvier 1697. Les *Maximes des Saints* parurent la même année.

Bossuet, à propos des *Maximes*, disait : « Qui lui conteste (à Fénelon) de l'esprit ? Il en a jusqu'à faire peur. » Les *Maximes des Saints* furent condamnées à Rome, et Fénelon, avec plus d'habileté que d'humilité, désavoua en chaire son ouvrage. Leibniz, parlant du livre de M. de Cambrai, attribue à l'abbé de La Trappe une lettre très solide dans laquelle il attaquait les faux mystiques. « Ils s'imaginent, disait Leibniz, qu'une fois uni à Dieu par un acte de foi pure et de pur amour, on y demeure uni tant qu'on ne révoque pas formellement cette union. » On remarque dans ces lettres de Rancé, écrites à l'abbé Nicaise à propos de ces derniers débats religieux, ce trait sur Cromwell : « Nous voyons un homme vivant jouer le personnage de la mort et d'une faux invisible renverser un trône. »

Le quiétisme fit plus de ravages en Italie qu'en France. On disait que Rancé pouvait seul répondre au livre des *Maximes des Saints*. L'abbé de La Trappe en écrivit à Bossuet, qui fit courir sa lettre, pour s'appuyer d'une si grande autorité « Le livre de M. de Cambrai, mandait Rancé en 1697, m'est tombé entre les mains ; je n'ai pu comprendre qu'un homme de sa sorte fût capable de se laisser aller à des imaginations si contraires à ce que l'Evangile nous enseigne. » « Il n'y a rien, écrivait-il en même temps à l'abbé Nicaise, qui me fasse plus d'horreur que les extravagances et les dogmes impies que l'on attribue aux quiétistes. Dieu veut que l'on en arrête le cours, que le mal qu'ils ont commencé de faire dans les lieux où ils se sont introduits ne passe pas plus loin ! »

Le 3 octobre 1689, Rancé disait : « Les hommes ne se lasseront-ils jamais de parler de moi ? Ce serait une chose bien douce d'être tellement dans l'oubli que l'on ne vécût plus que dans la mémoire de ses amis », cris de tendresse qui rarement échappent à l'âme fermée de Rancé.

« On sait ce que vous avez écrit contre le monstrueux système du quiétisme, mande l'abbé dc La Trappe à l'évêque de Meaux ; car tout ce que vous écrivez, monseigneur, sont des décisions. Si les chimères de ces fanatiques avaient lieu, il faudrait fermer les livres des divines Ecritures, comme si elles ne nous étaient d'aucune utilité. » Ces lettres de Rancé furent mal reçues ; Fénelon avait de nombreux partisans « Ce prélat, dit Saint-Simon, était un grand homme maigre, bien fait, pâle, avec un grand nez, des yeux dont le feu et l'esprit sortaient comme un torrent, et une physionomie telle que je n'en ai point vu qui y ressemblât, et qui ne se pouvait oublier quand on ne l'aurait vu qu'une fois. Elle rassemblait tout, et les contrastes ne s'y combattaient point. Elle avait de la gravité et de la galanterie, du sérieux et de la gaieté ; elle sentait également le docteur, l'évêque et le grand seigneur ; ce qui y surnageait, ainsi que dans toute sa personne, c'était la finesse, l'esprit, les grâces, la décence, et surtout la noblesse. Il fallait effort pour cesser de le regarder. »

Un homme qui exerçait un empire aussi puissant sur la société devait avoir des fanatiques. Il a fallu que la révolution vînt nous éclairer, pour que nous comprissions cette expression de *chimérique* que Louis XIV appliquait à Fénelon.

Le duc de Nevers, Mancini, petit Italien devenu grand seigneur français par la vertu des richesses du duc de Mazarin, accusa Rancé, à propos de la querelle du quiétisme, de vouloir faire du bruit par vanité. Il y avait quelque excuse dans ces emportements du duc de Nevers : comment aurait-il pu s'empêcher de croire aux regrets de Rancé ? Il avait vu Mazarin dans sa robe de chambre de camelot fourré de petit-gris, un bonnet de nuit sur la tête, traîner ses pantoufles dans sa galerie, regarder en passant ses tableaux et dire : « Il faut quitter tout cela. »

Le quiétisme semblait dériver du molinisme. Rancé s'en était aperçu. Il connaissait, disait-il, une ville tout entière où s'étaient passées des choses effroyables introduites par un saint du caractère de Molinos.

La condamnation du Saint-Siège contre les *Maximes des Saints* fut publiée par des huissiers en 1699 en latin et en français ; elle prohibe ces *Maximes* : « Dans l'état de la sainte indifférence, l'âme n'a plus de désirs volontaires et délibérés dans son intérêt ; dans l'état de la sainte indifférence, on ne veut rien pour soi, on veut tout pour Dieu. La partie inférieure de Jésus-Christ sur la croix ne communiquait pas à la supérieure son trouble involontaire. Les saints mystiques ont exclu de l'état des âmes transformées les pratiques de la vertu. » Ainsi passent les siècles dans cette condamnation d'un évêque ; elle est signée du cardinal *Albano* et publiée à la tête du *champ de Flore*.

La société que Rancé avait quittée lui en voulait de sa pénitence. Une princesse malicieuse appliquait à l'abbé ces paroles de l'Evangile :

Vae nutrientibus ! Malheur à ceux qui ont des enfants à nourrir ! par allusion aux moines de La Trappe.

Saint-Simon, qui n'aimait pas Fénelon et qui se disait chaud partisan de Rancé, eut une querelle avec Charost. Charost disait que M. de La Trappe était le patriarche de Saint-Simon devant qui tout autre n'était rien. Saint-Simon répondit que M. de Cambrai avait été repris de justice, et qu'il y avait longtemps qu'il avait été condamné à Rome. A ce mot, dit Saint-Simon, voilà Charost qui chancelle, qui veut répondre et qui balbutie ; la gorge s'enfle, les yeux lui sortent de la tête et la langue de la bouche ; Mme de Nogaret s'écrie ; Mme de Chastenet saute à sa cravate, qu'elle lui défait et le col de sa chemise ; Mme de Saint-Simon court à un pot-d'eau, lui en jette, tâche de l'asseoir et de lui en faire avaler. J'y gagnai que Charost ne se commit plus à quoi que ce soit sur M. de La Trappe. »

Le monde accourait à La Trappe, la cour pour voir le vieil homme converti, pour en rire ou pour l'admirer, les savants pour causer avec le savant ; les prêtres pour s'instruire aux leçons de la pénitence. Jean-Baptiste Thiers fut du nombre des pèlerins ; il se moquait de tout, même lorsqu'il était sérieux. L'abstinence des trappistes et leur vie muette ne lui convenaient guère ; mais il y trouvait du nouveau, et la nouveauté l'alléchait : il écrivit l'*Apologie de l'abbé de La Trappe*. Rancé s'y opposait assez, quoiqu'il fût bien aise d'avoir un défenseur de l'esprit et du savoir de Thiers. Cette apologie fut supprimée par l'autorité. Rancé écrivait à l'abbé Nicaise, en 1694 : « Il est arrivé une aventure au pauvre M. Thiers ; je lui avais écrit avec beaucoup d'instance pour le prier de supprimer ma défense. Le pauvre homme, qui est plein d'amitié et de zèle pour tout ce qui me regarde, ne put se laisser persuader à ce que je lui demandais. On a découvert que son livre s'imprimait à Lyon, et on a enlevé tous les exemplaires par ordre de M. le chancelier. Vous jugez bien de la peine qu'en a eue l'auteur. Il ne se peut pas que je ne la ressente vivement, y étant obligé par justice et à titre de reconnaissance. »

Le *pauvre homme* riait.

Dans l'*Apologie de l'abbé de La Trappe*, Thiers tombe sur le Père Sainte-Marthe ; il se gaudissait de lui comme ayant dit que Mme de Maintenon lui faisait l'honneur de le regarder comme son parent. L'apologie est écrite avec vivacité : l'apologiste cite des vers ridicules contre Rancé, écrits, dit-il, par le premier des poètes bénédictins. Thiers, se justifiant lui-même, assure qu'on serait moins acharné contre lui s'il ne s'était élevé contre les archidiacres, dans son livre de l'*Etole*, dans son traité de la *Dépouille des Curés* et dans son *Factum* contre le chapitre de Chartres. Il finit son apologie, trop longue, puisqu'elle est composée de cinq cents pages, par ces mots : « En voilà assez, mon révérend père Sainte-Marthe, pour vous faire rentrer en vous-même et vous retirer de la bonne opinion que vous avez de votre petite personne. »

Thiers était curé de Champron. Dans une foule de pamphlets français et latins contre le chapitre de Chartres, il avait attaqué le grand archidiacre de ce chapitre, Robert : Robert prétendait qu'un curé ne pouvait porter l'étole devant lui ; Thiers écrivit la *Sauce Robert* et la *Sauce Robert justifiée*. Le chapitre de Chartres obtint un décret d'arrestation contre le curé. Thiers donna à boire aux archers ; et ayant secrètement fait ferrer son cheval à glace, il leur échappa en passant sur un étang gelé : il se réfugia dans le diocèse du Mans. L'évêque, de Tressan, nomma Thiers curé de Vibraye ; et c'est là que le curé fugitif et renouvelé écrivit l'*Histoire des Perruques*. Thiers se montra aussi savant, aussi joyeux que le curé de Meudon, *abstracteur de la vie inimitable du grand Gargantua*. Son choix eût été bientôt fait, si on eût proposé à Thiers d'être Rabelais ou roi de France. C'étaient là les petites pièces qui se jouaient à la suite du grand drame de La Trappe.

Une demoiselle Rose était venue à La Trappe. Thiers avait été chargé d'examiner cette demoiselle ; il lui demanda « si elle était mariée », elle répondit « qu'elle ne s'en souvenait pas ».

« C'était une vieille Gasconne, dit Saint-Simon, ou plutôt du Languedoc, qui avait le parler à l'excès, carrée, entre deux tailles, fort maigre, le visage jaune, extrêmement laid, des yeux très vifs, une physionomie ardente, mais qu'elle savait adoucir ; vive, éloquente, savante, avec un air prophétique qui imposait. Elle dormait peu et sur la dure, ne mangeait presque rien, assez mal vêtue, et qui ne se laissait voir qu'avec mystère. Cette créature a toujours été une énigme ; car il est vrai qu'elle était désintéressée, qu'elle a fait de grandes et surprenantes conversions, qui ont tenu. »

Six semaines durant, M. de La Trappe se défendit de voir Mlle Rose. Elle partit comme elle était venue.

La Bruyère fait ainsi le portrait d'un autre homme qui fréquentait La Trappe :

« Concevez, dit La Bruyère, un homme facile et doux, complaisant, traitable, et tout d'un coup violent, colère, fougueux, capricieux : imaginez-vous un homme simple, ingénu, crédule, badin, volage, un enfant en cheveux gris ; mais permettez-lui de se recueillir, ou plutôt de se livrer à un génie qui agit en lui, j'ose dire sans qu'il y prenne part et comme à son insu, quelle verve ! quelle élévation ! quelles images ! quelle latinité ! Parlez-vous d'une même personne ? me direz-vous. Oui, du même, de Théodas, et de lui seul. Il crie, il s'agite, il se roule à terre, il se relève, il tonne, il éclate, et du milieu de cette tempête il sort une lumière qui brille et qui réjouit ; disons-le sans figure, il parle comme un fou et pense comme un homme sage, dit ridiculement des choses vraies, et follement des choses sensées et raisonnables ; on est surpris de voir naître et éclore le bon sens du sein de la bouffonnerie, parmi les grimaces et les contorsions. Qu'ajouterai-je davantage ? Il dit et il fait mieux qu'il ne sait : ce sont en lui comme deux âmes qui ne se connaissent point, qui ne dépendent point l'une de l'autre, qui ont chacune leur tour ou leurs fonctions toutes séparées. Il manquerait un trait à cette peinture si surprenante si j'oubliais de dire qu'il est tout à la fois avide et insatiable de louanges, près de se jeter aux yeux de ses critiques, et dans le fond assez docile. »

Santeul, dont La Bruyère trace ainsi le portrait, allait à La Trappe et s'asseyait au chœur parmi les moines comme un petit sapajou.

« J'ai vu, dit Rancé à l'abbé Nicaise, les hymnes de M. de Santeul pour le jour de Saint-Bernard ; elles valent beaucoup mieux que les anciennes. Il y en a pourtant de ces anciennes qui, pour n'être pas si polies, ne laissent pas d'imprimer du respect et de la révérence. »

Santeul, allant à Dijon avec le prince de Condé, fut attaqué du mal dont il mourut. « Je loue Dieu de la patience qu'il a donnée à M. de Santeul, dit Rancé, dans un mal aussi douloureux que celui dont il a été attaqué. Tout ce qui part de sa plume a un caractère qui frappe et qui plaît tout ensemble ; je ne doute point qu'il ne se fasse remarquer dans ses derniers vers, qui peuvent être considérés comme une production de sa douleur. » Ce moine de Saint-Victor mourut à Dijon le 5 août 1697, à deux heures après minuit. Au même moment, Ménage, qui ne le croyait pas si malade, s'amusait à faire des vers sur sa mort pour les lui montrer et le faire rire. Ayant fait un voyage à Cîteaux, Santeul y cherchait la Mollesse du *Lutrin* : « Elle y logeait autrefois, lui dit un moine, aujourd'hui c'est la Folie. »

Il ne manquait plus qu'un roi à La Trappe : il y vint ; il avait porté trois couronnes. Jacques II, chassé de son trône, avait débarqué sur les côtes de France, menant son fils naturel : personne ne fut frappé de cette confusion de mœurs ; Louis XIV donnait l'exemple. Les enfants illégitimes étaient alors fort considérés, excepté du prince d'Orange ; on lui voulait faire épouser Mlle de Conti (Mlle de Blois), fille de Mme de La Vallière ; il répondit : « Les princes d'Orange ne sont pas accoutumés à épouser des bâtardes. »

En voyant Jacques II, on ne songea qu'à la générosité du roi sur le trône et au malheur du roi détrôné. De retour de son expédition d'Irlande, Jacques se vint consoler à La Trappe. Le canon qui l'avait chassé à La Boyne le repoussa parmi les morts : il y arriva le 21 novembre 1690. Les lieux communs sur le néant des grandeurs ne manquèrent pas aux banalités de l'éloquence : il y eut pourtant cela de vrai à l'adresse de Jacques, que sa piété était sincère. Rancé le conduisit à l'église. Le prince assista à ces complies si religieusement et si tristement chantées. Il partagea le repas commun, et demanda à l'abbé ce qui se passait dans la solitude. Le lendemain il communia, puis il parcourut entre deux étangs une chaussée où se promenait Bossuet avec Rancé. Jacques était un de ces oiseaux de mer que la tempête jette dans l'intérieur des terres. Il alla avec plusieurs gentilshommes de son ancienne cour visiter un solitaire jadis soldat de Louis XIV et qui s'était retiré dans les bois de La Trappe. « A quelle heure entendez-vous la messe ? dit le roi. — A trois heures et demie du matin, répondit l'ermite. — Comment pouvez-vous faire, dit lord Dumbarton, dans les temps de pluie et de neige où l'on ne peut distinguer les sentiers ? — Je rougirais, répondit le soldat, de compter pour quelque chose des peines légères qui se rencontrent dans le service que je tâche de rendre à mon Dieu, après que j'ai méprisé celles qui se pouvaient rencontrer dans le service que je rendais à mon roi. — Vous avez bien raison, dit Jacques, on ne peut assez s'étonner qu'on fasse tant pour un roi de la terre et presque rien pour le roi du ciel.

— Mais, répondit lord Dumbarton, ne vous ennuie-t-il point dans cette solitude ? — Je pense à l'éternité. — Votre état, ajouta le roi, prenant la parole, est plus heureux que celui des grands vous mourrez de la mort des justes. « Puis il regarda le solitaire, comme s'il eût envié son bonheur. Ensuite le saluant, il lui dit : « Adieu, monsieur ; priez pour moi, pour la reine et pour mon fils. » Le gentilhomme lui fit une profonde révérence ; et le roi regagna l'abbaye en passant par des prés bas et humides. Ce sont là de belles histoires : Dieu, un roi détrôné, un soldat devenu ermite.

Jacques II assista à une grand-messe du jour à la Maison-Dieu. Il se leva à l'Evangile, tira son épée, et la tint élevée pendant tout le temps qu'on chantait l'Evangile. C'était un droit qu'avait accordé la cour de Rome à la cour de Londres, lorsque les rois d'Angleterre reçurent du Saint-Siège le titre de défenseurs de l'Eglise catholique. Henri VIII, qui a détruit l'Eglise catholique en Angleterre, avait obtenu ce titre quand il eut composé son ouvrage contre Luther. Que de ruines ! Jacques II, se disant roi à La Trappe, reprenait dans un désert des droits que ne reconnaissait plus l'Angleterre ! Mais nous, avons-nous remporté ces victoires dont nos misérables générations lisent les noms, comme des vérités qui les regardent, gravés aux parois de l'Arc de Triomphe ? Les générations se disent héritières des grandeurs qui les ont précédées ; les barbares méprisaient souverainement ces Romains qui prétendent descendre des légions de l'empire, parce qu'ils traversaient les voies romaines que ces légions avaient construites et foulées.

La reine de la Grande-Bretagne visita à son tour la solitude. L'aumônier de S. M. écrivit le 2 juin 1692, à Rancé : « Vous avez entièrement gagé le cœur de la reine par les saintes impressions que Dieu a faites, par votre ministère, sur le cœur du roi son époux : car elle m'a fait l'honneur de me dire plus d'une fois qu'elle ne pouvait assez louer Dieu des grâces qu'il avait reçues à La Trappe. Il n'en fallait pas moins pour le soutenir dans les grandes et presque continuelles disgrâces qu'il a essuyées depuis si longtemps, et qui semblaient augmenter à un point de mettre toute sa vertu à l'épreuve. »

Le roi d'Angleterre revint à La Trappe avec le maréchal de Bellefonds, introducteur aux ruines ; il avait vu du rivage le combat de La Hogue. La Trappe méprisait le monde et contemplait des chutes d'empire qui justifiaient son mépris. On venait chercher dans cet abri des raisons d'aimer le désert.

« Le roi d'Angleterre, dit Rancé, soutint la perte de trois royaumes avec une constance comparable à tout ce que nous lisons de plus grand dans les histoires. Il parle de ses ennemis sans chaleur ; il garde une douceur dans toute sa conduite, qui ferait croire qu'il est dans le monde sans peine et sans affliction. La reine n'a point de sentiments qui ne soient conformes à ceux du roi son époux. Elle ne voit ce qu'on appelle les biens de ce monde que comme des fleurs qui ne font que passer et qui trompent ceux qui s'y arrêtent. »

Jacques II était un pauvre souverain ; mais Rancé prenait point de vue du ciel : qu'un homme soit rédimé au prix des plus grands malheurs, son rachat vaut mieux que tous ces malheurs ; qu'une révolution renverse un Etat ou en change la face, vous croyez qu'il s'agit des destinées du monde ? Pas du tout : c'est un particulier, et peut-être le particulier le plus obscur, que Dieu a voulu sauver : tel est le prix d'une âme chrétienne. Si des Etats sont bouleversés, c'est, dit l'apôtre, afin que les élus éprouvés parviennent à la gloire. Tout est pour les prédestinés, tout est subordonné à leur consommation ; et quand leur nombre sera rempli, on verra de nouveaux cieux et une nouvelle terre.

Telle est la fatalité chrétienne : la fatalité antique vient de l'objet extérieur, la fatalité chrétienne vient de l'homme ; je veux dire que le chrétien crée la nécessité par sa vertu ; il ne détruit pas le mal ; il en est le maître.

On gardait à La Trappe les portraits de Sa Majesté britannique ; il était conservé là dans son écrin d'oubli. Dans sa jeunesse, Charles X vint apprendre à La Trappe la pénitence de Jacques II. La Trappe elle-même s'ensevelit sous ses ruines, puis elle a été déblayée ; mais que sert, après un demi-siècle, de relever un vaisseau naufragé, quand ceux qui l'avaient chargé de leur fortune et de leurs espérances ne sont plus ? Pendant ces jours de submersion que d'autres grandeurs ont disparu ! on ne s'arrête plus pour écouter les échos des vieux malheurs.

Après le roi d'Angleterre, Monsieur, frère du roi, vint visiter La Trappe. Dans l'enthousiasme de ce qu'il avait vu, il dit à Louis XIV « que la vie qu'on menait dans cette solitude n'édifiait pas seulement la France, mais toute l'Europe, et qu'il était avantageux à l'Etat de la maintenir ». Monsieur était tout le contraire de la sublimité ascétique. Il était fou du bruit des cloches ; il empoisonna peut-être sa première femme, Henriette d'Angleterre. Sa seconde femme fut Charlotte-Elisabeth, fille de Charles-Louis électeur de Bavière. Celle-ci, aussi laide que Henriette avait été agréable, était grossière : elle avait beaucoup d'esprit en allemand ; elle est connue par le cynisme avec lequel elle parle d'elle-même et du grand roi son beau-frère. Elle écrivait : « Dans tout l'univers entier on ne peut, je crois, trouver de plus laides mains que les miennes ; mes yeux sont petits, j'ai le nez court et gros, les lèvres longues et plates, de grandes joues pendantes, une figure longue ; je suis très petite de stature ; ma taille et ma jambe sont grosses. » S'étant arrangée de cette façon, on peut juger qu'elle était à l'aise pour parler de son prochain ; une imagination romanesque était renfermée dans ce qu'elle appelle ce vilain petit laideron.

Le cardinal de Bouillon suivit Monsieur. « Sa naissance, dit Pellisson, ses mœurs, son esprit le rendaient digne d'être cardinal, et le roi cherchait à récompenser et à honorer par cette faveur les services du comte de Turenne dans la personne de son neveu. » Ce n'est pas l'opinion de Saint-Simon, qui maltraite fort le cardinal de Bouillon : « Ses regards louches venaient se rejoindre et s'arrêter au bout de son nez. Dépouillé du Cordon bleu par le roi, il le portait sous ses habits. Exilé à Clauk, il passa chez les ennemis ; de là il retourna à Rome ; il y mourut délaissé, après avoir obtenu que les cardinaux conserveraient leur calotte sur la tête en parlant au pape. » Quand il passa à La Trappe, Rancé écrivait à l'abbé Nicaise : « M. le cardinal de Bouillon est depuis trois jours ici ; il a vu de près tout ce qui s'y passe, il n'a rien vu qu'il n'ait approuvé et qui ne l'ait touché. Il s'en retourne demain. »

Le cardinal de Bouillon s'écriait en répondant à M. de Saint-Louis, qui lui tenait de bons propos à La Trappe : « Point de mort, point de mort, M. de Saint-Louis, je ne veux point mourir. » Le cardinal de Bouillon avait un frère, lequel disait de Louis XIV : « Ce n'est qu'un vieux gentilhomme de campagne dans son château : il n'a plus qu'une dent, et il la garde contre moi. » Ce chevalier fit établir, sous la régence, un bal à l'Opéra. Le régent s'y montrait ivre, et le chevalier reçut pour ce service six milles livres de pension. On élargissait dans la bourse du peuple la déchirure par où devait passer la France.

Dans une lettre qui ne parvint à La Trappe qu'après la mort de Rancé, lord Perth mandait à l'abbé que Jacques avait dit avant d'expirer : « Je n'ai rien quitté ; j'étais un grand pécheur : la prospérité m'aurait gâté le cœur, j'aurais vécu dans le désordre. » Jacques, plus heureux que Marie Stuart, nous a laissé sa dépouille : Marie, voyant s'éloigner les côtes de Normandie, s'écriait : « Adieu, France, adieu ; je ne te reverrai plus ! » Le bourreau, en tranchant la tête à la reine d'Ecosse, lui enfonça d'un coup de hache sa coiffure dans la tête, comme un effroyable reproche à sa frivolité.

Boivin est un dernier des hommes du siècle avec qui Rancé eut affaire. Il écrivait le 18 octobre 1696 à l'abbé Nicaise : « Je ne sais comment vous avez pu avoir l'arrêt du parlement de Rouen contre le sieur Boivin ; mais si vous connaissiez jusqu'où vont sa violence et son emportement, vous auriez peine à croire qu'un homme d'étude comme lui put tomber dans de si grands excès. » Le procès que Boivin eut avec La Trappe était pour une redevance de vingt-quatre sous, il dura douze ans, et coûta douze mille livres. « Je l'ai gagné pendant douze ans, écrivit Boivin, et je ne l'ai perdu qu'un seul jour. » Au reste Rancé, tout vieux et tout malade qu'il était, ne déclinait jamais le combat, mais aussitôt qu'il avait repoussé un coup, il plongeait dans la pénitence : on n'entendait plus qu'une voix au fond des flots, comme ces sons de l'harmonica produits de l'eau et du cristal, qui font mal.

Tel fut Rancé. Cette vie ne satisfait pas, il y manque le printemps : l'aubépine a été brisée lorsque ses bouquets commençaient à paraître. Rancé s'était proposé de courir le monde pour chercher des aventures. Qu'eût-il trouvé ? Les félicités qu'il se forgeait à Veretz ? Non : ces félicités étaient dans son âme. Supposez que prenant l'existence pour une ironie du ciel et que, devançant les idées de son époque, il eût rejeté cette existence, son sang eût à peine humecté quelques brins de bruyère. Si, s'embarrassant peu de l'avenir, il eût préféré des plaisirs à l'éternité, autre mécompte ; demain il n'aurait plus aimé.

Les hommes qui ont vieilli dans le désordre pensent que quand l'heure sera venue ils pourront facilement renvoyer de jeunes grâce à leur destinée, comme on renvoie des esclaves. C'est une erreur. On ne se dégage pas à volonté des songes ; on se débat douloureusement contre un chaos où le ciel et l'enfer, la haine et l'amour se mêlent dans une confusion effroyable. Vieux voyageur alors, assis sur la borne du chemin, Rancé eût compté les étoiles en ne se fiant à aucune, attendant l'aurore, qui ne lui eut apporté que l'ennui du cœur et la difformité des jours. Aujourd'hui il n'y a plus rien de possible, car les chimères d'une existence active sont aussi démontrées que les chimères d'une existence désoccupée. Si le ciel eût mis au bras de Rancé les fantômes de sa jeunesse, il se fût tôt fatigué de marcher avec des Larves. Pour un homme comme lui il n'y avait que le froc ; le froc reçoit les confidences et les garde ; l'orgueil des années défend ensuite de trahir le secret, et la tombe le continue. Pour peu qu'on ait vécu, on a vu passer bien des morts emportant leurs illusions. Heureux celui dont la vie est tombée en fleurs ! élégances de l'expression d'un poète qui est femme.

Ce que l'on serait souvent tenté de prendre dans Rancé pour les allures et les pensées d'un tout jeune homme n'était que le sentiment d'un vieillard décrépit qui ne marchait plus et dont la tête était enfoncée dans un froc, comme une de ces momies de moines que renfermaient les caveaux de quelques anciens monastères. Les os de Rancé s'étaient cariés ; il ne possédait plus que deux grands yeux où avait circulé la passion et où se montrait encore l'intelligence. Réduit à garder l'infirmerie, ses derniers moments approchaient ; il n'y avait personne pour porter la main sur le cœur de ce christ. Lorsque Jésus pria son Père d'éloigner de lui le calice, qui tenait son doigt sur le pouls du Fils de l'Homme, pour savoir si des larmes sanglantes venaient de la faiblesse humaine ou de l'épanouissement d'un cœur qui se fendait de charité ?

Les religieux se pressaient à sa porte ; il dicta une lettre dont le père abbé Jacques de La Cour leur fit lecture : « Dieu, disait-il, connaît seul mes forces et la joie que j'aurais de vous voir ; cependant, quoique ce sentiment soit de mon cœur plus que jamais, je suis contraint de vous dire que, dans l'état où je me trouve, il m'est impossible de satisfaire à cette joie autant que je le voudrais. Priez pour moi, mes frères ; demandez à Dieu que si je vous suis encore bon à quelque chose, il me rende à la santé, sinon qu'il me retire de ce monde. »

On envoya chercher l'évêque de Séez, l'ami et le confesseur de Rancé. Rancé témoigna beaucoup de joie en l'apercevant ; il saisit la main du prélat, la porta à son front pour commencer le signe de la croix ; il fit ensuite une confession générale. Il supplia l'évêque de Séez d'obtenir la protection royale en faveur de la discipline monastique de l'abbaye, ajoutant que dans toutes les autres choses il souhaitait que La Trappe fût complètement oubliée.

Cette famille de la religion autour de Rancé avait la tendresse de la famille naturelle et quelque chose de plus ; l'enfant qu'elle allait perdre était l'enfant qu'elle allait retrouver : elle ignorait ce désespoir qui finit par s'éteindre devant l'irréparabilité de la perte. La foi empêche l'amitié de mourir ; chacun en pleurant aspire au bonheur du chrétien appelé ; on voit éclater autour du juste une pieuse jalousie, laquelle a l'ardeur de l'envie, sans en avoir le tourment.

Rancé, apercevant un religieux qui pleurait, lui tendit la main, et lui dit : « Je ne vous quitte pas, je vous précède. » Le Tasse avait adressé les mêmes mots aux frères qui l'environnaient à Saint-Onuphre. Rancé demanda d'être enterré dans la terre la plus abandonnée et la plus déserte : sur un champ de bataille où l'on n'entend plus de bruit, on voit sortir du sol les pieds de quelques soldats.

Job mourut dans le petit réduit qu'il s'était fait, comme le palmier dont les branches sont chargées de rosée. Rancé entretint le prélat de l'empressement que ses frères avaient mis à le soulager : « Voilà, dit-il, comme Dieu a pris plaisir à me favoriser dans tous les temps de ma vie, et je n'ai été qu'un ingrat. » Le Père abbé Jacques de La Cour entrait dans ce moment ; Rancé lui dit : « Ne m'oubliez pas dans vos prières, je ne vous oublierai pas devant Dieu. » Il chargea Jacques de La Cour de faire ses excuses au roi d'Angleterre : il avait commencé une lettre pour ce monarque exilé qu'il n'avait pas pu achever. La nuit suivante fut mauvaise ; Rancé la passa assis : il avait mis les sandales d'un religieux mort avant lui ; il allait achever le voyage qu'un autre n'avait pu finir.

L'évêque de Séez lui ayant demandé s'il avait toujours eu pour ses religieux la même charité : « Oui, monseigneur, répondit le saint homme. Depuis quelques années, par la grâce de Dieu, je ne suis plus qu'un simple religieux comme les autres ; ils sont tous mes frères et ne sont plus mes enfants. S'il m'était permis de regretter la perte de ma voix, ma douleur serait de ne pouvoir leur faire entendre combien je les aime ; je les conserve au fond de mon cœur, et j'espère le porter devant Dieu. » Sur les huit heures du soir Rancé se découvrit, il pria un frère de le mettre à genoux pour recevoir la bénédiction de son évêque, il fit une confession générale. L'évêque de Séez, dans son récit, qui est conservé, dit qu'il avait connu dans cette occasion plus qu'en aucune autre que ce grand homme avait reçu de Dieu un esprit élevé, vif, pénétrant, une âme simple et d'une candeur admirable.

Plus Rancé s'était avancé vers le terme, plus il était devenu serein, son âme répandait sa clarté sur son visage : l'aube s'échappait de la nuit. On présenta le crucifix au mourant. il s'écria : « O éternité ! quel bonheur ! » Et il embrassa le signe du salut avec la plus vive tendresse ; il baisa la tête de mort qui était au pied de la croix. En remettant cette croix à un moine, il remarqua que celui-ci ne l'imitait pas, il dit : « Pourquoi ne baisez-vous pas la tête de mort ? c'est elle que finit notre exil et notre misère. » Rancé se souvenait-il de la relique que la tradition disait être placée auprès de lui ? Dans les âges les plus fervents, les chrétiens pratiquaient encore quelques rites du culte des faux dieux. Le lit de cendres était préparé ; Rancé le regarda tranquille avec une sorte d'amour, puis il s'aida lui-même à se coucher sur le lit d'honneur ; l'évêque de Séez dit : « Monsieur, ne demandez-vous pardon à Dieu ? — Monsieur, répondit l'abbé je supplie Dieu très humblement du fond de mon cœur de me remettre mes péchés et me recevoir au nombre de ceux qu'il a destinés à chanter éternellement ses louanges. » Les forces venant à lui manquer, il s'arrêta. L'évêque dit : « Monsieur, me reconnaissez-vous ? — Monsieur, répliqua l'abbé, je vous connais parfaitement ; je ne vous oublierai pas. » L'évêque de Séez s'étant enquis si l'on avait donné quelque chose au mourant pour le soutenir, l'abbé de Rancé fit lui-même la réponse. « Rien n'a manqué à l'attention de leur charité. » Il s'établit par les paroles de l'écriture un dernier dialogue entre l'agonisant et l'évêque.

L'Evêque. – Le Seigneur est ma lumière et mon salut.

L'Abbé. – Je mettrai en lui toute ma confiance.

L'Évêque. – Seigneur, c'est vous qui êtes mon protecteur et mon libérateur.

L'Abbé. – Ne tardez pas, mon Dieu, hâtez-vous de venir.

Ce furent les dernières paroles de Rancé. Il regarda l'évêque, leva les yeux au ciel, et rendit l'esprit. Il fut enterré dans le cimetière commun des religieux. Ainsi se consomma le sacrifice. Le repentir vous isole de la société, et n'est pas estimé à son prix. Toutefois l'homme qui se repent est immense : mais qui voudrait aujourd'hui être immense sans être vu ? Rancé arriva de sa hutte d'argile à la maison de Dieu, maison magnifique.

Rancé fut porté à l'église et placé sous la lampe. Son visage, qui avait paru décharné, parut vermeil et beau. Il demeura dans l'église depuis le 27 octobre jusqu'au 29. Les moines se tenaient debout ou fondaient en larmes : c'était à qui ferait toucher au corps des linges et des chapelets. Trente religieux chantaient les psaumes : des messes se célébraient successivement dans l'église. Lorsqu'on le mit dans la fosse, le chœur récitait ce verset du psaume CXXXI : « C'est là que j'habiterai, parce que je l'ai choisi. » On l'inhuma dans le cimetière. Le pasteur fut placé au milieu de ses brebis. Des témoignages authentiques furent rendus à Rancé, qui pourraient servir aujourd'hui à sa canonisation. Il apparut après sa mort à diverses personnes dans une grande gloire. Les rois témoignèrent de leur douleur, soit qu'ils fussent tombés, soit qu'ils occupassent encore le trône. Jacques écrivait : « J'irai dans votre sainte solitude pour l'amour de moi-même, pour m'encourager dans l'état où je suis et où Dieu me tient. »

« C'était une voix de tonnerre, dit le Père Le Nain, qui retentissait de tous côtés pour inspirer aux hommes le mépris du monde, le néant de ses grandeurs, la solidité des biens de la vie future. » Des conversions éclatantes s'opérèrent. Un religieux avait entendu dans son sommeil une sainte hostie qui criait : « Tremblez, tremblez, tremblez ! » et il fut si saisi de terreur, qu'on fut longtemps à le faire revenir. Des épileptiques furent guéris en s'appliquant des linges qui avaient servi à la main malade du réformateur. Les certificats ont été conservés, et Rome n'aurait pas besoin d'une longue procédure pour le placer au rang des saints. Son cœur était dans le repos, et l'Esprit divin avait rempli son âme de splendeur.

Saint-Simon dit en s'interrompant : « Ces mémoires sont trop profanes pour rapporter rien ici d'une vie aussi sublimement sainte. Je m'arrête tout court : tout ce que je pourrais ajouter serait ici trop déplacé. » Né le 9 janvier 1626, seize ans après la mort d'Henri IV, mort en 1700, quinze ans avant la mort de Louis XIV, Rancé avait été soixante-quatorze ans sur la terre, dont il avait vécu trente-sept dans la solitude, pour expier les trente-sept qu'il avait passés dans le monde.

Lorsqu'il disparut, une foule d'hommes fameux avaient déjà pris les devants, Pascal, Corneille, Molière, Racine, La Fontaine, Turenne et Condé : le vainqueur de Rocroi avait reçu de Bossuet sa dernière couronne. Bossuet, dont je vous ai déjà dit la mort, penchait vers sa ruine, qu'il avait annoncée avec une simplicité si magnifique. Ce siècle est devenu immobile comme tous les grands siècles ; il s'est fait le contemporain des âges qui l'ont suivi. On ne voit pas tomber quelques pierres de l'édifice sans un sentiment de douleur. Quand Louis XIV descend le dernier au cercueil, on est atteint d'un inconsolable regret. Parmi les débris du passé se remuaient les premiers nés de l'avenir : quelques renommées commençaient à poindre sous la protection d'un roi décrépit encore debout. Voltaire naissait ; cette désastreuse mémoire avait pris naissance dans un temps qui ne devait point passer : la clarté sinistre s'était allumée au rayon d'un jour immortel.

L'ouvrage de Rancé subsiste. Rancé s'est éloigné de sa solitude comme Lycurgue de la vallée de Lacédémone, en faisant promettre à ses disciples qu'ils garderaient ses lois jusqu'à son retour. Rancé est parti pour le ciel ; il n'est point revenu sur la terre ; ses lois sont religieusement observées par son petit peuple. Les trappistes ont vu s'écouler autour d'eux les autres ordres ; ils ont vu passer la révolution et ses crimes, Bonaparte et sa gloire, et ils ont survécu ; tant il y avait de force dans cette législation surhumaine ! Les nouveaux cénobites de La Trappe sont parfaitement conformes à ceux qui habitaient ce désert en 1100 : ils ont l'air d'une colonie du moyen âge oubliée ; on croirait qu'ils jouent une scène d'autrefois, si en s'approchant d'eux on ne s'apercevait que ces acteurs sont des acteurs réels, que l'ordre de Dieu a transportés du XIe siècle jusqu'au nôtre. La cryptie [34] de Sparte était la poursuite et la mort des esclaves ; la cryptie de La Trappe est la poursuite et la mort des passions. Ce phénomène est au milieu de nous, et nous ne le remarquons pas. Les institutions de Rancé ne nous paraissent qu'un objet de curiosité que nous allons voir en passant.

---

34. *Cryptie* : simulacre d'expédition dans laquelle les jeunes gens de Sparte s'entraînaient aux opérations militaires en battant la campagne. Selon certains auteurs, ils faisaient, la nuit, la chasse aux hilotes – esclaves – et tuaient ceux qu'ils rencontraient.

LE CAHIER DES SUPPLÉMENTS

Autour de l'auteur

Portrait de Chateaubriand

Portrait de Chateaubriand (1768-1848).
Girodet De Roussy – Trioson Anne-Louis (1767-1824) © RMN/ Gérard Blot.

Quelques indications chronologiques

1768

Naissance à Saint-Malo de François-René, dixième enfant d'une famille aristocratique ruinée qui retrouvera sa dignité grâce à la réussite commerciale du père – le comte René-Auguste de Chateaubriand.

1777

Installation de la famille Chateaubriand au château de Combourg. Inscription de François-René au collège de Dol, dans lequel il restera quatre ans.

1782

Entrée en seconde de Chateaubriand au collège de Rennes.

1786

Décès de son père.

1789

Premiers événements violents de la Révolution auxquels Chateaubriand assiste, révulsé. Il se trouve en séjour à Paris chez ses sœurs Julie et Lucile.

1790

Publication dans *L'Almanach des Muses* de sa première œuvre imprimée, *L'Amour de la campagne* – une idylle en vers.

1792

Mariage entre Chateaubriand et Céleste Buisson de la Vigne, de qui il partage la vie durant trois mois avant d'émigrer pour rejoindre l'armée des princes. Il sera blessé au siège de Thionville.

1794

Exécution de son frère Jean-Baptiste qui est guillotiné.

1797

Publication de *L'Essai sur les révolutions*.

1798

Travail sur le manuscrit de l'épopée *Les Natchez*.

1801

Publication d'*Atala,* extrait des *Natchez*. Rencontre de Chateaubriand avec Mme de Beaumont, dont il devient l'amant.

1802

Publication du *Génie du christianisme* et de *René*.

1803

Décès de Mme de Beaumont. Chateaubriand est nommé secrétaire de la légation française à Rome, mais démissionne l'année suivante.

1804

Emménagement à Paris de Chateaubriand avec son épouse Céleste.

1806

Voyages en Orient (Grèce, Turquie, Palestine, Égypte et Tunisie).

1807

Séjour en Espagne de Chateaubriand avec Mme de Noailles. Acquisition de la maison de la Vallée-aux-Loups, dans les Hauts-de-Seine.

1809

Publication des *Martyrs*. Début de la rédaction des *Mémoires de ma vie*, première version des *Mémoires d'outre-tombe*.

1811

Élection de Chateaubriand à l'Académie française. Parution de l'*Itinéraire de Paris à Jérusalem*.

1812

Rupture avec Mme de Noailles.

1814

Parution du pamphlet *De Buonaparte, des Bourbons, et de la nécessité de se rallier à nos princes légitimes*.

1815-1816

Nomination de Chateaubriand en tant que ministre d'État et pair de France. Mais le titre de ministre lui sera enlevé en 1816, suite à la parution de l'essai politique *La Monarchie selon la charte*.

1818

Mise en vente de la Vallée-aux-Loups.

1822

Entrée en fonctions de Chateaubriand comme ministre des Affaires étrangères, poste dont il sera évincé deux ans plus tard.

1827

Publication de *Voyage en Amérique*.

1828

Liaison de Chateaubriand avec Hortense Allart, femme de lettres.

1830

Séjour à Dieppe de Chateaubriand avec Mme Récamier, mais retour précipité à Paris suite à l'annonce des événements révolutionnaires qui aboutissent à l'abdication de Charles X.

1831

Publication de *Moïse* – tragédie écrite en 1812 – et des *Études historiques*.

1836

Parution de l'*Essai sur la littérature anglaise*.

1842

Dégradation de l'état de santé de Chateaubriand. Des rhumatismes lui déforment les mains et lui rendent l'écriture difficile.

1844

Publication de la *Vie de Rancé*.

1847

Mort de Mme de Chateaubriand.

1848

Mort, le 4 juillet, de Chateaubriand. Le 21 octobre, début de la publication des *Mémoires d'outre-tombe* dans le journal *La Presse*.

Chateaubriand et Saint-Malo

François-René de Chateaubriand naît à Saint-Malo le 4 septembre 1768 dans une maison de la rue aux Juifs où résonnent les mugissements d'une effroyable tempête. Des neuf enfants qui l'ont précédé, quatre sont morts en bas âge : deux garçons et deux filles. François-René aura donc un frère – Jean-Baptiste – et quatre sœurs – Marie-Anne, Bénigne, Julie, Lucile. L'enfant est chétif et aussitôt mis en nourrice chez sa grand-mère à Plancoët, une commune des Côtes-d'Armor. Il reviendra en bonne santé à Saint-Malo trois ans plus tard. Chateaubriand restera attaché à sa ville natale toute sa vie et en écrira les plus belles pages.

Le port de Saint-Malo vu du ciel.

Chateaubriand écrit au maire de Saint-Malo :

Vous ne pouvez douter, Monsieur, du très vif intérêt que je prends à ma ville natale : je n'ai qu'une crainte, c'est de ne pas la revoir avant de mourir. Il y a longtemps que j'ai le projet de demander à la ville de me concéder à la pointe occidentale du Grand Bé, la plus avancée vers la pleine mer, un petit coin de terre, tout juste suffisant pour contenir mon cercueil ; je le ferai bénir et entourer d'une grille de fer [...].

Agréez de nouveau, je vous prie, Monsieur, l'assurance de ma considération très distinguée avec laquelle j'ai l'honneur d'être,

Votre très humble et très obéissant serviteur.

Chateaubriand

Tombeau de Chateaubriand.

Les amis de Chateaubriand

Trois figures dominent dans l'entourage amical de Chateaubriand : deux hommes – Louis de Fontanes, Joseph Joubert – et une femme – Mme de Duras.

L'écrivain Louis de Fontanes

Le 15 août 1798, Chateaubriand écrit à Fontanes :

« Si je suis la seconde personne avec laquelle vous ayez trouvé quelque rapport d'âme avec vous, vous êtes la première qui ayez rempli toutes les conditions que je cherchais dans un homme ; tête, caractère, j'ai tout trouvé en vous à ma guise, et je sens que désormais je vous suis attaché pour la vie… »

L'essayiste Joseph Joubert

Dans ses *Mémoires d'outre-tombe*, Chateaubriand trace le portrait de son ami Joseph Joubert qu'il a connu en 1801, par l'intermédiaire de Louis de Fontanes, dans le salon parisien de Pauline de Beaumont :

« M. Joubert avait une prise extraordinaire sur le cœur et, quand une fois il s'était emparé de vous, son image était là comme un fait, comme une pensée fixe… Sa grande prétention était au calme, et personne n'était aussi troublé que lui. Il se surveillait pour arrêter ses émotions de l'âme, qu'il croyait nuisibles à sa santé… C'était un égoïste qui ne s'occupait que des autres. »

L'écrivain Mme de Duras

Fille d'un illustre marin conventionnel, Claire de Kersaint épouse en 1797 Amédée de Duras – gentilhomme de la Chambre des princes. Femme de lettres, elle est aussi une admiratrice exaltée de l'œuvre de Chateaubriand. Elle s'éprend de l'homme pendant une lecture des *Aventures du dernier Abencérage,* et surmonte sa timidité en lui faisant une invitation qu'il décline ainsi :

« Vous êtes trop aimable, madame, j'ai réellement peur des visages inconnus. Je suis si sauvage que je n'ose répondre de mon humeur. Autant je serais heureux de passer auprès de vous les moments que vous voudriez bien m'accorder, autant je serais désolé de troubler votre société par une mine silencieuse et allongée. Le soir surtout, je ne suis pas de ce monde. »

Chateaubriand entretient une longue et tendre amitié avec celle qu'il appelle *my good sister*, en souvenir de leur exil londonien. Cette amitié lui est très précieuse : grâce aux relations liées à son rang, Mme de Duras multiplie les interventions pour favoriser sa carrière politique ; grâce à sa fortune, elle le tire d'embarras plus d'une fois en lui prêtant de l'argent, sans grand espoir de le récupérer. Les échanges d'idées avec cette fine lettrée permettront également à Chateaubriand de mener ses écrits à maturation.

Chateaubriand, l'enchanteur infidèle

Jusqu'à sa nomination d'ambassadeur à Rome en 1828, Chateaubriand multiplie les liaisons amoureuses, les menant souvent de façon simultanée ! Marié à son retour d'Amérique à Céleste Buisson de la Vigne, il vit avec elle durant trois mois et ne la retrouve que douze années plus tard, le temps d'un dur exil en Angleterre suivi de quatre années où elle demeure en Bretagne, alors qu'il connaît la gloire littéraire à Paris. Céleste supporte sans complaisance la conduite de son volage et célèbre époux.

Dans René ou la vie de Chateaubriand, *André Maurois présente les différentes compagnes de l'auteur, du point de vue de Céleste :*

« À la seule Mme Joubert, "la personne qu'elle aimait le mieux au monde", elle parlait des "Madames" de son mari. Elle les tolérait, ne pouvant les anéantir, et s'en divertissait, non sans mélancolie. Les admiratrices de Chateaubriand étaient pour elle aux petits soins. Elle recevait, si elle était enrhumée, jusqu'à cinq bouillons pectoraux, accompagnés de billets affectueux. Dans l'espèce des "Madames", Céleste distinguait des variétés. Il y avait les favorites. Mme de Custine en avait tenu l'emploi mais, depuis le retour d'Espagne, était évincée par Natalie de Noailles. Delphine de Custine restait pour Chateaubriand une amie ; il lui écrivait, surtout s'il avait quelque faveur à demander à Fouché... La seconde classe des "Madames" était celle des égéries, qui parfois devenaient aussi des favorites temporaires. Les principales étaient les duchesses de Duras, de Lévis et Mme de Bérenger. »

Cependant, l'une de ces femmes fait figure d'exception dans cette multitude d'aventures : Juliette Récamier. Mariée à un financier âgé et courtisée par les plus grands noms, elle est considérée comme la plus belle femme de son époque et a une réputation de vierge intouchable. Chateaubriand la rencontre une première fois en 1802, mais c'est en 1818 que leur amour éclot. Il durera jusque dans la vieillesse et la maladie : Juliette Récamier, aveugle, continuera ses visites quotidiennes à son vieil ami.

Gérard François Pascal Simon, baron (1770-1837), *Juliette Récamier (1777-1849)*, née Bernard © RMN/ Agence Bulloz.

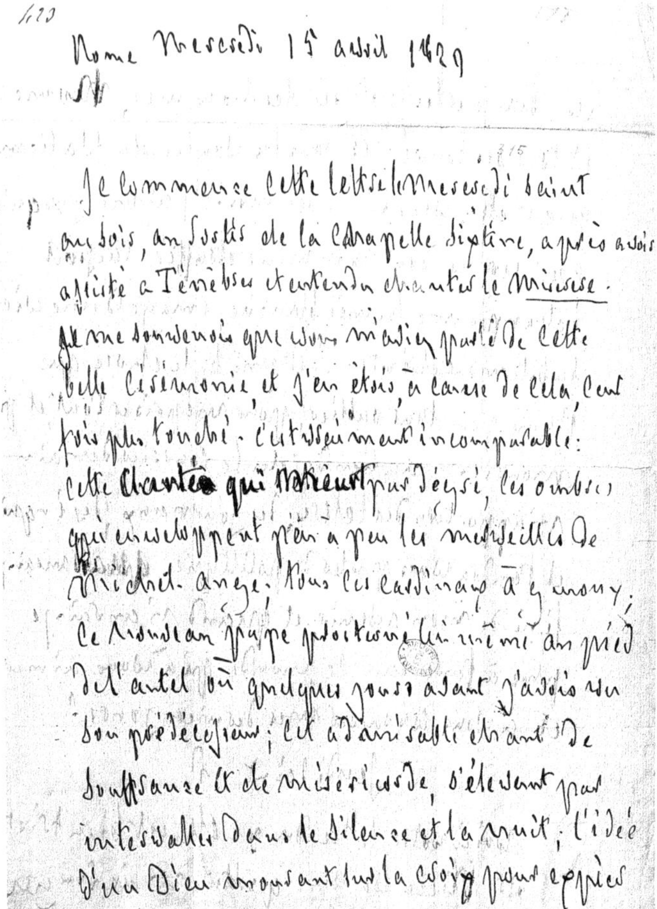
Rome Mercredi 15 avril 1829

Je commence cette lettre le Mercredi saint au soir, au sortir de la Chapelle Sixtine, après avoir assisté à Ténèbres et entendu chanter le Miserere. Je me souvenois que vous m'aviez parlé de cette belle cérémonie, et j'en étois, à cause de cela, cent fois plus touché. C'est vraiment incomparable : cette clarté qui meurt par degré, ces ombres qui enveloppent peu à peu les merveilles de Michel-Ange ; tous ces cardinaux à genoux ; ce nouveau pape prosterné lui-même au pied de l'autel où quelques jours avant j'avois vu son prédécesseur ; cet admirable chant de souffrance et de miséricorde, s'élevant par intervalles dans le silence et la nuit ; l'idée d'un Dieu mourant sur la croix pour expier

Lettre manuscrite de Chateaubriand à Mme Récamier écrite le 15 avril 1829.

Rome, mercredi 15 avril 1829

Je commence cette lettre le mercredi saint au soir, au sortir de la chapelle Sixtine, après avoir assisté à Ténèbres et entendu chanter le *Miserere*. Je me souvenais que vous m'aviez parlé de cette belle cérémonie, et j'en étais, à cause de cela, cent fois plus touché. C'est vraiment incomparable. Cette clarté qui meurt par degré, ces ombres qui enveloppent peu à peu les merveilles de Michel-Ange ; tous ces cardinaux à genoux ; ce nouveau pape prosterné lui-même au pied de l'autel où quelques jours avant j'avais vu son prédécesseur ; cet admirable chant de souffrance et de miséricorde s'élevant par intervalles dans le silence et la nuit ; l'idée d'un Dieu mourant sur la croix pour expier les crimes et les faiblesses des hommes, Rome et tous ses souvenirs sous les voûtes du Vatican ! Que n'étiez-vous là avec moi ! J'aime jusqu'à ces cierges dont la lumière étouffée laissait échapper une fumée blanche, image d'une vie subitement éteinte. C'est une belle chose que Rome pour tout oublier, pour mépriser tout et pour mourir. Au lieu de cela, le courrier demain m'apportera des lettres, des journaux, des inquiétudes. Il faudra vous parler de politique. Quand aurai-je fini de mon avenir, quand n'aurai-je plus à faire dans le monde qu'à vous aimer et à vous consacrer mes derniers jours ?

Un homme d'honneur dans le siècle des révolutions

D'abord engagé dans l'armée des princes à son retour d'Amérique en 1792, Chateaubriand mène ensuite une carrière politique aussi longue que tumultueuse. Les prestigieux postes successifs qu'il occupe lui permettent de poser un regard plein d'acuité sur les événements se trouvant au cœur de la vie politique de son époque.

Chateaubriand et Bonaparte

Remarqué par le Premier consul Napoléon Bonaparte, Chateaubriand est nommé en 1803 secrétaire de la légation française à Rome, sous la tutelle du cardinal Fesch. Fasciné par cet homme qui a su rétablir l'ordre et restaurer la religion, Chateaubriand dédicace à Bonaparte la deuxième édition du *Génie du christianisme* en commençant par : « Citoyen Premier consul… ». Mais il ne lui pardonne pas l'exécution du duc d'Enghien en 1804 et donne sa démission.

Chateaubriand devient l'opposant le plus déterminé de Bonaparte, comme le montre l'épisode de son élection à l'Académie française. Préparant son discours de réception dans lequel il lui est demandé de faire l'éloge de Marie-Joseph Chénier – homme politique qui a voté la mort de Louis XVI –, Chateaubriand ne peut s'empêcher d'y insérer des allusions aux « dynasties outragées ». Le discours, refusé par la commission, passe entre les mains de l'Empereur qui en raye rageusement quelques passages. Récupérant son texte, Chateaubriand déclare que « l'ongle du lion [est] enfoncé partout » et qu'il ressent une « espèce de plaisir d'irritation à le sentir sur [son] flanc » (*Mémoires d'outre-tombe*). Il renonce à siéger à l'Académie française, expliquant dans une lettre à Montalivet, ministre de l'Intérieur :

« La mémoire de M. Chénier ne m'est pas assez chère pour lui sacrifier mes principes, et jamais je n'achèterai mon repos aux dépens de ma considération publique. »

Chateaubriand et la révolution de 1830

En juillet 1830, Chateaubriand séjourne à Dieppe avec Mme Récamier. Découvrant dans *Le Moniteur* le texte des ordonnances qu'il devine fatales pour Charles X, il rentre aussitôt à Paris, où l'on entend clamer « Vive la République ! À bas les Bourbons ! » et « Vive l'Empereur ! »

« J'eus le pressentiment que mon rôle allait changer : qu'étant accouru pour défendre les libertés publiques, je serais obligé de défendre la royauté », écrit Chateaubriand dans les *Mémoires d'outre-tombe*. Et dans une lettre du 29 juillet 1830 adressée à Mme Récamier : « Je suis entré dans Paris au milieu de la canonnade, de la fusillade et du tocsin. [...] Je ne vous parle pas de moi ; ma position est pénible, mais claire. Je ne trahirai pas plus le roi que la charte, pas plus le pouvoir légitime que la liberté. Je n'ai donc rien à dire et à faire ; attendre et pleurer sur mon pays. »

Résolument opposé à la monarchie « bourgeoise » de Louis-Philippe qui se profile après l'abdication de Charles X, Chateaubriand – fidèle à la branche aînée des Bourbons – échoue à faire instaurer une régence du duc de Bordeaux. Le 7 août 1830, il effectue son dernier discours devant la Chambre des pairs : « Après tout ce que j'ai fait, dit et écrit pour les Bourbons, je serais le dernier des misérables si je les reniais au moment où, pour la troisième et dernière fois, ils s'acheminent vers l'exil. Je laisse la peur à ces généreux royalistes qui n'ont jamais sacrifié une obole ou une place à leur loyauté. »

Chateaubriand démissionne alors de la paierie, renonce à son statut de ministre et demande même à ce que son traitement d'académicien soit attribué à un confrère plus pauvre que lui. Il déclarera plus tard dans ses *Mémoires* : « Trois catastrophes ont marqué les trois parties précédentes de ma vie. J'ai vu mourir Louis XVI pendant ma carrière de voyageur et de soldat ; au bout de ma carrière littéraire, Bonaparte a disparu ; Charles X, en tombant, a fermé ma carrière politique. »

Autour des œuvres

Atala, une source d'inspiration pour les artistes

ŒUVRES COMPLÈTES

DE M. LE VICOMTE

DE CHATEAUBRIAND,

MEMBRE DE L'ACADÉMIE FRANÇOISE.

TOME DIX-HUITIÈME.

ATALA.

PARIS.

POURRAT FRÈRES, ÉDITEURS.

M. DCCC. XXXVI.

Page de titre d'*Atala* – tome 18 des *Œuvres complètes de M. le vicomte de Chateaubriand* paru chez l'éditeur Pourrat frères (Paris) en 1836-1839.

Gallica.

*Les épisodes d'*Atala *inspirent de nombreux artistes, depuis Gautherot avec le* Convoi d'Atala *en 1802, jusqu'aux* Funérailles d'Atala – *un tableau peint par Girodet en 1808 et que l'on peut aujourd'hui admirer au Louvre.*

Girodet De Roussy - Trioson Anne-Louis (1767-1824), *Atala au tombeau dit aussi Funérailles d'Atala* © RMN/ René-Gabriel Ojéda.

Cette toile de Girodet rencontre un vif succès. Dans le style néoclassique, elle est composée comme une scène de l'iconographie chrétienne : La Mise au tombeau du Christ. *Le clair-obscur est subtilement utilisé pour concentrer la lumière sur le personnage d'Atala. L'exotisme du cadre et des personnages, le mélange de sensualité et de sentiment sont annonciateurs du romantisme.*

René, un héros en proie au « mal du siècle »

René *est l'une des sources du romantisme littéraire français. Dans la lignée du Werther de Goethe, le personnage de Chateaubriand est l'archétype du héros mélancolique travaillé par le vague des passions, ce qui va devenir le « mal du siècle ». Musset en analyse ainsi les causes dans* La Confession d'un enfant du siècle, *en 1836 :*

« Toute la maladie du siècle présent vient de deux causes : le peuple, qui a passé par 1793 et par 1814, porte au cœur deux blessures. Tout ce qui était n'est plus ; tout ce qui sera n'est pas encore, ne cherchez pas ailleurs le secret de nos maux. »

Dans les Mémoires d'outre-tombe, *Chateaubriand revient sur ce roman, soulignant l'emphase du style et les excès sentimentaux du héros. Avec le recul, c'est à un véritable désaveu ironique de lui-même que se livre l'écrivain.*

« Si René n'existait pas, je ne l'écrirais plus. S'il m'était possible de le détruire, je le détruirais. Une famille de René poètes et de René prosateurs a pullulé : on n'a plus entendu que des phrases lamentables et des phrases décousues ; il n'a plus été question que de vents et d'orages, et que de maux inconnus livrés aux nuages et à la nuit. Il n'y a pas de grimaud sorti du collège qui n'ait rêvé être le plus malheureux des hommes, de bambin qui à seize ans n'ait épuisé la vie, qui ne se soit cru tourmenté par son génie ; qui, dans l'abîme de ses pensées, ne se soit livré au vague de ses passions ; qui n'ait frappé son front pâle et échevelé, et n'ait étonné les hommes stupéfaits d'un malheur dont il ne savait le nom, ni eux non plus. »

La genèse de *Voyage en Amérique*

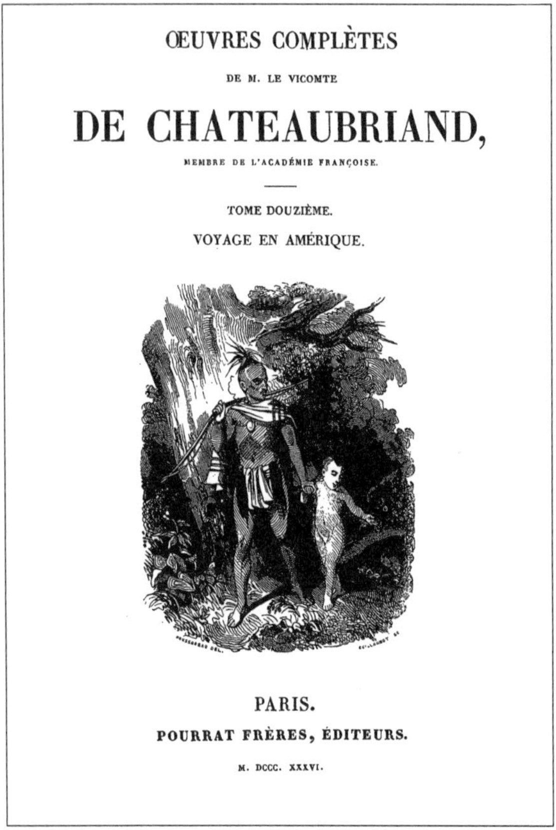

ŒUVRES COMPLÈTES

DE M. LE VICOMTE

DE CHATEAUBRIAND,

MEMBRE DE L'ACADÉMIE FRANÇOISE.

TOME DOUZIÈME.

VOYAGE EN AMÉRIQUE.

PARIS.

POURRAT FRÈRES, ÉDITEURS.

M. DCCC. XXXVI.

Page de titre de *Voyage en Amériqu*e – tome 12 des *Œuvres complètes de M. le vicomte de Chateaubriand* paru chez l'éditeur Pourrat frères (Paris) en 1836-1839.

Gallica.

En 1790, la fréquentation de M. de Malesherbes, curieux et féru de sciences, fait mûrir chez Chateaubriand le projet d'un voyage d'exploration en Amérique. Il s'y rend l'année suivante, et relatera plus tard cette aventure dans Voyage en Amérique. *Publiée tardivement en 1827, cette œuvre connaît plusieurs éditions : tantôt accompagnée d'un* Voyage en Italie, *tantôt réunie aux* Natchez. *Dans ses* Mémoires, *l'écrivain revient sur la rédaction de* Voyage en Amérique :

« Je m'asseyais, avec mon fusil, au milieu des ruines ; je tirais de mon havresac le manuscrit de mon voyage en Amérique ; j'en déposais les pages séparées sur l'herbe autour de moi ; je relisais et corrigeais une description de forêt, un passage d'Atala, dans les décombres d'un amphithéâtre romain, me préparant ainsi à conquérir la France. Puis, je serrais mon trésor dont le poids, mêlé à celui de mes chemises, de ma capote, de mon bidon de fer-blanc, de ma bouteille clissée et de mon petit Homère, me faisait cracher le sang. »

La *Vie de Rancé*, ou le portrait d'un ecclésiastique

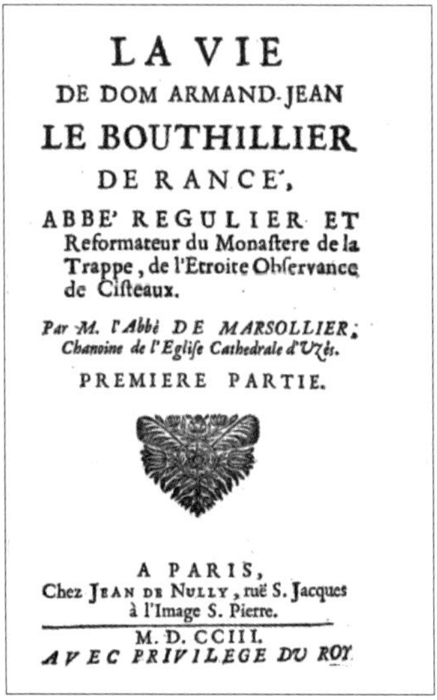

LA VIE
DE DOM ARMAND-JEAN
LE BOUTHILLIER
DE RANCE',
ABBE' REGULIER ET
Reformateur du Monaſtere de la Trappe, de l'Etroite Obſervance de Ciſteaux.

Par M. l'Abbé DE MARSOLLIER, Chanoine de l'Egliſe Cathedrale d'Uzés.

PREMIERE PARTIE.

A PARIS,
Chez JEAN DE NULLY, ruë S. Jacques à l'Image S. Pierre.
M. D. CCIII.
AVEC PRIVILEGE DU ROY.

Page de titre de la *Vie de Rancé*.

Dans cette œuvre, Chateaubriand relate la vie d'Armand-Jean Le Bouthillier de Rancé, abbé de La Trappe. Saint-Simon voue à l'ecclésiastique une vibrante affection, et se met en tête d'obtenir de lui un portrait ressemblant. Mais Rancé, qui a tant apprécié la société brillante, vit depuis de longues années en reclus dans son abbaye de La Trappe. Pressentant qu'il refuserait de se faire peindre, le mémorialiste a recours à une ruse célèbre qui mérite d'être rapportée. Pour parvenir à ses fins, il recourt à Rigaud, le plus célèbre portraitiste de l'époque…

Rigaud était alors le premier peintre de l'Europe pour la ressemblance des hommes et pour une peinture forte et durable ; mais il fallait persuader à un homme aussi surchargé d'ouvrage, de quitter Paris pour quelques jours, et voir encore avec lui si sa tête serait assez forte pour rendre une ressemblance de mémoire. […] Je voulais donc entièrement cacher aussi le voyage de Rigaud, et je mis pour condition de ma part qu'il ne travaillerait que pour moi, qu'il me garderait un secret entier, et que, s'il en faisait une copie pour lui, comme il le voulut absolument, il la garderait dans une obscurité entière, jusqu'à ce qu'avec les années je lui permisse de la laisser voir. […] Revenant donc de Fontainebleau, je ne couchai qu'une nuit à Paris, où, en arrivant, j'avais pris mes mesures avec Rigaud, qui partit le lendemain avec moi. J'avertis en arrivant mes complices, et je dis à M. de la Trappe qu'un officier de ma connaissance avait une telle passion de le voir, que je le suppliais d'y vouloir bien consentir (car il ne voyait presque plus personne) ; j'ajoutai que, sur l'espérance que je lui en avais donnée, il allait arriver, qu'il était fort bègue et ne l'importunerait pas de discours, mais qu'il comptait s'en dédommager par ses regards. M. de la Trappe sourit avec bonté, trouva cet officier curieux de bien peu de choses, et me promit de le voir. Rigaud arrivé, le nouvel abbé, M. Maisne et moi le menâmes dès le matin dans une espèce de cabinet qui servait le jour à l'abbé pour travailler et où j'avais accoutumé de voir M. de la

Trappe, qui y venait de son infirmerie. [...] De là, nous le conduisîmes en un autre endroit où nous étions bien sûrs qu'il ne serait vu ni interrompu de personne. Rigaud le trouva fort à propos pour le jour et la lumière, et il y apporta aussitôt tout ce qu'il lui fallait pour l'exécution. L'après-dînée, je présentai mon officier à M. de la Trappe. Il s'assit avec nous dans la situation qu'il avait remarquée le matin, et demeura environ trois quarts d'heures avec nous. Sa difficulté de parler lui fut une excuse de n'entrer guère dans la conversation : d'où il s'en alla jeter sur sa toile toute préparée les images et les idées dont il s'était bien rempli. M. de la Trappe, avec qui je demeurai encore longtemps, et que j'avais moins entretenu que songé à l'amuser, ne s'aperçut de rien et plaignit seulement l'embarras de la langue de cet officier. Le lendemain, la même chose fut répétée. M. de la Trappe trouva d'abord qu'un homme qu'il ne connaissait point, et qui pouvait si difficilement mettre dans la conversation, l'avait suffisamment vu, et ce ne fut que par complaisance qu'il ne voulut pas me refuser de le laisser venir. J'espérais qu'il n'en faudrait pas davantage, et ce que je vis du portrait me le confirma, tant il me parut bien pris et ressemblant ; mais Rigaud voulu absolument encore une séance, pour le perfectionner à son gré. Il fallut donc obtenir de M. de la Trappe, qui s'en montra fatigué, et qui me refusa d'abord ; mais je fis tant, que j'arrachai, plutôt que je n'obtins de lui, cette troisième visite. Il me dit que, pour voir un homme qui ne méritait et qui ne désirait que d'être caché, et qui ne voyait plus personne, tant de visites étaient du temps perdu et ridicules ; que, pour cette fois, il cédait à mon importunité et à la fantaisie que je protégeais d'un homme qu'il ne pouvait comprendre, et qui ne se connaissaient ni n'avaient rien à se dire, mais que c'était au moins à condition que ce serait la dernière fois et que je ne lui en parlerais plus. Je dis à Rigaud de faire en sorte de n'avoir plus à y revenir, parce qu'il n'y avait plus moyen d'espérer. Il m'assura qu'en une demi-heure il aurait tout ce qu'il s'était proposé, et qu'il n'aurait pas besoin de le voir davantage. En effet, il me tint parole et ne fut pas la demi-heure entière. Quand il fut sorti, M. de la Trappe me témoigna sa surprise d'avoir été tant et si longtemps regardé, et par une espèce de muet [...]. Rigaud travailla le reste du jour et le lendemain encore sans plus voir M. de la Trappe, duquel il avait pris congé en se retirant d'auprès de lui la troisième fois, et fit un chef-d'œuvre aussi parfait qu'il eût pu réussir en le peignant à découvert sur lui-même. La ressemblance dans la dernière exactitude, la douceur, la sérénité, la majesté de son visage, le feu noble, vif, perçant de ses yeux, si difficile à rendre, la finesse et tout l'esprit et le grand qu'exprimait sa physionomie, cette candeur, cette sagesse, paix intérieure d'un homme qui possède son âme, tout était rendu, jusqu'aux grâces qui n'avaient point quitté ce visage exténué par la pénitence, l'âge et les souffrances. Le matin, je lui fis prendre au crayon le Père abbé assis au bureau de M. de la Trappe, pour l'attitude, les habits, et le bureau même, tel qu'il était, et il partit le lendemain, avec la précieuse tête qu'il avait si bien attrapée et si parfaitement rendue, pour l'adapter à Paris sur une toile en grand et y joindre le corps, le bureau et tout le reste. Il fut touché jusqu'aux larmes du grand spectacle du chœur et de la communion générale à la grand messe le jour de la Toussaint, et il ne put refuser au Père abbé une copie en grand pareille à mon original. Il fut transporté de contentement d'avoir si parfaitement réussi, d'une manière si nouvelle et sans exemple, et, dès qu'il fut à Paris, il se mit à la copie pour lui et à celle pour la Trappe, travaillant par intervalles aux habits et au reste de ce qui devait être dans mon original. Cela fut long, et il m'a avoué que, de l'effort qu'il s'était fait à la Trappe, et de la répétition des mêmes images qu'il se rappelait pour mieux exécuter les copies, il en avait pensé perdre la tête, et s'était trouvé depuis dans l'impuissance, pendant plusieurs mois, de travailler du tout à ces portraits. La vanité l'empêcha de me tenir parole, malgré les mille écus que je lui fis porter le lendemain de son arrivée à Paris : il ne put se tenir avec le temps, c'est-à-dire trois mois après, de montrer son chef-d'œuvre avant de me le rendre, et, par là, de rendre mon secret public. [...]

Extrait des *Mémoires* de Saint-Simon, œuvre composée de 1694 à 1752.

Rigaud Hyacinthe (1659-1743) (d'après), *Armand-Jean Le Bouthillier de Rancé, abbé de la Trappe* © RMN/ René-Gabriel Ojéda.

Avec la précieuse collaboration
d'Alain Malle
(présentation des œuvres,
notes et cahier des suppléments).

Achevé d'imprimer en Italie (Vérone)
par Mondadori Printing,
en juillet 2009.